Fabricador de instrumentos de trabalho, de habitações, de culturas e sociedades, o Homem é também agente transformador da História. Mas qual será o lugar do Homem na História e o da História na vida do Homem?

DECLÍNIO E QUEDA
DO IMPÉRIO HABSBURGO
1815-1918

Título original:
The Decline and Fall of the Habsburg Empire, 1815-1918
02 Edition

© Longman Group UK Limited 1989, Pearson Education Limited 2001
Esta tradução de *Decline and Fall of the Habsburg Empire, 1815-1918 02 Edition*
é publicada por acordo celebrado com a Pearson Education Limited.

Tradução: Constança Bobone / CEQO

Revisão: Luís Milheiro

Capa de FBA
Ilustração de capa: © The Art Archive-Corbis

Depósito Legal nº 279791/08

Biblioteca Nacional de Portugal – Catalogação na Publicação
SKED, Alan

O declínio e queda do Império Habsburgo: 1815-1918.
(Lugar da história, 74)
ISBN: 978-972-44-1462-1

CDU 94(436) "1815/1918"

Paginação: Rita Lynce
Impressão e acabamento:
GRÁFICA DE COIMBRA
para
EDIÇÕES 70, LDA.
Julho de 2008

Direitos reservados para Portugal
e países africanos de Língua Portuguesa
por Edições 70

EDIÇÕES 70, Lda.
Rua Luciano Cordeiro, 123 – 1º Esqº - 1069-157 Lisboa / Portugal
Telefs.: 213190240 – Fax: 213190249
e-mail: geral@edicoes70.pt

www.edicoes70.pt

Esta obra está protegida pela lei. Não pode ser reproduzida, no todo ou em parte,
qualquer que seja o modo utilizado, incluindo fotocópia e xerocópia,
sem prévia autorização do Editor. Qualquer transgressão à lei dos
Direitos de Autor será passível de procedimento judicial.

ALAN SKED
DECLÍNIO E QUEDA DO IMPÉRIO HABSBURGO 1815-1918

Agradecimentos

Estamos gratos à Berghahn Books e a Michael Derndarsky por permitirem a reprodução de um extracto de Richard B. Elrod (1981-2), «Realpolitik or Concert diplomacy: the debate over Austrian foreign policy in the 1860s», com comentários do Sr. Derndarsky em *Austrian History Yearbook*, vols. 17/18, pp. 84-103.

Prefácio à Segunda Edição

Tendo-me sido pedido que fizesse uma segunda edição da minha obra, decidi, em vez de introduzir apenas algumas referências históricas actualizadas, lançar-me à tarefa de um modo diferente, reflectindo no final da obra sobre alguns dos temas mais vastos que emergem do que escrevi. Espero que isto se revele mais instrutivo, quer para especialistas, quer para os leitores em geral. As minhas reflexões constituem basicamente uma reavaliação adicional da época de Metternich e uma tentativa de colocar o alegado «declínio» do império no contexto mais vasto do alegado «declínio» dos impérios europeus no seu todo. Este tema deu recentemente origem a uma interessante, mas do meu ponto de vista fundamentalmente inexacta, historiografia. A minha abordagem, pelo contrário, procura observar a história destes impérios antes de 1914 a partir de uma perspectiva europeia mais vasta, em vez de os separar artificialmente de uma suposta corrente liberal europeia dominante e tratá-los como exemplos de uma patologia histórica separada da Europa Central e Oriental.

É evidente que a minha obra nunca foi concebida como uma história geral do Império Habsburgo, mas sim como um ensaio alargado sobre o seu declínio e queda e é esse o argumento que subjaz a todo o trabalho. A minha tentativa de alargar o debate, considerando o Império Habsburgo ao mesmo tempo que o russo e o alemão no contexto geral do declínio, destina-se a promover o debate historiográfico sobre o seu desaparecimento. Peço aos leitores a sua indulgência se me desviei demasiado para um terreno em que prefeririam que eu não tivesse entrado.

ALAN SKED

*Para a Jessie e a sua família,
e para o George e o Tom
in memoriam*

Introdução

A dinastia de Habsburgo foi a maior da Europa. Entre os séculos XIII e XX, forneceu dirigentes de impérios, reinos, ducados e principados para os actuais países da Alemanha, Áustria, Espanha, Itália, Bélgica, Holanda, Checoslováquia, Jugoslávia, Roménia, Polónia e Hungria. A coroa germânica, por exemplo, manteve-se constantemente nas suas mãos de 1452 a 1806, com excepção dos anos 1740 a 1745, em que esteve temporariamente na posse de um Wittelsbach. A própria Habsburgo, por outro lado, de cujo domínio a dinastia recebeu o nome, foi perdida logo em 1635, pelo imperador Fernando II.

No século XIX, os domínios imperiais eram ainda vastos. Quando Francisco José subiu ao trono em 1848, estes incluíam: (1) as terras austríacas (os arquiducados da Baixa e Alta Áustria; os ducados de Estíria, Carníola e Caríntia; os condados do Tirol e de Voralberg, Gorízia e Gradisca; e ainda o margraviado da Ístria e a Cidade de Trieste); (2) as terras da coroa húngara (os reinos da Hungria, Croácia e Eslavónia, juntamente com a Cidade de Fiume; o grão-ducado da Transilvânia; e ainda as fronteiras militares Croácia – Eslavónia, e Sérvia – Hungria); (3) as terras da coroa boémia (o reino da Boémia; o margraviado da Morávia e o ducado da Baixa e Alta Silésia); (4) o reino da Lombardia Véneto; (5) o reino da Galícia e o grão-ducado da Cracóvia; (6) o ducado da Bucovina; (7) o reino da Dalmácia; e (8) o ducado de Salzburgo.

A área total abrangida por estes domínios era de 257 478 m², fazendo destes, considerados no seu conjunto, o maior país da Europa, a seguir à Rússia, e apenas 10 000 m² mais pequeno do que o Texas. A sua população total elevava-se a 37,5 milhões de habitantes e incluía alemães (oito milhões), magiares (cinco milhões e meio), italianos (cinco milhões), checos (quatro milhões), rutenos (três milhões), romenos (dois milhões e meio), polacos (dois milhões), eslovacos (quase dois milhões), sérvios (um milhão e meio), croatas (quase um milhão e meio), mais de um milhão de eslovenos, 0,75 milhões de judeus, e ainda mais de meio milhão de outros (incluindo ciganos, arménios, búlgaros e gregos).

Como se tudo isto não fosse uma herança suficiente, Francisco José reivindicava também a regência de territórios que já não se encontravam na sua posse ou que já nem sequer existiam – por exemplo, a Alta e Baixa Lusácia, Lorena, Kiburg e Habsburgo, para não falar do reino de Jerusalém, que deixara de existir em 1291.

Contudo, será desde logo evidente que com tantas terras na Europa Central (para não falar da presidência austríaca da Confederação Germânica e ramos mais novos da família dos Habsburgos que regiam a Toscana, Parma e Módena), a história europeia continuaria a girar em torno desta dinastia. E assim aconteceu. Foi o ultimato de Francisco José à Sérvia em 1914 que deu origem à Primeira Guerra Mundial, e a queda do império, quatro anos mais tarde, assinalaria o fim de uma era da história europeia.

Apesar de tudo isto, actualmente poucas pessoas sabem ou se preocupam em saber muito acerca dos Habsburgos. Os estudantes de história evitam o tema quando ele é referido. Os nomes envolvidos são demasiado difíceis; a geografia não o é menos; a evolução dos acontecimentos é aparentemente complicada. A história, em qualquer caso, é de retirada e dissolução, e por isso falta-lhe atractivos. Um historiador muito renomado da política internacional da dinastia forneceu recentemente o seu apoio académico a esta perspectiva, ao escrever: «A monarquia de Habsburgo não oferece casos clássicos ao investigador de História Mundial [...] O historiador [...] não consegue descobrir, por muito boas que sejam as suas intenções, nada de pioneiro na história da Áustria. Tudo o que aconteceu na monarquia não passou de uma variante tardia, em segunda mão e frequentemente distorcida dos desenvolvimentos da Europa Ocidental. Nem a história austríaca é rica em acontecimentos decisivos que transcendam as fronteiras na-

Introdução

cionais»([1]). Fará, pois, algum sentido estudar a história da dinastia de Habsburgo?

A resposta a esta questão é um sim retumbante. Toda a história é digna de ser estudada, não só como antecedente do presente mas para se observar como as pessoas viviam em diferentes condições e sistemas de pensamento. Além disso, não é necessário ter muita imaginação para ver que o historiador supracitado estava obviamente errado. A história da Europa Ocidental não se encontra, afinal, tão estereotipada que se possa falar das suas variantes. Em todo o caso, a história de Habsburgo é uma parte intrínseca dessa história, não constituindo apenas um reflexo da mesma. Por fim, numa altura em que a Europa desenvolve esforços, por muito débeis que sejam, para se unir, é preciso ter coragem de facto (ou ser um europeu oriental) para rejeitar a história do seu maior império supranacional, como se este fosse insignificante. Pelo contrário, considerando os recentes debates a respeito da burocracia da Europa, uma Europa a duas velocidades e a necessidade de uma voz europeia independente das superpotências, torna-se extremamente difícil não nos recordarmos de temas relacionados com os Habsburgos – o josefinismo, o dualismo, a monarquia enquanto necessidade europeia, por exemplo. A Ideia Europeia, em resumo, lembra a da Áustria, a chamada *oesterreichisches Staatsidee*. Os estadistas europeus deveriam, pois, ter a prudência de ponderar sobre o destino da monarquia. Estudá-la não é, afinal, investigar apenas uma variedade de problemas comuns a outros Estados europeus, mas sim estudar os problemas envolvidos no governo de um grande número de pessoas de culturas díspares e muitas vezes hostis, em encontrar algum vínculo de lealdade entre estas e em manter tal lealdade num mundo cheio de desafios internos e externos. Os Habsburgos, além disso, governaram uma grande parte da Europa e por um período de tempo comparativamente maior a quem quer que seja nos tempos modernos. Por conseguinte, se a Europa se unir, talvez ainda seja possível aprender com os seus erros. Não estamos a sugerir que a história constitua um guia infalível. Mas se se espera que os estadistas procurem alcançar um rumo sensato para o futuro, não lhes faria grande mal, e talvez até fosse conveniente saber exactamente que terrenos já foram percorridos, e com que resultados, no passado.

O objectivo desta obra *não* é fornecer mais um relato do legado da dinastia. Destina-se antes a ser um ensaio alargado sobre o seu declínio, de acordo com a análise de historiadores modernos, sobretudo os que se debruçam sobre o período de 1815 a 1918, e principalmente os de nacionalidade britânica, americana, austríaca e húngara. Não procurará ser um estudo abrangente de toda a bibliografia especializada, mas limitar-se-á aos temas principais com que os estudantes se devem familiarizar. Deste modo, esperamos preencher uma lacuna na bibliografia actual.

A questão fundamental que esteve na origem de quase todo o trabalho debatido nesta obra foi «até que ponto se tornou inevitável o colapso do Império Habsburgo?», embora o seu corolário, «teria sido possível fazer algo para o evitar?», também tenha estado presente. O resultado foi o facto de a historiografia de Habsburgo ter sido marcada por um traço inconfundível e contrafactual, um aspecto realçado sobretudo na obra de autores americanos, através da sua crença de que tudo teria corrido lindamente se a monarquia tivesse sobrevivido([2]). Isso deve-se ao facto de a maioria destes historiadores serem refugiados ou filhos de refugiados dos regimes que sucederam à monarquia dualista e compararem-na favoravelmente com os regimes autoritários ou comunistas que a substituíram. Por outras palavras, partilham a visão recentemente manifestada pelo ilustre erudito americano, George Kennan, nomeadamente «o Império Austro-Húngaro continua a parecer uma solução melhor para os problemas intricados daquela parte do mundo do que tudo o que o substituiu»([3]). Se ao menos a dinastia tivesse criado um sistema mais justo de governo de todas as pessoas que governava; se ao menos tivesse criado estadistas capazes de satisfazer os desafios internos e externos do seu governo; se ao menos as outras potências tivessem visto as vantagens para o equilíbrio de poder na Europa em preservar um império supranacional entre o Oriente e o Ocidente; em suma, se ao menos a dinastia tivesse sobrevivido, quão muito melhor estaria o mundo no seu todo. Talvez sim, talvez não. Outras pessoas foram menos nostálgicas no seu ponto de vista, preferindo adoptar uma perspectiva muito diferente. Estes historiadores, na sua maioria britânicos ou europeus de Leste, alegaram que a monarquia era menos um «império multinacional»([4]) do que uma *Hausmacht*, ou seja, um veículo político ou territorial que permitia que uma família em particular, os Habsburgos, prosseguisse na sua busca de poder e prestígio. A monarquia de Habsburgo, por outras palavras, era fundamentalmente uma questão de domínio, um modo de preservar um conjunto de patrimónios familiares à escala internacional e não, segundo A. J. P. Taylor, «um dispositivo para permitir que uma série de nacionalidades vivesse em conjunto»([5]). Segundo este ponto de vista, não foram assim as dificuldades envolvidas na criação de um «federalismo equilibrado»([6]) no seio da monarquia, nem tão-pouco a falta de diplomacia aplicada a tal tarefa, as responsáveis pelo desaparecimento da monarquia. A sua ruína fora antes provocada pela insistência dos imperadores habsburgos em conservar os poderes autocráticos e em manter e expandir os seus domínios territoriais. Em todas as explicações históricas que se seguem, o leitor deverá, pois, ter o cuidado de distinguir entre o que se pode descrever como interpretações federalistas ou contrafactuais, por um lado, e interpretações dinásticas ou imperialistas, por outro.

Mas por onde se deve começar? Em que ponto podemos alegar que a monarquia iniciou o seu declínio? Em que altura precisa se tornou inevitável o seu colapso? Um notável historiador britânico da dinastia, C. A. Macartney, alegou: «O momento crítico na monarquia central [...] pode sem extravagância ser estabelecido num dia preciso: 28 de Janeiro de 1790»([7]). Foi o dia em que, segundo Macartney, «a maré mudou na Europa Central»([8]). José II fora obrigado a revogar a maioria das suas reformas e, a partir daí, a monarquia de Habsburgo entrou num longo período de declínio. Citando mais uma vez Macartney: «[...] a expansão territorial cede a uma retirada em que se perde um posto avançado após outro. Ao mesmo tempo, as forças do absolutismo e do centralismo são repelidas para a defensiva até que, por fim, os povos da monarquia aliados aos seus inimigos estrangeiros repudiam não só a natureza do governo monárquico, mas também o próprio governo. Chegou o fim»([9]).

Todo o período de 1789-1815 foi salientado por historiadores austríacos como significativo para o declínio da monarquia. O professor Wandruszka, por exemplo, defendeu a morte de José II como momento crítico, embora, enquanto biógrafo de Leopoldo II, tenha dado mais relevância à morte deste monarca em 1792([10]). Esta não se limitou a abrir o caminho para o governo reaccionário de Francisco I que, em conjunto com a eclosão da guerra contra a França revolucionária e a descoberta da «Conspiração Jacobina» na Hungria e em Viena em 1794-95, anulou os planos de reforma de Leopoldo. O ano de 1792, recorda-nos ainda Wandruszka, testemunhou o reatar das relações diplomáticas entre a Áustria e a Turquia, pondo fim a três séculos de hostilidade e guerras(¹¹). No entanto, com o reatar de relações normais entre estes dois Estados, é possível alegar que a Casa de Áustria cumprira a sua missão histórica, que era a de proteger a Europa dos Turcos. Danilevski e outros pan-eslavos russos manteriam certamente que, baseando-se apenas neste fundamento, a monarquia perdera o direito a sobreviver. Porém, os Habsburgos, por seu lado, descobriram uma nova missão a cumprir – proteger a Europa Central dos ataques russos e franceses como medida essencial ao equilíbrio de poderes europeu.

Os historiadores têm investido no período de 1790-1815 como contendo momentos ainda mais críticos: 1804, por exemplo, com a adopção de Francisco I do simples título de «Imperador da Áustria», ou 1806, com o fim do Sacro Império Romano. O historiador austríaco Berthold Sutter salientou que o arquiduque João cria que «o dia fatal para o jovem Império Austríaco» foi em Julho de 1809, quando Napoleão vencera a batalha de Wagram(¹²). Há nisto alguma verdade, certamente, pois foi com Wagram que a única tentativa para derrotar Napoleão instigando os povos germanos e europeus sob a liderança da Áustria foi contrariada, e foi depois de Wagram que o partido reformador na corte de Viena, liderado pelos irmãos Stadion e os arquiduques Carlos e João, teve de ceder o controlo da política austríaca a Metternich.

O facto, porém, é que a monarquia emergiu vitoriosa das Guerras Napoleónicas e que o Congresso de Viena deu à Áustria a liderança da Alemanha e da Itália. Metternich desempenhou um papel inconfundível nesse acordo e contribuiu para criar uma paz que não só consolidou a monarquia territorialmente, e mais do que até então, como também se aliou militarmente contra qualquer ameaça de revolução futura vinda de França. Torna-se difícil acreditar, por conseguinte, que já se iniciara um processo de declínio por volta de 1815. Como consequência, os historiadores têm-se inclinado em destacar o século XIX como marca do verdadeiro início do declínio da monarquia. Daí, a recusa de Metternich em comprometer-se com a maré crescente de liberalismo e nacionalismo antes de 1848; as revoluções de 1848, a perda de liderança em Itália e na Alemanha, o acordo de 1867, a diplomacia da monarquia nos Balcãs e a sua decisão de iniciar uma guerra com a Sérvia em 1914, numa altura em que se encontrava relativamente debilitada em termos europeus, quer militar, quer economicamente, são considerados os verdadeiros marcos da rota para o desastre. Os seguintes capítulos desta obra irão, pois, concentrar-se no período de 1815 a 1918.

Um ponto fundamental, contudo, deve ser desde já esclarecido. O facto de se falar sobre *o declínio e a queda* da monarquia não significa que esta tivesse de declinar e cair a um ritmo regular. A expressão tornou-se simplesmente de uso corrente. Na realidade, o facto de a monarquia *ter caído* não tem de implicar logicamente qualquer espécie de *declínio*. Como se tornará evidente, o padrão foi bastante diferente. O que sucedeu foi que em 1848 a monarquia quase se desagregou, mas a partir daí recuperou e sob muitos aspectos ressurgiu em vez de declinar antes de 1914. Poder-se-á até alegar que não havia qualquer ameaça interna ou mesmo externa à sua integridade até 1918.

Um último ponto que deve ser referido nesta introdução é o facto de que, uma vez que em tantas questões da história dos Habsburgos – incluindo a maioria das questões importantes – há ainda muito trabalho a ser feito, foi frequentemente necessário debater temas importantes sem ser possível referir nenhum trabalho de investigação importante ou recente. (Inversamente, alguns temas que foram relativamente bem tratados por historiadores – por exemplo, a história dos judeus no seio da monarquia – tiveram de ser excluídos, uma vez que não pertencem ao tema da obra.) Trata-se de um facto extremamente lamentável. Poderá dar espaço a que o autor esboce questões e sugira respostas de modo fácil e superficial, mas é motivo para lamentar, todavia, que não se encontrem bases mais sólidas disponíveis para firmar uma opinião. Além disso, considerando as dificuldades que tantos potenciais estudantes doutorandos parecem enfrentar quando procuram tópicos de investigação, causa alguma surpresa que ainda não exista uma monografia moderna sobre o sistema de governo de Francisco José, nenhuma biografia moderna sobre este, nenhum relato minucioso sobre a política germânica ou russa de Metternich, nenhuma panorâmica sobre o desenvolvimento de políticas parlamentares na monarquia, nenhum estudo sobre a burocracia ou a corte, nenhuma síntese actualizada de 1848, etc., etc., etc. Espero, pois, que esta obra possa incentivar outras pessoas a contribuir para preencher as lacunas.

1
Metternich e o seu Sistema, 1815-48

A figura mais proeminente da história dos Habsburgos do século xix foi, evidentemente, o príncipe Metternich, ministro dos Negócios Estrangeiros entre 1809 e 1848 e chanceler da Corte e do Estado a partir de 1821. Os historiadores referem-se ocasionalmente ao período de 1815-48 como à «Era de Metternich» e diz-se frequentemente que foi uma época dominada pelo «Sistema de Metternich». Isto implica que Metternich não só elaborou a política externa da monarquia de Habsburgo, como também, e através da mesma, controlou o destino da Europa. Por esse motivo, é considerado uma figura histórica de relevo e, como todas as figuras semelhantes, encontra-se rodeado de controvérsias. Porém, as opiniões têm sido, de um modo geral, negativas. A maioria dos escritores de manuais escolares considera-o uma figura reaccionária, cuja obsessão por suprimir a revolução – a Revolução, com R maiúsculo, do seu ponto de vista – frustrou o estabelecimento de regimes reformadores, moderados e construtivos na Europa Central. Se não fosse o Sistema de Metternich, insinuam estes escritores, a Europa no seu todo poderia ter-se desenvolvido de acordo com as linhas liberais gerais e talvez tivesse sido poupada a toda a espécie de guerras e catástrofes. Mais significativamente, o *Deutscher Sonderweg*, ou seja, a via peculiar de desenvolvimento histórico-germânico, talvez nunca tivesse ocorrido, talvez Bismarck nunca tivesse sido necessário e a história europeia poderia ter assumido um aspecto totalmente diferente. Do mesmo modo, se não fosse Metternich, o Império Habsburgo poderia ter-se reformado de modo construtivo, as nacionalidades poderiam ter-se apaziguado e 1914 talvez nunca tivesse ocorrido. Do ponto de vista dos escritores liberais ou democratas, Metternich tem, pois, muitas culpas no cartório.

Metternich e os seus críticos

A maioria dos escritores ou críticos desta escola, no entanto, presumiu três questões: primeiro, que Metternich dominava a política externa do império e através desta a diplomacia da Europa em geral; segundo, que também era responsável pelas principais características da política interna do império; terceiro, que as suas políticas externa e interna se encontravam estreitamente ligadas. Ambas, diz-se, se baseavam nos mesmos princípios reaccionários e se fundiam no chamado Sistema de Metternich. Por outras palavras, estes escritores crêem que as políticas externa e interna de Metternich eram ideológicas e que a sua ideologia assentava nas seguintes crenças: que a única verdadeira forma de governo era a monarquia; que o governo monárquico deveria ser absoluto; que o mesmo existia para proteger a ordem social, a qual, como o próprio governo, fora divinamente estabelecida; que todos os monarcas se deveriam unir para proteger tal ordem e a estabilidade política que a mesma engendrava; que, na prática, isso significava rejeitar o princípio representativo que pressupunha a soberania popular, manter o Pacto Europeu e o equilíbrio de poder e ser capaz de exercer autoridade através da utilização coordenada das forças policiais e do exército, e intervir, se necessário, para salvar companheiros de governo da revolução. As manifestações práticas deste sistema seriam observadas, por conseguinte, nos Decretos de Karlsbad de 1819, na Acta Final do Congresso de Viena em 1820, na intervenção em Nápoles em 1821, em Espanha em 1823, nos Estados Pontifícios em 1830, nos acordos de Berlim e de Münchengraetz de 1833, na anexação da Cracóvia em 1846, na «ocupação» de Ferrara em 1847 e no aprisionamento de inimigos do regime tais como Confalonieri, Kossuth e Wesselényi. Contudo, apesar de toda esta repressão, o sistema fracassou, aos olhos destes historiadores. No final, os reformadores moderados viram-se compelidos a tornar-se revolucionários até que, em 1848, sucedeu o inevitável e Metternich foi derrubado pela revolução.

Muitos destes argumentos foram utilizados por críticos contemporâneos de Metternich, para quem ele surge efectivamente como grande ameaça. Um destes, por exemplo, um austríaco que escreve em 1830, estaria em condições de declarar: «Nunca houve homem tão temido e detestado como Metternich. Da Bélgica aos Pirenéus, das fronteiras da Turquia aos limites da Holanda, há apenas uma opinião acerca deste ministro, que é a de execração. Pois foi ele que contribuiu maioritariamente para dar à Europa a sua forma política actual, foi ele o inventor e principal impulsionador da Santa Aliança, esse embrião de grandes eventos [...] A liberdade nunca teve um inimigo tão perigoso como Metternich»([1]). Lord Palmerston colocou a segunda parte da questão ao embaixador austríaco em Londres: «O príncipe Metternich crê ser um conservador, mantendo obstinadamente o *status quo* político na Europa: nós cremos ser conservadores apregoando e aconselhando reformas e melhorias onde quer que seja que o público reivindique e aponte a sua respectiva necessidade. Vós, por outro lado, rejeitais tudo. Quando a ordem e a calma reinam na vossa terra, vós afirmais que as concessões são inúteis; em momentos de crise e revolta, recusai-las igualmente, não desejando debilitar a autoridade ao parecer curvar-vos perante a tempestade. Persistis ainda em rejeitar absolutamente tudo o que a opinião pública exige no vosso país e nas terras sobre as quais possuís influência e controlo; [por fim, rejeitais] tudo o que seja direito, perto ou longe de vós. Não, esta imobilidade não é conservadorismo [...] A vossa política repressiva e sufocante é também fatal e conduzirá a uma explosão, tal como sucederia com uma caldeira hermeticamente fechada e sem escape para o vapor»([2]). Kolowrat, o principal rival do príncipe no seio do governo austríaco, afirmou quase o mesmo diante dele: «Sou um aristocrata por nascimento e por convicção e concordo em absoluto consigo sobre o facto de as pessoas terem de lutar pelo conservadorismo e fazer tudo para alcançá-lo. Contudo, divergimos quanto aos meios. Os seus meios consistem numa floresta de baionetas e numa adesão fixa às coisas tal como são. Na minha opinião, seguindo estas linhas estamos a favorecer os revolucionários [...] Os seus métodos levarão [...] não amanhã nem no próximo ano, mas muito em breve à nossa ruína»([3]). Após as revoluções de 1848, a opinião corrente acerca de Metternich foi a de que foi precisamente isso o que sucedeu e actualmente continua a ser essa a visão ortodoxa. A análise de Paul Schroeder da *Metternich's Diplomacy at its Zenith*([4]), por exemplo, termina com um capítulo que o descreve como um estadista cujas políticas não foram construtivas, nem conservadoras, nem europeias. Pior ainda, ele é agora frequentemente considerado irrelevante. Os seus princípios tão gabados são rejeitados como estereótipos. Nas palavras de A. J. P. Taylor, «a maioria dos homens conseguiria fazer melhor ao barbear-se»([5]), enquanto uma série de estudos([6]) demonstrou que na diplomacia europeia a sua voz não se tornou decisiva: foi Castlereagh que dominou o Congresso de Viena; foi Palmerston que resolveu a Questão Belga; foram a Rússia e a Grã-Bretanha que se encarregaram da Questão Oriental; e a respeito dos assuntos da Grécia, de Espanha ou de Portugal, Metternich pouco teve a dizer. Talvez tenha persuadido Alexandre da Rússia a apoiar um Protocolo de Troppau revolucionário, mas fê-lo à custa de perder a influência que pudesse ter sobre a Grã-Bretanha e nem sequer conseguiu conservar o controlo do chamado *Sistema do Congresso* a partir de então. Nos seus próprios domínios, foi a Prússia que tomou a liderança da Alemanha através da *Zollverein* e foram os seus aliados reaccionários na Suíça que se viram derrotados na Guerra de *Sonderbund* de 1847. Até mesmo na diplomacia quotidiana se poderá alegar que a reputação de Metternich entre os seus colegas europeus não era elevada: Nicolau da Rússia considerava-o como «a legião de Satanás»; Nesselrode queixava-se da sua «falta de franqueza, dos seus pânicos e das suas lamúrias, a sua pusilanimidade e os seus ciúmes, a sua obsessão pouco saudável de rabiscar em documentos e confundir deliberadamente até os mais simples assuntos». Tão-pouco gozava de uma reputação de honestidade. Talleyrand, ao compará-lo com o cardeal Mazarino, declarou: «O Cardeal enganava, mas nunca mentia – Metternich mente sempre mas nunca engana». Napoleão queixava-se: «Toda a gente mente por vezes, mas mentir todo o tempo, é demasiado». Canning chamava-lhe o «maior patife e mentiroso do Continente, talvez do mundo civilizado», enquanto o verdadeiro problema de Metternich, segundo o poeta Grillparzer, era o facto de ele acabar por acreditar nas próprias mentiras([7]). De um modo geral, é assim possível alegar que Metternich constituiu um grande fracasso: repressivo na política externa e interna a um ponto que de facto incentivou a revolução; irrelevante nos negócios estrangeiros; desrespeitado pelos seus contemporâneos diplomáticos; e até mesmo sem princípios de acção consistentes. Que poderá, então, ser dito em sua defesa?

Metternich e os seus defensores

Trataremos da questão da sua influência nos assuntos internos brevemente. No que se refere à política externa, os seus apoiantes observam o seguinte: num Estado absolutista, o seu poder dependia da vontade do imperador; na política externa, ele era estorvado pelas óbvias fraquezas económicas e militares da monarquia; apesar disso, contudo, ainda conseguia exercer uma influência considerável sobre a Europa, não apenas na Itália e na Alemanha, mas na Europa em geral, onde era reconhecido como o principal porta-voz da causa conservadora e onde de facto seguiu vastos princípios, de modo consistente e por um período de tempo tão prolongado que é justo falar-se de um «Sistema de Metternich» ou até de uma «Era de Metternich». Analisemos, então, o lado positivo desta figura negativa.

Não se sabe muito acerca da natureza exacta das suas relações de trabalho com Francisco I, mas aquilo que se sabe sugere que talvez tivesse mais influência junto do monarca do que por vezes deu a entender. Assim, embora declarasse a um general russo em certa ocasião que se «divergisse» da vontade do imperador, «o príncipe Metternich não permaneceria ministro dos Negócios Estrangeiros por mais de vinte e quatro horas»([8]), e apesar da sua famosa afirmação, «Posso ter governado a Europa ocasionalmente, mas nunca a Áustria», restam poucas dúvidas de que desempenhou um papel extremamente importante, quer nos assuntos internos, quer externos do império. Metternich, de qualquer modo, era propenso a contradizer-se. Noutras ocasiões declarava: «Governo o ministério russo, tal como governo o da Áustria» ou «O imperador faz sempre aquilo que desejo, embora eu só deseje aquilo que ele deveria desejar»([9]). A verdade parece ser que, embora por vezes Metternich e Francisco discutissem, os seus pontos de vista acerca da maioria das questões eram muito semelhantes: ambos se horrorizavam com a mudança e ambos se empenhavam absolutamente na luta contra a Revolução e o *Comité Directeur* que pensavam controlá-la. Tal como observou o embaixador russo: «As políticas da Áustria baseavam-se na personalidade de Francisco e orientavam-se pelo espírito de Metternich»([10]). Ou como confessou o próprio chanceler: «O céu colocou-me junto a um homem que poderia ter sido criado para mim, tal como eu para ele. O imperador Francisco sabe o que quer e isso nunca diverge de modo algum daquilo que eu mais desejo»([11]). Questiona-se por vezes, contudo, por que motivo Metternich não fez mais pressão, de vez em quando, para levar a sua avante, sobretudo na política interna, em questões em que os dois homens se encontravam divididos. Existem várias explicações possíveis para tal: provavelmente Metternich sabia que era impossível Francisco alterar o seu estilo de governo; talvez ele próprio não tivesse suficiente determinação para perseguir os seus objectivos (de facto, esta falta de determinação foi frequentemente atribuída a um traço «feminino» do seu carácter que vários contemporâneos comentaram); talvez não acreditasse possuir o direito, num Estado monárquico, de exigir levar a sua avante em tudo. Torna-se muito difícil afirmar, porém, que uma ameaça de se demitir por parte de Metternich teria levado à sua demissão imediata. Em primeiro lugar, Francisco tinha simplesmente uma opinião demasiado elevada acerca do seu chanceler; por outro lado, sabe-se que Kolowrat ameaçou demitir-se em nada menos que vinte ocasiões. Esta parte da defesa talvez não seja, pois, tão forte como poderia parecer à primeira vista, embora não possa de modo algum ser rejeitada. Como governante absoluto, Francisco tinha sempre a última palavra e esta era quase sempre reaccionária.

Quanto à questão das fraquezas económicas e militares da monarquia, os defensores de Metternich encontram-se em terreno muito mais seguro. Kolowrat, para começar, controlava o erário da monarquia e, como constatámos, opunha-se à política de Metternich de «uma floresta de baionetas». De facto, descreveu o orçamento militar austríaco como «um escudo que vergava o cavaleiro com o peso»([12]) e fez certos esforços para reduzir as despesas militares onde fosse possível. Sentia-se ansioso por manter o orçamento da Áustria equilibrado (algo que apenas conseguiu uma vez, em 1829) e por reduzir a dívida do Estado, que era astronómica. Estava decidido, em suma, a reduzir a reputação da Áustria como representando um certo risco de crédito, reputação essa que se estabeleceu durante as Guerras Napoleónicas.

Em 1811, a monarquia tivera de declarar falência, contudo, e apesar disso tivera ainda de acumular enormes dívidas entre 1813 e 1815.

Nos anos seguintes, havia sido reposta alguma ordem nas suas finanças, mas durante a época de 1815-48, os juros anuais pagos sobre a dívida do Estado equivaliam aproximadamente a trinta por cento de toda a receita estatal. Embora, de acordo com um observador francês em 1846, as finanças austríacas se encontrassem ainda assim «num estado de prosperidade verdadeiramente notável»([13]) (vendo os números de 1840, calculou que a dívida pública equivalia a não muito mais do que um ano de receitas, caso se excluísse o fundo de amortização), este ponto de vista não era amplamente partilhado. Segundo Kolowrat entendia, o orçamento do exército durante a maior parte do período anterior a 1848 era responsável por cerca de quarenta por cento da receita governamental e era o maior item de despesa do governo. Em anos de crise, ou antes, de intervenção, aumentava extraordinariamente (tropas em pé de guerra recebiam salário duplo), com o resultado de que uma política activa ou intervencionista por parte da monarquia ameaçava sempre minar novamente a solvabilidade do Estado. A oposição do Tesouro às políticas que aumentavam o orçamento militar de cinquenta e cinco milhões de florins em 1819 para oitenta milhões em 1821, e de quarenta e seis milhões em 1830 para setenta e sete milhões em 1831, fora pois vigorosamente expressa. Stadion ficara arrepiado em 1824, ao descobrir que os custos da expedição a Nápoles tinham provocado um défice de trinta e cinco milhões de florins, que por sua vez tinham provocado a necessidade de um empréstimo de trinta milhões de florins. Nem tão-pouco a sua fúria esmoreceu ao saber que Metternich tivera de concordar com o pagamento parcial de um empréstimo britânico de quarenta milhões de florins que o governo britânico exigia agora, como forma de desaprovação. Durante a Guerra da Independência Grega, por conseguinte, Kolowrat, apesar das gabarolices de Metternich junto das potências, informara o príncipe Windischgraetz, mais tarde marechal de campo, que a Áustria, cujo orçamento militar em 1827 fora novamente reduzido para quarenta e oito milhões de florins, se encontrava «armada para a paz eterna»([14]). E prosseguiu: «Temos de fazer todo o possível para evitar hostilidades e só podemos rezar para que as pessoas não creiam nas nossas ameaças. As nossas esperanças assentam na divergência de interesses das três potências que se encontram neste momento tão pouco naturalmente unidas». Por outras palavras, no que a Kolowrat dizia respeito, o exército austríaco só deveria ser utilizado como último recurso. Metternich compreendeu as implicações de tal atitude e no fim da Guerra Russo-Turca exigiu que se investisse dinheiro em rearmamento. Mas Kolowrat replicou: «Se as autoridades militares ainda não conseguiram, durante um período de quinze anos de paz, apenas interrompido por uma breve campanha contra Nápoles e o Piemonte, colocar o exército e outros meios de defesa em estado capaz de defender a monarquia contra qualquer ameaça[...] começamos a temer que uma despesa militar que já ultrapassa os recursos financeiros da monarquia tenha até aqui sido insuficiente para cumprir a tarefa. Torna-se, assim, difícil responder à questão sobre como os trinta e oito a quarenta e seis milhões de florins anuais, cuja quantia agora se reconhece ser insuficiente para fins de defesa e para protecção contra ameaças internas, possam ter sido gastos»([15]). O exército, por outro lado, não tinha certamente dissipado os seus recursos. Tanto os oficiais como os soldados recebiam salários miseráveis e suportavam duras condições de serviço. E também não se podia acusar o mesmo de investir o dinheiro em acumulação de reservas: era frequente o exército ver o seu espaço de manobra limitado devido à escassez de reservas. Com efeito, de acordo com um especialista em estatística, o exército apenas sobrevivia economicamente em tempos de paz desmobilizando um terço a metade das suas tropas: «Em tempos de paz é habitual que um terço ou uma parte ainda maior dos homens fiquem de licença e que se mantenham apenas os indispensáveis ao serviço. Sobretudo os anos pacíficos de 1815-1829 permitiram uma utilização deste sistema, ocasionado por considerações económicas e industriais, de forma tão prolongada que nos anos de 1825, 1826 e 1828 quase metade dos homens se encontrava de licença»([16]). O exército, de facto, encontrava-se tão esgotado, desmoralizado e mal comandado que quase não podia ser considerado apto para a batalha. Assim, quando Metternich em 1831 convidou o arquiduque Carlos para comandar as forças imperiais contra a França, este deixou bastante claro na sua resposta que nem o estado financeiro do império nem as condições do exército o garantiriam. O próprio imperador tinha consciência disso. Quando Radetzky lhe perguntou porque não houvera guerra contra França, Francisco declarou: «Montei um acampamento este ano perto de Münchendorf em que as minhas tropas se revelaram tão más e apáticas que os Prussianos exprimiram o seu desagrado. Reconhecemos, pois, Luís Filipe como rei de França, ao mesmo tempo que a Inglaterra. Só, eu nunca poderia empreender a guerra»([17]). Radetzky foi enviado para Itália para ali reformar o exército, mas apesar de uma série de medidas que introduziu e apesar da existência de mitos consideráveis, há poucos indícios de que tenha obtido grandes resultados. De qualquer modo, os seus esforços para consolidar a posição contra a ameaça emergente do Piemonte antes de 1848 também foram arruinados pelo controlo do Tesouro. O imperador informou o presidente do Conselho Imperial de Guerra no final de Fevereiro de 1848: «De futuro, nenhuma proposta que implique mais despesas financeiras me deve ser apresentada antes da obtenção de um acordo preliminar com a presidência do Tesouro»([18]). Radetzky foi informado, ao mesmo tempo, que só receberia mais tropas se «uma rebelião importante» já tivesse surgido na Lombardia ou se os Franceses ou os Sardos atacassem. E isto apesar do facto de a estratégia do marechal de campo se basear em atacar primeiro o inimigo. Entretanto, os Russos desesperavam de tal modo com a Áustria que o czar escrevera ao seu cunhado, o rei da Prússia, exortando-o: «Caro amigo, sê o salvador da Alemanha»([19]). Metternich estava, pois, a dirigir a política externa de um império cujas fraquezas financeiras arruinavam seriamente a sua capacidade para assegurar os seus interesses e defesas, uma situação que se agravou ainda devido ao baixo moral das suas forças armadas: os comandantes-gerais eram considerados de fraca qualidade; as manobras de Radetzky debilitavam as tropas; havia cada vez mais casos de suicídio e indisciplina nas fileiras (frequentemente ocasionados pelos terríveis castigos infligidos aos homens); e, por último, mas não menos importante, havia o problema colocado pela questão da nacionalidade. Qualquer alusão a esse assunto era geralmente condenada como uma «violação da honra militar»([20]), mas o próprio Radetzky escreveria para Viena no final de 1847 acerca das suas tropas italianas: «Não devemos esperar mais delas do que seria sensato, sobretudo quando são obrigados a lutar contra os próprios compatriotas. Não há dúvida de que estas tropas se encontrarão sujeitas a qualquer espécie de influências e estarão tentadas a desertar; se a sorte da guerra se virar contra nós na primeira batalha, então não responderei pela sua lealdade; tal experiência nem sequer seria surpreendente; é tão antiga como a própria história»([21]).

Contudo, apesar dessas fraquezas, Metternich conseguiu exercer uma influência considerável, se não exactamente liderança ou hegemonia, numa grande parte da Europa. Para tal contribuiu o facto de muitos soberanos e líderes da Europa, à semelhança dele, terem idade suficiente para se recordarem da época da Revolução Francesa e de Napoleão. Isso constituiria uma desvantagem em 1848, altura em que a maioria destes perderia a audácia, mas até então constituía uma vantagem. O receio da revolução mantinha-os em colaboração e Metternich podia jogar com tais receios. As revoluções em Espanha e Nápoles em 1820, por exemplo, para não mencionar a revolta dos guardas imperiais de Semenovskii, fizeram com que o czar Alexandre I abandonasse o seu chamado liberalismo e fosse a correr para Metternich, como «um aluno para junto do professor»[22], enquanto o seu irmão, Nicolau I, em 1833, após as revoluções de 1830 utilizou a expressão: «Vim colocar-me sob o comando do meu chefe». E acrescentou: «Espero que me dê um sinal quando eu cometer um erro»[23]. Metternich teve muita sorte por tudo se passar assim, pois este receio geral da revolução e das facções permitiu-lhe apregoar os seus pontos de vista acerca da solidariedade monárquica a um público já convertido. Permitiu-lhe também, apesar das fraquezas da Áustria, tornar-se o porta-voz da causa conservadora na Europa. Paradoxalmente, até pode ter sido que as próprias fraquezas da monarquia funcionassem a favor de Metternich. Em si própria, esta não constituía ameaça a nenhum outro poder; como Estado supranacional e absolutista, mal podia tolerar o nacionalismo ou o liberalismo; era também claramente um Estado territorialmente saturado. Daí que as constantes súplicas de Metternich para que os direitos dos tratados fossem respeitados, para que houvesse conselho diplomático antes de recorrer à força, para respeitar as reivindicações de ordem e tradição, fossem obviamente sinceras. Tinham de ser. Os interesses vitais da monarquia exigiam paz e solidariedade monárquica. Metternich, com efeito, considerava o império como um microcosmo europeu: um sistema no qual coexistia uma variedade de nacionalidades no seio de um enquadramento monárquico baseado na hierarquia social e no Estado de Direito. Colocada no centro do continente, era ainda uma «necessidade europeia», o exacto eixo do equilíbrio de poder. Daí, como declarou a Wellington em 1824, a Europa ser como uma «pátria» para ele. Com isto, ele queria apenas dizer que enquanto aristocrata seria capaz de se integrar na sociedade aristocrática de qualquer parte da Europa, enquanto como ministro da dinastia de Habsburgo podia, pelos motivos supracitados, identificar os interesses da Europa com os da monarquia de Habsburgo.

O seu europeísmo, por outro lado, tem sido contestado por Schroeder[24] como um pretexto para o interesse pessoal da Áustria. O próprio Metternich mal seria capaz de compreender a diferença. Certamente que teria rejeitado o argumento de Schroeder de que ao abandonar a Grã-Bretanha em Troppau em 1820, ele abandonara a solidariedade europeia. Tal solidariedade, teria alegado, era mais bem demonstrada na resistência à revolução. Mas queixou-se: «Com uma França e uma Inglaterra assim, como poderá esta resistir?»[25]. Para ele: «Na Europa existe apenas uma questão de alguma importância, que é a revolução»[26]. A Europa constituía uma ordem política e social que tinha de ser protegida contra a revolução. Se os Britânicos não estavam dispostos a participar, então eram estes que tinham abandonado a Europa. Não fazia muito sentido abandoná-la também apenas por causa das conferências diplomáticas. Tal como declarou a Apponyi: «[...] desde que o liberalismo levou a melhor em França, e Inglaterra, este tipo de reuniões começou a degenerar, uma vez que se trata de uma tentativa de compromisso entre a constituição da Direita e a constituição da Esquerda e estas duas forças anulam-se uma à outra, mutuamente»[27]. Roy Bridge, por outro lado, alegou que até a nível factual Schroeder se engana a respeito dos acontecimentos em Troppau: «Em termos de questões práticas do quotidiano, a comunhão de interesses fundamental entre a Grã-Bretanha e a Áustria não fora minimamente afectada [...] os observadores britânicos tinham, afinal, ido para Laibach; Castlereagh não fizera nada para impedir o avanço da Áustria em Nápoles; e no Piemonte, repelira friamente a crítica francesa a Metternich. Quando surgiu a Questão Grega, no Verão, surgiu também a comunidade de interesses anglo-austríaca [...]»[28]. Foi Canning e não Metternich quem tornou a ruptura irreparável.

Com a Inglaterra a abandonar a luta contra a revolução, e a França para sempre condenada como pátria da mesma, a diplomacia de Metternich tornou-se cada vez mais dependente do apoio russo. A Rússia era de longe a mais poderosa das potências europeias, apesar das suas fraquezas administrativas e económicas. Aquilo que o czar sonhava durante a noite, escreveu Gentz, podia realizar de manhã. Este poder fora a maior fonte de inquietação de Metternich antes da conversão à reacção de Alexandre I. Entre 1825 e 1833, o chanceler nutriria inquietações semelhantes a respeito de Nicolau I. Afinal, se a Rússia decidisse destruir o Império Otomano, a Áustria acabaria por se tornar um

Estado-cliente dos czares ou por entrar em guerra com estes. A revolta grega oferecia a Nicolau uma ocasião perfeita para atacar a Turquia, e após a batalha de Navarino, talvez este até se tenha sentido tentado a explorar a sua posição. Nesselrode declarou: «Que dirá o nosso amigo Metternich acerca deste grande triunfo? Repetirá os seus velhos princípios vezes sem conta e falará sobre direitos»[29]. Ao que Metternich replicou: «Carnot, Danton e outros como eles pensaram e disseram o mesmo. Mas apesar disso, foram os velhos e aborrecidos princípios que os eliminaram»[30]. Nicolau não tinha, de facto, grande amor aos Gregos, a quem considerava como rebeldes, nem desejava minimamente destruir o Império Otomano. O seu próprio império, pensava ele, já era demasiado grande e uma Turquia debilitada, segundo entendia, fornecia uma melhor garantia à segurança russa do que um Império Otomano reformado ou uma divisão daquele Estado entre as principais potências europeias. Afirmou repetidamente não ter pretensões territoriais sobre outros Estados, mas tornou igualmente claro que os seus próprios territórios não deviam ser ameaçados, que nenhuma outra potência deveria dominar os Balcãs e que o acordo polaco de 1815 não devia ser anulado. As suas políticas, de facto, eram as mesmas de Metternich: preservar a paz e os tratados de 1815. Quando tudo isto ficou decidido em 1833, em Munchengraetz, Metternich declarou: «Ilibamos a Rússia de quaisquer intenções de agressão a respeito do Império Otomano»[31]. Metternich, em consequência disto, pôde, como alegou Engel-Janosi, fazer da Europa Ocidental a sua principal preocupação e passar a maioria do seu tempo a tentar separar (ou manter separadas) a Grã-Bretanha e a França[32].

A solidariedade das chamadas «Cortes do Norte» (Áustria, Prússia e Rússia) constituiu um aspecto marcante do período que se seguiu a 1833. E não era apenas o receio da revolução o seu único fundamento. Também estavam envolvidos laços de família e a solidariedade monárquica. Frederico Guilherme III da Prússia era sogro de Nicolau, Frederico Guilherme IV seu cunhado. Os monarcas prussianos, por sua vez, tinham grande estima por Francisco I da Áustria, como último imperador do Sacro Império Romano, e embora Frederico Guilherme pensasse que a Prússia tinha reivindicações especiais sobre o comando militar da Alemanha, nos seus sonhos de um novo Império Germânico partiu automaticamente do princípio de que a coroa imperial deveria pertencer aos Habsburgos. Também Nicolau tinha uma relação especial com a Áustria após 1835, quando Francisco I, antes da sua morte, obteve uma promessa especial da parte do czar de que este protegeria os interesses do seu filho e sucessor, fraco de espírito, Fernando. Nicolau, que se sentia chocado com as incapacidades físicas e mentais de Fernando, ficou satisfeito por prestar esse favor. Foi, com efeito, acusado de ingenuidade face aos monarcas estrangeiros. Segundo Norman Rich, por exemplo: «Entre as suas fraquezas como diplomata estava a sua predilecção por lidar directamente com outros monarcas ou seus representantes, a confiança em que poderia resolver seriamente os problemas internacionais mais complicados através desta diplomacia pessoal e a crença de que podia confiar nos outros monarcas, tal como julgava que estes confiavam nele»([33]). Eis o motivo pelo qual Nicolau levou o compromisso de proteger Fernando muito a sério. Além disso, tal como Metternich, considerava a monarquia de Habsburgo como uma necessidade europeia, ou, como Nesselrode escreveu num memorando de 27 de Junho de 1848: «O vazio que o seu desaparecimento criaria seria tão extraordinário e a dificuldade em preenchê-lo tão grande, que deveria prosseguir ainda por muito tempo, uma vez que não haveria nada que pudesse ser colocado em seu lugar»([34]).

Considerando o domínio russo no Oriente, a maior influência de Metternich exercia-se sobre a Itália e a Alemanha. O acordo de Viena tornara a monarquia a potência dominante em ambas as regiões e Metternich tinha, assim, maior liberdade para praticar o que apregoava sobre ambas. Em Itália começou com uma série de grandes vantagens: posse da Lombardia-Véneto; ligações dinásticas aos ducados italianos centrais; a fragmentação da península em vários Estados fracos; os tratados que os aliavam à Áustria; e a sua dependência da economia austríaca. Além disso, existiam certos factores intangíveis: um receio comum da revolução por parte dos soberanos italianos; o receio do domínio francês; e a reputação da Áustria como boa governante. Em Itália, a Áustria podia realmente apresentar-se como modelo a ser seguido pelos soberanos: a sua administração na Lombardia-Véneto era, de comum acordo, o governo mais eficiente da península; os seus sistemas judiciário e educativo eram os mais avançados de toda a Itália; e o padrão de vida de que gozavam os seus súbditos reflectia a economia mais desenvolvida dos Estados italianos.

Metternich, com efeito, era constantemente obrigado a incentivar os soberanos italianos a fazer reformas. O estado caótico da administração dos Estados Pontifícios e de Nápoles, sobretudo, estava em contradição com esta crença num governo eficiente e centralizado. Pior ainda, debilitava a luta contra a revolução precisamente na parte da Europa em que as facções se sentiam mais à vontade. Assim, Metternich aconselhou o papa a criar uma administração centralizada e organizada de modo eficiente, dirigida por uma burocracia profissional recrutada entre homens de talento; um sistema legal sem a confusão, a desigualdade e a desumanidade do Antigo Regime, e que incorporasse o princípio da igualdade perante a lei e uma certa garantia de direitos iguais contra procedimentos arbitrários; um sistema financeiro capaz de fornecer receitas adequadas sem sobrecarregar os contribuintes; e uma polícia e um exército capazes de manter a ordem interna. Semelhante conselho foi dado a outros soberanos, tendo sido implementado um programa no Congresso de Laibach destinado a obrigar todos os Estados italianos a reorganizar a sua administração sob a vigilância austríaca. Contudo, os seus esforços não foram bem-sucedidos e, na realidade, ele nunca esteve perto de alcançar nenhum destes objectivos.

Os motivos para tal são simples. Para começar, havia uma certa desconfiança da Itália em relação à Áustria. Tal não se devia – como alegaram alguns italianos – ao facto de Metternich ter pretensões sobre o território italiano. O chanceler resistiu a pressões para anexar parte do Piemonte em 1821 e parte dos Estados Pontifícios, dez anos mais tarde. Havia, porém, uma resistência xenofóbica à Áustria em Itália, que ele exacerbava pela sua tendência constante para dar sermões aos governantes italianos e por insistir em que os seus conselhos fossem seguidos. Além disso, os seus esforços para negociar tratados postais, que levariam todo o correio italiano a ser inspeccionado pela Áustria, e as suas tentativas para estabelecer uma Liga Italiana semelhante à Confederação Germânica sob presidência austríaca criaram ressentimentos por parte dos príncipes, que não se opunham a uma intervenção contra a revolução, mas que protestavam veementemente contra qualquer usurpação dos seus legítimos direitos como soberanos. Assim, os mesmos príncipes que se sentiam bastante satisfeitos em ignorar a reforma na firme consciência de que a Áustria interviria para os salvar caso sucedesse o pior, repeliam as tentativas do chanceler para coordenar a luta anti-revolucionária que este empreendia em seu nome. O próprio Metternich desesperava com frequência. Assim, embora estivesse determinado em intervir em Nápoles em 1820, cerca de 1847 sentia-se muito mais relutante em sacrificar-se pelos Napolitanos. Considerando a reacção da Sardenha e dos Estados Pontifícios à «ocupação» de Ferrara por parte de Radetzky em 1847 – algo que Metternich inicialmente apoiara[35] – o chanceler achou melhor esperar que a revolução chegasse à Lombardia e ao Véneto antes de ordenar a Radetzky que a esmagasse. Contudo, durante a maior parte do período de 1815-48 a Áustria manteve a situação italiana praticamente sob seu exclusivo controlo[36].

Na Alemanha, a tarefa de Metternich era ao mesmo tempo mais fácil e mais difícil. Era mais fácil graças à organização da Confederação Germânica que podia passar toda a espécie de legislação repressiva em nome dos Estados germânicos, como um todo; por outro lado, a consciência nacional mais desenvolvida dos Alemães e o aumento de instituições representativas e constitucionais, especialmente nos Estados do Sul da Alemanha, significava que a oposição aos seus princípios se tornava muito mais nítida e mais difundida.

Metternich considerava a Alemanha de modo muito semelhante ao que considerava a Itália – como «expressão geográfica». Referia-se sempre à Confederação Germânica, de modo significativo, como uma instituição «europeia» – não germânica – e declarava que tanto a Áustria como a Prússia eram potências europeias que por acaso faziam parte da mesma, muito à semelhança do modo como os reis da Holanda e da Dinamarca se encontravam representados nesta através do Luxemburgo e do Schleswig-Holstein. A própria Confederação, de qualquer modo, não tinha poderes. A Áustria e a Prússia trataram da questão antecipadamente, utilizando Metternich a Confederação o mais possível como um simples organismo através do qual alargava as suas políticas repressivas pela Alemanha. A Prússia, por seu lado, contentava-se em seguir a Áustria nestas questões e até procurava os conselhos de Metternich acerca de reformas constitucionais. Como seria de prever, este aconselhou o monarca prussiano a não estabelecer um parlamento central e a castrar os poderes das dietas locais que o rei infelizmente já prometera. Este conselho foi devidamente seguido e, em 1828, só muito poucas dietas debilitadas foram estabelecidas no interior da Prússia. O liberalismo germânico recebera um golpe orgânico.

Inicialmente, parecia que as políticas de Metternich conseguiriam fazer da Alemanha uma parte integrante do seu sistema, estabelecendo o controlo austríaco na vida política da região, através dos habituais métodos de Metternich. Os decretos de Karlsbad de 1819 – aprovados pela Confederação após o assassínio de Kotzebue – estipulavam que os professores universitários considerados politicamente duvidosos deveriam ser demitidos e que as associações de estudantes deveriam ser dissolvidas; uma lei da imprensa concedia aos governos poderes para controlar todas as publicações de menos de vinte páginas; e estabeleceu-se uma comissão de investigação central da Confederação para investigar movimentos e distúrbios revolucionários. Em seguida, através da Acta Final do Congresso de Viena do ano seguinte, o 13.º artigo da Confederação foi alterado (dava poderes aos Estados-membros para conceder constituições) através de uma declaração para o efeito, passando a declarar que todo o poder soberano de um Estado-membro se devia unir apenas à chefia do Estado e que as dietas locais podiam aconselhar os soberanos apenas até um certo ponto. Estas disposições, por fim, foram reforçadas pelos Seis Actos de 1832 que, em consequência das revoluções de 1830, reconfirmaram as disposições de 1820 e estabeleceram uma comissão para determinar até que ponto as dietas das províncias já tinham usurpado os poderes soberanos. Foi como consequência das descobertas desta comissão que muitas dietas e universidades foram de facto encerradas. Quando as potências ocidentais se opuseram a tal, os decretos da Conferência de Ministros de 1834 estabeleceram uma censura e uma rede de espionagem ainda mais repressivas.

O sistema de Metternich na Alemanha foi, porém, minado por dois desenvolvimentos. O primeiro foi imprevisível e o segundo inevitável. Em primeiro lugar, os esforços da Prússia para consolidar os seus territórios em breve levaram à criação da *Zollverein*, ou União Aduaneira, e em segundo, as crises de guerra de 1830 e 1840 demonstraram a crescente incapacidade da Áustria para defender a Alemanha contra a França.

Como consequência do acordo de 1815, a Prússia assegurara o controlo das principais vias navegáveis e rotas de comércio da Alemanha. Para explorar a sua posição e consolidar os seus territórios, criou uma união aduaneira prussiana em 1819. Esta *Zollverein* começou por abranger uma região habitada por apenas cerca de 10 000 000 alemães, mas muito rapidamente os vizinhos mais pequenos da Prússia se viram forçados a aceitar a tarifa prussiana até, cerca de 1833, a maior parte da Alemanha ter sido absorvida pela união. A ameaça aos interesses da Áustria que estes acontecimentos representavam fora compreendida por Metternich, que fizera os possíveis para frustrar o sucesso prussiano. Porém, foi em vão. A indústria austríaca não era suficientemente competitiva para permitir que a monarquia aderisse. E as uniões aduaneiras rivais – as do Centro e do Sul da Alemanha – acabaram por aderir ao sistema prussiano. Metternich avisou o imperador de que se estava a desenvolver um «estado dentro de um estado» da Confederação e que a Prússia podia aproveitar esta situação «para debilitar a influência da Áustria» na Alemanha e «fazer com que a Áustria parecesse um país estrangeiro»([37]). Previu: «[...] os laços que unem a Áustria aos outros Estados da Confederação Germânica irão afrouxando gradualmente e por fim desfar-se-ão inteiramente, devido a esta barreira [...] e às maquinações que tendem a alterar uma separação material para uma separação moral e política»([38]). A sua contra-estratégia, no entanto, nomeadamente construir um sistema de comércio rival que ligasse a Alemanha ao Adriático através da Áustria e do Norte da Itália, nunca obteve grande sucesso.

No seu memorando ao imperador, Metternich utilizou estas palavras: «Sem a Áustria, a Alemanha é incapaz de enfrentar os perigos externos; sem a cooperação de toda a Alemanha, a Áustria não consegue encontrar meios para desenvolver o seu poder». Contudo, apenas a segunda metade desta declaração era verdadeira. Pois, quando em 1830 pareceu provável haver uma guerra com a França, a Áustria pôde contrapor a oferta de duzentos e cinquenta mil homens da Prússia apenas com cento e setenta mil. Do mesmo modo, em 1840, quando mais uma vez a guerra parecia iminente, foi a Prússia que tomou a liderança. Por fim, foi dado a entender aos Alemães que os estrategas austríacos encaravam a hipótese de uma retirada perante os Franceses no Sul da Alemanha, se e quando ocorresse uma guerra. Não será, pois, de surpreender que, aquando da eclosão de uma revolução em Paris em 1848, tenha sido a Prússia e não a Áustria que a Rússia incentivou a defender a Alemanha do ataque. Porém, estas fraquezas potenciais da posição austríaca não se tornaram fatais até aos anos 1860([39]). Além disso, os supostos benefícios diplomáticos acrescentados à Prússia pela *Zollverein* sempre foram bastante exagerados (foi abandonada pela maioria dos seus membros, tanto em 1850 como em 1866) e até List, o economista alemão que era o principal porta-voz do proteccionismo na Alemanha, rejeitou as vantagens políticas que esta deveria criar para a Prússia. Quanto à relativa fraqueza militar da Áustria, isso, como é evidente, nunca foi provado antes de 1866, e em 1850 pareceu ficar desacreditado. Assim, nenhum destes factores deveria contar muito para o descrédito de Metternich. No ponto em que tudo se encontrava, o veredicto de Engel-Janosi parece aceitável: «Metternich esforçou-se, durante o período de cooperação entre a Áustria e a Prússia, para aplanar todas as possíveis fontes de aborrecimento entre os dois Estados, com inteligência e tacto. Considerou as sensibilidades dos Prussianos a respeito da política germânica e evitou pressioná-los através de votos dos Estados ou reinos germânicos mais pequenos da Dieta Federal em Frankfurt. Tinha sempre o cuidado de fazer com que Berlim e Viena chegassem a acordo sobre questões importantes antes de serem apresentadas perante a Dieta. Uma vez que o seu interesse se centrava mais no problema europeu como um todo do que no problema germânico, dado que os seus receios se prendiam com a questão social (em 1849 ele considerava-se mais um socialista do que um político), Metternich ficou satisfeito por neste período a Prússia ter assumido a posição predominante no Norte da Alemanha»[40].

Em relação à Grã-Bretanha e à França, Metternich possuía muito pouco espaço de manobra. Só podia acalentar explorar as suas diferenças, bem como os seus receios da revolução. Felizmente, do seu ponto de vista, nas décadas de 1830 e 1840 estas duas potências liberais descobriram muito por que disputar, de modo que a Quádrupla Aliança de 1834 entre a Inglaterra, França, Espanha e Portugal, por exemplo, nunca se chegou a desenvolver num domínio ideológico real com qualquer coerência. De facto, a propósito da Bélgica, Espanha e até do Taiti, as duas potências quase entraram em guerra e revelou-se possível, durante uns anos, após a disputa entre estas sobre os casamentos espanhóis de 1846, que Metternich cooperasse com Guizot a respeito da guerra civil na Suíça. Palmerston, por outro lado, nunca se deixou persuadir pelas lamentações de Metternich: «Se pelo menos Metternich deixasse um pouco as pessoas em paz», escreveu, «descobriria que a sua colheita de revoluções, que está a fomentar com tanto cuidado, em breve desapareceria na origem»[41]. Daí a sua pouca influência em Londres. Em Paris, por outro lado, reivindicava possuir uma arma secreta. Declarou pelo menos a um embaixador que estava a chantagear Luís Filipe e que em último recurso, por conseguinte, nunca teria problemas com ele. Talvez fosse por isso que a França se tivesse aborrecido com a natureza anormalmente derrotista da política externa orleanista. Mas essa questão terá de ser investigada([42]). Certamente que muitos embaixadores estavam dispostos a acreditar em praticamente tudo o que Metternich lhes dizia e, apesar dos já referidos gracejos sobre a sua honestidade, havia muitos mais diplomatas que o consideravam o perfeito modelo da sua profissão. A sua diligência e habilidade de negociação eram universalmente admiradas, bem como a sua experiência e conhecimentos ímpares. Berthier de Sauvigny, contudo, fornece um exemplo muito divertido de um embaixador russo que imitava de tal forma o modo afectado como Metternich se exprimia, quando discutia com este, que o chanceler sentiu haver motivos para se queixar([43]). Não que se apercebesse de que estava a ser parodiado. Estava simplesmente a ficar aborrecido. No entanto, o próprio Metternich confessou noutra ocasião que era capaz de aborrecer as pessoas de morte([44]).

Até que ponto era, então, Metternich bem-sucedido como diplomata? Como constatámos, é certamente possível defender que ele era irrelevante e aborrecido. E não há dúvida de que o papel que tinha a desempenhar era tão fraco como o descrito por Gentz em 1818: «[A Áustria] reduziu os seus recursos militares para além dos limites e proporções que a prudência permite. Negligenciou o seu exército em todos os aspectos [...] as suas finanças estão a recuperar aos poucos [...] mas isso não faria com que fosse mais fácil que ela enfrentasse os custos de uma autêntica guerra. Não teria liquidez, os impostos de emergência não pagariam metade de uma campanha, as fontes de crédito secaram por muito tempo, e ninguém, a partir de agora, pode contar com os subsídios britânicos. Por conseguinte, tudo se conjuga para vincular a Áustria a um sistema pacífico»([45]). Contudo, apesar destes factores, torna-se difícil negar que Metternich estabeleceu o modelo de toda uma época de diplomacia europeia. Ao apregoar a inviolabilidade dos tratados (e é visível que a sua reputação declinou após a anexação da Cracóvia, em 1846, quando Nicolau I da Rússia o obrigou a quebrar os tratados de 1815 para fazer tal anexação) e a necessidade de romper a ordem política e social contra todas as contestações, tornou-se o Robespierre da Reacção, o porta-voz de todos os que não aceitavam a revolução nem a democracia. Como chanceler austríaco, pode não ter possuído os meios para alcançar todos os seus objectivos políticos, porém torna-se difícil negar o facto de que a Europa do seu tempo se aproximava mais dos seus ideais do que dos ideais dos democratas ou dos constitucionalistas. A sua proeza foi evidentemente negativa: a sua influência sobre a Alemanha e a Itália era tão forte que as pessoas acreditavam que a Santa Aliança significava realmente algo. Talvez nem nestes países tenha conseguido controlar os acontecimentos, no entanto, o seu apelo sistemático a que os governos monárquicos fortes cooperassem de modo a preservar um *status quo* aristocrático significava que ele se identificou, na opinião dos seus contemporâneos de um modo geral, com a sobrevivência do Antigo Regime. As suas políticas nunca se modificaram; os seus princípios nunca se alteraram. Ele era uma fortaleza de ordem, proclamava, e mesmo em 1848, na escadaria do Museu Britânico, o velho ideólogo ainda informava o seu companheiro de exílio, Guizot, de que nunca lhe passara pela cabeça que poderia estar enganado. Todavia, a sua reputação permanece menos elevada junto dos que simpatizam com a sua resistência inflexível ao liberalismo do que junto dos que admiram a sua capacidade de preservar o equilíbrio de poder europeu. O seu sucesso em converter Alexandre I da Rússia à causa conservadora após a queda de Napoleão é posto em contraste com o fracasso de Roosevelt e Churchill em converter os Soviéticos do mesmo modo, após a derrota de Hitler em 1945. Em parte, isto é história da Guerra Fria – suspeita-se que alguns admiradores de Metternich são igualmente incapazes de distinguir entre o liberalismo e o comunismo – porém, o paralelismo não deixa de ser algo esclarecedor. Pode certamente ser defendido contra críticas mais específicas – apoderar-se de território italiano em 1815; consentir numa restauração dos Bourbons em França; não se opor mais energicamente à Rússia no Leste; ou não oferecer mais apoio a Luís Filipe. Estas críticas caem inteiramente por terra, à luz das alternativas possíveis. Se a Áustria se tivesse recusado a apoderar-se da Lombardia-Véneto, não teria a França dominado a Itália? Talvez pudesse ter sido concedido mais apoio a Luís Filipe, mas se fosse esse o caso, quanto e a que preço? Uma regência bonapartista poderia ter contribuído realmente para preservar a paz da Europa? E com que armas devia a Áustria combater os Russos, que afinal eram os mais poderosos apoiantes da reacção na Europa? De acordo com a sua perspectiva, torna-se, pois difícil, compreender onde foi que Metternich errou.

Contudo, subsistem algumas dúvidas. Considerando as suas capacidades diplomáticas, considerando que este aproveitou muito bem fracos recursos, considerando a grande parte de sorte de que usufruiu graças às políticas seguidas pela Rússia, não se terá ele limitado a fomentar problemas para o futuro, como alegaram Palmerston e tantos dos seus contemporâneos, devido à sua obsessão com a revolução e a recusa em colocar a hipótese de fazer reformas? Para responder a esta questão, temos de considerar não só a sua política externa, mas também a sua posição nos assuntos internos da monarquia.

Metternich e a política interna

Metternich acreditava, como é evidente, que o único sistema de governo adequado era a monarquia, e por monarquia queria dizer a pura e não o ramo constitucional. Este último poderia ser aceitável na Grã-Bretanha após séculos de adaptação, mas até aí Metternich desconfiava dele. Em França, considerava-o simplesmente como uma frente da revolução. Assim, quando falava sobre a monarquia, queria dizer uma monarquia em que alguém governasse. Considerava um soberano que não exercesse a soberania uma contradição. Por outro lado, não apoiava a monarquia arbitrária, considerada um fenómeno oriental. Um soberano tinha de ser aconselhado e seguir práticas ordenadas de governo. Tinha de manter as leis e a ordem social e, evidentemente, as leis de Deus. Se não queria perder o respeito, teria de demonstrar a sua capacidade para exercer justiça, bem como a sua autoridade. Na prática, isto significava que deveria haver um soberano poderoso cujos desejos, estabelecidos em consulta com outras pessoas, deveriam ser aplicados por um funcionalismo público central organizado e judiciário. Tal era o sistema de severo paternalismo que Metternich teria gostado de ver prevalecer na Europa em geral.

No próprio Império Habsburgo havia muitos obstáculos na via para o alcançar. Para começar, Francisco I – e foi monarca até 1835 – tinha pouca simpatia por um governo organizado. Faltava um rumo à sua administração central, apesar da sua interferência pessoal até nos mais pequenos assuntos administrativos. Por fim, havia o problema das personalidades, que se agravou após a ascensão do deficiente mental Fernando I e do estabelecimento da *Staatskonferenz* como um conselho de regência *de facto*. O resultado foi que Metternich, durante quase todo o tempo do seu serviço, se sentiu insatisfeito com o modo como o império era governado. Queixava-se de que «o império não tinha um governo», ou antes, um que funcionasse([46]). A sua expressão favorita era a de que ele era «administrado» em vez de «governado».

Alega-se por vezes que Metternich esperava melhorar as coisas «federalizando» a monarquia. Contudo, embora seja certamente verdade que em 1817 ele tenha esboçado planos para uma reforma da administração, é extremamente duvidoso que estes se destinassem realmente a delegar poderes para longe do centro. Pelo contrário, esses planos destinavam-se a justificar e aumentar a eficiência dos poderes do governo central. A teoria de que Metternich desejava sinceramente delegar poderes é, em todo o caso, um produto da história da Guerra Fria, na realidade. Esta ideia começou por ser apresentada com grande destaque na década de 50 pelos críticos da América que admiravam a sua defesa da Europa contra a esquerda e que o consideravam como uma espécie de John Foster Dulles do século XIX, a refrear a maré da revolução vermelha de então. Por exemplo, Peter Viereck escreve em 1951, defendendo que Metternich em 1817 «aconselhara vivamente instituições mais livres para o resto do império, com um parlamento embrionário, que, uma vez iniciado, teria inevitavelmente assumido um poder de governação cada vez maior. Talvez a Europa Central até pudesse ter seguido a rota evolutiva da Inglaterra em 1832, rumo a uma sociedade mais livre em vez da rota revolucionária de 1848 e 1918. Os seus planos (resumidos a partir de dois memorandos diferentes de 1817) incluíam um "órgão deliberativo de notáveis", parcialmente eleito nas dietas das províncias e parcialmente designado para representar o país em "controlo do orçamento e de todas as leis". É previdente, em vista das revoltas eslava e italiana que destruiriam a monarquia, o seu plano de constituições separadas e chanceleres separados para as principais minorias nacionais, protegendo-as da opressão da germanização»([47]). Este tema foi ainda mais reforçado em 1963, com a publicação da obra de Arthur G. Haas, *Metternich, Reorganisation and Nationality, 1813-1818*([48]) que, fundamentado como estava em investigação de arquivo, parecia confirmar a interpretação reavaliadora dos memorandos de 1817 a que Viereck aludira. Haas baseou a maioria das suas conclusões em documentos referentes à Lombardia-Véneto, embora a obra também tratasse da Ilíria, um tema que ele desenvolveu noutra parte([49]). Segundo o autor, Metternich em 1817 tentara «transformar a monarquia, tão fortemente abalada, numa união interiormente estável e equilibrada de Estados constituintes com direitos iguais», algo que constituía um «exemplo notável de perspicácia e inteligência de estadista»([50]). O trabalho de Haas foi bem acolhido por uma série de especialistas, como o Professor Berthier de Sauvigny em França, por exemplo, o qual escreveu numa recensão que fora objectivo de Metternich «reorganizar a turbulenta nação húngara, equilibrando-a e rodeando-a de outras entidades dotadas dos mesmos privilégios e competências»([51]). O historiador húngaro Erzsébet Andics afirmaria mais tarde exactamente o oposto, nomeadamente que «um dos objectivos fundamentais [...] das propostas de Metternich era, de facto, retirar à Hungria os seus antigos direitos; mas não para dotar outros povos com direitos semelhantes»([52]), porém, durante muitos anos, não se fez mais nenhuma análise dos memorandos de 1817 do chanceler. A minha conclusão pessoal, quando os reexaminei para um artigo de uma *Festschrift* para A. J. P. Taylor([53]), foi a de que Haas se enganara redondamente. Longe de desejar federalizar a monarquia, achei que os indícios demonstravam que Metternich pretendera centralizá-la, mas tentara fazê-lo por detrás de uma fachada constitucional, que teria parecido dar voz aos interesses locais. E concluí: «A sua função essencial, no fim de contas, era criar uma ilusão de poder em nome da Áustria nos assuntos internacionais. Não será de surpreender que fosse igualmente tentado a equilibrar a aparência com a realidade, nos assuntos internos. Se estivesse vivo, hoje, diverti-lo-ia constatar o efeito duradouro do seu método»([54]). Que ele não era um liberal inconfesso constata-se pelo papel que desempenhou e pelas políticas que seguiu em relação aos assuntos internos da Áustria.

Já nos referimos às relações de Metternich com Francisco I e a sua insatisfação pelo modo como o governo era dirigido. O problema era que Francisco contava com o chamado *Kabinettsweg*. Isso significava que o monarca encomendava relatórios sobre aquilo que o interessasse – muitas vezes assuntos muito triviais –, fosse a quem fosse, sendo, frequentemente, que estes eram complementados por mais relatórios, que no seu conjunto lhe podiam levar anos a ler, literalmente, e que passassem também anos antes de tomar decisões sobre os mesmos. O próprio Metternich se queixou de que os seus memorandos de 1817 permaneceram na gaveta da secretária de Francisco I até 1835, com o imperador ainda incapaz de agir de acordo com os mesmos. Assim, não é de surpreender que o chanceler desejasse dar alguma ordem e regularidade aos processos decisórios da monarquia. É evidente que não pretendia de modo algum minar o direito do seu soberano de exercer a soberania, mas desejava que este exercesse essa soberania com eficiência.

Basicamente, o sistema que Metternich teria gostado de elaborar para a monarquia, e que de facto recomendou noutros locais, era que o governo deveria consistir em primeiro lugar de um conselho para aconselhar o imperador (ou seja, um *Staatsrat*, ou, caso se acrescentassem alguns representantes das dietas locais para lhes dar uma aparência de influência, um *Reichsrat*)([55]). Este teria um papel meramente consultivo. Por outras palavras, apenas aconselharia em questões que lhe fossem apresentadas, e o seu conselho poderia ser aceite ou rejeitado pelo monarca. Além disso, segundo a concepção de Metternich, o conselho não deliberaria como órgão total mas em secções que deliberariam oralmente. Isto, não obstante as aparências, destinava-se a facilitar a tarefa. Tendo o monarca recebido o conselho, porém, deveria chegar a uma decisão sobre qualquer questão específica em consulta com a sua Conferência Ministerial (*Ministerkonferenz*). Esta, na forma ideal de Metternich, teria consistido num número de ministros executivos que controlariam os *Hofstellen*, ou departamentos administrativos, e que seriam responsáveis perante o imperador apenas pela aplicação da política imperial. Muitas destas ideias provinham da prática administrativa de Napoleão, uma vez que Metternich, como embaixador de França, ficara extremamente impressionado pelos aspectos mais despóticos do regime bonapartista. Napoleão, com efeito, ganhara a sua admiração eterna por ter imposto ordem ao caos da França revolucionária.

Na Áustria, porém, Francisco I não se conseguia decidir por nenhuma reforma, motivo pelo qual durante todo o seu reinado Metternich se viu obrigado a actuar num sistema de caos administrativo. De facto, em vez da profunda divisão das funções e do pessoal entre o *Staatsrat* e a *Ministerkonferenz*, que Metternich desejava ver estabelecidos, predominava uma sobreposição de ambos no modo como Francisco dirigia o seu sistema, funcionando o *Staatsrat* como órgão principal de aconselhamento ao imperador. O próprio *Staatsrat*, no entanto, nunca se tornou um órgão executivo, actuava antes como mais uma parte da burocracia. Nele se encontravam representados quase todos os chefes dos *Hofstellen* de modo que, na prática, este se tornou uma espécie de órgão coordenador da função pública superior. Francisco, contudo, ainda conseguia impedir o seu trabalho, exigindo relatórios individuais por escrito de cada membro relacionado com todo e qualquer conselho e muito frequentemente consultando pessoas que nem sequer eram membros do conselho. Para especial desgosto de Metternich, também recusou desenvolver uma Conferência Ministerial adequada. De facto, por volta de 1830, o próprio Metternich era o único "ministro" no governo – o posto de ministro das Finanças fora abolido em 1829; o de ministro do Interior caíra em desuso quase logo que fora criado, em 1818 – e quando a Conferência Ministerial se reunia, nada tinha, na verdade, de conferência executiva. Além de Metternich, comparecia o chefe da polícia e os chefes das secções política e financeira do *Staatsrat*. De qualquer modo, o conselho raramente era convocado. Assim, Metternich foi obrigado a aceitar que o *Kabinettsweg* continuasse. O máximo que podia fazer era desenvolver *ad hoc* modos de contornar a confusão criada.

Porém, a sua influência ficou limitada após 1828, devido ao aparecimento do conde Franz Anton Kolowrat-Liebsteinsky como figura dominante do *Staatsrat*. Kolowrat é por vezes retratado como um liberal e um oponente ideológico de Metternich no seio da burocracia austríaca, mas há que modificar tal imagem. Kübeck, um alto funcionário público austríaco desta época e um dos poucos de origens burguesas, salientou amargamente nos seus diários o modo como Kolowrat utilizava a sua influência junto do imperador para que os seus familiares e protegidos aristocráticos fossem nomeados para os melhores cargos administrativos. Citou ainda a descrição de Kolowrat sobre as suas diferenças em relação a Metternich, tal como este as explicou ao chanceler (ver nota 3): «Está completamente enganado sobre mim e as pessoas que frequento. Pensa que os meus princípios são diferentes dos seus. Engana-se». E não estava a dissimular, pois começara por ganhar influência na Corte quando, como governador da Boémia, apresentara uma lista dos mais conhecidos maçons que ali havia, encabeçando a lista o nome do seu próprio pai[56]. No entanto, gostava de pensar que era um conservador muito mais subtil que Metternich.

No entanto, a sua oposição à «floresta de baionetas» de Metternich baseava-se em muito mais do que na mera subtileza. A influência de Kolowrat assentava no facto de este se ter tornado chefe das secções política e financeira do *Staatsrat* – mais tarde renunciou ao último cargo, mas apenas para se encarregar de uma comissão financeira todo-poderosa, incumbida do controlo das despesas governamentais – e, como tal, Kolowrat encontrava-se em guerra constante com o chanceler para equilibrar o orçamento, reduzindo os custos do exército e da polícia. Considerando a tendência natural de Metternich para desenvolver estes dois órgãos, para não falar da sua aparente falta de sentido de economia – encontrava-se constantemente endividado e, com frequência, dispunha de empréstimos do «Estado» para seu proveito através dos Rothschilds; recebia ainda uma pensão do czar –, não é de surpreender que tivesse de enfrentar a resistência de Kolowrat. Apesar do apoio, contudo, do adjunto do imperador e chefe da secção militar do *Staatsrat*, o conde Charles Clam-Martinitz, Metternich revelou-se incapaz de debilitar a influência de Kolowrat sobre o dinheiro e os orçamentos da polícia e do exército. Como já ficou constatado, este facto contribuiu para minar a posição da Áustria nos assuntos externos.

A falta de coesão administrativa tornou-se incomensuravelmente pior após a morte de Francisco I. Se faltara um rumo ao império sob Francisco I, este perdeu muito do que tivera sob o governo do seu filho, o atrasado Fernando I. Incapaz de ler documentos ou seguir um raciocínio, nunca lhe deveria ter sido permitido ascender ao trono. Contudo, Metternich concordara com Francisco em organizar uma sucessão normal, nos interesses da «legitimidade» – e quase de certeza na esperança de alcançar o supremo poder para si próprio. Certamente conspirara para assegurar isto mesmo através da última vontade e testamento de Francisco I e das suas manobras em 1836 para limitar a influência de Kolowrat nos assuntos internos. Este último regressara às suas propriedades por motivos de saúde – Metternich declarou que ele tinha «hemorróidas que subiam até à cabeça» – e dera a Metternich a oportunidade de reestruturar o sistema de governo. Foi então estabelecida uma sólida Conferência Ministerial separada do *Staatsrat*, cujo estatuto se reduziu muito. Metternich deveria presidir à primeira – que funcionaria, de facto como um conselho de regência –, e foi dada a escolher a Kolowrat a hipótese de se tornar membro da

Conferência ou de permanecer chefe de secção do *Staatsrat*. Foi-lhe dito que não poderia ser as duas coisas. Metternich tencionava claramente estabelecer-se como director dos Negócios Estrangeiros.

O chanceler, porém, não contara com a influência da família imperial. Neste momento decisivo, o arquiduque João, que tal como o seu igualmente competente irmão, o arquiduque Carlos, fora excluído do poder por Francisco e Metternich durante anos, regressou a Viena e transtornou os planos deste último. Para agradar a Kolowrat, o arquiduque arquitectou um plano através do qual surgiu uma nova Conferência, presidida pelo imperador e da qual o arquiduque Luís, o arquiduque Francisco Carlos, Kolowrat e Metternich seriam membros permanentes. Foi prometido a Kolowrat o controlo dos assuntos financeiros e das questões internas, com a condição de que este renunciasse a ser membro do *Staatsrat*. Kolowrat concordou e Metternich, admitindo claramente a derrota, não ofereceu resistência nem apresentou demissão. A partir de então, na prática, a Conferência passou a ser chefiada pelo arquiduque Luís, que se revelou ainda mais relutante que o imperador Francisco em tomar decisões, e cuja preferência por relatórios individuais por escrito em breve reduziu o fluxo de negócios à estagnação. Além disso, segundo Kübeck, o arquiduque Luís em breve ficou sob a influência de Kolowrat, cuja posição se tornou inatacável. O arquiduque João, segundo a interpretação de Kübeck, tinha, pois «efectuado um compromisso que não [era] muito diferente de uma derrota total do príncipe Metternich»[57]. E prosseguiu: «[Kolowrat], com efeito, é chefe supremo do *Staatsrat*, dono do poder do dinheiro, de todos os trabalhos e do destino de todos os oficiais (através da polícia), chefe de toda a camarilha e – através da sua posição – o porta-voz decisor na Conferência». Isto levou um historiador a concluir: «Kolowrat reconquistou assim a maior parte da sua influência e poder que exercera antes da crise, com a vantagem adicional de ficar oficialmente confirmado em muito do que fora vago, indefinido e contrário aos regulamentos. Agora cumpria essencialmente as funções de um primeiro-ministro, um cargo considerado pelo seu rival como "praticamente impossível" para a Áustria e que "não convinha a nenhum funcionário estatal sensato"»[58]. Tal conclusão, porém, não só revela uma certa ingenuidade em relação às ambições de Metternich nos anos 1835-38, como sobrestima extraordinariamente o alcance da influência de Kolowrat. É verdade que este tinha o controlo do dinheiro na monarquia até antes de 1835, mas o homem que realmente controlava a polícia imperial superior era Metternich, que de igual modo era a voz dominante nos assuntos da Itália e da Hungria. É muito possível defender, pois, que considerando o seu controlo da Defesa e dos Negócios Estrangeiros, também, a posição de Metternich se tornava mais forte do que a de Kolowrat.

A respeito da própria política interna, Metternich fez tudo o que pôde para assegurar que os reinos da Lombardia-Véneto e da Hungria fossem governados tanto quanto possível como províncias austríacas. No caso da Lombardia-Véneto, foi fácil arquitectar isto, uma vez que Francisco I em 1818 concedera ao seu vice-rei na região, o arquiduque Rainer, tão pouco poder que se tornou desde logo evidente que era assim que o reino deveria ser administrado. O vice-rei só podia mediar, mas não resolver, disputas entre os governadores da Lombardia e do Véneto, e todas as decisões importantes eram tomadas em Viena. Basicamente, pois, o papel de Rainer era protocolar – tal como o das congregações centrais ou dietas cujos desejos eram constantemente ignorados, até estas caírem na passividade, a partir dos anos 1820. A Itália austríaca era governada através dos *Hofstellen* e do *Staatsrat* que transmitiam as suas ordens aos administradores. Estes, por sua vez, governavam as suas províncias através de delegados e comissários distritais. Metternich aprovava este método, mas lamentava o facto de o *Staatsrat* e os *Hofstellen* geralmente levarem muito tempo a tomar decisões e obstruírem a administração com relatórios e papelada intermináveis.

Em Itália, no entanto, Metternich conseguiu frustrar o sistema burocrático. A partir de 1826, o imperador permitiu-lhe atribuir um agente especial da Chancelaria do Estado ou Ministério dos Negócios Estrangeiros ao gabinete do administrador em Milão. Aparentemente, o seu trabalho consistia em acelerar os negócios junto de outros estados italianos, mas o seu cargo era na realidade mais importante. A sua função real era assegurar que Metternich detinha um controlo directo sobre a política italiana. As directrizes delineadas por Metternich tornavam evidente que «embora tendo em atenção as habituais formalidades e regras diplomáticas», os seus agentes deviam «observar a situação política geral e fazer o que [fosse] necessário a esse respeito»[59]. Assim, deveriam actuar como um canal entre o administrador da Lombardia e a Chancelaria do Estado e da Corte em todos os assuntos de preocupação mútua e especialmente em assuntos de polícia. Metternich sublinhou, contudo, que embora estivessem ligados ao gabinete do administrador e se esperasse que trabalhassem com ele, isso «de modo algum [alterava a sua] relação com [ele, ou seja Metternich] [...]» e que eles «[não] deixavam de permanecer directamente sob as[suas] ordens». Utilizou esses homens, a partir de então, como sua principal fonte de informação sobre a Itália e era nos seus relatórios regulares, por vezes diários, que baseava as sua políticas.

A maioria da sua correspondência consistia em inquéritos regulares sobre a opinião italiana e relatórios policiais acerca das facções, e durante quase todo o período de 1815-48 os relatórios que estes enviavam eram complacentemente optimistas. Não se tentava negar que as classes mais altas – ou seja, a aristocracia local e a burguesia – e os liberais italianos não gostavam dos Austríacos, mas salientava-se sempre que a maioria da população não possuía opinião política e que as facções eram muito menos activas na Itália austríaca do que no resto da península. O próprio Metternich se orgulhava disso. O governo também se consolava com a crença de que os Italianos se encontravam divididos e de que aquilo a que Metternich se referia como *Munizipalgeist* – rivalidade entre cidades – impediria o aparecimento de qualquer movimento geral antiaustríaco. Havia até relutância em crer que Carlos Alberto representasse uma ameaça ao governo austríaco, relutância que predominou até 1848. Assim, os agentes de Metternich aconselhavam o chanceler a seguir uma política de pão e circo no tocante à Itália: «Na época dos Romanos, o circo era o segredo de Estado que tornava os Italianos submissos ao governo e os Italianos actuais não são menos difíceis de agradar ou menos manipuláveis quanto a este assunto»[60]. Metternich, por conseguinte, não via motivos para alterar as coisas. No que lhe dizia respeito, possuía agora controlo directo sobre o que se passava em Itália, sem ter de se preocupar com os canais burocráticos dos *Hofstellen*. Podia, pois, iludir os pedidos italianos de mudança com os seus estereótipos habituais, dizendo a um visitante: «Não tenho tempo para me ocupar com pormenores administrativos. O meu trabalho é mais importante que isso»[61]. Noutra ocasião (1845), o presidente da Câmara de Milão foi saudado por ele do seguinte modo: «Metternich, amável, recebeu-o com grande cortesia, porém, evitou sempre dizer algo de concreto sobre o nosso país.

Lançava-se em generalidades e o que dizia não tinha mais importância do que uma conversa sobre o tempo»(⁶²).

No entanto, com a ascensão de Pio IX à Santa Sé e o crescente sentimento antiaustríaco em Itália nos anos 1846-48, Metternich ficou ligeiramente mais interessado na administração da Lombardia-Véneto e enviou o seu braço direito, o conde Ficquelmont, para lá numa missão especial, no Outono de 1847. Esta missão deu origem à crença de que, tal como em 1817, Metternich tentara, mesmo antes das revoluções de 1848, federalizar a administração austríaca. A. J. P. Taylor, por exemplo, defendeu esta perspectiva no seu estudo sobre a Questão Italiana na diplomacia europeia entre 1847 e 1849(⁶³). Na realidade, porém, Metternich não planeava alterar nada em 1847-48, nem Ficquelmont propôs federalizar a monarquia. O seu ponto de partida foi antes: «Como poderemos continuar a governar o reino [da Lombardia-Véneto] como província, mas organizá-lo e sobretudo administrá-lo de modo a que o possamos apresentar como um Estado italiano ao movimento hostil que outros Estados italianos desejam atiçar contra nós?»(⁶⁴). E até mesmo a sua solução – uma débil tentativa de reforçar a posição do vice-rei e do seu conselho – se revelou demasiado radical para Metternich, que ignorou as propostas. Em vez disso, este queixou-se de que «o departamento policial [em Viena] não [estava] a receber nada ou quase nada de Milão»(⁶⁵). Além disso, as reacções apavoradas de Ficquelmont e do vice-rei às chamadas «revoltas do tabaco» em Milão, em Janeiro de 1848, apenas serviram para aumentar o desdém do chanceler pelas reformas propostas. Correndo o risco de levar Ficquelmont a pedir a sua demissão, tornou perfeitamente claro que alguma iniciativa da parte das autoridades serviria os interesses austríacos muito melhor do que alterações administrativas.

Ficquelmont declarou então a Metternich que este se estava a iludir, que apesar de todos os relatórios dos seus agentes ao longo dos anos ele «não estava a par das questões mais sérias e fundamentais que diziam respei[to] aos interesses gerais do país bem como a questões administrativas, financeiras e jurídicas em particular, questões que os administradores [tinham estado] a submeter às autoridades competentes durante anos mas que ainda não tinham sido analisadas nem respondidas»(⁶⁶). Contudo, Metternich não ligava a isto. Não desejava dar mais poder e muito menos mais prestígio ao vice-rei, e, naturalmente, não aceitava que a política austríaca se tivesse baseado na ignorância. Declarou a Ficquelmont: «Só centralizando a acção de vários ramos de autoridade é que é possível estabelecer a sua unidade, e desse modo a sua força. O poder dividido já não é poder»(⁶⁷). Consolou-o o facto de saber que, após Fevereiro de 1848, o vice-rei, Ficquelmont, administrador, e o marechal-de-campo Radetzky, comandante-chefe, tinham reuniões diárias em Milão para coordenar as medidas necessárias para restaurar a ordem no dealbar das revoltas. O seu princípio de autoridade centralizada estava, finalmente, a ser seguido. Escreveu: «Eis o que é necessário: que ordenemos que este lado dos Alpes seja posto em prática no outro; que as pessoas de lá não deverão procurar debilitar as nossas directrizes, mas aplicá-las exactamente como aconselhado»(⁶⁸). Delegar poder à Lombardia seria «perigoso» – «o mesmo seria imediatamente pedido por outras regiões do império»(⁶⁹). Assim, mesmo até ao fim, Metternich esforçava-se por assegurar que a Lombardia-Véneto fosse tratada como qualquer outra província do Império Austríaco.

Contudo, seriam sobretudo os Húngaros, no seio do império, os mais afectados pelas tendências centralizadoras de Metternich. A Hungria era a única região dos domínios de Habsburgo após 1815 a manter uma posição constitucionalmente anómala, graças à sua antiga Constituição. Isto significava que as suas leis tinham de passar pela dieta húngara – embora com a aprovação real – antes de o governo de Viena poder assegurar as tropas húngaras e as receitas que procuravam. A Hungria mantinha ainda um sistema electivo de administração distrital, e os representantes da Câmara dos Comuns da Dieta eram sujeitos a convocação pelas assembleias distritais. Tudo isto significava que o trabalho da Chancelaria húngara em Viena e o Conselho do Palatino em Peste podiam enfrentar uma oposição firme e eloquente da opinião pública magiar. Além disso, a opinião pública na Hungria era uma autêntica força a considerar. No período de 1815-48, a percentagem da sua população com direito a voto era superior à da França.

Esta situação tornava-se do profundo desagrado de Metternich e este estava decidido a alterá-la. Durante o período napoleónico, acalentara a ideia de utilizar tropas francesas para encenar um *coup d'état* contra a Constituição húngara, tendo as suas propostas de 1817 com a finalidade de reforçar o governo central da monarquia sido apresentadas como um meio de meter os Húngaros na ordem. «[...] Em consequência desta reorganização [centralizar a administração sob um ministro do Interior] as Chancelarias da Hungria e da Transilvânia descerão do elevado nível em que actualmente se encontram para o da administração em geral»([70]), escreveu ele. Por fim, opôs-se totalmente ao programa do movimento de reforma húngaro das décadas de 1820, 1830 e 1840. As suas propostas teriam originado uma Hungria liberal e semi-independente e tinham de ser, portanto, esmagadas. Metternich declarou ao Palatino, o arquiduque José: «A Oposição actualmente é subversiva e explora o constitucionalismo moderado para derrubar o governo e a Constituição. A Constituição húngara é monárquico-aristocrática. Não pode ser adaptada a instituições democráticas. Tais instituições estão em contradição com a ordem existente»([71]). O próprio chanceler tomou a iniciativa contra o movimento reformista, tanto na Dieta – que as necessidades financeiras obrigaram o governo a convocar em 1825, 1832-36, 1839-40, 1843-44, e 1847-48 – como nos condados, gabando-se ao filho em 1825 de ter «tomado as rédeas do assunto»([72]). Iria continuar a fazê-lo até cerca de 1848. As políticas que seguiu, fundadas numa oposição total à independência ou iniciativa húngaras, assumiam vários aspectos: os eleitorados dos condados eram influenciados; a imprensa silenciada ou controlada; a polícia secreta grandemente utilizada; e nos anos 1830 recorreu-se a tácticas de puro terror. Os principais opositores do regime foram acusados de traição e aprisionados. Wesselényi foi condenado a três anos de cadeia, Kossuth a quatro e Lovassy a dez. Contudo, o protesto público foi tão grande que essas tácticas de terror tiveram de ser abandonadas. A partir de então, Metternich tentou controlar a Hungria apoiando o partido «neoconservador» de Aurel Dessewffy, cujo programa de «reforma» consistia num ataque ao sistema distrital da Hungria. Em 1841, declarou à Conferência Ministerial: «Se é impossível governar a Hungria sem uma Constituição baseada na Dieta, deparamo-nos com a tarefa inevitável de manipular tal Constituição de forma a que se torne possível governar a Hungria do modo regular»([73]). Em seguida, delineou um plano para retirar os condados do controlo dos funcionários eleitos, os quais deveriam ser substituídos por administradores nomeados por Viena e apoiados, se necessário, pela força militar. Outras propostas incluíam a abolição de ordens dos condados aos representantes e a presença da polícia na Dieta durante as sessões. Metternich esperava assim ser capaz de vergar a oposição. Consciente, porém, de que havia risco de provocar uma revolta nacional, declarou estar preparado para correr tal risco. Era melhor o governo avançar com as suas propostas do que deixar tempo e espaço para qualquer combate final com a oposição. Uma vez mais, Metternich tencionava exercer o maior controlo possível a partir do centro. As suas propostas foram parcialmente introduzidas nos anos 1840.

No fulcro das crenças de Metternich a respeito das formas de governo, estava o princípio de que o monarca deveria ser aconselhado por um forte governo central responsável apenas perante este e capaz de administrar todas as regiões do Estado de modo ordenado e uniforme. Embora a sua consciência de classe o persuadisse de que deveria ser permitido à aristocracia desempenhar um papel protocolar em Estados debilitados, o chanceler não tencionava transigir com o princípio representativo que considerava revolucionário. A opinião pública, segundo pensava, podia ser consultada e manipulada através da «polícia de estado superior», e as energias que não gastava nos negócios estrangeiros eram principalmente dirigidas para o controlo dos assuntos policiais. Dominava totalmente o presidente da *Polizeihofstelle*, o conde Sedlnitzky, e a sua Chancelaria de Estado pessoal controlava a censura. Com efeito, os relatórios policiais de todo o império tinham de ser enviados a Metternich pessoalmente e a maioria das decisões fundamentais a respeito da censura de imprensa era tomada pelo próprio chanceler. Este orgulhava-se de o seu intricado sistema de censura de imprensa, os seus espiões, subsídios e *cabinets noirs* assegurarem a estabilidade da monarquia e gabava-se de que nada se podia passar no interior desta sem o seu conhecimento. No exterior, correspondia-se com os chefes de polícia de França e da Rússia. O seu maior receio, com efeito, era que o sistema de governo que se esforçara por construir durante anos – apesar do seu fracasso junto de Kolowrat – fosse derrubado não a partir do interior, mas do exterior.

Há que expor um último ponto acerca dos seus esforços para consolidar a própria monarquia de Habsburgo. Embora ficasse frequentemente desalentado pela oposição que enfrentava, no *Staatsrat* ou na Hungria, e embora muitas vezes manifestasse um pessimismo que desesperava de «suster as estruturas deterioradas» da administração imperial, estava verdadeiramente convicto do valor do seu trabalho, que por vezes até conseguia idealizar. Acreditava, de facto, que era necessário um governo central forte na Europa pós-revolucionária e estava convencido de que as concessões à reforma liberal constituíam a via mais certa para a revolução. Tão-pouco aceitava que as suas políticas tivessem de algum modo prejudicado os povos governados pelo seu imperador. Ainda em Outubro de 1847, declarava ao seu embaixador em Roma: «[...] Se pelo menos as pessoas considerassem o nosso império de modo imparcial: tudo se encontra em progresso; tudo o que é bom e útil está a crescer [...] todos os pedidos razoáveis apregoados pelos progressistas foram satisfeitos por nós. O nosso império reconhece a perfeita igualdade dos cidadãos perante a lei: não temos incentivos fiscais, nem encargos feudais; no nosso império encontra-se a igualdade de tributação e a independência da justiça. Todas as regiões do império possuem uma assembleia com câmara de deputados e um sistema municipal muito mais liberal do que o de países governados pelo actual sistema representativo. Em nenhum outro império as nacionalidades são mais respeitadas que no nosso; no que concerne às nacionalidades é, de facto, uma condição necessária à nossa existência; em nenhuma parte existe um governo menos absolutista que no nosso império, nem poderia existir»([74]). O chanceler estava claramente a exagerar, mas não há motivos para crer que não possuísse uma autêntica convicção na benevolência fundamental do seu sistema.

Metternich: um veredicto

Como poderemos, enfim, julgá-lo? Nos Negócios Estrangeiros, parece razoável admitir que embora tenha sido a «Era de Metternich», foi uma época em que ele estabeleceu as regras através dos seus princípios e não da sua diplomacia. Quanto aos próprios princípios – respeito pelos tratados, pelos direitos, pela prescrição, pela consulta – podem ter sido realmente enfadonhos, porém, o abandono dos mesmos após a Guerra da Crimeia abriu de facto espaço para os *Realpolitiker*, homens como Napoleão III, Bismarck e Cavour, cujas marcas distintivas seriam a guerra e a prossecução desenfreada da *raison d'état*. Eis, pelo menos, um dos lados da história. O outro é que o próprio Metternich estava frequentemente preparado para recorrer à força, a fim de defender os seus princípios, pois para ele o objectivo de manter o *status quo* também podia justificar as guerras – de intervenção e contra-revolução. Certamente que os seus seguidores nunca deveriam temer arriscar o *status quo* iniciando guerras. O problema era que perdiam sempre. A grande habilidade de Metternich, por outro lado, consistia na sua capacidade de nunca se envolver em guerras que não podia ganhar. Assim, a paz tornou-se o seu arauto, mas era uma paz que se baseava nos tratados de 1815, na legitimidade e na aristocracia. Em resumo, devia ser uma paz de acordo com as suas condições, ou antes com as da Casa de Habsburgo. Este sistema poderia sobreviver apenas enquanto a Europa estivesse disposta a aceitar tais condições. A Áustria, como ele bem sabia, não tinha força suficiente para aplicá-las por si própria. O seu grande feito foi, pois, o de persuadir as grandes potências durante tanto tempo de que a Áustria era a necessidade europeia que Metternich verdadeiramente pensava que assim era.

Internamente, também lhe coube um grande papel na história austríaca. Pode não ter possuído o controlo das finanças do império, mas teve a principal palavra a dizer no que se refere ao governo da polícia secreta e da censura, e assumiu a liderança em relação à Itália e à Hungria. Tentou ainda centralizar a administração do império, para a tornar mais eficiente e uniforme. Nisto, como é evidente, foi frustrado pela família imperial. No entanto, seria um erro presumir que por causa disso a sua política interna foi um fracasso. Pelo contrário, já constatámos o orgulho que ele sentia com os seus êxitos. E nem referiu o maior de todos: o facto de, ao contrário da Europa Ocidental, a monarquia ter conseguido evitar totalmente a revolução durante trinta anos – ou seja, até à sua destituição.

2

1848: As Causas

Foram as revoluções de 1848 que provocaram a queda de Metternich ou foi a queda de Metternich que provocou as revoluções? Não se trata de uma questão trivial, mas sim de um convite a que nos detenhamos a reflectir, antes de cairmos na tradicional armadilha de presumir que os críticos liberais do chanceler tinham razão e que a monarquia de Habsburgo em 1848 se encontrava dominada por forças intensas de revolução que varreram o Sistema de Metternich de modo inexorável. Demasiados historiadores partiram do princípio de que por ter havido uma revolução em França e actividades revolucionárias noutros locais, com certeza que haveria uma revolução na Áustria. Porém, isso não é necessariamente verdade. Havia certas forças a favor da mudança na Áustria, em 1848 – a diferentes escalas e em diferentes regiões da monarquia – no entanto, é extremamente difícil defender que nalguma região da monarquia – com excepção talvez da Lombardia-Véneto – existisse um verdadeiro espírito revolucionário. Uma explicação mais plausível para os acontecimentos é simplesmente o facto de que, quando ocorreu um motim de rua em Viena, a 13 de Março, a família imperial perdeu a cabeça, demitiu o chanceler e daí em diante perdeu o controlo dos acontecimentos, à medida que a monarquia mergulhava num vazio. Enquanto esta situação durou, vários grupos faziam as suas próprias tentativas para conquistar o poder. A maioria contentava-se em pedir uma monarquia constitucional sob os Habsburgos que, por sua vez, se revelaram dispostos a ceder a muitas exigências. No entanto, tudo começou a correr mal quando os Italianos tentaram assegurar um governo constitucional sob o domínio da Casa de Sabóia. Isto significava guerra no Norte de Itália. As consequências originaram que as posições se extremassem, os compromissos tornaram a ser avaliados, o exército envolveu-se na política e o acordo húngaro de Março – Abril de 1848 foi destruído assim que se venceu a guerra na Itália. Uma vez que a própria Hungria fora conquistada, a Áustria obteve, então, a oportunidade de reafirmar a sua posição na Alemanha. Em suma, em vez de acreditar na velha história – uma espécie de história da carochinha revolucionária – de que um sistema em falência foi varrido por uma grande torrente revolucionária, que depois de algum modo retrocedeu, deixando a primitiva paisagem intacta, será mais fácil e mais realista presumir que não houve uma grande torrente, para começar, mas sim uma rajada que criou uma série de poças extremamente lamacentas, cujas negociações levaram a tragédias e acidentes imprevistos.

As sociedades secretas

Quem desejava indiscutivelmente uma revolução na Áustria em 1848? Existe um bom número de candidatos, ou antes grupos de candidatos: membros de sociedades secretas, políticos liberais e democratas, a burguesia ascendente, as massas empobrecidas, os nacionalistas dissidentes. Há, evidentemente, uma sobreposição entre algumas destas categorias, no entanto, convém tratá-las separadamente para esclarecer o debate. Assim, consideremos primeiro as sociedades secretas. O próprio Metternich acreditava certamente que estas se encontravam na base da agitação por toda a Europa, entre 1815 e 1848. Eram, defendia ele, controladas por um comité director – *o comité directeur* – e o chanceler dedicou grande parte do seu tempo a um esforço vão para encontrar o rasto dos seus membros. Em 1833, por exemplo, informou um dos seus agentes em Itália: «Durante muitos anos, todos aqueles que indicavam a existência de um *comité directeur* a trabalhar em segredo para uma revolução universal enfrentavam a incredulidade em todo o lado; actualmente, ficou demonstrado que esta propaganda infernal existe, que o seu centro se encontra em Paris e que a mesma está dividida em tantas secções como as nações a regenerar que existem [...] Tudo o que se refere a esta grande e perigosa conspiração não pode, pois, ser observado e vigiado com demasiada atenção»([1]). O problema era que quando postos à prova, nem Metternich nem Sednlitzky, o director da polícia do império, podiam dizer exactamente quem se encontrava por detrás da grande conspiração. Havia, felizmente, pessoas por perto que reivindicavam chefiar alguma – Buonarotti ou Mazzini, por exemplo. Contudo, embora os espiões de Metternich conseguissem por vezes descobrir listas de subscritores de periódicos de Mazzini, na prática pouco se podia fazer a respeito das seitas, excepto avisar as tropas italianas e outras que a adesão equivalia a alta traição. Daí, por exemplo, a seguinte ordem ao exército de Radetzky em 1833:

> «Quando há doze anos a seita chamada Carbonária ameaçou a ordem pública nos Estados italianos, com a sua total derrota, Sua Majestade precaveu-vos, e aos vossos súbditos, contra os ensinamentos perniciosos e sediciosos desta seita e contra os seus objectivos criminosos e traiçoeiros através do despacho 324 de Março de 1821. Isto foi dado a conhecer a toda a gente, de modo a assegurar que até o homem mais inexperiente e imprudente, de quem os líderes desta seita tinham o cuidado de esconder os objectivos, soubesse da existência deles e assim se abstivesse de se juntar à Carbonária.
>
> O mesmo cuidado paternal do monarca o força agora, face aos recentes eventos, a emitir o mesmo despacho a respeito de uma seita não menos perigosa, de facto, uma seita que representa um nível superior de Carbonária, chamada Jovem Itália. O objectivo desta sociedade é a destruição dos governos actuais e de toda a ordem social; os meios que emprega são a total subversão e o assassínio através de agentes secretos.
>
> Inútil será dizer, pois, que quem estiver ciente destes objectivos mas que, mesmo assim, se junte à Jovem Itália, se torna culpado de alta traição. É igualmente culpado se, dado que conhece os seus objectivos, simplesmente não evitar o seu progresso ou não nomear os seus membros e, enquanto culpado, encontra-se sujeito a uma pena nos termos do artigo 5 dos Artigos de Guerra. Do mesmo modo, a partir da data da publicação deste despacho, ninguém poderá desculpar-se declarando que era membro da Jovem Itália, ignorando porém os seus objectivos. Por outro lado, quem, por remorsos, revelar os membros da mesma, os seus esta-

tutos, os objectivos e empreendimentos dos seus líderes, se estes ainda forem secretos ou se ainda se puder evitar as suas acções, fica assegurado de total isenção de punição e as suas acções permanecerão secretas»([2]).

No entanto, apesar de tais medidas, muito poucos membros da Jovem Itália chegaram a ser apanhados pelos espiões de Metternich. O mesmo se verificara com a Carbonária. Metternich, com efeito, podia orgulhar-se do facto de as seitas parecerem actuar fora do império. Tal devia-se menos ao facto de a polícia na Lombardia-Véneto ser mais eficiente do que no resto da Itália, do que aos reconhecidos padrões superiores de quase todos os ramos de administração na Itália austríaca. Assim, após as revoltas no Piemonte em 1820 e nos Estados Pontifícios em 1831, Metternich na realidade sofreu a pressão dos Italianos para anexar mais territórios da Itália. O mesmo sucedera após uma revolta nos Estados Pontifícios em 1845, levando o cônsul dos Estados Unidos em Turim a informar Washington: «Não é pela liberdade mas por pão que se erguem, e por muito que a Áustria seja detestada por toda a Itália, as Legações encontram-se reduzidas a extremos tão pavorosos que de bom grado buscariam refúgio da extorsão sacerdotal junto do despotismo mais ordenado e regulamentado de um príncipe austríaco»([3]). No entanto, mesmo fora da monarquia, de acordo com as investigações actuais, as seitas tinham muito menos influência, mesmo quando possuíam grande número de membros, do que anteriores historiadores e escritores julgavam. O Professor Rath, por exemplo, demonstrou como a Carbonária, embora bem implantada em Nápoles, se tratava de uma corporação extremamente mal organizada, sem nenhum programa muito concreto, contendo monárquicos e republicanos, clérigos e anticlericais, conservadores e revolucionários([4]). Fora de Itália, as seitas apenas tinham influência em França e nos portos ibéricos. A *Charbonnerie*, equivalente francês da Carbonária, teria supostamente cerca de 40 000 a 80 000 membros, mas foi ainda menos bem-sucedida em fomentar a revolução do que a sua homóloga italiana, subvertendo apenas algumas tropas francesas a amotinarem-se durante os anos 1820([5]). Tal como a Carbonária, também incluía uma grande variedade de crenças políticas e servia de refúgio político a grupos de diferentes géneros. Toda a espécie possível de opositor ao governo Bourbon ali se encontrava – não só bonapartistas, como também orleanistas e republicanos. A atracção das seitas deve ter sido, pois, tão social como política; numa época de assertividade contra-revolucionária, formavam talvez uma sociedade alternativa, fornecendo locais de reunião em que pessoas com valores diferentes podiam reunir-se e criticar os regimes da restauração. Talvez não tenham sido, portanto, muito diferentes das lojas maçónicas do *ancien régime* que ainda existiam e cujas listas de membros eram conhecidas das autoridades([6]). Muitos destes membros eram, na realidade, aristocratas. Mas nem Mazzini permitia que italianos incultos fossem utilizados como proselitistas da Jovem Itália([7]). Considerando tudo isto, torna-se, pois, difícil acreditar que as seitas colocassem alguma ameaça grave à Áustria de Metternich, embora contivessem, há que reconhecer, alguns espíritos mais arrojados, os equivalentes aos terroristas e extremistas actuais, que teriam gostado de a ameaçar e que, tal como alguns dezembristas de 1825 ou os jacobinos húngaros de 1794, procuravam deliberadamente induzir em erro os seus apoiantes mais moderados.

Um Estado policial?

Um segundo grupo de pessoas que frequentemente se considera terem contribuído para a derrota do sistema de Metternich é o dos liberais e democratas que criticavam o regime, sobretudo a partir dos anos 1840, e cujos trabalhos eram banidos pela censura política. Estes homens são muitas vezes considerados os opositores ao Estado policial de Metternich. Eis o motivo por que Robert Justin Goldstein, no seu recente estudo sobre *Political Repression in 19th Century Europe*, escreveu: «A polícia secreta austríaca era a mais famosa durante o período de 1815-1860 [...] Vasto número de informadores – especialmente em cargos como funcionários, prostitutas, criadas e porteiros – era contratado para informar a polícia sobre as actividades e conversas dos Austríacos, e um véu de intimidação extremamente eficaz se abateu sobre o público austríaco, o qual só se ergueu significativamente depois de 1860»([8]).

Certamente que Goldstein poderá citar exemplos de uma lista completa de queixas bem conhecidas contra a polícia e a censura, desde a carta de Beethoven de 1794 – «Não nos atrevemos a erguer a voz, aqui, senão a polícia oferece-nos alojamento»([9]) – até à queixa do secretário de Metternich, Gentz (a censura invadia a privacidade até dos mais altos funcionários de Estado e membros da família imperial) em 1832, nomeadamente: «Deve compreender que a desconfiança em relação a todos, a espionagem contra os próprios confidentes e a abertura de todas as cartas sem excepção atingiu aqui proporções para as quais não deve haver paralelo em toda a história». Goldstein salienta, porém, que durante o mesmo período, «todos os outros países importantes, incluindo sobretudo a França, a Alemanha e o Reino Unido, realizavam semelhantes actividades de vigilância a uma escala reduzida»([10]). Na Grã-Bretanha, em 1844, por exemplo, houve um grande escândalo quando Sir James Graham, o ministro do Interior reconheceu ter ordenado aos correios para interceptar o correio do exilado Mazzini e transmitir as informações assim obtidas à Áustria. As pessoas começaram a marcar as cartas com «a não Grahamar» e a revista *Punch* inventou os «Graham Wafers» [bolachas de trigo integral] para serem colados às cartas, com mensagens de «Nada de especial no interior» impressas sobre um perfil da cabeça de Graham. Uma investigação parlamentar descobriu que a prática fora legal desde 1711 e que todos os ministros do Interior a tinham utilizado desde essa época. Graham, de facto, mandara abrir o correio de muitos líderes radicais, incluindo o de um membro do parlamento e líder da Liga Contra a Lei dos Cereais([11]).

Se a vigilância na Áustria se encontrava muito mais difundida do que em Inglaterra, algumas autoridades, contudo, precaveriam contra a descrição da monarquia como um «Estado policial». Donald Emerson, por exemplo, escreveu: «[...] A expressão "Estado policial" engana, se incentiva a crença de que a polícia domina o Estado. Exemplos de domínio são certamente raros. A questão é a polícia ser restritiva, execrável, opressiva ou poderosa, e não dominante. Além disso, o governo governa arbitrariamente»([12]). Os líderes militares, salienta ele, frequentemente se apoderaram do poder; os chefes de polícia, muito raramente. Conclui, portanto: «Aquilo que distingue um Estado policial é o facto de o governo desprezar quaisquer limites de princípio no seu tratamento dos cidadãos. Procura frequentemente justificar a sua arbitrariedade e carácter opressivo reivindicando a necessidade da segurança do Estado. Em tal caso, os governos acarinham bastante uma polícia política e incentivam a sua acção arbitrária. Contudo, na realidade a independência e até o poder dessa polícia política é provavelmente muito menor do que afirmam os rumores»([13]).

Qual era, então, a situação na monarquia de Habsburgo? Seria a Áustria de Metternich realmente um «Estado policial» e terá isso contribuído para provocar as revoluções de 1848? Graças ao trabalho de inúmeros historiadores([14]), sabemos agora bastante acerca do funcionamento do sistema da polícia austríaca. O Ministério da Polícia (*Polizeihofstelle*) começou por ser criado em 1789 por José II, que colocou o conde Pergen à sua frente. Foi abolido pouco depois, por Leopoldo II, mas restaurado em 1793 por Francisco I, um soberano muito desconfiado, que em 1801 lhe atribuiu também o controlo da censura. A partir de então, permaneceu mais ou menos inalterado até 1848. Em 1815, localizado em Herrengasse, n°. 38, Viena, possuía doze membros, quatro dos quais tinham cumprido serviço na época de Pergen. Além disso, havia cerca de treze censores regulares. O director da polícia, porém, podia recrutar a assistência de toda a polícia normal da capital, chefiada por uma directoria de cerca de dez oficiais líderes com um pessoal de cerca de vinte e cinco. Esta incluía gabinetes para livre-trânsitos e o registo de residência, a utilização de funcionários e as regulamentações a respeito dos judeus. Havia ainda esquadras de polícia distritais na capital – quatro no centro antigo da cidade e nove nos arredores. A força regular incluía sete agentes da polícia, 78 suboficiais e 490 homens, juntamente com uma força montada de um agente, três suboficiais e 56 homens, e ainda uma guarda civil de 64 homens nos arredores. Assim, as reservas policiais da capital dificilmente seriam vastas e torna-se difícil acreditar que pudessem ter sido capazes de um controlo, ainda que intermitente, da maioria dos cidadãos.

Nas províncias, o Ministério da Polícia dependia dos oficiais das capitais provinciais para realizar a sua tarefa, embora houvesse doze comissariados distritais na Lombardia e sete no Véneto. Tais comissariados podiam ser rapidamente criados em qualquer lado, quando necessário – por exemplo, nas termas da Boémia, durante a época alta, ou em Pressburg, quando a dieta húngara se reunia. Todos os agentes locais deveriam prestar auxílio, quando lhes fosse pedido, e todos, desde o governador local ao comissário distrital local se poderiam envolver em inquéritos policiais. Na Hungria, porém, a Chancelaria húngara assumia o controlo quando se tornava necessário. Os departamentos de polícia locais realizavam, quer as tarefas policiais normais, quer o trabalho da polícia secreta. As suas tarefas incluíam manter a lei e a ordem, o recenseamento de todas as pessoas da região, o controlo dos movimentos dos súbditos, bem como auxiliar a polícia secreta e os censores. A polícia secreta desempenhava várias tarefas: vigilância de suspeitos, abertura do correio, censura de livros, do teatro, da imprensa, de desenhos, quadros, e até botões, e ainda a promoção categórica do ponto de vista do governo. O Gabinete de Cifras Secretas da Corte, que abria o correio, era pessoalmente controlado pelo imperador, durante o reinado de Francisco I, que gostava que os seus oficiais lhe lessem a fina flor dos mexericos, todas as manhãs. Porém, Metternich e o conde Sedlnitzky, director da polícia a partir de 1816, também recebiam relatórios diários. O resto do trabalho era supostamente assunto oficial de Sedlnitzky, mas na prática este era dominado por Metternich, cuja desculpa era que muitos dos assuntos em questão diziam respeito aos Negócios Estrangeiros. Em 1817, por conseguinte, exigiu «ser directa e ininterruptamente informado sobre questões relacionadas com a polícia de estado superior»[15]. Após 1835, Kolowrat recebeu o controlo da polícia, como parte do seu domínio dos assuntos internos, mas não o controlo da censura. Na prática, a polícia política permanecia sob controlo de Metternich e de Sedlnitzky.

A primeira missão da polícia consistia em proteger a segurança do Estado. Era também a principal tarefa da censura. Não podia, portanto, haver crítica ao governador ou à dinastia, aos decretos governamentais nem à política imperial. Do mesmo modo, não se podia manifestar apoio ao liberalismo, ao nacionalismo ou à soberania popular. Nem mesmo soberanos estrangeiros podiam ser atacados. De facto, o artigo 4 dos Decretos de Karlsbad estipulava especificamente isto, no que respeitava aos soberanos germânicos. A segunda tarefa consistia em proteger a religião, sobretudo o catolicismo. As obras protestantes, no entanto, eram severamente censuradas devido a erros religiosos, embora fossem as judias as mais rigidamente censuradas. Importar obras estrangeiras sobre o judaísmo era ilegal, mas, graças à influência do czar, as obras ortodoxas gregas podiam ser importadas para a Hungria, para os sérvios que ali viviam. A terceira prioridade era a preservação do bom gosto: não eram permitidos erotismo, *double entendres* ou obscenidades. Nem, a propósito, retratos da família real ou de Metternich em geral, ou, ironicamente, de criminosos famosos.

1848: As Causas

A censura de notícias ou relatórios estrangeiros de jornais estrangeiros era controlada pela Chancelaria de Estado; o Ministério da Polícia controlava as notícias internas. Metternich e Sedlnitzky, trabalhando em conjunto, portanto, asseguravam que os jornais seguissem a linha do governo. Nas províncias, os governadores faziam o mesmo, actuando sob instruções de Viena. Os editores e directores de jornais eram assediados com inúmeras regras: só artigos de departamentos governamentais adequados podiam ser publicados; os artigos escritos por autores pessoais tinham de ser aprovados. Apenas os tipógrafos podiam ver as provas de revisão censuradas; os artigos para o dia seguinte tinham de ser submetidos à censura por volta do meio-dia do dia anterior. Se algum editor tentasse opor-se aos censores, a próxima edição do seu jornal sofria ameaça de interdição. Contudo, tal arma tinha de ser utilizada com extrema precaução, não fosse a edição seguinte demasiado avidamente procurada. Afinal, o melhor era, pois, ameaçar retirar o jornal da lista das publicações permitidas. Por outro lado, os editores, sobretudo de jornais estrangeiros, eram frequentemente subornados ou persuadidos de outros modos a apresentar o ponto de vista do governo. Tanto o *Augsburger Allgemeine Zeitung* como a *Gazetta di Lugano* foram convertidos com êxito. Muitos – por vezes bastante ilustres – publicistas se encontravam a soldo de Metternich. Como Metternich defendia: «[...] A actividade de um ministério de polícia, no sentido mais lato, não se limita à mera colheita de expressões e aos rumores em circulação, mas, para que possa cumprir o propósito principal para que foi criado, deve influenciar activamente a opinião, trazendo as acções do governo à sua verdadeira luz, e opor à difusão de falsas notícias o poder triunfante da verdade»[16].

A censura de livros, contudo, deu ao sistema a sua pior reputação, especialmente porque os autores tinham de submeter os seus manuscritos à censura antes da publicação. Além disso, uma vez que não havia critérios de publicação, os manuscritos encontravam-se sujeitos à morosidade, arbitrariedade e incerteza. Os censores deveriam julgar cada caso segundo os seus méritos, mas uma vez que tinham de prestar atenção a centenas de regulamentos secretos acerca de precedentes, as suas opiniões nunca eram fáceis de compreender. Muito frequentemente, tratava-se de homens de grande erudição e integridade, mas como eram todos estreitamente vigiados por superiores, raramente pecavam a favor da largueza de espírito. Todas as obras se sujeitavam a estes processos, controlados pela Chancelaria de Estado e pelo Ministério do Governo. O próprio Metternich «tomava parte activa, muitas vezes dominante, nestas questões»([17]), revelando um interesse especial por manuscritos referentes à Hungria, aos Negócios Estrangeiros, à história – sobretudo à história dos Habsburgos, aos assuntos da Igreja Católica, à ciência política e à lei natural. Dava-se pouca atenção à investigação académica. Afinal, Francisco I tornara muito clara a posição imperial sobre essa questão: «Não necessito de intelectuais, mas sim de bons cidadãos [...] Quem me serve, deve ensinar o que eu ordeno. Quem não consegue fazer isso ou se apresenta com ideias novas, pode afastar-se ou eu rejeitá-lo-ei»([18]). O teatro encontrava-se sujeito às mesmas restrições imperiais.

A outra ocupação principal da polícia secreta era a fiscalização e vigilância de potenciais espiões e elementos subversivos, o que implicava o registo de residência, regulamentos acerca de empregados e judeus, a necessidade de permissão para viajar para regiões fora da monarquia e o registo de hóspedes em pousadas e hotéis. Na sua forma mais sórdida, claro, implicava a intercepção de correio e a fiscalização do sistema postal internacional. A Chancelaria de Cifras Secretas era o órgão responsável pela maioria destas acções, cooperando com o Ministério da Polícia que utilizava «estações de correio» nas províncias. Todo o sistema era dirigido por Metternich e Sedlnitzky, embora sempre, enquanto este foi vivo, sob a estreita observação de Francisco I. O resultado seria o de que «tudo nos correios de Habsburgo era provavelmente lido pela polícia, a menos que interferissem a negligência, um disfarce eficaz ou o puro acaso»([19]). Ninguém de alta posição – arquiduques, generais, embaixadores ou mesmo funcionários públicos – podia esperar ser poupado, de modo que quem desejasse manter a sua correspondência privada tomava determinados cuidados para a mandar entregar. «Só escrevo através dos correios o que qualquer pessoa pode ou deve ler», afirmava Gentz([20]). O sistema de intercepção atingiu novos extremos durante a época de Metternich. Por exemplo, as autoridades ordenavam que o correio para distribuição às sete horas da manhã fosse entregue à Chancelaria de Cifras Secretas e asseguravam assim a que pudesse ser devolvido à Estação dos Correios por volta das nove. Isto significava que todos os truques do ofício, que implicavam velas especiais, mercúrio, máquinas especiais, etc., já para não falar da cópia efectiva das cartas, tinham de ser realizados em poucas horas, aplicando-se a mesma restrição a quase todas as outras entregas postais, incluindo o errático correio em trânsito da Turquia. Daí haver uma necessidade imperiosa de eficiência. Por volta de 1817, cerca de 1000 cartas chegavam diariamente a Viena, embora apenas fossem furtadas entre 80 a 100.

Para manter a requerida eficiência, o pessoal da Chancelaria de Cifras Secretas era muito qualificado e bem pago. Tendia também a ser constituído por membros de um pequeno número de famílias ou «dinastias» – Eichenfelds, Schweizers, Geitters, etc. – e eram especialistas em decifrar códigos, uma vez que nenhum governo estrangeiro seria suficientemente estúpido para enviar correio não cifrado através da Áustria. Um empregado gabou-se a Metternich em 1823 de ter decifrado oitenta e cinco códigos estrangeiros. Muitos outros conseguiam ler cartas interceptadas tão fluentemente em código como nas suas línguas originais. O conhecimento de línguas estrangeiras era, pois, de evidente importância e eram pagos 500 florins por cada nova língua aprendida. Um oficial, Joseph Schneid, tornou-se exímio em dezanove línguas, algo que não era tido como muito excepcional. Todas estas pessoas eram extremamente bem pagas: entre 500 florins por ano nos cargos intermédios e até cerca de 3000 florins em cargos superiores. As missões especiais durante os congressos e as dietas proporcionavam pagamentos especiais e as pensões eram mais elevadas que em média. Os descodificadores, além disso, não pagavam rendas nem impostos, viviam no segundo andar do Hofstallburg e tinham acesso directo ao monarca. Recebiam lenha para combustível de graça e gozavam de uma vida boa, ainda que atarefada. Por volta de 1848, havia vinte e duas pessoas (incluindo empregados) instaladas no Hofstallburg.

Eis, então, o Estado policial de Metternich: era de facto, um estado que empregava um número extraordinariamente pequeno de pessoas, quer se considere as pessoas envolvidas em tarefas policiais normais ou na polícia secreta. Até que ponto era bem-sucedido? Até que ponto conteve ou provocou o sentimento revolucionário no seio da monarquia? Até que ponto era repressivo? Eis as questões que devem ser tidas em consideração, se quisermos descobrir se este foi responsável pela eclosão da revolução de 1848. Felizmente, é muito fácil responder-lhes. Em primeiro lugar, especialmente pelos critérios do século XX, não parece ter sido cruel. É verdade que as histórias acerca do longo encarceramento de Pellico e Confalonieri no Spielberg são sobejamente conhecidas, mas não existem indícios de que lhes tenha sido aplicada a tortura. Nem parece ter-se dado o caso de haver muitos prisioneiros políticos na Áustria. Os muitos rumores que circulavam a respeito da ubiquidade e omnipotência da polícia secreta parecem efectivamente ter desencorajado a actividade revolucionária no seio da monarquia. *O governo imperial nunca foi, por conseguinte, ameaçado pela revolução em todo o período de 1815-48.* Tecnicamente, por outro lado, o sistema nunca foi tão eficiente como Metternich teria desejado: os códigos russo e hanoveriano revelaram-se difíceis de decifrar e, apesar de todos os seus esforços, nunca conseguiu estabelecer um centro italiano nos mesmos moldes do Centro de Investigação que fora estabelecido em Mainz em 1825. Tão-pouco os seus esforços para coordenar as actividades policiais com outras potências – Baviera, Prússia e França, por exemplo – chegaram a adquirir o grau de rotina e formalidade que este esperara. E, claro, não impediu que a revolução eclodisse em 1848. No entanto, ainda nos falta determinar a relação exacta entre a existência do «Estado policial» e a eclosão da revolução. E para tal, há que observar duas questões.

Em primeiro lugar, apesar da «Muralha da China» que supostamente rodearia a Áustria intelectualmente, graças à censura, a maioria das pessoas podia ler o que queria. Os relatos e memórias de viajantes da época confirmam isso mesmo. De facto, louvam o auxílio das autoridades em assegurar o material de leitura – banido ou não – requerido. Por exemplo, o grande dramaturgo austríaco Grillparzer escreveu do período pós-1835: «Em princípio, a censura ainda continuava tão severa como sob o imperador Francisco. Mas, na prática, era infinitamente mais branda, certamente devido à impossibilidade de ser aplicada. A leitura e circulação de obras estrangeiras proibidas era tão geral como em qualquer outra parte do mundo, sendo as mais perigosas as que mais circulavam»[21]. Ele reconhecia que a imprensa interna era estreitamente fiscalizada e que as obras políticas «podiam contar com menos consideração», mas se os escritores austríacos desejassem publicar as suas opiniões sobre a política no estrangeiro, «necessitavam apenas, à laia de pretenso segredo, de abreviar o seu nome numa sílaba ou assumir um nome falso para se pouparem a quase todo o questionário e para se precaverem contra ataques. Sim, as autoridades sentiam talvez até um secreto prazer, pois acreditavam que a sua severidade necessária não se interpunha no desenvolvimento da literatura mais ilustre». E este ponto de vista não era excepcional. O conde Hartig, por exemplo, um dos colegas mais próximos de Metternich, escreveu: «A rigidez da censura era apenas mais exercida especialmente contra obras e jornais publicados no país e contra os anúncios públicos dos livreiros. Todas as produções literárias estrangeiras eram facilmente obtidas em privado, de modo que alguém com pretensões literárias teria vergonha de reconhecer em sociedade que desconhecia um livro ou jornal proibido que tivesse suscitado reparo: por exemplo, mesmo na presença de funcionários de alta patente, e nos locais públicos, era habitual falar-se dos piores artigos do jornal *die Grenzboten*, uma vez que ninguém pensava ser da sua responsabilidade indagar de que modo o orador chegara ao conhecimento de tal artigo. Dava-se aos professores instruções prévias acerca do modo como e quais os temas que estes deviam ensinar; mas se ensinassem de modo diferente, não incorriam em censura, desde que os seus ensinamentos não impugnassem nenhum dogma do catolicismo»[22]. Esta visão das universidades sob o sistema de Metternich é confirmada por um futuro professor que era então estudante em Viena. Nessa universidade, recorda, os estudantes «lêem com um prazer indescritível as obras proibidas de homens impregnados de espírito de liberdade»[23]. Formavam-se clubes para comprar os mais recentes livros proibidos, que circulavam depois entre os membros. As regras não tinham importância: «As leis académicas eram draconianas, a respeito de livros proibidos. Quem fizesse circular tais obras entre os seus colegas estudantes ou as lesse sem falar nelas aos outros, era punido com a expulsão de todas as instituições de ensino no seio da monarquia. Apesar disso, as obras eram geralmente lidas. Na Universidade de Viena, circulavam de banco para banco nas salas de aulas. O liberal *Grenzboten*, sobretudo, era lido por diversão durante as aborrecidas horas de aulas. Muitos estudantes privavam-se de determinadas coisas para pouparem dinheiro e aderirem aos clubes supracitados»[24]. De facto, não eram apenas os estudantes que se agrupavam para fazer circular e comprar livros. A partir dos anos 1840, clubes como o liberal *Legal--Political Reading Club* (Clube de Leitura Jurídico-Político) e o *Concordia* fariam o mesmo e descobririam também que as autoridades faziam de bom grado vista grossa. Por exemplo, segundo o Professor Rath, era permitido ao primeiro subscrever jornais como o *Leipziger*

Zeitung, Le Constitutionnel, Le Siècle e até o próprio *die Grenzboten*([25]). E para os que não eram membros de tais clubes, também era fácil adquirir esse material de leitura. Cópias do *die Grenzboten*, por exemplo, eram passadas clandestinamente através da fronteira austríaca da Baviera em coches de passageiros. A censura, por conseguinte, era mais um incómodo do que outra coisa. Não proibia a circulação de ideias, críticas ao governo ou investigação académica. Apenas contribuía para o clima de incrível tédio na Áustria de Metternich.

A segunda questão a analisar sobre a censura, no entanto, é o facto de que, até certo ponto, esta era apoiada. Ou seja, provavelmente havia poucas pessoas a defenderem a perspectiva de que esta deveria ser totalmente abolida. O sentimento religioso teria militado contra tal perspectiva, assim como o hábito. E também não existem quaisquer indícios de um radicalismo muito difundido, por debaixo da superfície da monarquia, nesta altura. Daí, o facto de outro modo curioso, de que quando em 1845 foi submetida a Metternich uma petição contra a censura, assinada por não menos de vinte e nove autores destacados da época, esta não pedia uma abolição categórica, mas apenas a melhoria das leis de censura([26]). De facto, pedia-se um pagamento e condições melhores para os censores, a fim de que estes pudessem dedicar mais tempo e atenção, para já não falar de um melhor estado de espírito, aos manuscritos que tinham de examinar. Talvez se esperasse que estes pudessem ter suficiente tempo para os debater adequadamente com os autores em questão. A lógica deste pedido, como é evidente, era que mais, e não menos, censores fossem nomeados. Se a petição reflectia visões moderadas, ou apenas uma aceitação do facto de que uma abolição total nunca seria concedida, fosse como fosse, é difícil dizer. Contudo, suspeitamos que opositores ideológicos à posição do governo totalmente comprometidos não se teriam sentido à vontade para se associarem a tal medida. Considerando tudo isto, torna-se, pois, difícil acreditar que a existência de um «Estado policial» de qualquer espécie provocasse a revolução em 1848. Ironicamente, como veremos, seria *a falta de forças policiais adequadas em Viena em Março de 1848* que serviria de explicação para o êxito da revolução nesse local, um êxito que se revelaria absolutamente fundamental para a difusão da revolução noutras regiões da monarquia durante a Primavera fatal desse ano.

1848: As Causas

A oposição liberal

Até que ponto tinha, então, força a oposição liberal ao sistema de Metternich no seio da monarquia e de onde surgiu? Claramente, pelo que já se disse até agora, esta encontrou expressão sobretudo na imprensa estrangeira e em livros publicados no estrangeiro. Além disso, não se tornou importante antes dos anos 1840, embora não seja totalmente claro por que motivo assim terá sido. Muito provavelmente, os motivos incluem uma mudança geracional, o sentimento de que Metternich deveria ter partido juntamente com Francisco I – Grillparzer escreveu um poema em que lamentava o facto de o chanceler não ter morrido ao mesmo tempo –, a influência do novo rei da Prússia, Frederico Guilherme IV, o declínio da economia e o pânico da guerra de 1840. Tal como a França, a Áustria estava nitidamente aborrecida. Certamente, a partir dos anos 1840, houve uma alteração de ritmo perceptível, quando montes de poemas políticos começaram a inundar os cafés e salões, quando a propaganda começou a insinuar-se nas representações e cada vez mais escritores começaram a servir-se da imprensa germânica em vez de apenas lerem as suas obras uns aos outros. O Professor Rath, cuja obra acerca da Revolução de Viena de 1848 continua a ser o melhor trabalho sobre este tema[27], traçou um mapa dos marcos políticos: a descoberta do *Grenzboten* em Bruxelas, em 1841, pelo exilado checo, Ignaz Kuranda, como ponto de reunião de grupos oposicionistas no seio da monarquia; a publicação de toda uma série de importantes obras críticas na Alemanha (sobretudo em Hamburgo e Leipzig) começando pela *A Áustria e o seu Futuro* do barão Victor von Andrian-Werburg, em 1842, passando pelos panfletos de Franz Schuselka dos anos 1840 (*Palavras Alemãs de um Austríaco; A Áustria Reina Soberana se o Quiser; Os Passos da Áustria em Frente e para Trás*, etc.) e pelas obras extraordinariamente importantes de 1847 (*A Política Interna Austríaca Relativamente à Questão Constitucional*, do conde Schnirding e *Os Assuntos Financeiros da Áustria*, de Karl Beidtel) até à crítica devastadora de Karl Moering, de Janeiro de 1848, os *Os Livros Sibilinos da Áustria*. A tendência nestas obras era cada vez mais radical. Von Andrian, por exemplo, preocupara-se muito em atacar a burocracia e em sugerir como remédio vital para os infortúnios da Áustria um reforço das dietas das províncias. Estas, propunha ele, deveriam receber o poder de votar os impostos provinciais, escolher os seus próprios elementos e adquirir representantes entre os camponeses e as classes médias. Deveriam também poder dirigir petições ao monarca. Quanto ao governo central, sugeria a criação de uma dieta imperial para representar o império no seu todo, a qual seria formada por representantes dos estados provinciais. Deveria reunir-se uma vez por ano para repartir os impostos entre as províncias e para votar um orçamento, e também poder dirigir petições ao monarca. A obra teve uma extraordinária influência e apelava, especial e previsivelmente, à nobreza liberal dos estados. Em seguida, num segundo volume, publicado em 1847 – que também defendia uma imprensa livre, liberdade académica e a abolição das rendas feudais –, von Andrian sublinhou novamente a necessidade de reformar as dietas. Outros escritores foram mais radicais. Schuselka, por seu lado, não tinha fé na aristocracia, nem na Igreja, aliás, mas pretendia um «rei-cidadão» que governasse em colaboração com o povo. Schnirding era ainda mais esquerdista, pedindo que fossem concedidos direitos ao proletariado e às classes médias. Defendia a industrialização e a abolição de rendas feudais. Beidtel, à sua semelhança, esboçou um retrato sombrio da classe rústica e do proletariado, porém conquistou fama ao pretender demonstrar quão instável se encontrava a situação financeira do império. Segundo Beidtel, a quantidade de ouro e prata nas reservas não cobria a quantidade de notas em circulação, e a incapacidade crónica do governo para equilibrar o orçamento minaria a saúde financeira da monarquia. A sua solução para o problema era simplesmente declarar uma falência parcial e reembolsar sem juros apenas uma parte das quantias devidas aos credores do Estado. A alternativa seria uma inflação galopante. No entanto, para fiscalizar esta manobra, era imperativo, alegava Beidtel, criar uma assembleia nacional. Inútil será dizer que os receios suscitados nos credores, perante esta análise, contribuíram bastante para minar a posição do governo entre a queda de Luís Filipe em França e a queda de Metternich. Afinal, não era preciso ser um génio para compreender que se houvesse uma guerra com a Segunda República Francesa – e considerava-se que Metternich estava a planeá-la – isso poderia revelar-se a última gota para as finanças aparentemente precárias da Áustria. Além disso, as pessoas ainda se recordavam da falência de 1811 e, segundo C. A. Macartney, «foi de facto essa memória, mais do que qualquer outro factor isolado, que desencadeou a revolução de 1848 em Viena e na Hungria»[28]. Moering, contudo, pouco teve a dizer sobre as finanças. Salientou a falta de qualquer patriotismo austríaco devido, na sua opinião, à suspeita e desdém com que o governo tratava as pessoas.

O aspecto curioso de toda esta literatura, no entanto, era que, como sublinha o Professor Rath, nenhum destes escritores liberais até 1848 «exprimira o desejo de uma constituição, de uma carta de direitos, soberania popular ou um autêntico parlamento "liberal". Exceptuando o arquiduque Luís, nenhum membro da família imperial foi atacado. O imperador Fernando foi referido apenas em termos da adulação mais lisonjeira e obsequiosa. Em toda a literatura de oposição, nem uma vez existiu um pedido de revolução»([29]). Estes académicos desejavam antes que o governo se livrasse dos tormentos da polícia política e da censura, estabelecesse a tolerância, reformasse o sistema de impostos, descentralizasse a máquina do governo e arranjasse melhores conselheiros e ministros. Sobretudo, deveria procurar conselho numa assembleia mais representativa, mas, de um modo geral, consultiva, com veto sobre os impostos. Não havia exigências, porém, de um ministério responsável perante um parlamento moderno, que governaria enquanto o monarca reinasse. A oposição liberal era, pois, leal e limitada. Até mesmo entre a queda de Luís Filipe no final de Fevereiro de 1848 e a de Metternich em meados de Março, quando choviam petições para o *Hofburg* em profusão, a situação não se modificou. Tendo analisado estes pedidos populares, o Professor Rath conclui: «Considerados numa perspectiva actual, os pedidos dos radicais de Viena manifestos nestas petições eram surpreendentemente moderados. A petição para a abolição de monopólios e liberdade comercial é branda em comparação com a posição então mantida pelos teóricos do *laissez-faire* (princípio de não-intervenção) na Europa Ocidental. Incluídos estão os rogos habituais de liberdade de imprensa, discurso e religião; mas faltam os pedidos tipicamente "liberais" como o fim das buscas e o direito a reuniões públicas. Os apelos hesitantes à constituição de assembleias provinciais e uma dieta unida, com membros escolhidos pelos austríacos tradicionais e não por métodos democráticos, e com prerrogativas limitadas de aprovarem os impostos e o orçamento e participar na legislação, encontram-se certamente bem longe das exigências dos liberais actuais. É também necessário recordar que na Áustria de 1848 a pessoa do imperador ainda era considerada sagrada. Até o mais radical vienense era inabalável na sua lealdade ao governador habsburgo. Não foi o imperador, mas sim a burocracia a ser responsabilizada pelas más práticas do governo. Para os liberais, o imperador Fernando continuava a ser o pai bondoso e amado do povo austríaco, cuja mínima ordem deveria ser obedecida. Além disso, embora as reformas políticas pedidas pelos liberais vienenses fossem numerosas, poderiam sem dúvida ter sido concedidas sem romper a ordem monárquica tradicional do governo de Habsburgo»([30]). Analisaremos esta conclusão mais adiante, mas antes disso ainda temos de descobrir quem eram os liberais vienenses e se os seus pontos de vista se mantinham noutras regiões da monarquia. Certamente que se a investigação de Hans Sturmberger acerca dos desenvolvimentos políticos na Alta Áustria entre 1792 e 1861 merecem algum crédito – e a sua pesquisa baseia-se nos arquivos policiais da província – havia muito pouco com que o governo se devesse preocupar: os percalços do parlamento bávaro eram seguidos com grande interesse após 1819; havia um ódio geral pela Rússia e uma simpatia pelos Polacos em 1833; mas as revoluções de 1830 suscitaram pouco interesse([31]). Livros e panfletos circulavam clandestinamente e após 1839 fundaram-se sociedades agrícolas e industriais, mas a maioria da controvérsia parecia centrar-se nas actividades do arcebispo de Linz, um antigo monge beneditino chamado Thomas Ziegler, que era um apoiante proeminente do movimento de Restauração Católica. Este tornara a vida particularmente difícil para os protestantes da província e introduziu ali os jesuítas em 1837. Mas, de um modo geral, parecia haver poucos motivos para as autoridades se sentirem preocupadas. Nem mesmo a dieta local colocava um desafio ao governo e era tratada pelos locais como uma espécie de anedota. Segundo o director teatral de Linz, a câmara dos deputados constituía «a mais amarga caricatura de uma constituição representativa» e «reunia-se apenas uma vez por ano, funcionando apenas das nove horas da manhã até ao meio-dia do mesmo dia»([32]). Além disso, o protocolo ocupava duas dessas três horas. A outra hora era ocupada pelo governador da província a ler os pedidos do governo e pela câmara dos deputados a responder «sim» aos mesmos. Em seguida, era dispensada.

Toda a questão dos poderes destas câmaras dos deputados ou dietas, por outro lado, se estava a tornar extremamente controversa na Áustria, por volta de 1848. Isso não se devia apenas ao facto de von Andrian ter sugerido que estas deviam formar a base de uma nova ordem constitucional, mas por se estarem de facto a tornar na arena política da oposição aristocrática ao sistema de Metternich. Esta já há muito que era a situação na Hungria, onde a Dieta, especialmente após 1790, actuara conscientemente como guardiã da constituição, uma constituição que a colocava no centro exacto da vida nacional. Mas o aparecimento da oposição ao – ou antes crítica do – governo nas câmaras dos deputados da Baixa Áustria, Boémia e até nas chamadas Congregações Centrais da Lombardia e do Véneto nos meses que precederam imediatamente as revoluções, certamente representavam um novo fenómeno nas questões de Habsburgo. Foi na Dieta da Baixa Áustria que os escritores liberais tão bem representados na imprensa germânica – o barão von Doblhoff, o conde Albert Montecuccoli e o cavaleiro Anton von Schmerling, por exemplo – organizaram uma verdadeira crítica política pela primeira vez, contribuindo para aprovar moções pedindo, entre outras coisas, a abolição das rendas e serviços dos camponeses, uma redução de todos os impostos, o estabelecimento de um banco de crédito, a reforma municipal, a introdução de um imposto sobre o rendimento e o prolongamento do ensino primário. No início de 1848, a Dieta dirigiu até uma petição para a abolição do recrutamento militar, e em várias ocasiões pediu que o orçamento fosse tornado público, que as classes não privilegiadas estivessem representadas nas câmaras dos deputados, e para ser consultada sempre que os assuntos da província o justificassem. Também na Boémia, nos últimos anos da década de 1840, a Dieta pediu para ser consultada mais frequentemente e discutiu com o governo acerca da cobrança de impostos locais, enquanto, por fim, as Congregações Centrais do reino da Lombardia-Véneto despertavam no inverno de 1847-48, dirigindo petições de reforma ao seu monarca, após um período de letargia que durara quase um quarto de século. Alguns historiadores, no entanto, escrevem acerca destes desenvolvimentos como não tendo tido importância. Segundo Macartney, por exemplo, o partido reformista nas câmaras dos deputados boémias estava «em pequena minoria»([33]), enquanto o historiador checo Polisensky, no seu relato das revoluções, o ignora totalmente. À semelhança da maioria dos marxistas, contenta-se em encaixar os desenvolvimentos no paradigma da «revolução burguesa», paradigma esse igualmente utilizado pelo historiador britânico, Paul Ginsborg, no seu relato da revolução no Véneto em 1848. Ginsborg defende que os eventos nessa região foram provocados pela emergência de uma nova classe burguesa de advogados comerciais, cuja figura dominante foi Daniele Manin – isto apesar do facto de haver apenas cinquenta e oito advogados em toda a Veneza, alguns dos quais eram aristocratas.

Uma revolta da nobreza?

Naquela época, contudo, parecia bastante óbvio a quem estava no poder de onde provinha a principal contestação à política do governo. Metternich, por exemplo, num memorando composto em 1850, intitulado «A nobreza», declarou: «À lista de sintomas de uma época doente e degenerada pertence a posição completamente falsa que a nobreza adopta com demasiada frequência. Foi esta que contribuiu, um pouco por toda a parte, para a confusão que se preparava»([36]). Hartig ecoou estes sentimentos no seu próprio relato das revoluções, escrevendo: «A maior ou menor importância da insurreição contra o governo foi proporcional ao peso que possuíam os estados provinciais, ou a aristocracia, que sempre se considerou capaz de desafiar a chamada burocracia, em parte devido aos inúmeros privilégios que possuía e à sua ligação aos membros do governo central»([37]). De facto, quando o exército descobriu, na Primavera de 1848, que era necessário explicar os recentes acontecimentos às tropas, fê-lo dizendo-lhes que a causa da revolução fora a pressão em Viena e noutras regiões da monarquia para a criação de dietas com poderes semelhantes ao da Hungria: «O imperador pode cuidar das terras muito melhor e mais rapidamente se um certo número de homens inteligentes for escolhido para manifestar os desejos e pedidos de um país numa Dieta, como é o caso da Hungria [...]»([38]). Porém, convém indagar se estas perspectivas podem ser comprovadas, antes de concluir que Metternich e os seus aliados tinham razão ao considerar que a aristocracia se encontrava por detrás das revoluções. Afinal, já constatámos que as perspectivas da maioria da nobreza liberal austríaca eram bastante moderadas.

No caso da Hungria, quase não há discussão entre os historiadores. Todos parecem concordar que a revolução ali foi obra da nobreza húngara. István Deák torna-o explícito no seu recente estudo sobre Kossuth([39]) e até os historiadores comunistas parecem satisfeitos em aceitar esta interpretação. Por exemplo, o Professor Bartha escreve na história da Hungria publicada por Erwin Pamlényi: «Constitui uma das anomalias do desenvolvimento social húngaro que a mudança para condições burguesas pouco dependesse da classe que deveria ter sido responsável pela transformação ideológica e pela realização prática do desenvolvimento concreto, ou seja, a própria burguesia. Em consequência de graves circunstâncias históricas, quando chegou a altura da mudança concreta para condições burguesas, não havia uma força burguesa capaz de realizar a tarefa. A burguesia das cidades reais, com efeito, lutou ao lado da corte, defendendo o feudalismo contra a independência nacional que representava a nobreza feudal.» Schwarzenberg chegara exactamente à mesma conclusão por volta de 1849. Declarou ao seu cunhado, o príncipe Windischgraetz: «A aristocracia é um órgão política e moralmente degenerado: se o governo deseja confiar na nobreza desse país, não poderá esperar nenhum apoio. O papel que a nobreza desempenhou na história política da Hungria – sobretudo em épocas recentes – demonstra claramente o seu verdadeiro espírito. Não creio em conversões políticas e uma vez que a nobreza da Hungria fez e realizou aí a revolução, não tenho garantias da sua futura eficácia. Pode pertencer-se a uma antiga linhagem, possuir um título antigo e declarar-se aristocrata e mesmo assim ser-se um apoiante da subversão revolucionária»([40]). No entanto, isto era um exagero. Tal como os seus homólogos em Viena, os críticos aristocráticos do sistema de Metternich na Hungria não tinham sido revolucionários em nenhum sentido, antes de 1848. Com efeito, eram reaccionários, no mais puro sentido da palavra, uma vez que o seu principal objectivo político consistia em restaurar os primitivos poderes da constituição húngara. Além disso, embora pretendessem que Metternich subvertera a constituição, haviam colaborado com ele ao longo da década de 1840 para reforçar o Estado magiar e para iniciar algumas reformas. Contudo, aproveitaram a oportunidade para estabelecer um ministério responsável na Hungria, assim que Metternich foi afastado. O motivo para tal, porém, nada tinha a ver com a revolução: o seu verdadeiro motivo era simplesmente restaurar a sua constituição. Eis por que Deák chama ao seu livro *A Revolução Legal*. Era considerada legal em dois sentidos: primeiro, porque restaurava a constituição; segundo, porque o rei concordava com isso. E ao longo do combate revolucionário entre a Áustria e a Hungria em 1848-49, os Húngaros fundamentaram constantemente as suas reivindicações nas Leis de Abril a que o monarca dera o seu consentimento. Nunca se consideraram revolucionários em nenhum sentido. O seu problema foi que o rei mais tarde retirou o seu consentimento às Leis de Abril e esperava que eles regressassem às antigas disposições. A aristocracia boémia, entretanto, ficou fortemente impressionada com o que se passara na Hungria e sob a liderança do seu governador, o conde Thun, tentou persuadir o chefe representativo da família imperial, o arquiduque Francisco Carlos, que também devia ser concedida à Boémia uma existência constitucional independente de Viena. De facto, logo que surgiu a oportunidade, em Maio de 1848, Thun criou um governo nacional boémio, alegando que uma vez que a sua homóloga imperial perdera o controlo da capital e a sua autoridade, perdera também o direito a governar a Boémia. A conselho de Doblhoff, porém, enviado a Innsbruck para apresentar o caso a Viena, o arquiduque decidiu que consentir nos planos de Thun acabaria por significar o colapso da monarquia. Os Húngaros só por si, de qualquer modo, já estavam a causar suficientes problemas à dinastia. Eis o motivo por que o consentimento real às Leis de Abril foi por fim retirado: tentar governar um império com dois governos que seguiam políticas financeiras, defensivas e estrangeiras mutuamente hostis, estava para além da capacidade dos limitados recursos políticos e intelectuais de uma dinastia. Daí a sua decisão, em Setembro de 1848, de apoiar o ataque de Jellačić à Hungria. Mas foi só aí que os Húngaros se viram em oposição ao seu monarca, e não por sua própria decisão. Fora este – ou os seus conselheiros austríacos – que a seus olhos subvertera a ordem legal.

Se a nobreza magiar não pode ser caracterizada como verdadeiramente revolucionária, apesar da sua oposição a Metternich, o mesmo se pode dizer dos aristocratas austríacos que dirigiam o governo de Viena após a queda de Metternich. De facto, todos eles tinham sido colegas extremamente próximos do antigo chanceler. Kolowrat fora o seu mais próximo colaborador, bem como rival; Ficquelmont fora o seu braço direito e presumível sucessor até 1848; Wessenberg fora um colega do serviço diplomático desde o Congresso de Viena. Agora tentavam dirigir o governo de modo muito semelhante ao anterior, excepto o facto de terem de redigir uma espécie de constituição, o que significava coexistir com dificuldade com um parlamento medíocre, por alguns meses. Mas nunca houve a mínima hipótese de eles se tornarem revolucionários, ou até de se oporem aos desejos da dinastia, admitindo que esta última conseguisse tomar uma decisão quanto ao que devia fazer.

Apenas no Norte da Itália os aristocratas foram realmente revolucionários, embora num sentido puramente político e não social. Ou seja, foi só na Lombardia e no Véneto que os aristocratas locais fizeram uma tentativa resoluta de derrubar a monarquia. O motivo era muito simples: os territórios do Norte da Itália possuíam pouca experiência do governo de Habsburgo, e não gostavam da que tinham. Isto era sobretudo verdade dado que, ao contrário do caso da Hungria, o governo habsburgo na Lombardia-Véneto significava governo por parte de estrangeiros falantes de alemão, que excluíam a maioria dos aristocratas locais da corte, do exército e do serviço diplomático, e a maioria dos advogados locais dos tribunais. Kent Roberts Greenfield e outros historiadores descobriram, por conseguinte, para surpresa daqueles que confiavam demasiado automaticamente no paradigma da «revolução burguesa», que eram as classes altas italianas e não as classes médias que se encontravam na primeira linha da revolução. Como exprimiria Romeo na introdução à obra de Greenfield: «Seria natural inferir que o liberalismo italiano reflectia um movimento da classe média para ganhar controlo da sociedade. O defeito desta tese é que o programa liberal não foi iniciado, explicado e propagado por uma burguesia ambiciosa e consciente, com fortes interesses intelectuais a servir, mas sim por proprietários fundiários e grupos de intelectuais cujos líderes eram na sua maioria aristocratas [...] não existem indícios que defendam a perspectiva de que os publicistas liberais eram impulsionados por uma classe capitalista em ascensão ou incitados a agir como seu porta-voz»[41]. Os escritores anteriores haviam sido induzidos em erro, talvez, pelo relato contemporâneo clássico de Carlo Cattaneo sobre a insurreição de Milão em 1848. Este afirmava que «a classe média constituía o cerne do partido nacional»[42], embora Cattaneo tivesse de reconhecer que à cabeça do partido se encontrava «uma aristocracia retrógrada, um rei absoluto e um papa»[43]. «Por que motivo», questionava, «as classes médias, que eram verdadeiramente revolucionárias, não assumiram a direcção do movimento?»[44]. A resposta é que provavelmente havia uma falha na sua análise. Luigi Torrelli, por exemplo, na sua análise da probabilidade de ocorrer uma revolução na Lombardia, publicada em Paris, em 1846[45], chegou à conclusão de que a classe mais perigosa do país não era a profissional, mas sim a dos ricos proprietários, ou seja, a aristocracia e a burguesia terratenente. Entretanto, os agentes de Metternich em Milão relatavam o mesmo. A classe da população que as autoridades austríacas mais receavam era a dos jovens nobres que tinham viajado pelo estrangeiro e que no seu regresso a casa se sentiam alienados do regime imperial.

Havia, com efeito, muitos motivos para tal alienação[46]. Para começar, embora reconhecidos como nobres pelos compatriotas italianos, era negado a muitos este reconhecimento pelos Austríacos. As comissões heráldicas imperiais que percorreram o reino após 1818 haviam abolido os direitos de todo e qualquer nobre a reivindicar os seus títulos. Além disso, muitos títulos, mesmo entre aqueles que tinham sido confirmados, eram frequentemente despromovidos, quando uniformizados com os Austríacos. Por esse motivo, certas damas que tinham o título de «princesa» em Itália não podiam reivindicar o título na Áustria; do mesmo modo, os «duques» italianos tornavam-se *Grafs* ou condes, quando visitavam Viena. Pior ainda, talvez, a rígida etiqueta da corte a que aderiam Milão e Veneza significava que a maioria dos Italianos ficava excluída da corte. Apenas os que possuíam dezasseis costados podiam ser admitidos. E a cada visitante da corte eram verificadas as suas referências. Segundo um relato: «Levava-se a mal quando muitas damas que haviam começado por ser admitidas eram excluídas»[47]. A corte vice-real, de qualquer modo, era bastante insípida, quando comparada à faustosa corte recordada dos tempos napoleónicos. Nessa época, Eugène de Beauharnais fora incentivado a lisonjear e adular as sensibilidades italianas; agora, esses tempos haviam passado. Os Italianos, que regra geral não possuíam ligações com a alta aristocracia da Europa Central e que raramente se davam ao trabalho de aprender bem o alemão, tinham dificuldade em arranjar empregos na burocracia. E mesmo quando conseguiam, descobriam que o pagamento era modesto e a promoção lenta. A introdução do Código Civil austríaco também criou dificuldades, uma vez que significava que a maioria dos advogados tinha de saber alemão para compreender os precedentes judiciais. Na prática, isto significava que a profissão jurídica ficara dominada pelos tiroleses bilingues. Nos anos anteriores a 1848, a nobreza italiana boicotava assim cada vez mais a corte austríaca, de modo que quando a condessa Ficquelmont se reuniu ao marido em Milão, no Outono de 1847, relatou a um familiar na Rússia que levava uma vida «totalmente isolada dos milaneses» – de facto, semelhante a «um posto avançado em território inimigo»([48]), uma descrição que não se encontrava longe da realidade. Ainda assim, se a Itália austríaca parecia dominada por um regime hostil e estrangeiro, o mesmo não se aplicava de modo algum ao seu vizinho Piemonte. Ali, o rei, o ambicioso e – até 1848 – reaccionário Carlos Alberto, acolheu todos esses nobres na corte e condecorou-os como súbditos leais. Muitos, com efeito, eram *sudditi misti*, proprietários com propriedades, quer no Piemonte, quer na Lombardia-Véneto. Por isso, podiam legitimamente enviar os seus filhos para o Piemonte, para aí encontrarem carreiras mais brilhantes no exército ou na burocracia, que lhes eram negadas pelos Austríacos. O conde Casati, presidente da Câmara de Milão, por exemplo, enviou os seus filhos para a Academia Militar da Sardenha, para que se tornassem oficiais sardos, para grande ofensa das autoridades de Habsburgo. Por volta de 1848, consideravam tal comportamento quase como uma traição.

Contudo, que podiam as autoridades fazer? Alguns manifestavam indiferença. O general Schönhals, por exemplo, adjunto de Radetzky, escreveu: «Mas quem conhece a má vontade, sobretudo das classes italianas mais altas, contra tudo que constitui serviço de Estado e sabe também da pouca inclinação que estas possuem para o estudo sério, compreenderá que a Áustria não poderia procurar os seus governadores, juízes ou generais supremos entre a nobreza italiana. Examinemos as matrículas das universidades de Pavia e Pádua e vejamos se nelas se encontra algum nome ilustre. O teatro e os cafés não são locais onde se produzam estadistas e a fatigante ascensão na escala dos postos de serviço não é do agrado de italianos ricos. Não os culpamos por isso. Mas ao mesmo tempo, estes não podem acusar o Estado de violar a nacionalidade, de parcialidade e negligência»([49]). Metternich, entretanto, começava a ficar mais alarmado, especialmente após as revoltas de Janeiro de 1848 em Milão, que rebentaram quando os jovens nobres do Jockey Club organizaram um boicote ao tabaco. Escreveu a Ficquelmont: «Que quer a nobreza da Lombardia? Tenciona renunciar à sua existência moral e material? Como pode fazê-lo? No entanto, a sua conduta deve fazer-nos presumir isso. A força motriz por detrás da posição indescritível do país provém sem dúvida desse lado. Desejará depositar o seu destino no altar supremo de alguma divindade fantástica e provocar o holocausto?»([50]). A resposta era que as classes altas desejavam ser subornadas. Existem vários relatórios de milaneses e outros nobres a informar as autoridades de que o problema se resolveria se pelo menos a jovem nobreza encontrasse cargos adequados e alguns dos mais ricos proprietários da burguesia fossem nobilitados. Um destes declarou a Metternich: «A possibilidade dada aos Italianos de ocuparem apenas cargos intermédios e baixos que exigem muito trabalho, estudos profundos e uma longa prática e trazem uma recompensa mínima e muito pouca influência não pode obter o interesse das famílias patrícias nem a riqueza do reino. Fica a uma curta distância, além disso, de se ser excluído do serviço do Estado e aderir à oposição; porém, ao conceder modestas recompensas, seria fácil atrair os Italianos para os círculos dirigentes»[51]. Tratava-se de um verdadeiro pedido de *trasformismo*. No entanto, Metternich não estava preparado para conceder as necessárias «modestas recompensas». Qualquer tipo de concessão, pensava, seria visto como um sinal de fraqueza e acarretaria maiores exigências como consequência. Foi por esse motivo que rejeitou as propostas de reforma extremamente modestas que lhe foram sugeridas por Ficquelmont e o vice-rei, no início de 1848. Em vez disso, convenceu-se de que era necessária uma demonstração de força. Daí a sua política de negociar novos tratados de defesa junto dos ducados italianos e a sua proclamação aos Milaneses. Esta mandava o soberano declarar a sua fé na lealdade dos seus súbditos pacíficos. Mas acrescentava: «Contamos também com o valor e leal dedicação das nossas tropas, cuja glória principal sempre foi e sempre será mostrar-se firmes apoiantes do nosso trono e um baluarte contra as calamidades que a rebelião e a anarquia trariam às vidas e bens de cidadãos pacíficos»[52]. Radetzky acrescentou o seu próprio comentário numa proclamação separada às suas tropas: «A máquina do fanatismo», profetizava, «quebrar-se-á perante a vossa lealdade e valor, como vidro contra uma rocha»[53].

No entanto, não foi apenas a confiança no exército que esteve subjacente à política de Metternich no Norte da Itália e noutras regiões. Passaram-se alguns acontecimentos em 1846 que haviam convencido as autoridades de que não tinham nada a temer se os aristocratas locais fossem suficientemente temerários para levar a sua oposição ao ponto da revolução. Tais eventos tinham sido os esforços dos nobres polacos, organizados em Paris, para iniciar uma revolução na Cracóvia, em Posen e na Galícia. Na última região, que era a parte controlada pela Áustria da Polónia dividida, os nobres haviam sido massacrados aos milhares pelos camponeses locais, pelos vistos persuadidos de que tal fora ordenado pelo imperador[54]. De facto, correra o rumor de que este abolira os Dez Mandamentos de modo a permitir-lhes que assassinassem os nobres e padres locais. Na realidade, as autoridades de Habsburgo – apesar de acusações de conivência, mais tarde – nada sabiam sobre o que se estava a passar e ficaram horrorizadas com os resultados da sede de sangue. No entanto, era muito tranquilizador saber que os camponeses tinham apoiado o Estado contra os seus senhorios. Entre o exército e a burocracia, criou assim raízes a ideia de que se fosse tentada uma revolução noutra região da monarquia, o mesmo sucederia novamente. Isto fazia já, de facto, parte da sabedoria dominante. Ficquelmont, por exemplo, declarara ao czar em 1837, a respeito da oposição húngara: «Bastaria apenas uma palavra da corte para liquidar esta oposição fazendo os camponeses pensar numa melhoria do seu destino, algo que os nobres não desejam conceder-lhes»[55]. Em Abril de 1848, diria a um diplomata britânico o mesmo acerca dos nobres italianos: «[...] Se a Áustria resolvesse aproveitar-se do seu poder real para sublevar os camponeses contra os seus superiores, teria a maior facilidade em obter a ruína e destruição de tais pessoas [...]»[56]. O próprio Metternich dava grande valor aos acontecimentos da Galícia. Por isso, declarou a Radetzky: «Acaba de ocorrer um acontecimento extraordinariamente significativo [...] a tentativa da emigração polaca de iniciar uma segunda revolução nos antigos territórios polacos foi frustrada. Essa tentativa foi esmagada pela classe camponesa polaca. A meu ver, este facto possui todo o valor de uma fase sem paralelo na história mundial [...] Alvoreceu, pois, uma nova era, cuja influência não se limitará à nossa monarquia. Os democratas enganaram-se, quanto à sua base; uma democracia com o povo é uma quimera»[57]. Ordenou-se ao marechal-de-campo que assegurasse que a nobreza italiana ficava a saber desta nova era. Entretanto, o chanceler enviou o mesmo aviso aos Húngaros, informando um líder magiar aristocrata: «O exemplo da justiça feita [na Galícia] poderia facilmente virar-se contra as classes altas da Hungria [...] Sabe tão bem como eu que efeito se produziria no campo se o rei parecesse apelar ao povo»[58]. Por volta de Março de 1848, contudo, foi sobretudo em Itália que a nobreza sofreu ameaças de um «programa galiciano». Oficiais do exército declaravam aos pobres de Milão que os seus infortúnios eram culpa das classes altas italianas e não dos Austríacos. Radetzky defendia um programa de reformas para auxiliar os camponeses contra os seus patrões e faziam-se sugestões agourentas na imprensa austríaca de que os horrores da Galícia estavam prestes a repetir-se em Itália. Como diria o *Augsburger Allgemeine Zeitung*: «As pessoas fazem os mesmos comentários em Itália que foram feitos na Galícia. As massas da Itália, tal como na Galícia, não estão interessadas [...] em movimentos [políticos] e se os Lombardos forem forçados a pagar o custo da sua revolução, não serão os camponeses a sofrer como classe; o pagamento será feito pelos proprietários e os ricos, uma vez que só eles são culpados, só eles devem pagar o preço»([59]). De um modo geral, portanto, Metternich contentava-se em arriscar uma firme crença de que, se e quando chegasse o momento, o exército e as massas em conjunto acompanhariam qualquer contestação revolucionária por parte das aristocracias locais dissidentes, que se ressentiam com o governo de Viena. A sua política em Itália, tal como em Viena, não admitia concessões, embora houvesse muitos indícios de que a nobreza italiana estaria mais do que disposta a ser subornada. Contudo, estariam mesmo assim os Austríacos correctos ao crerem que ainda gozavam do apoio de outros sectores da sociedade? Poderiam contar realmente que os camponeses em especial se mantivessem leais? E quão profundamente se baseava a sua fé na ameaça «galiciana»?

Em Itália, havia pelo menos dois grandes problemas que eles tendiam a ignorar: os ressentimentos económicos dos camponeses e a influência da Igreja. No que se refere ao primeiro, os ressentimentos exactos difeririam de local para local, mas a questão era basicamente a «posse livre das terras»([60]). Nas regiões montanhosas, a principal exigência dos camponeses era que os *beni communali* que haviam sido liquidados no mercado livre após 1839 lhes fossem devolvidos; nas províncias de Bréscia e Como, recusavam-se a pagar taxas portuárias e impostos sobre os alimentos; e em zonas de plantações partilhadas, desejavam ver o sistema ampliado([61]). No que se refere à Igreja – e a sua influência estendia-se a todas as classes –, cerca de 1848, a ruptura entre esta e o Estado por variadíssimos motivos era quase total, na Lombardia-Véneto. Para começar, fora o clero que juntamente com a nobreza tinha sido massacrado na Galícia em 1846. Quase oitenta padres haviam morrido só no distrito de Tarnow e isto levara à mais famosa denúncia europeia sobre o comportamento da Áustria no local

– o discurso de Montalambert de 2 de Julho de 1846 no parlamento francês. Tal discurso fora «o protesto do mundo católico» e «reforçara a determinação de todos os Italianos»; as suas conotações religiosas tinham «separado a causa católica da austríaca no espírito do público» na Itália[62]. Como se tal não bastasse, seguira-se-lhe uma grande confrontação diplomática entre a Áustria e o Papado, quando Radetzky, que considerava o papa prisioneiro da populaça romana, exercera o seu direito – segundo o ponto de vista dele e de Metternich – de guarnecer de tropas a cidade papal de Ferrara. Infelizmente, fê-lo sem o consentimento do papa e, de facto, de um modo que fazia parecer que a Áustria declarara guerra a Sua Santidade. Metternich retrocedera para salvaguardar a posição da Áustria, mas a hostilidade católica contra os Austríacos aumentou novamente quando eclodiram revoltas em Milão, no momento da entrada naquela cidade do primeiro arcebispo nascido em Itália. Radetzky viu-se obrigado a confessar: «O clero italiano, com poucas excepções, pertence aos nossos inimigos mais declarados e perigosos»[63], facto sublinhado pelo óbvio contraste entre o papa reformista em Roma e a resistência à mudança de Metternich. Uma queixa de um oficial austríaco dizia: «Os seus padres são promotores destas desordens, os seus padres encontram-se em contacto com o primeiro padre de Roma, que é o revolucionário número um»[64]. Tudo o que as autoridades podiam fazer, porém, era impedir que as tropas austríacas se confessassem aos padres italianos. Não havia modo de conseguirem limitar a influência da Igreja entre o povo em geral. Nem, de facto, esta tentava adoptar uma posição neutra. O arcebispo de Milão em breve abençoaria «o sagrado trabalho da libertação» e a revolução testemunharia a «participação entusiástica do clero» e assumiria o carácter de «guerra santa»[65]. De facto, discutia-se até a formação de batalhões de padres para ajudar a criar um exército lombardo[66]. Noutras regiões da monarquia, embora houvesse problemas religiosos antes de 1848, não se punha a questão de líderes religiosos se oporem à autoridade do Estado. O josefinismo resolveu esse assunto, em relação à Igreja Católica. Quanto às outras igrejas, embora alguns líderes políticos gozassem de extraordinária influência política, de que realmente se serviriam durante as revoluções – pensamos no bispo Saguna, cristão oriental, entre os romenos da Transilvânia ou no patriarca sérvio Rajačić, que era líder político do seu povo na

Hungria – foi só na Lombardia-Véneto que a Igreja se envolveu politicamente na promoção da revolução.

Noutras regiões, havia também menos sinais de insatisfação camponesa ou burguesa com o regime. Em Itália, possivelmente, eram alienados tanto burgueses como nobres e por muitos dos mesmos motivos. Também os burgueses sofriam das incapacidades que impediam os jovens nobres de ascender no serviço imperial e também estes eram influenciados pela difusão do nacionalismo, o desenvolvimento da imprensa, o nascimento da literatura italiana, os congressos científicos, etc. Também estes seguiam as notícias de reformas noutros locais e partilhavam as esperanças investidas em Pio IX. Também estes tinham, pois, consciência das vantagens que poderiam advir-lhes se os Austríacos partissem. Contudo, noutros locais, não se verificavam tais condições. A burguesia na Boémia, na Checa ou na Alemanha era leal ao trono e até o movimento emergente de nacionalismo era ali protegido pelo governador. Noutros locais, entre os Eslavos do Sul, os Eslovacos e os Romenos do império, o trono parecia ser a única protecção disponível contra as tendências magiares do novo nacionalismo húngaro. Daí não haver ameaça de revolução da burguesia nestas regiões. Além disso, muita da burguesia nas cidades destas zonas era frequentemente alemã, algo que também era um facto na própria Hungria. Os camponeses tinham ressentimentos em todo o lado, evidentemente – em muitos casos, maiores do que os de Itália. As rendas e serviços feudais pesavam-lhes profundamente na Boémia, na Áustria e na Hungria, mas não existem indícios de que estes fossem revolucionários ou reaccionários. Afinal, os camponeses galicianos não tinham obtido vantagens pela sua lealdade em 1846; nem podiam esperar ser capazes de mudar algo por si próprios. Em suma, só podiam contar com os acontecimentos. Por outro lado, até que ponto ansiavam estes aproveitar-se de qualquer colapso que pudesse ocorrer, para melhorarem a sua situação? E até que ponto o mesmo se aplicava às massas nas cidades? Afinal, fora a nobreza francesa no século XVIII que encabeçara a *prérévolution*, mas tinha sido por sua vez varrida pela burguesia, os *sans-culottes* e os camponeses. Vejamos, pois, mais de perto o clima social e económico na monarquia antes de 1848.

Desenvolvimento económico
na Áustria de Metternich

Entre os historiadores económicos, existe agora um consenso geral de que «a economia austríaca pré-1848 revelava sinais definitivos de dinamismo»[67]. Mais recentemente, cliométricos americanos defenderam que se instalara um «desenvolvimento sustentado» – ou seja, um desenvolvimento de tal dimensão que não poderia ser eclipsado por flutuações a curto prazo – durante o período do *Vormärz*. Richard Rudolph escreveu: «Quando salientamos o início da mecanização e a época em que o desenvolvimento industrial austríaco se equiparou ao resto da Europa, podemos dizer que a Áustria se industrializou nos anos 1830 e 1840»[68]. John Komlos concluiu: «Se é que se pode dizer que a industrialização teve um início na Áustria, esse início ocorreu entre 1825 e 1850»[69]. David F. Good confirmou: «O comportamento da população, produtividade e produtividade *per capita* no *Vormärz* indica fortemente a emergência de um desenvolvimento económico moderno»[70]. A população cresceu 1% por ano entre 1817 e 1845 e «não ocorreu nenhuma reacção malthusiana». Isto devia-se ao facto de o índice de desenvolvimento industrial *per capita* atingir os 1,8% a 2,6%. A percentagem da população envolvida na agricultura caiu de 75%, em 1790, para 72%, por volta de 1850; na Boémia, os números eram 78%, em 1756, e 64%, nas vésperas de 1848[71]. Dos vários sectores da indústria, verificar-se-ia um maior desenvolvimento na indústria mineira (6,9%, anualmente, entre 1830 e 1845), segundo Rudolph, e no algodão (7,1%), segundo Komlos[72]. A indústria do ferro cresceu 5%, segundo Rudolph, a indústria do açúcar 4,8%, segundo Komlos[73]. Por detrás deste desenvolvimento, encontravam-se dois factores: a fundação de institutos politécnicos; novas leis sobre patentes; aperfeiçoamentos tecnológicos numa variedade de indústrias; a construção de estradas, canais e caminhos-de-ferro; aperfeiçoamentos agrícolas (a expansão da superfície cultivada, a introdução da rotação de culturas, a introdução de novas culturas como a batata, a beterraba-açucareira e o trevo); e a criação de sociedades para o desenvolvimento da agricultura e da indústria.

Havia, contudo, alguns aspectos da industrialização que eram peculiares à Áustria e que convém ter em conta, se os queremos relacionar com a eclosão da revolução. Rudolph chamou a atenção para um destes num debate sobre a primitiva imagem estereotipada de a industrialização implicar um choque entre uma burguesia urbana e uma nobreza proprietária de terras. Escreve ele: «Na realidade, porém, o processo de mudança económica foi muito mais complexo do que algumas das ideias que comparam o capitalismo com a indústria e as cidades poderiam sugerir. Aquilo que se observa numa perspectiva microeconómica da monarquia é menos um padrão urbano do que um padrão de desenvolvimento multifacetado da produção. É um facto que houve uma urbanização de mercado na Baixa Áustria antes de meados do século XIX, mas nos outros locais observam-se padrões diferentes. Na Boémia e na Morávia, as origens da indústria parecem ter sido marcadamente não urbanas. Nestas regiões, bem como em várias outras das províncias alpinas, a regra tendia a ser o desenvolvimento da produção em grandes propriedades, sob o beneplácito da aristocracia, ou então o desenvolvimento do emprego secundário nas casas dos camponeses, desenvolvendo-se gradualmente numa indústria a maior escala»([74]). Rejeita, portanto, as perspectivas de alguns historiadores, segundo os quais a Áustria não poderia ter-se industrializado durante o período do *Vormärz* devido à falta de uma classe média desenvolvida: «[...] como já ficou sublinhado, na monarquia uma grande parte do desenvolvimento da produção tinha origens e uma natureza rurais e, concomitantemente, outros grupos que não a classe média urbana assumiam as funções de empresário urbano. Assim, os estudos locais demonstram uma vasta e variada origem de gestores e empresários, incluindo nobres, agentes imobiliários, comerciantes e artífices especializados alemães e ingleses, funcionários do governo, comerciantes judeus e vendedores ambulantes. Há que ter em especial atenção o papel considerável no desenvolvimento económico da indústria austríaca desempenhado pelas grandes propriedades sob a égide da aristocracia rural. Em termos de investimento capital, também desempenharam um papel importante. Como salientou o historiador económico checo Arnost Klima, o seu investimento foi grande e fundamental pois eram estas, basicamente, as pessoas que tinham fundos para investir»([75]). O historiador austríaco Wolfgang Häusler chegou a conclusões semelhantes a respeito do papel dos nobres, judeus, estrangeiros e outros no processo de industrialização. Quanto à «burguesia», concluiu: «Não há motivos para afirmar que na Áustria, durante o ano revolucionário, houvesse uma burguesia nitidamente definida, distintamente separada da classe operária, apetrechada de programas económicos e políticos estabelecidos»([76]). A situação era, antes, que a sociedade se estava a emancipar do feudalismo e ainda a começar a lidar com novas condições sociais e económicas.

Outro aspecto da indústria austríaca era o seu relativo atraso. As pessoas queixavam-se disso na época. Foi o principal motivo pelo qual os industriais austríacos, por exemplo, objectaram contra os planos de adesão à *Zollverein*. Era também o motivo por que muitos comerciantes não se interessavam em ir às exposições austríacas, embora comparecessem às prussianas. Daí a afirmação de Nachum Gross de que: «Durante o segundo quarto de século, os observadores internos e estrangeiros parecem ter-se tornado cada vez mais conscientes do facto de que a economia austríaca, embora avançando, estava a ficar para trás no seu desenvolvimento»([77]). Havia, é verdade, uma série de produtos nos quais os Austríacos eram superiores aos Alemães – vidraria boémia, aço estírio, xailes vienenses, coches, luvas, calçado de senhora e sedas italianas – embora em muitos outros ramos a Áustria pudesse vender a preços mais baixos que a Alemanha no domínio da qualidade grosseira – linho em bruto, tecidos e malhas grosseiros, ferragens baratas, cerâmica crua e papel normal. Contudo, no geral, os produtos alemães eram superiores e mais baratos no domínio da grande qualidade: melhores têxteis, faianças, porcelana, a maioria dos produtos de cabedal, instrumentos e maquinaria. A Áustria, dizia-se, produzia ou para os extremamente pobres ou para os extremamente ricos, enquanto a Alemanha produzia para as classes médias. Os motivos para tal encontrar-se-iam nos lados da oferta e da procura: os salários eram significativamente mais baixos na Áustria e as taxas de juro mais elevadas. Os resultados, porém, eram evidentes e Gross catalogou-os nas diferentes indústrias e comércio estrangeiro. Por exemplo: «Os dados acerca da energia a vapor e do consumo de carvão [...] revelam forçosamente aquilo que tem de designar-se como o atraso tecnológico da maioria da indústria austríaca nos anos 1840. A Bélgica, com um quarto da população da Áustria, possuía cinco vezes a capacidade austríaca em máquinas a vapor fixas e quase cinco vezes o seu consumo de carvão. A diferença não é assim tão extrema, mas ainda é muito impressionante em relação à França e à Alemanha. É um facto que o investimento unitário *per capita* em rodas hidráulicas e até turbinas era consideravelmente mais baixo do que nas máquinas a vapor. Este factor aplicava-se, porém, à França e Alemanha quase na mesma escala que à monarquia»([78]). A indústria do ferro também sofria de doenças crónicas: a predominância de pequenas unidades nos Alpes; a escassez e localização desfavorável do carvão que se podia transformar em coque; os interesses pessoais dos grandes proprietários nas terras checas e húngaras, que consideravam a produção do ferro apenas um meio de comercializar mais madeira. O ferro fundido alpino, responsável por dois terços da produção austríaca nos anos 1830 e 1840, continuou a ser exclusivamente fundido em carvão vegetal, até 1870. A indústria mecânica, por sua vez, sofria das deficiências da produção do ferro e do carvão. Isso, por seu turno, explica por que motivo a indústria e a agricultura foram tão lentas a introduzir a energia a vapor: as máquinas a vapor eram caras, quer fossem importadas ou produzidas internamente, e enfrentavam graves problemas de fornecimento combustível. Todos estes factores, evidentemente, se reforçavam mutuamente; em conjunto, contribuem para explicar o retardamento industrial e a relativa insignificância da rede ferroviária austríaca, pois também neste campo os Austríacos estavam atrasados. Assim, enquanto a Grã-Bretanha, entre 1845 e 1850, aumentou a sua rede em 160%, a Alemanha em 180% e a França em 245%, a Áustria só conseguiu chegar aos 85%. Tal facto é por vezes explicado pela insistência da Casa de Habsburgo em construir caminhos-de-ferro estratégicos em vez de comerciais, mas na realidade, até de acordo com esse critério o desempenho deixa muito a desejar. Por fim, o atraso da Áustria foi incentivado pela sua política de *Autarkie*, a sua tentativa de alcançar uma auto-suficiência económica. Havia motivos económicos e políticos envolvidos na questão: a esperança de que os salários baixos no Oriente fornecessem géneros alimentícios e matérias-primas baratos ao Ocidente; a necessidade de se aliarem aos elementos feudais na Hungria; já para não falar da necessidade de proteger as indústrias emergentes da competição e a população interna de novas ideias. No entanto, a *Autarkie* tornou inevitavelmente a Áustria menos competitiva e privou-a de fontes alternativas de abastecimento.

Um terceiro factor de relevo para delinear o processo particular de industrialização da Áustria era a falta de crédito crónica de que sofria. Segundo Good: «A evolução de um sistema financeiro no *Vormärz* era certamente embrionária»([79]). O banco principal era o Banco Nacional Austríaco, fundado em 1816 segundo o modelo do Banco de França, após os caóticos desenvolvimentos financeiros desse ano. Para recuperar a estabilidade, foi concedido ao banco o direito exclusivo de emissão de notas e a independência nominal do controlo do Estado. Também foi permitido desde o início descontar letras de câmbio. Estas acabaram por se tornar nos principais activos de rendimento da carteira do Banco, mas «o seu impacto global no mercado de crédito foi ligeiro – os termos de desconto eram tão estritos que só os clientes mais ricos e respeitáveis conseguiam acesso a fundos bancários»([80]). No período anterior a 1848, foram abertas filiais em muitas das cidades principais da monarquia, mas estas só existiam basicamente para permitir que fossem feitos pagamentos ao Estado, embora também constituíssem locais onde era possível trocar notas por moedas. «Só nos anos 1840 as facilidades de crédito da dependência de Viena se estenderam às filiais provinciais, e até 1847 nenhuma filial (Praga) abriu instalações para descontar de letras»([81]). Não houve envolvimento em finanças hipotecárias antes de 1855, mas o envolvimento com as finanças do Estado permanecia elevado. Inevitavelmente, houve queixas a respeito da posição de monopólio de Viena e das facilidades de empréstimo limitadas do Banco, no geral. Havia também bancos de poupança, na Áustria. O primeiro destes, o *Erste Oesterreichische Sparkasse*, foi fundado em Viena em 1819, mas a legislação básica que regia o seu funcionamento só foi introduzida em 1844. Estes bancos deveriam incentivar a economia e a diligência entre as classes de baixo rendimento, mas tornaram-se gradualmente no território reservado dos mais abastados. Investiam sobretudo em hipotecas urbanas, embora também lidassem com propriedades rurais. Segundo Good: «Aproximadamente um quarto dos fundos disponíveis era investido numa carteira de títulos de alto nível, principalmente dívidas federais, provinciais e municipais. Os bancos não tinham permissão para financiar estabelecimentos industriais [...] o impacto económico da sua influência não foi realmente investigado»([82]).

Por outro lado, já há muito se tornou evidente que as actividades das grandes agências bancárias privadas tiveram enorme importância. Estas – e pensamos especialmente nas agências de Rothschild, Schoeller, Geymuller, Sina, Stametz-Mayer e Arnstein-Eskeles – aguentavam a dívida do governo e contraíam empréstimos a longo prazo com a nobreza. Mas também estavam envolvidas no auxílio aos estabelecimentos industriais e comerciais – caminhos-de-ferro, por exemplo

– e forneciam instalações para desconto de letras a firmas fora de Viena. Desse modo, «preenchiam a lacuna aberta pela política de descontos extremamente restritiva do banco nacional».[83] Mesmo assim, mal podiam esperar satisfazer a procura de créditos que ocorreria na Áustria, nos finais da década de 1840.

Convém agora examinarmos dois outros aspectos da situação económica na monarquia, antes da eclosão da revolução: o padrão de despesas do governo e a posição da balança comercial do império. Olhando para o primeiro, um cálculo relativamente preciso para 1834 (época em que os números não eram publicados – apenas se tornaram disponíveis no início dos anos 1840) revela o seguinte quadro:

Juro sobre a dívida pública	40 000 000 florins
Administração civil	44 000 000 florins
Despesas da família imperial	3 500 000 florins
Despesas militares	60 000 000 florins
DESPESA TOTAL	147 500 000 florins
RECEITA TOTAL	130 000 000 florins
DÉFICE DO ESTADO PARA 1834	17 500 000 florins[84]

Este défice tinha de ser preenchido por empréstimos que, por sua vez, aumentavam o juro da dívida do Estado, que já era pesado. Assim, segundo a mesma fonte: «No ano de 1835 esse empréstimo subiu para o valor de 40 000 000 de florins, que foi obtido com um juro de cerca de 4%: mas os contratantes aproveitaram a oportunidade para pedir um compromisso específico à coroa, que a instituição militar fosse imediatamente reduzida, pois pesava demasiado nas finanças do Estado; e assim que as circunstâncias o permitiram, acordou-se a realização dessas reduções, cuja consequência foi uma poupança considerável naquele ramo de despesas».[85] Por volta de 1847, contudo, a situação não estava muito melhor. Segundo os números oficiais, o padrão de despesas era o seguinte:

Juro sobre a dívida do Estado	45 000 000 florins
Administração civil e jurídica	60 000 000 florins
Despesas militares	63 000 000 florins
DESPESA TOTAL	168 000 000 florins
RECEITA TOTAL	161 000 000 florins
DÉFICE DO ESTADO PARA 1847	7 000 000 florins

Outro modo de apresentar estes números é dizer que, por volta de 1847, o exército gastava 37,5% das receitas do Estado, a administração civil 35% e o juro sobre a dívida do Estado cerca de 28%. As finanças do Estado encontravam-se, pois, em muito má situação e ficariam ainda pior durante 1848-49. As despesas militares, em 1848, chegariam a 73 000 000 de florins e, em 1849, atingiriam os 165 000 000. Os défices correspondentes seriam de 45 000 000 e 122 000 000 de florins, respectivamente[87].

Para piorar tudo, a balança de pagamentos nos últimos anos de 1840 também havia entrado em défice. Isto devia-se em grande parte ao facto de a Áustria ter de importar bens acabados para industrializar, embora também se devesse à sua exclusão dos mercados vizinhos. A qualidade relativamente fraca das suas mercadorias e a falta de produtividade associada à indústria e comércio contribuíram também para tal. De qualquer modo, segundo o historiador austríaco, Robert Enderes, as importações para a Áustria – os seus números não se relacionam com a Hungria – aumentaram 78%, no período entre 1830 e 1845, enquanto as exportações apenas aumentaram 41%, durante o mesmo período[88]. Em consequência, os excedentes comerciais da Áustria tornaram-se deficitários. Os seus números pormenorizados são os seguintes:

Importações	1831	1840	1845
Géneros alimentícios e matérias-primas:	38 481 871 florins	52 759 772 florins	54 339 269 florins
Bens acabados:	26 840 027 florins	41 254 659 florins	61 944 586 florins
Total:	65 285 898 florins	94 014 431 florins	116 283 855 florins

Exportações			
Géneros alimentícios e matérias-primas:	18 127 379 florins	23 156 892 florins	25 933 632 florins
Bens acabados:	57 900 750 florins	70 670 920 florins	81 608 635 florins
Total:	76 028 129 florins	93 827 812 florins	107 542 267 florins

O verdadeiro significado destes números era que, em consequência dos gastos do governo e da balança comercial adversa, as finanças da monarquia se encontravam em crise. Por volta do final de 1847, a sua única esperança de salvação residia em garantir mais um avultado empréstimo aos Rothschilds. Metternich, com poucos rodeios, declarou a Solomon Rothschild que o Inferno os olhava a ambos de frente: «Se o Diabo me vier buscar, há-de vir buscá-lo também»([89]). Se não houvesse empréstimo, declarou ele, o imperador teria de enfrentar a perspectiva de abandonar a Lombardia-Véneto nas mãos da revolução. Rothschild concordou e Kübeck, por conseguinte, negociou os termos que Kolowrat propusera à *Ministerkonferenz* em Dezembro de 1847. Declarou ele:

> «A mais importante preocupação reside na necessidade urgente de dar à administração financeira o mais vasto espectro possível, nos seus esforços para se libertar das dificuldades provocadas por uma pesada e inesperada despesa militar. O fundo de reserva – ou seja, o empréstimo – a que aludi é o último recurso a que o chefe do Tesouro [Kübeck], que não se poupa a esforços, se pode agarrar. Infelizmente, quando esta quantia for gasta, não restará nada para enfrentar qualquer novo infortúnio que possa surgir. Contudo, o Estado tem de considerar necessariamente a possibilidade de tal infortúnio, mesmo que este adquira a forma de eventos que estejam para além do controlo da humanidade, tal como a morte do chefe de Estado, a eclosão de uma epidemia, o fracasso de uma colheita, etc. Sinto ser meu dever, no presente momento, apresentar estas preocupações sem reservas, e tão enfaticamente quanto puder, enquanto ainda é possível colocar um limite aos excessivos preparativos militares em Itália, e ao gasto dos nossos últimos recursos; e chamar a atenção para o facto, que se tornará evidente de qualquer modo pelo colapso total das nossas finanças, de o governo austríaco ter sacrificado demasiado à sua posição no estrangeiro e ter prestado demasiado pouca atenção às condições internas.
>
> Sinto ser meu dever fazer a grave declaração de que estamos à beira de um abismo, e as crescentes exigências feitas ao Tesouro, provenientes de medidas necessárias para combater elementos revolucionários estrangeiros levou a distúrbios acentuados no país, como indica a atitude das câmaras dos deputados provinciais e as explosões literárias na imprensa dos nossos vizinhos»([90]).

Tratava-se de uma confissão surpreendente. Graças à obsessão de Metternich com a revolução e as medidas militares necessárias para sustentar a política estrangeira que se fundamentava nisso, Kolowrat reconhecia que o Estado fora levado até à beira da falência. O empréstimo Rothschild constituía a última esperança do governo, mas uma vez esgotado, não restaria dinheiro para enfrentar as possíveis catástrofes, naturais ou provocadas pelo homem, que surgissem. Na realidade, porém, o governo já se encontrava incapaz de reagir. As catástrofes naturais dos anos anteriores – uma série de colheitas mal sucedidas desde 1845 – significavam que a declaração de Kolowrat já se encontrava desactualizada.

Os antecedentes económicos e sociais de 1848

Convém agora analisar o outro lado da crise económica, a miséria humana, que formou os antecedentes dos eventos de 1848. Esta foi grandemente provocada por dois factores: as mudanças estruturais e concomitante desemprego provocado pela industrialização, e o fracasso das colheitas dos anos de 1845-48. No entanto, os seus efeitos agravaram-se consideravelmente devido, em primeiro lugar, ao atraso relativo da economia austríaca, para já não falar que as políticas proteccionistas do governo e a falta de crédito tornavam muito difícil conquistar novos mercados; e, como constatámos, a crise financeira do governo significava que este não tinha recursos suplementares para gastar no combate à miséria crescente. Dito isto, porém, torna-se difícil dar a medida exacta do grau de miséria implicado. Como escreveu Julius Marx no seu relato exaustivo das causas económicas das revoluções na Áustria: «O ideal para um trabalho de investigação sobre as condições de vida seria, evidentemente, possuir um cálculo dos níveis dos preços bem como os correspondentes padrões de vida dispostos como num índice. Infelizmente, faltam todos os materiais preliminares»([91]). Existe, é claro, um leque de estatísticas disponíveis mas, como salienta Marx, torna-se impossível formar uma verdadeira imagem das condições de vida sem saber os hábitos locais, as variações regionais, os pagamentos suplementares, as organizações familiares, as diferenças de gosto, as organizações de quartos e os critérios de emprego. Contudo, não há dúvida de que as condições de vida eram más e estavam a piorar. Os relatórios policiais evidenciam copiosamente este facto, mas dada a importância central das colheitas para toda a economia da Europa pré-industrial, isto era inevitável, de qualquer modo. Na Áustria, os verões e outonos longos e secos seguidos de invernos extremamente frios provocaram uma série de colheitas pouco frutuosas, o que por sua vez significou que os preços raramente desceram nos anos 1845-48. Pelo contrário, havia uma inflação permanente. Isto significava que os impostos também subiam, uma vez que os mais importantes eram os impostos baseados nos índices de preços. O imposto sobre os bens de consumo, sobretudo, tornou-se um foco de ódio e foi condenado por Andrian como um «imposto de sangue sobre o proletariado»([92]). No entanto, como trazia muitas vezes mais receitas do que a maioria dos outros impostos, Kolowrat não tinha outra opção senão mantê-lo. Segundo os padrões europeus([93]), os impostos não eram especialmente elevados na Áustria, mas tendo em conta as condições deterioradas da economia, eram certamente ressentidos. Um funcionário relatou acerca do imposto sobre bens de consumo que estes eram «cobrados sobre cada pedaço de pão, sobre cada batata, de modo que um pobre tecelão, que juntamente com a sua família mal escapava à morte de fome, e para quem foi necessário o exército para lhe extrair o imposto de três florins sobre o seu rendimento, se é que lhe foi extraído, tinha de pagar muitas vezes isso através deste imposto»([94]). Os padrões de vida estavam, por conseguinte, certamente a decair, e até por volta de 1842 o director da polícia de Linz teve de relatar que dois terços dos 26 000 habitantes da cidade se encontravam subnutridos e que 1842 pessoas viviam com um salário diário de entre duas e dezasseis coroas. No entanto, por volta de 1847 em Viena, o preço de um ovo situava-se entre seis e sete coroas e meia e duas batatas custavam três coroas nas lojas. Em 1846, uma libra de manteiga custava 66 coroas, embora um operário fabril talvez só ganhasse 40 coroas por dia. O preço da lenha era também exorbitante – aumentara 250%, durante a década de 1836-46 – de modo que as pessoas não podiam alimentar-se nem manter-se aquecidas. Considerando que as mulheres e crianças atingiam os 60% da mão-de-obra nas indústrias do algodão e do papel da Baixa Áustria e eram pagas apenas a cerca de metade do que os homens ganhavam pelas suas doze a catorze horas diárias, não é de surpreender que, nalguns locais da monarquia, por volta de 1847, mais de metade das mortes registadas fossem de crianças. A única esperança era obter emprego numa fábrica, onde se ganhava então muito dinheiro. Os donos das fábricas pagavam salários mais elevados – embora quando possível contratassem mulheres e crianças por pouco dinheiro – e compravam cada vez mais pequenas oficinas cujos donos não se podiam dar ao luxo de instalar equipamentos modernos e cujos produtos não podiam competir com os preços e padrões fabris. Nos anos de 1840, eram, então, os produtos de fábrica que dominavam a economia austríaca. Cerca de 1848, a monarquia possuía 209 fábricas têxteis de algodão, 469 máquinas a vapor, 278 locomotivas e 76 máquinas de barco a vapor. Até mesmo em 1841, as suas 7315 fábricas produziam produtos no valor de 510 715 000 florins em contraste com o valor de 184 896 000 florins produzido pelas pequenas oficinas da monarquia. Contudo, em 1848, até mesmo as fábricas se encontravam paradas, uma vez que os elevados preços em relação aos alimentos e a falta de crédito significavam que não havia dinheiro para comprar produtos. Em 1847, de facto, dez mil operários fabris tinham sido despedidos só em Viena, embora não houvesse repetição das revoltas que haviam eclodido em Praga três anos antes, quando os desempregados tinham atacado os donos das fábricas. Contudo, a perspectiva era sombria: milhares de desempregados sem nenhum auxílio governamental a que recorrer, numa altura em que os preços se encontravam numa alta histórica; e mesmo para aqueles que ainda trabalhavam, os salários mal cobriam as necessidades mais básicas da vida. A febre tifóide também irrompera em muitas das grandes cidades, de modo que a vida para os pobres urbanos era extremamente deprimente([95]).

Também no campo a situação era frequentemente desesperada. Mais uma vez, torna-se impossível fornecer estatísticas precisas, dado que os padrões de vida variavam de local para local e muito dependia das condições meteorológicas e da quantidade de animais domésticos de exploração ou de caça a que os camponeses conseguiam deitar as mãos. O rendimento dos camponeses, porém, era por toda a parte reduzido, devido a uma série de taxas. Estas incluíam: o serviço de trabalhos forçados ou obrigatórios que variou ao longo da monarquia; o *Zenth*, a dízima ou o dízimo, o que significava que o camponês tinha de pagar ao seu senhor um décimo da sua colheita ou produção; bem como outros pagamentos em espécie – para as vinhas, por exemplo, ou quando a posse das terras mudava de mãos. Em seguida, havia o imposto fundiário ao governo, que equivalia de 17 a 24% dos rendimentos líquidos da terra; dinheiro para a Igreja e servidores do Estado (padres e professores); juntamente com as obrigações como manutenção de estradas e pontes, fornecimento de cavalos e meios de transporte aos funcionários do Estado, acomodações disponíveis em casa para as tropas, se elas ali acantonassem; e ceder filhos ao exército em épocas de recrutamento. As rendas feudais, de qualquer modo, levavam 70% do rendimento de um camponês. No entanto, ele encontrava-se provavelmente em melhor situação do que um operário industrial em 1848 e em melhor situação que os seus antepassados.

No período do *Vormärz* em geral, segundo o resumo de David F. Good: «Os historiadores não tendem a ver a condição dos camponeses [...] como excessivamente dura. Komlos, baseando-se no contemporâneo John Paget, defende que "a sorte material dos camponeses variava, mas em geral não era insuportável". Blum crê que, no que se refere ao seu estatuto pessoal, o camponês se encontrava num "estatuto servil", mas "não era um servo". Havia, evidentemente, diferenças regionais consideráveis. As províncias germânicas – Baixa Áustria, Alta Áustria, Estíria e Caríntia – tinham pagamentos em espécie e dinheiro relativamente mais pesados, mas serviços de mão-de-obra mais leves e um estatuto pessoal menos opressivo. Nas províncias eslavas – terras da Boémia e dos Cárpatos – a situação era o oposto. Em geral, Rosdolski classifica as províncias de acordo com o encargo dos camponeses, do seguinte modo: este era mais leve nas províncias germânicas, um pouco mais pesado na Boémia, Morávia e Silésia, e mais pesado na Galícia e na Bucovina, onde os camponeses não passavam de "animais de carga"»([96]).

A descrição dos «servos» galicianos como «animais de carga» basta para explicar os eventos aí ocorridos em 1846. Noutros locais, porém, não é tão evidente o modo como os camponeses se sentiam a respeito das relações com os seus patrões feudais. Trata-se de uma questão importante, uma vez que se transmite frequentemente a impressão, na bibliografia secundária, de que a chave para os acontecimentos na Áustria em 1848 foi a abolição dos trabalhos forçados. Talvez se desse o caso, contudo, de que em algumas regiões da monarquia – embora se torne difícil crer que isso fosse verdade, de um modo geral – a aristocracia estivesse mais a favor disso do que os próprios camponeses. Muito, sem dúvida, dependia das condições de indemnização.

1848: As Causas

De qualquer modo, eis a experiência de um proprietário, de acordo com o relato de um estudo inglês da monarquia, publicado em 1840:

> «Quero trabalho feito», declarava, «numa parte das minhas propriedades, numa quinta-feira, mas os trabalhadores mais próximos protestam que este não é o seu dia de serviço. Os trabalhadores da quinta-feira vivem talvez longe, muito afastados uns dos outros; por lei, é-lhes concedido algum tempo para irem e outro para regressarem; chegam meio estafados e trazem carroças partidas e cavalos exaustos, e o resultado de tudo isto é que dificilmente se realiza algum trabalho útil. Recebemos sempre pagamentos em dinheiro quando o podemos obter e de boa vontade substituiríamos todos os nossos trabalhos forçados para sempre; mas os trabalhadores forçados dificilmente consentirão em propostas desta natureza. Fazem um acordo connosco para o trabalho de semanas, ou de meses, possivelmente até um ano, geralmente, porém, em termos abaixo dos que a lei define, mas raramente por períodos mais longos. Um motivo para a sua recusa poderá ser a falta de dinheiro; mas outro mais vantajoso é o seu conhecimento da tendência do governo em seu favor e a sua convicção daquilo que deverá, na realidade, em breve ser o caso, de que os trabalhos forçados serão reduzidos a uma nulidade formal ou cessarão totalmente»[97].

Certamente que houve grandes discussões nos anos 1840 nas dietas locais e sociedades agrícolas sobre se os trabalhos forçados deveriam ser abolidos. A maior parte dos historiadores crê que por volta de 1848, a maioria dos aristocratas teria ficado feliz por vê-los desaparecer. Contudo, o governo nada fez. Porquê? Para manter a sua capacidade de ameaçar espicaçar os camponeses? Ou não teria emergido nenhum verdadeiro consenso quanto à abolição dos trabalhos forçados? É curioso ver confirmada a perspectiva de que tanto nobres como camponeses acreditavam que o governo estava do lado dos últimos. De facto, Turnbull, o autor da passagem supracitada, descreve vezes sem conta o principal objectivo da política governamental como sendo auxiliar os camponeses contra os nobres: «A política da coroa aponta firmemente para esse rumo. A sua tendência é invariavelmente a de diminuir as demarcações e privilégios feudais de todos os tipos; mas a segurança e a sensatez requerem que o seu avanço seja gradual e cauteloso, daí a lei reconhecer demarcações e fideicomissos de vários tipos»[98].

No entanto, segundo Turnbull, já conseguiu uma quantia considerável em nome dos seus súbditos mais pobres através das suas políticas de fideicomissos, educação – livre mas não obrigatória – e apoio legal. Por exemplo: «Sempre que o sujeito apresenta queixa contra o senhor, recorre ao procurador imperial da província que prossegue a acção judicial por ele nos tribunais da coroa com poucas despesas; e de facto, tão favorável é a política geral da lei para com o sujeito, que o falecido imperador Francisco, ao falar dos seus domínios privados, costumava proferir com frequência uma queixa meio séria acerca da sua incapacidade de obter dos camponeses nos seus domínios privados a justiça a que tinha direito pela lei comum»[99]. Ao que parece, outros proprietários sentiam o mesmo e estavam frequentemente preparados para fazer acordos extrajudiciais com os camponeses, acordos que favoreciam os últimos, em vez de se submeterem à sentença dos tribunais imperiais. Assim, seria de pensar que o governo podia contar com bastante apoio rural, pelo menos em épocas normais. Por volta de 1848, no entanto, os encargos impostos pelos trabalhos forçados e a dízima devem ter parecido bastante mais pesados, en função da baixa das colheitas e do mau tempo. Os trabalhadores sem terras, sobretudo, não podiam ter melhores perspectivas em vista relativamente aos trabalhadores urbanos.

Há outro sector da sociedade, por fim, que deve ser estudado antes de tentarmos fazer qualquer avaliação sobre o modo como as condições económicas e sociais podem ter afectado a eclosão da revolução em 1848. Trata-se das classes médias, a respeito de algumas das quais se poderá chegar rapidamente a uma conclusão. No que se refere à alta burguesia, há todos os motivos para supor que esta se dividiria quanto a opiniões. Porém, poucas pessoas desta classe seriam revolucionárias. Banqueiros e industriais de sucesso, eram em geral estrangeiros ou judeus e apenas desejavam integrar-se na sociedade austríaca. Procuravam o governo para enobrecimento e estatuto, e investiam os seus lucros na terra – os judeus, na realidade, só o podiam fazer com autorização do governo, pois não tinham direitos civis. Segundo Häusler, a percentagem de proprietários burgueses num distrito em redor de Viena aumentou de 11 para 28%, entre 1815 e 1848; num segundo, aumentou de 3 para 16%; num terceiro, de 7 para 16%; e num quarto, de 3 para 20%[100]. Os donos de oficinas mais pequenas também pertenciam obviamente às classes médias, mas a sua situação, como já constatámos, estava a tornar-se cada vez mais desesperada, à medida que as fábricas os afastavam cada vez mais dos negócios. A outra parte das classes médias eram os profissionais – jornalistas, funcionários públicos, professores, académicos, homens do clero, oficiais, médicos e advogados. Constituíam obviamente um grupo variado, mas possuíam algo em comum: dependiam do governo. O governo sabia-o e por isso não lhes pagava muito. Mas possuía um poder sobre estes que se sobrepunha a tudo o resto: as pensões de reforma. A única coisa que estas pessoas sabiam era que se fossem fiéis ao governo, este cuidaria delas e das suas esposas e filhos. Por esse motivo, os funcionários suportaram décadas de pagamentos mais baixos e lentas promoções, sabendo que a reforma de uma pensão de capitão era bastante suportável e que até se seguiria uma nobilitação por serviços prestados. Os funcionários públicos – professores, clero e académicos eram todos funcionários públicos – até renunciavam aos seus salários em épocas de crise – presumivelmente refugiando-se em empréstimos ou numa espécie de economia subterrânea – para conseguirem as suas perspectivas a longo prazo. Assim, no final das guerras napoleónicas, alguns funcionários dos postos mais baixos tiveram de trabalhar durante dois ou três anos sem salário a fim de assegurarem o seu futuro emprego, enquanto outros tiveram de o fazer durante cinco a sete anos. Além disso, entre 1815 e 1848, a burocracia tornou-se tão sobrelotada que os estudantes de Direito, cuja expectativa era um imediato serviço de governo, chegaram a ter de aguardar dez a doze anos antes de serem admitidos. Todas estas pessoas devem, por conseguinte, ter tido uma posição algo esquizofrénica em relação ao regime: descontentes, mas ao mesmo tempo dependentes. Certamente que também teriam sido influenciados pela literatura antigoverno dos anos 1840.

Os estudantes que ainda não se tinham licenciado eram, como é típico dos estudantes, mais extremistas nas suas ideias e menos representativos da sociedade em geral. Na Áustria, durante quase todo o período de Metternich, gozaram de uma reputação de moderação. Isso devia-se em parte ao facto de, antes de serem admitidos nas universidades, não só terem de apresentar atestados que garantiam a sua aptidão moral como, se quisessem obter quaisquer bolsas estatais, terem de competir por elas em exames, de modo a assegurar que apenas candidatos sérios recebiam prémios. Por volta de 1840, despendiam-se 45 398 florins deste modo em «estudantes pobres» nas oito universidades da Áustria. A Universidade de Viena, por exemplo, tinha

274 estudantes pobres num total de 2000; Praga, 62, num total de 1700; Pavia, 26; Lemberg, 33; Gratz, 81; Olmütz, 112; e Pádua, nenhum. A instituição protestante em Viena tinha 30 estudantes pobres, num total de 49, de modo que na monarquia em geral (excluindo Peste) havia cerca de 640 deste género. No entanto, isto era proporcionalmente um número muito mais pequeno do que na Alemanha, e por essas e outras razões – era permitido à polícia manter a ordem nas universidades austríacas – havia muito menos problemas aqui que nas universidades alemãs. Uma tentativa de estabelecer *Burschenchaften* na Universidade de Praga, nos anos 1830, por exemplo, foi imediatamente esmagada e os estrangeiros envolvidos logo enviados para casa. Por outro lado: «Os alunos nativos foram simplesmente admoestados e aprisionados durante uma quinzena; e, segundo se crê, nenhuma tentativa para estabelecer sociedades secretas foi feita desde então»([101]). Daí a descrição de Turnbull da vida académica na Áustria em 1840: «As universidades revelam um contraste gritante com as do resto da Alemanha. Nelas não se encontram brigas de bêbados – raramente alguns duelos –, nenhum grupo de estudantes lado a lado em conjuntos de seis pelas ruas com compridos cachimbos nas bocas e vapores de cerveja nas cabeças – nenhuns professores populares descendo à meia-noite para a rua, agradecendo humildemente aos animados jovens o elogio da sua barulhenta serenata»([102]). Porém, os tempos mudariam. Os estudantes da monarquia, como os de toda a parte, captariam as ideias mais críticas da época, do modo menos crítico e tornar-se-iam no grupo social mais envolvido em qualquer dos eventos de 1848.

A queda de Metternich
e a eclosão da revolução

Eis, pois, os antecedentes económicos e sociais dos acontecimentos de 1848. Estes demonstram-nos que havia um grande descontentamento devido à inflação, ao desemprego, ao mau tempo e à escassez de alimentos numa altura em que a crise financeira do governo significava que não se podia dispensar dinheiro para fornecer auxílio directo aos pobres ou para reduzir os impostos. A consciência pública desta crise e as lembranças das anteriores, em 1811 e 1816, significavam que as pessoas estavam a ficar muito preocupadas com a política externa. O grande receio era que o dinheiro de que o governo necessitava para passar à ofensiva em Itália – e o custo de fornecer tropas aumentara drasticamente por volta dos últimos anos de 1840 – provocasse novamente mais uma falência do Estado. Daí o chamado «Alvoroço Bancário» – uma corrida aos bancos – ter começado por toda a monarquia, não depois da queda de Luís Filipe em França, mas após as Revoltas do Tabaco e a imposição da lei marcial na Lombardia-Véneto. Mesmo então, porém, não se falava em revolução, sentia-se simplesmente que o regime não estava a fazer nada e não faria nada. Não havia certamente uma exigência de república, nem mesmo uma exigência de que os juízes, generais, burocratas ou outros membros de elite do governo fossem substituídos enquanto classe. O proletariado urbano certamente não pensava em derrubar o governo. Rath cita uma memória que diz: «Não possuíam líderes, nem programa, nem teorias»[103]. Karl Marx, cujos pareceres não encontraram eco quando visitou Viena no final do Verão de 1848, descreveu-os como «sem confiança, desarmados e desorganizados, mal emergindo da dependência intelectual do antigo regime»[104]. O verdadeiro objecto do seu ódio revelou ser não o governo nem a dinastia, mas sim os judeus. Estes últimos eram proeminentes como comerciantes de todas as espécies, donos de fábricas e lojistas. Por esse motivo, eles arcaram com as culpas dos preços elevados e do desemprego. Eram igualmente odiados pelos donos de pequenas oficinas com quem competiam. Daí as revoltas anti-semíticas que ocorreram por todo o império assim que a revolução eclodiu. Curiosamente, a dinastia permaneceu incólume. Fora popular entre as pessoas vulgares sob Francisco I, que passeara pelas ruas com a sua imperatriz sem quaisquer guardas. Também falara *Wienerisch* e uma vez por semana concedera audiências a todo e qualquer súbdito que desejasse consultá-lo. O resultado foi: «Na época de Francisco, qualquer agricultor ou pequeno proprietário ou lojista a centenas de milhas ao redor de Viena que tivesse uma queixa a apresentar contra um funcionário do governo, costumava pegar na carroça e dirigir-se à capital para contar a sua história ao "*Kaiser* Franz" [...] (se fosse vítima de injustiça, normalmente obtinha reparação) [...] A Baixa e Alta Áustria e a Estíria encontram-se repletas de histórias de homens ingénuos que, nas suas dificuldades domésticas, nas suas disputas uns com os outros, nas suas dúvidas quanto ao casamento das filhas ou aos seus próprios testamentos, costumavam tentar obter uma consulta amigável com o imperador, e estavam certos de receber deste um conselho simples, franco e sensato»([105]). O seu sucessor, o atrasado mental epiléptico Fernando I, tentou fazer o mesmo e também assegurou a lealdade dos seus súbditos entre os quais ficou conhecido como «Fernando, *o Bondoso*», bem como «Ferdy, *o Louco*». Assim, embora outros membros bem considerados da família imperial tenham morrido em 1847 – o arquiduque José, palatino da Hungria, o arquiduque Carlos, vencedor de Aspern e o arquiduque Frederico, «herói de Acre» – cujo período de luto da corte após as suas mortes levou a dispensas de empregados no comércio da moda([106]) –, o imperador ainda conseguia passear na sua carruagem entre os Vienenses no auge da revolução com plena aprovação. No que dizia respeito às classes instruídas, era o governo que devia acarretar com as culpas. E Metternich, cujo nome se tornara sinónimo de governo, tornou-se o principal foco de críticas. Fora ele, afinal, que rejeitara qualquer espécie de reforma para a Itália. Era ele que recusava fazer concessões aos Húngaros, era ele que talvez entrasse em guerra com a França republicana, e fora ele cujas políticas externas e de defesa em geral haviam privado o governo dos meios para auxiliar os pobres. Em resumo, eram as políticas de Metternich que agora ameaçavam o Estado de falência. Daí que, quando foi submetida petição atrás de petição ao *Hofburg* em Março de 1848, o pedido subjacente era a sua derrocada e a do seu sistema – sempre, evidentemente, a favor de uma alternativa monárquica branda.

Neste ambiente, todos os olhos convergiam para a câmara dos deputados da Baixa Áustria, cujo local de reunião era Viena, na *Landhaus*. A câmara dos deputados tinha a sua importância, como Turnbull compreendeu: «Não possui qualquer poder legislativo, mas as suas capacidades administrativas, variando sempre nas diversas províncias, são sempre importantes»([107]). Os membros da câmara dos deputados estavam em comunicação com todos os tipos de pessoas, participavam na prosperidade local, ajudavam a administrar as províncias para o governo e, por conseguinte, tinham de ser ouvidos. A 13 de Março, também estes apresentariam uma petição, tal como os estudantes haviam feito na noite anterior. As suas deliberações, contudo, foram interrompidas por um ajuntamento de estudantes. Estes dirigiram-se, então, para o palácio imperial, onde a família imperial, juntamente com Metternich e Kolowrat, se inteirava da situação. Sucederam então duas coisas: a polícia que se encontrava na capital perdeu o controlo da situação e a família imperial abandonou o chanceler.

Uma das grandes ironias do ano de 1848 na Europa foi a de que quando chegou o momento crítico, Metternich, o autoproclamado chefe de polícia da Europa, não tinha polícia para o proteger. Num artigo fascinante, William L. Langer demonstrou que, enquanto na Europa Ocidental «liberal» Luís Filipe tinha a protecção de 3000 guardas municipais, 84 000 guardas nacionais e uma guarnição de 30 000 soldados, e o governo britânico, sob ameaça dos cartistas em 1848, contava com o apoio de 3000 polícias bem treinados e 150 000 agentes especiais, para não falar do exército britânico, Metternich em Viena apenas podia contar com uma guarnição de 14 000, uma força policial de 1000 e uma guarda municipal de 14 000 homens (pelo menos em teoria, uma vez que era constituída sobretudo por bandas de metais)([108]). Foi extremamente lamentável, pois, que quando os desordeiros – uma mistura de nobres e estudantes, segundo o relatório do cônsul americano – se depararam com um destacamento de tropas na Herrengasse sob o comando do altivo arquiduque Alberto, este, tendo sido atacado por uma pessoa do ajuntamento, tenha ordenado aos seus homens para dispararem sobre a multidão. Depois, instalou-se o caos. A guarda municipal trazida para o centro antigo da cidade investiu sobre a multidão e os trabalhadores dos subúrbios aproveitaram a situação para incendiar as odiadas fábricas. No entanto, permaneciam leais; relata-se que um destes declarou em Hetzendorf: «Trata-se de um palácio imperial; não há ali nada para nós; vamos apenas às fábricas, para destruir as máquinas que nos privam de pão»([109]). Entretanto, no *Hofburg*, uma delegação civil pedira ao imperador para demitir o chanceler, e o arquiduque Alberto fora substituído como comandante da guarnição pelo príncipe Alfredo Windischgraetz. Contudo, por motivos que se recusaria sempre a divulgar, o príncipe não impôs a lei marcial nem colocou a cidade em estado de sítio – presumivelmente porque os seus pedidos foram recusados pela família imperial. Grillparzer acreditava que um par de batalhões de soldados poderia ter restaurado imediatamente a ordem. Em vez disso, a família imperial – o arquiduque Luís, um conservador de vistas estreitas, o arquiduque Francisco Carlos, irmão mais velho do imperador e não muito mais brilhante do que o próprio Fernando e o arquiduque João, um velho inimigo do chanceler – reuniu-se com Kolowrat e Metternich para discutir o que fazer.

Metternich fez um longo e entediante discurso, aconselhando a resistência, no final do qual não houve resposta adequada do arquiduque Luís, presidente da *Ministerkonferenz*. Abandonado, redigiu então uma digna carta de demissão dirigida ao imperador. Foi, portanto, a falta de polícia e a perda de coragem por parte da família imperial – cujos membros na sua maioria se ressentiam dele, de qualquer modo – que causou a queda de Metternich. E foi a sua queda, por sua vez, que provocou as revoluções no império. Quando estas notícias se difundiram na Lombardia e no Véneto, na Boémia e na Hungria, simplesmente estalaram revoltas por toda a parte. Subitamente, havia um sentimento de profunda libertação e esperança, um sentimento de que por fim pudesse ser consentida uma mudança moderada. Os espíritos eram muito mais ousados em Itália, mas nos outros locais da monarquia parecia haver a convicção geral de que uma vez que Metternich fora o principal baluarte contra a reforma, uma nova época de qualquer espécie teria agora de ter início. Tratou-se de uma maravilhosa, mas breve, ilusão.

3

O Fracasso das Revoluções de 1848

A história das revoluções de 1848 no seio da monarquia apenas se pode compreender se o seu padrão global for compreendido. Como constatámos, o império já se encontrava em dificuldades, especialmente em Itália, antes de Março de 1848. A lei marcial fora declarada na Lombardia-Véneto, mas o governo estava também sob ataque na Hungria e na Baixa Áustria, nas dietas locais. A nível internacional, a sua posição era igualmente débil. As forças conservadoras perderam a guerra civil na vizinha Suíça, haviam sido concedidas constituições pelos reis de Nápoles e da Sardenha, enquanto o papa Pio IX era considerado por muitos italianos um herói nacional e um inimigo da Áustria católica. Além disso, graças à sua débil posição económica, pouco havia que o governo pudesse fazer para melhorar a sua posição. A falta de dinheiro significava que era incapaz de aliviar a situação da sua população faminta e que só podiam ser enviados reforços para o exército em Itália em pequenas quantidades, apesar do facto de a estratégia do marechal-de-campo, Radetzky, em caso de eclosão da guerra com a Sardenha, prever uma ofensiva austríaca imediata. Kolowrat tinha sido, afinal, bastante franco acerca dos limites que a debilidade financeira impunha às ambições austríacas. A queda de Luís Filipe, em França, tornou tudo ainda pior. A revolução em Paris foi considerada por todos na Europa como uma contestação ao Sistema de Metternich. Era crença

comum que os monarcas da época permaneceriam ou cairiam juntos
– o próprio Metternich acreditava nisso, mais do que qualquer outra
pessoa. Contudo, tendo em conta a situação financeira da monarquia
– que era um pretenso segredo, graças à obra de Beidtel –, considerava-
-se também que uma guerra com a França levaria a Áustria à falência.
Pouco será de surpreender, pois, que tivesse havido uma corrida aos
bancos e que a pressão para a demissão de Metternich aumentasse.
Este decidira esperar um ataque em Itália, mas havia menos fé que ele
renunciasse a organizar uma coligação contra França. Por fim, no meio
deste ambiente crescentemente alarmista, os estudantes de Viena revol-
taram-se no momento em que uma petição da Câmara dos Deputados
da Baixa Áustria em Viena estava a ser enviada ao palácio imperial.
Em seguida, os eventos descontrolaram-se rapidamente. Um destacamento de tropas sob o comando do arquiduque Alberto disparou sobre a multidão e a revolta espalhou-se do centro antigo da cidade para
os subúrbios. As forças limitadas da lei e da ordem revelaram-se incapazes de fazer frente à situação e a perda de autoridade incentivou os
desempregados a incendiar as fábricas. Entretanto, petição após petição
pedia ao imperador para demitir Metternich de chanceler. No entanto, não havia exigências de uma república. Perante esta situação, a
família imperial, muitos membros da qual não tinham motivos para se
sentir gratos a Metternich, julgou conveniente deixá-lo cair, e não tendo
conseguido receber apoio na conferência crucial de 13 de Março do
arquiduque Luís, o chanceler apresentou a sua demissão. Até esse momento, contudo, a Áustria não fora tragada pela revolução: a populaça era leal; os seus pedidos eram moderados. No entanto, a demissão
de Metternich foi seguida de uma promessa de reforma constitucional. O Sistema de Metternich caíra, pois, juntamente com o chanceler
e as consequências foram inevitáveis: um vazio de poder na monarquia até que pudesse emergir um novo sistema; e manifestações, petições e pedidos em todas as capitais provinciais do império. A analogia
não é de modo algum exacta, mas poder-se-ia imaginar o que ocorreria
em Budapeste, Bucareste, Varsóvia, Praga, Berlim Leste e Moscovo se
o Politburo soviético subitamente anunciasse a introdução de políticas multipartidárias e prometesse direitos civis e um governo responsável na URSS.

O padrão da revolução

Os problemas mais imediatos que se colocavam à corte eram o que fazer a respeito do governo central em Viena, o governo na Hungria e a situação na Lombardia-Véneto. Em Viena, anunciou-se que seria redigida uma constituição para o império, mas entretanto Kolowrat foi simplesmente colocado à cabeça do novo governo, sendo rapidamente seguido por Ficquelmont e outros antigos membros da alta burocracia. Não se punha a hipótese de algum «revolucionário» tomar o poder. Aos antigos burocratas fora simplesmente atribuída a tarefa de redigir uma constituição que oferecesse tão poucas concessões quanto possível à «revolução». Uma delegação da Hungria, chefiada pelo palatino, o arquiduque Estêvão, conseguiu assegurar a promessa de um ministério responsável, incluindo pastas para a Defesa, as Finanças e um ministro na corte, «junto da pessoa do rei». Na prática, tal significava que apenas uma união pessoal vincularia daí em diante a Áustria à Hungria. Quando se compreendeu isso, fez-se um esforço para retirar as concessões e para limitar a autoridade dos Húngaros a assuntos meramente internos. Mas a tentativa revelou-se vã. Em consequência, os Húngaros puderam, na Primavera e no Verão de 1848, seguir políticas que contrariavam as do ministério de Viena e que ameaçavam destruir a unidade da monarquia. Esta situação só se conseguiria resolver através da guerra. Entretanto, o maior desafio à integridade da monarquia provinha do Norte da Itália. Eclodiram revoluções em Milão e em Veneza, e as forças de Radetzky foram expulsas de ambas as cidades – retirando-se de Milão, por um lado, e rendendo-se em Veneza, por outro – enquanto Carlos Alberto da Sardenha aceitava o convite da nobreza lombarda para vir em auxílio dos seus compatriotas italianos. Por volta do Verão, a Lombardia e o Véneto haviam decidido tornar-se parte de um reino italiano alargado, sob a Casa de Sabóia, e Viena negociava um cessar-fogo, preparada para reconhecer a perda da Lombardia, pelo menos. A partir daqui, porém, haveria um plano concreto na história da derrota da revolução.

As revoluções sofreram uma derrota em várias fases. A primeira fase foi a derrota dos Italianos por Radetzky, cujo êxito foi absolutamente essencial para a sobrevivência da monarquia. É verdade que entretanto Windischgraetz bombardeara Praga, mas a chamada «revolução» nessa cidade não fora mais que um tumulto de rua de estudantes e trabalhadores que haviam sido provocados pela mão pesada do general, e que em sentido algum se apresentavam como uma ameaça militar ou política ao regime. Quando muito, as acções de Windischgraetz impediram o processo da contra-revolução, ao forçar as autoridades a manter tropas na Boémia que eram muito mais necessárias e urgentes em Itália. Apesar de tudo, em Agosto de 1848, Radetzky conseguira reconquistar Milão.

O êxito de Radetzky em Itália significava que a questão da Hungria podia agora ser enfrentada. Durante o Verão de 1848, tornara-se evidente que os Húngaros contavam com a derrota das forças imperiais em Itália e que a opinião pública húngara estava do lado dos Italianos. Certamente que, ao contrário dos Croatas, os Húngaros tinham recusado enviar reforços ao exército de Radetzky. Além disso, recusavam contribuir para o Tesouro imperial, tentavam criar um serviço diplomático separado e incentivavam o movimento em Frankfurt para a unidade germânica. Partiam do princípio de que se os Habsburgos perdessem a Lombardia e o Véneto a favor da Itália e as províncias hereditárias para a Alemanha, a capital imperial mudar-se-ia, então, para Buda e a monarquia tornar-se-ia húngara. As vitórias de Radetzky em Itália, porém, tornaram este cenário impossível.

A segunda fase da contra-revolução foi a derrota dos Húngaros. No entanto, esta não foi rapidamente conseguida. A resistência húngara revelou-se muito mais bem-sucedida do que Viena alguma vez previra e acarretaria à Áustria a humilhação de ter de pedir auxílio aos Russos. Inicialmente, porém, esperava-se que os Húngaros pudessem ser intimidados a fazer concessões em troca de apoio contra os Croatas. Jellačić, o governador da Croácia, em desafio às ordens de Viena, reunira uma força militar que ameaçava invadir a Hungria. Assim, no final de Agosto de 1848, o governo austríaco avisou o seu homólogo húngaro de que não continuaria a permanecer neutro na disputa entre os Húngaros e os Croatas se os primeiros insistissem em continuar a seguir políticas de defesa e de economia separadas. Quando os Húngaros se recusaram a ser coagidos, a corte dissolveu o parlamento húngaro e autorizou a invasão do país, que Jellačić lançara no início de Setembro. Esta decisão, por sua vez, levou a mais agitações em Viena, e quando se ordenou o envio de alguns batalhões de granadeiros para a Hungria no início de Outubro, eclodiu uma revolução na capital imperial, por solidariedade para com os Húngaros.

Isto, como se verificou, forneceu a desculpa perfeita a Jellačić, que havia sido derrotado pelos Húngaros, para se retirar totalmente da Hungria a pretexto de salvar Viena. Na realidade, logo após ter chegado à cidade, Windischgraetz regressou da Boémia com o seu exército e estava pronto a bombardeá-la até que esta se submetesse. A tarefa de Jellačić consistia agora em repelir um exército húngaro, que fora enviado com muita relutância para substituir os rebeldes na capital imperial. Cumpriu este objectivo em Schwechat a 30 de Outubro, após o que Windischgraetz reconquistou Viena. Mais uma vez, porém, não se tratou de uma jogada decisiva no que se refere à derrota da revolução. A corte escapara já a Olmütz, o parlamento não apoiara a revolta, e embora a revolução em Viena constituísse uma grande vergonha para a dinastia, mesmo com o apoio dos Húngaros, os estudantes e outros rebeldes presentes não se encontravam em posição de contestar o regime. Significava apenas um adiamento mais longo antes de Windischgraetz poder organizar a invasão da Hungria.

Levou, com efeito, até 16 de Dezembro até que o marechal-de-campo ordenasse o seu avanço. Cerca de 6 de Janeiro, contudo, capturara Buda. No entanto, o êxito escapava-lhe. Os Húngaros reagruparam-se no leste do seu país e uma ofensiva primaveril apanhou os Austríacos desprevenidos. A 14 de Abril, Windischgraetz foi convocado para «consulta», para ser dispensado no final do mês. O seu sucessor, Welden, também não conseguiu conter o avanço húngaro e foi por sua vez afastado a 24 de Maio. O seu sucessor seria o competente mas impiedoso barão Haynau, conhecido da sua reputação italiana como a «besta de Bréscia». Haynau acabaria por se revelar o homem que submeteria, finalmente, os Magiares. Antes disso, porém, a 1 de Maio de 1849, Francisco José requerera oficialmente o auxílio militar de Nicolau I da Rússia «para evitar», segundo disse, «que a insurreição húngara se transforme numa calamidade europeia»([1]). Windischgraetz pedira esse auxílio desde Janeiro e embora Schwarzenberg não estivesse nada disposto a concordar, consentiu por fim, oficialmente, quando se tornou evidente que era o único modo de assegurar tal auxílio – esperara primeiro envolver os Russos sem ter de os convidar formalmente. Sucede, porém, que os Húngaros foram derrotados antes de os Russos poderem dar algum contributo significativo para o combate. No entanto, foi ao comandante russo, Paskievicz, que os Húngaros, sob o comando de Görgei, se renderam em Világos, a 13 de Agosto de 1849.

Radetzky, entretanto, mais uma vez justificara a sua reputação. É que a 16 de Março de 1849, Carlos Alberto retomara a guerra contra a Áustria na Itália. Segundo o Professor Rothenberg: «[...] a 19, numa campanha que não teria envergonhado Napoleão, o líder, de oitenta e três anos, invadiu a Sardenha, derrotou os Italianos, em Mortara, a 21, e, dois dias mais tarde, esmagou a força principal, em Novara. O exército sardo deixou de ser uma força de combate efectiva e Carlos Alberto abdicou a favor do seu filho, que assinou um armistício no dia seguinte. Tratou-se de uma campanha brilhante[...]»([2]). Por volta do final de Agosto, com a capitulação da República do Véneto e dos Húngaros, todos os combates na monarquia terminaram.

A terceira fase da contra-revolução começava agora: a luta diplomática de Schwarzenberg contra os Prussianos acerca da criação de uma Alemanha unida. Também isto quase se transformou numa guerra. No entanto, o recuo prussiano em Olmütz em Novembro de 1850 e o impasse na Conferência de Dresden, no início de 1851, provocou a ressurreição da Confederação Germânica.

O triunfo final da contra-revolução ocorreu mesmo no final de 1851 com a Carta Patente Sylvester desse ano. Francisco José abandonara agora todas as pretensões de governar através de parlamentos ou gabinetes e encarregara-se ele próprio do governo da monarquia.

Tendo delineado as fases da contra-revolução, convém agora analisar por que motivo esta teve êxito, reanalisando em parte alguns dos estereótipos que a rodeiam. Por exemplo, será que o seu êxito se deveu, de facto, à insubordinação dos generais? A questão da nacionalidade terá sido fundamental para a derrota dos Húngaros? Havia realmente um órgão como a «camarilha», o grupo secreto de cortesãos que supostamente coordenava a estratégia contra-revolucionária? As figuras militares proeminentes – Radetzky, Jellačić, Windischgraetz – tiveram igual importância? Considerando muita da investigação recente, é tempo de rejeitar muitos velhos mitos.

A Revolução na Hungria

Comecemos pelos acontecimentos na Hungria. Aqui, a derrota da revolução – ou a guerra da independência, como os Húngaros, talvez com mais exactidão, se lhe referem – é mais vulgarmente atribuída às seguintes causas: a recusa de conceder direitos iguais às «nacionalidades» – sobretudo, os Croatas; a divisão entre a liderança civil e militar, personificada pelo antagonismo entre Kossuth e Görgei; a negligência dos camponeses húngaros, que levou a uma falta de apoio popular; e a intervenção dos Russos que tornou qualquer esperança de vitória inconcebível. Examinemos estes factores à vez, deixando os puramente militares para o fim.

É um estereótipo em todos os manuais escolares que o desenvolvimento mais significativo de 1848 tenha sido a divisão entre as nacionalidades. Na Hungria, sobretudo, esta é considerada como tendo sido fundamental. A culpa da divisão é invariavelmente atribuída aos Húngaros. A sua política de magiarização é considerada absurda, intransigente e, de facto, irracional. Contudo, trata-se de um argumento difícil de sustentar. Embora não haja dúvida de que a neutralidade das nacionalidades, ou melhor ainda, o seu apoio activo teria auxiliado os Húngaros no seu combate a Viena, não é de modo algum certo que mesmo num ou noutro destes casos os Húngaros tivessem vencido. Militarmente, as nacionalidades não eram provavelmente de importância crucial. Jellačić, afinal, fora derrotado pelos Húngaros em 1848 e a sua contribuição em 1849 não foi decisiva. E Bem, com o seu exército húngaro, conseguiu permanecer senhor da situação militar na Transilvânia até quase ao fim da guerra. Torna-se difícil, portanto, atribuir as culpas da derrota dos Húngaros à ruptura com as nacionalidades. Além disso, mesmo com o apoio dos Croatas e Romenos da Transilvânia, é quase certo que a falta de munições, juntamente com a intervenção dos Russos, teria suplantado todos os esforços que pudessem ter sido realizados a favor da Hungria.

Também não é correcto considerar a política húngara irracional ou intransigente. A sua racionalidade era bastante óbvia. O novo governo pensava que, uma vez que as nacionalidades eram uma parte do Estado histórico da Hungria, deveriam reconhecer o húngaro como língua oficial, especialmente quando o Estado ia conferir-lhes direitos civis modernos. E uma vez que tencionava conceder à Croácia o direito de utilizar o croata em assuntos locais, comunicar com Buda em croata e permitir aos Croatas que participassem na elaboração de toda a legislação que os afectasse, parecia irracional, se não mesmo verdadeiramente traiçoeiro, os Croatas defenderem a secessão do seu país da Hungria – ainda mais se, sob o comando de Jellačić, tencionavam formar parte de uma Áustria que ainda se encontrava sob o controlo dos antigos colegas de Metternich e a fazer guerra aos Italianos, que por sua vez tentavam separar-se da Áustria. Parecia óbvio aos Húngaros que os Austríacos apenas se serviriam dos Croatas e outros para fins reaccionários, sobretudo para ajudar a suprimir as suas próprias novas instituições, se e quando as forças austríacas conseguissem derrotar os Italianos.

Tão-pouco se poderá defender que os Húngaros eram intransigentes. Pelo contrário, as objecções da Croácia nas dietas dos anos 1830 e 1840 não só contra o húngaro substituir o latim como língua oficial do país, mas contra outras reformas, incluindo mais direitos civis para os protestantes e judeus, haviam exasperado de tal modo alguns líderes liberais húngaros que estes já tinham proposto a separação da Croácia da Hungria. O facto de a Croácia também ser considerada como não estando disposta a pagar a sua devida quota de impostos era mais outro motivo para eles apresentarem a proposta desta via. Daí Szombathélyi poder dizer na Dieta de 1836: «Se toda a utilidade que temos para a união com a Croácia é a de os nossos contribuintes pagarem os impostos por eles, os nossos compatriotas protestantes serem renegados numa parte da sua pátria comum e o nosso desenvolvimento enquanto nação enfrentar a hostilidade da Croácia, declaro: que se ponha um fim a todos os laços de proximidade»([3]). O próprio Deák, na Dieta de 1840, afirmou que se os Croatas julgavam «um sacrilégio arcar com a sua parte do peso dos impostos, até na mesma proporção que a Hungria, no seu peito acender-se-ia o desejo involuntário de que os laços se quebrassem, embora isto dificilmente pudesse constituir uma vantagem para a Croácia ou para a Hungria»([4]). Por fim, em 1842, os eleitores do distrito de Peste fizeram aprovar por unanimidade uma complicada moção que fora delineada por Kossuth e que, tendo rejeitado qualquer intenção de oprimir qualquer pequena nação, concluía: «Que será mais propício ao desenvolvimento pacífico da Hungria e da nação húngara se a Croácia se separar da Hungria no que se refere à administração e à legislação, embora não quanto à

Santa Coroa Húngara»(⁵). É verdade que tais sentimentos não eram típicos da opinião húngara nos anos 1840, mas demonstram que os liberais húngaros não eram intransigentes quanto à questão croata.

Com a queda de Metternich e as Leis de Abril, foram precisamente esses liberais que se encarregaram dos assuntos húngaros. Considerando as suas diferenças com Viena e o seu conhecimento de que estavam em competição com a capital imperial para obter a lealdade de uma Croácia nada amistosa, ofereciam constantemente concessões aos Croatas, na esperança de os manter na Hungria, ou pelo menos de preservar a sua neutralidade caso ocorresse uma guerra com a Áustria. Wesselényi, por exemplo, escreveu ao primeiro-ministro húngaro, Batthyány, em Abril: «[...] Temos de evitar tudo o que possa servir ao governador e os seus croatas de pretexto para declarar abertamente a sua secessão e levá-la por diante. Não podemos manter a Croácia para nós; desistamos de todos os esforços para o fazer, pois não nos podem trazer vantagens mas podem prejudicar-nos. Façamos um acordo com os Croatas, que os reconheça e garanta a sua independência, mas que garanta igualmente o nosso comércio e nos forneça a co-propriedade de uma parte da faixa costeira»(⁶). Batthyány, por seu lado, estava bastante disposto a negociar e fazer muitas concessões para preservar a paz e, por volta de Julho, Kossuth pensava em termos de confederação. Foi então que, a 27 de Agosto de 1848, o gabinete adoptou uma lei relativa à Croácia, esboçada por Deák, que deixava a Defesa, os Negócios Estrangeiros, as Finanças e o Comércio nas mãos dos Húngaros, com uma cláusula, porém, para a participação dos respectivos subsecretários croatas e, para certas questões, do governador, na elaboração da legislação. Todos os outros assuntos passaram para as mãos de um ministro dos Negócios Croatas que deveria residir em Peste ou Zagreb. As leis seriam aprovadas em ambas as cidades por representantes croatas com assento em ambos os parlamentos. O croata tornar-se-ia a língua oficial da Croácia, fundar-se-ia uma universidade em Zagreb, a Hungria e a Croácia comunicariam uma com a outra nas respectivas línguas (mas com uma tradução inclusa), e os direitos de voto estender-se-iam da Croácia civil até à fronteira militar. Contudo, o executivo observou: «Se tudo isto não conduzisse a um acordo, estaria disposto a concordar com a secessão e a aceitar um laço puramente federal, mantendo a posse de Fiume, o acesso ao mar da Hungria, com garantias de livre acesso e livre comércio»(⁷). Cerca do final de Agosto, Kossuth escrevia a Laszló Csányi, o comissário encarregado da defesa da fronteira sul da Hungria, que estava disposto a permitir que a Eslavónia também se separasse, embora sem as fortalezas de Pétervarad e Eszék. Disse a Csányi que talvez fosse boa ideia ele contactar os Croatas e com a mensagem: «Se eles estiverem realmente a agir num espírito de nacionalismo e não de reacção, [...] então que nos digam o que desejam. Daremos tudo à Croácia, até a secessão: eles que partam, mas fiquemos bons amigos [...] se desejarem separar-se, que vão em frente, que sejam livres e felizes, mas que não tragam sangue e infortúnio aos dois países através de uma potência estrangeira e reaccionária»[8]. No início de Setembro, porém, Jellačić estava praticamente prestes a lançar o seu ataque à Hungria.

Foi Jellačić, e não os Húngaros, que foi intransigente em 1848. Não tinha o mínimo desejo de chegar a qualquer compromisso e estava perfeitamente consciente de que não havia perigo de os Húngaros atacarem a Croácia – algo que admitiu numa carta escrita a 29 de Junho ao arquiduque João, que tentava ser intermediário entre ambos. Foi este o verdadeiro motivo pelo qual ele pôde enviar reforços a Radetzky, já para não falar da sua famosa proclamação às tropas croatas em Itália, assegurando-lhes que as suas famílias estariam seguras em casa. Jellačić, no final de contas, fora rapidamente nomeado governador da Croácia em Março de 1848 por sugestão de Kolowrat, precisamente para evitar qualquer acordo entre os Húngaros e os Croatas. Ou, segundo as palavras de Kolowrat, antes que os Húngaros pudessem «atrair as terras croatas e eslavónias, concordando em reconhecer os seus direitos locais, a sua língua, etc., etc.». Pois, do seu ponto de vista: «Se este engodo, esta aliança fosse bem-sucedida, o estado infelizmente heterogéneo da Áustria enfrentaria uma massa compacta que poderia até estar disposta a atacar a dinastia»[9]. «Homens de boa vontade», acrescentou, «esperam a salvação proveniente de uma jogada rápida e decidida: o posto de governador, agora vago, deve ser preenchido por um homem enérgico e popular»[10].

Não há, também, nenhum motivo para crer que Jellačić compreendeu mal o seu papel. Assim, embora haja uma disputa considerável sobre o seu apoio à reforma em 1848, não há nenhuma quanto ao seu compromisso para com a dinastia. Defendeu consistentemente que os Húngaros deveriam ceder as suas pastas da Defesa e das Finanças e fazer parte de um Estado unitário. Por outras palavras, deveriam renegar as Leis de Abril que lhes tinham acabado de trazer a liberdade. Além disso, no seio do Estado unitário, exigia Jellačić, os Croatas deveriam obter os mesmos direitos que os Húngaros. Era a unidade do império, contudo, que Jellačić se esforçava sempre por sublinhar. Como declarou a Batthyány num famoso confronto em Viena: «O conflito entre nós não se deve ao particularismo, pois isso poderia ser resolvido. Vós desejais que a Hungria se torne uma Hungria livre e independente e eu comprometi-me a apoiar a unidade política do Império Austríaco. Se não concordais com isto, apenas a espada pode resolver por nós»([11]). Anteriormente, definira os objectivos dos Croatas como: «Contribuir, rivalizando com os outros povos da Áustria e mantendo a ordem imperturbável e regularizando os seus assuntos internos, para o restauro de um Estado austríaco unido – organicamente proporcionado a nível interno e externo – forte e livre e promover com êxito a consolidação do trono»([12]). Nunca houve, pois, qualquer hipótese – tal como o general Hrabowsky e o arquiduque João descobriram ao tentarem servir de intermediários – de Jellačić concordar com qualquer compromisso com os Húngaros. Por este motivo, é totalmente injusto acusar os Húngaros de intransigência ao tentar explicar os motivos que estiveram por detrás da sua derrota em 1849.

Por outro lado, também, não se deverá pensar que todas as nacionalidades se deixavam voluntariamente enganar pela corte imperial. Afinal, as nacionalidades tinham sido levadas a crer que a nova constituição austríaca, que o *Reichstag* debatia, protegeria os seus interesses. Foi só em Março de 1849, com a abolição do parlamento de Kremsier e a proclamação da «constituição decretada» de Schwarzenberg e Stadion, que se tornou evidente que tal fora uma ilusão. Além disso, nem todas as nacionalidades se tinham oposto aos Húngaros. Por exemplo, os romenos da Hungria – por contraste com os romenos da Transilvânia – ressentiam-se do modo como os seus vizinhos sérvios os dominavam e sobretudo de como a Igreja Ortodoxa sérvia tomava a primazia sobre a Igreja Ortodoxa romena. Os Húngaros, por conseguinte, nunca enfrentaram uma contestação da sua parte. Do mesmo modo, embora os intelectuais eslovacos pedissem ao governo todo o tipo de concessões, a maioria dos camponeses eslovacos não manifestava nenhuma tendência para seguir o seu exemplo. Os sérvios do Sul, por outro lado, juntamente com os romenos da Transilvânia, opor-se-iam ao governo húngaro. Os Sérvios exigiriam um Estado autónomo e sob a liderança do seu arcebispo, Rajačić, e do seu líder militar, Suplikač, compartilharam a sorte de Jellačić. Os romenos da Transilvânia, a grande maioria da população do principado, exigiam igualmente o reconhecimento como nação separada, tal como os Saxões, Húngaros e Székelys, que já tinham sido oficialmente reconhecidos. Exigiam ainda um parlamento separado para a Transilvânia, apesar do facto de outras nações terem votado pela união com a Hungria. Quando estas e outras exigências não foram satisfeitas, apoiaram a revolta das unidades do exército local contra o governo em Budapeste. Só os Húngaros e os Székelys, os guardas da fronteira húngara, permaneceram leais ao governo. Já se defendeu que até mesmo esta revolta foi contida por Bem, não sendo fundamental para a derrota dos Húngaros. O historiador István Deák, por outro lado, poderia considerar esta opinião algo branda. Numa passagem que não é inteiramente coerente com outro ponto de vista que ele defende – e que será analisado mais tarde – escreve: «A revolta romena na Transilvânia foi essencial, pois embora a Hungria se tivesse de defender contra os agressores sérvios e croatas, a guerra contra os Romenos devia e podia ter sido evitada. Os romenos no interior da Hungria opunham-se a ela, assim como os romenos da Moldávia e da Valáquia, para quem os Turcos e os Russos constituíam o problema e não Kossuth. Mesmo os romenos da Transilvânia não eram seguidores incondicionais dos Habsburgos, e concessões húngaras oportunas poderiam ter salvo a situação; mas estas nunca se realizaram porque a nobreza da Transilvânia temia tais reformas e porque o governo húngaro temia a nobreza da Transilvânia. Além disso, os líderes magiares desprezavam os Romenos pelo menos tanto como desprezavam os Eslovacos. Julgados incapazes de pensar por si próprios, os Romenos eram considerados marionetas da *Camarilha* e do czar. Um dos mais vociferantes a este respeito era Kossuth, que caíra na própria armadilha de propaganda. Não sabia nada acerca dos Romenos; esperava que a repressão juntamente com pequenas concessões sossegaria aqueles camponeses indomáveis»([13]). Deák prossegue: «A Transilvânia nunca se tornou segura; o exército húngaro tinha sempre um inimigo à retaguarda; a retirada para essa província tornou-se difícil; o dinheiro, as tropas e o melhor dos generais eram ali desperdiçados. Os Húngaros perderam a guerra em parte devido à Transilvânia». O «melhor dos generais» – Bem – acrescente-se, emitiu proclamação após proclamação junto dos Romenos, oferecendo-lhes igualdade de direitos; e as negociações prosseguiram entre o governo húngaro e vários líderes romenos, sobretudo após Março de 1849. Contudo, a eclosão da guerra – cuja culpa noutros trechos do seu livro Deák parece atribuir aos comandantes militares imperiais da Transilvânia, e não aos Húngaros – significava que as condições em que esta tinha de ocorrer constituíam sempre operações difíceis e militares, que Kossuth recusava abandonar caso os seus opositores estivessem simplesmente a passar o tempo, sabotando frequentemente as perspectivas de se chegar a qualquer tipo de compromisso. É extremamente improvável, de qualquer modo, que mesmo tendo chegado a algum compromisso com os romenos da Transilvânia, os Húngaros tivessem podido vencer a sua guerra da independência. Os motivos para este ponto de vista serão agora debatidos.

Um motivo para os Húngaros não terem conseguido persuadir os romenos da Transilvânia foi o adiamento sofrido pelos camponeses, ali e noutras regiões da Hungria, em relação ao problema agrário. Pois, apesar das suas promessas, o novo governo húngaro não conseguiu enfrentar a questão das queixas dos camponeses com a urgência que o assunto requeria. Só no final de Maio de 1848, por exemplo, é que a servidão foi abolida na Transilvânia, mas mesmo então os camponeses encontravam-se na mesma situação que noutras partes da Hungria. Segundo um historiador: «A gravidade do problema dos camponeses deveu-se ao facto de os camponeses não terem obtido mais nada além da sua liberdade pessoal. Como só as terras registadas eram transferidas para a posse dos camponeses, apenas dois terços beneficiaram disso, e apenas 20% do território cultivado do país estava envolvido. Os camponeses que viviam em terras dominiais e com pequenas explorações, pequenas vinhas e hortas não estavam livres das suas obrigações, e as suas reclamações acerca dos terrenos cercados também não foram resolvidas pela legislação. As massas camponesas sofreram um amargo desapontamento e vingaram-se em todas as terras, recusando os serviços de trabalhos forçados e a dízima sobre as vinhas, vendendo vinho e carne sem licença, e ocupando o campo de pasto dos senhorios. Noutros locais, os camponeses sem terra repartiram as terras entre si sem consultar ninguém. A nobreza resistiu e contestou mesmo o estatuto de terra registada, de modo a privar o camponês da sua legítima posse. Nestas questões, o governo agiu como defensor dos interesses da nobreza. Primeiro tentou lidar com a situação através de medidas pacíficas, em seguida através do envio de comissários reais e de tropas, e terminou em Junho por proclamar a lei marcial para reprimir o movimento, submetendo o problema da sobrevivência dos feudos das terras não registadas ao parlamento seguinte»([14]). Foi só em Julho de 1849 que o governo aprovou um decreto providenciando a libertação das terras senhoriais e desonerou as florestas e as hortas. Mas por esta altura, o colapso da resistência significava que a guerra da independência estava mais ou menos terminada.

Se o resultado tivesse sido diferente, o governo teria enfrentado a questão dos camponeses com maior urgência e indulgência? É comum alegar que tal poderia muito bem ter sucedido. No entanto, Deák mostra-se céptico em relação ao facto de isso na realidade poder ter feito alguma diferença. Escreve ele: «Foi repetidamente levantada a questão sobre se o facto de haver reformas agrícolas de maior alcance teria impedido os camponeses de se revoltarem e, subsequentemente, de terem feito com que os camponeses magiares – e até os camponeses eslavos e romenos – se juntassem em massa à bandeira de Kossuth [...] devido à escassez de estudos meticulosos sobre os antecedentes sociais, as condições de vida e aspirações dos primitivos revoltosos camponeses, ou dos mais tardios voluntários camponeses do exército, simplesmente não sabemos o que sentiam os camponeses nem como se comportavam em 1848-49. A prática dos historiadores húngaros, citando casos isolados para provar, quer a hostilidade, quer o entusiasmo dos camponeses revela muito pouco»([15]). Para o fim, segundo Deák, camponeses e nobres podiam ver que a guerra estava perdida. «Nenhumas reformas sociais radicais, delineadas retrospectivamente, poderiam ter alterado este facto básico»([16]).

Analisemos agora os factores puramente militares. Afirma-se geralmente nos manuais escolares que os Húngaros foram derrotados em 1849 graças à intervenção dos Russos sob o comando de Paskievicz. O próprio chefe de estado-maior de Haynau, o coronel Ramming von Riedkirchen, escreveu no seu relatório sobre a campanha: «Levanta-se frequentemente a questão sobre se o Estado austríaco, naquela situação, sem o auxílio da Rússia teria sido capaz de derrotar a revolta húngara que, após os seus inesperados êxitos durante a Primavera de 1849, cresceu tão rapidamente e se tornou tão vasta [?] [...] De modo a alcançar uma superioridade militar decisiva, que foi também assegurada a todos os níveis das relações estrangeiras, a intervenção armada russa era indispensável na Hungria e na Transilvânia. O poderoso e imponente auxílio de um exército russo levaria a um inevitável êxito, e resultaria no estabelecimento da paz na Áustria e em toda a Europa, mesmo que o desempenho da Áustria fosse menos enérgico e tivesse menos êxito»[17].

O critério corrente desde então tem sido o de que a intervenção russa foi de facto responsável pela derrota dos Húngaros. Contudo, Deák, como de costume, insiste em testar tais teorias. Escrevendo sobre o período final de Junho de 1849, «quando os Russos estavam profundamente no interior da Hungria e nem o Exército do Norte [húngaro] nem a população ofereciam uma verdadeira resistência»[18], questiona: «Uma vez que os Russos estavam a avançar sem se envolverem em batalhas de relevo, porque durou a guerra até meados de Agosto, ou em alguns locais até ao mês seguinte?»[19]. A sua resposta é: «Porque Paskievicz era excessivamente lento e prudente, porque os Russos foram dizimados pela cólera e porque os generais húngaros – sobretudo Görgei – conseguiram evitar os Russos quase por completo, determinados como estavam em combater os Austríacos. O principal exército húngaro manobrou silenciosamente por detrás da retaguarda russa, em busca dos Austríacos. Como consequência, a guerra não terminou até Haynau enfrentar e dispersar uma unidade *honvéd* após outra, ou até que os generais *honvéd* decidissem render-se. O exército do czar movimentou-se pelo país como um gigante tolo, mas benévolo. Infligiu apenas danos limitados nos seus opositores e, por sua vez, poucos danos sofreu por parte dos Húngaros»[20]. Abordando as baixas de guerra, Deák reforça este ponto: «Parece que cerca de 50 000 soldados húngaros morreram e cerca do mesmo número de austríacos. As forças expedicionárias da Rússia apenas perderam 543 mortos em combate e tiveram 1670 feridos. Por outro lado, o exército de Paskievicz enterrou 11 028 vítimas de cólera»[21]. A interpretação correcta sobre a intervenção russa em 1849 parecia ser, pois, que embora esta se tivesse revelado essencial, se a guerra tivesse prosseguido – o que o coronel Ramming defendia, na realidade –, teriam sido, no entanto, os Austríacos sob o comando de Haynau os verdadeiros responsáveis pela derrota dos Húngaros. Foi por isso que estes – e sobretudo o próprio Haynau – se sentiram tão aborrecidos quando Görgei se rendeu a Paskievicz em Világos.

Outro factor muitas vezes considerado crucial para a derrota dos Húngaros era a rivalidade entre Kossuth e Görgei, os seus líderes civil e militar. De facto, existe uma vasta bibliografia acerca deste tema na Hungria, incluindo muita prosa parcial. O que deverá então ser dito a este respeito? Ambos cometeram erros, certamente, que minaram a sua causa. Görgei, por exemplo, perdeu a única oportunidade militar de forçar Viena a chegar um acordo, ao não perseguir os Austríacos, no final de Abril de 1849, se necessário mesmo até às portas da própria Viena. Decidiu, em vez disso, tomar a colina do Castelo em Buda e «com este único golpe desperdiçou a sua já pequena hipótese de uma vitória final ou até de um impasse militar»[22]. Kossuth, por outro lado, tinha frequentemente uma influência debilitante sobre as questões militares por não apoiar as pessoas que nomeara ou por manter as suas decisões pessoais. O general Moga, por exemplo, foi enviado para a Áustria em Outubro de 1848, sendo depois deixado a assumir a responsabilidade pela batalha que travou e perdeu em Schwechat; Görgei foi nomeado ditador mesmo no final da guerra, mas foi-lhe dito que não rendesse o exército – a sua única opção, nessa altura; antes disso, Kossuth não protegera o general Dembinski, nomeado por ele como comandante-chefe, das críticas dos outros generais, apesar da sua fé proclamada nas capacidades de Dembiski. Por outro lado, contudo, mais positivamente, a fé liberal de Kossuth movera montanhas na organização das defesas e finanças húngaras, e as proezas de Görgei em campo eram, com frequência, miraculosas. A verdadeira diferença entre ambos era sobre a deposição dos Habsburgos por parte de Kossuth em Abril de 1849 – Görgei, na sua Proclamação de Vác de Janeiro desse ano já prevenira que o exército não toleraria «qualquer tipo de agitação republicana disparatada» – e a estratégia exigida para vencer a guerra (Görgei esperava tomar a ofensiva para derrotar os Austríacos; não tinha esperanças de vencer o enorme exército de Paskievicz). Deák tende a desvalorizar a disputa dos dois. Escreve ele: «Na realidade, ambos perseguiam fantasias inúteis: Kossuth imaginava que poderia manter a independência húngara numa Europa em que até potências tão liberais como a Inglaterra trabalhavam para a sua supressão. Görgei pensava que podia lutar por objectivos restritos: a preservação da constituição húngara de Abril e o seu digno lugar no seio da monarquia, numa época em que os Habsburgos já não estavam dispostos a conceder à Hungria a sua constituição ou dignidade.

Kossuth julgava que os camponeses combateriam até ao último homem em defesa da liberdade, se necessário sem armas; Görgei esperava que um pequeno exército profissional, sem o apoio de guerrilheiros e camponeses, pudesse derrotar o exército profissional e maior de um país industrialmente mais forte»([23]). Nesta perspectiva, Deák conclui: «No confronto que se desencadeou em 1848-1849 a Hungria era a *inevitável* vencida [...] [Esta] [...] nem deveria ter-se lançado na grande aventura política»([24]).

Dois pontos, sobretudo, têm de ser aqui desenvolvidos. O primeiro refere-se às dificuldades que a Hungria enfrentava para criar uma indústria de defesa; o segundo, às questões internacionais. Certamente que Deák está correcto ao indicar ambos. Pois, a uma escala considerável, eles eclipsam totalmente, não apenas as diferenças entre Kossuth e Görgei, mas o problema das nacionalidades – daí o meu anterior trocadilho a respeito da avaliação de Deák sobre a campanha da Transilvânia – e o papel dos camponeses.

Consideremos as questões defensivas, em primeiro lugar. Havia dois problemas a resolver neste domínio: se o novo ministério húngaro asseguraria o controlo sobre as forças armadas e os seus efectivos na Hungria (já para não falar das forças húngaras no exterior do país); e mais tarde, se uma vez confrontado com a invasão, poderia organizar uma defesa nacional. Surpreendentemente, talvez tivesse menos dificuldades em afirmar e assegurar o controlo das forças armadas do que em criar uma indústria de defesa. E isto era particularmente surpreendente já que as forças que os Húngaros exigiam o direito de controlar incluíam as forças sob o comando de Jellačić e as tropas húngaras localizadas no exterior da Hungria. Do ponto de vista húngaro, a sua reivindicação era simples. O artigo 3°. das Leis de Abril declarara: «Todos os assuntos, civis, militares e eclesiásticos, bem como tudo o que se refira às finanças e defesa do país será futuramente regulamentado e controlado pelo Ministério Húngaro e Sua Majestade controlará o poder executivo [*i.e.*, na Hungria] através do seu ministério.» Apesar da Pragmática Sanção de 1723, que vinculava a Hungria *inseparabiliter ac indivisibiliter* aos outros domínios habsburgos, os Húngaros sentiam-se no direito de interpretar a sua nova constituição de acordo com a lei de 1790, que proclamara a Hungria um *regnum liberum independens*, isto é, um reino livre, apenas vinculado aos Habsburgos por uma união pessoal, algo que o governo austríaco, que se considerava o herdeiro da *Staatskonferenz*, recusava admitir. Com efeito, logo que este último deixou de ser provisório, a 10 de Maio de 1848, pediu aos Húngaros para chegarem a um acordo a respeito dos «temas comuns», algo que estes, como seria de prever, se recusaram a fazer. Nas questões financeiras, recusaram-se a devolver qualquer dinheiro que havia sido encontrado no Tesouro húngaro; recusaram assumir um quarto da dívida nacional e os seus pagamentos de juros; e ao criar a sua própria moeda, violaram o monopólio austríaco de emissão de notas. No entanto, foi o seu comportamento quanto à defesa e aos negócios estrangeiros que aborreceu realmente os Austríacos. Aqui, os Húngaros persuadiram o rei a dar-lhes controlo sobre os quartéis-generais regionais do exército ou *comandos gerais* na Hungria e na Transilvânia com o resultado de que todos os generais comandantes (incluindo Jellačić, que foi demitido de governador a 19 de Junho) teriam de receber ordens de Budapeste. Foi ainda concedido aos Húngaros o direito de vigiar todas as construções e depósitos militares na Hungria e fazer ali promoções no seio do exército. Então, em Julho, quando o arquiduque João tentou chegar a uma espécie de acordo, foi-lhe dito pelo ministro de Guerra húngaro: «Não me compete analisar aquilo que a nossa situação actual requer, aquilo que exigiria do ponto de vista da unidade e da concórdia. Contudo, existe uma lei promulgada que ordena que haja uma certa esfera de autoridade concedida ao ministro húngaro da Defesa Nacional, que é subordinado de Sua Majestade, o nosso monarca comum, ou do seu vice-rei (*i.e.* o Palatino) e de mais ninguém. E eu considero a estrita execução e adesão a esta lei como meu dever»[25]. O único acordo a que se chegou foi o acordo aprovado pelo rei a 20 de Agosto, pelo qual se permitia uma troca de oficiais – húngaros em regimentos estrangeiros viriam para os regimentos húngaros e vice-versa – juntamente com uma troca de regimentos. Cerca dos finais de Agosto, por conseguinte, os regimentos húngaros não colocados em Itália começaram a regressar a casa, enquanto os regimentos estrangeiros na Hungria começavam a retirar-se. Os que restaram na fronteira sul, protegendo-a de Jellačić, iriam, em geral, simplesmente mudar para o seu lado quando este invadiu a Hungria a 11 de Setembro. Em 31 de Agosto, porém, o governo austríaco já declarara que a existência de um ministério húngaro separado constituía uma «impossibilidade política» e exigia o controlo absoluto da política de defesa e financeira. Entretanto, a decisão do ministério húngaro de recrutar dezenas de milhares de voluntários e de os organizar em regimentos de defesa nacional ou *honvéds* sem dúvida contribuíra para a fúria austríaca, assim como o facto de os Húngaros não terem fornecido reforços a Radetzky.

Neste ponto, contudo, temos de chamar a atenção para as dificuldades a respeito dos negócios estrangeiros, antes de prosseguirmos o nosso debate acerca dos problemas da defesa húngara. Inevitavelmente, ambos se inter-relacionam. Pois os negócios estrangeiros constituíam ainda outro campo em que a Áustria e a Hungria discordavam a respeito de temas comuns. As Leis de Abril haviam estipulado que os Húngaros deveriam ter um ministro na corte, conhecido oficialmente como o «ministro em redor da pessoa do rei», ou seja, o ministro *a latere*, cujo dever seria aconselhar o rei sobre quaisquer leis que afectassem os interesses húngaros e ratificar as leis que especificamente o fizessem. Deveria igualmente ser consultado acerca da política estrangeira, e de facto o primeiro titular húngaro do cargo foi o ilustre magnata e diplomata, e antigo embaixador de Londres, príncipe Paul Esterházy. De qualquer modo, muito em breve se tornou um hábito dos ministros húngaros e vienenses referirem-se ao príncipe Esterházy como o ministro dos Negócios Estrangeiros húngaro, uma situação que o primeiro-ministro húngaro, Batthyány, explorou para seguir uma política estrangeira mais ou menos independente. Isto teve algum êxito de formas peculiares – permitindo que os navios húngaros, por exemplo, hasteassem bandeiras húngaras no Adriático, para evitar envolver-se na guerra italiana – mas fracassou inteiramente quando se tratou de procurar o reconhecimento estrangeiro de diplomatas húngaros. É verdade que os Franceses quase organizaram uma troca de embaixadores, mas isto caiu por terra quando os Austríacos protestaram, enquanto os Britânicos nunca perderam tempo com as pretensões húngaras, apesar da magiarfilia do agente oficialmente reconhecido de Palmerston na Hungria, J. A. Blackwell. O ponto de vista pessoal de Palmerston era o de que a monarquia de Habsburgo constituía uma parte essencial do equilíbrio de poder e que as tentativas húngaras para alcançar a independência apenas minariam o seu papel na diplomacia europeia. Recusava, pois, oferecer aos Húngaros qualquer apoio militar, financeiro ou moral e encontrar-se oficialmente com qualquer dos seus representantes. Na realidade, esperava que a guerra da independência fosse vencida pela Áustria tão rapidamente quanto possível.

Explicou ele à Câmara dos Comuns: «A Áustria constitui um elemento de grande importância para o equilíbrio do poder europeu. A Áustria fica no centro da Europa, uma barreira contra a usurpação, por um lado, e contra a invasão, por outro. A independência política e as liberdades da Europa estão estreitamente ligadas, na minha opinião, à conservação e integridade da Áustria como grande Potência europeia; e por isso, tudo o que tenda, por possibilidade directa ou mesmo remota, a debilitar e ferir a Áustria, mas mais ainda a reduzir a sua posição de Potência de primeira importância para a de Estado secundário, será uma grande calamidade para a Europa, calamidade essa que todos os Ingleses deverão reprovar e tentar evitar [...]»([26]). Os Húngaros não compreenderam isto durante o Verão de 1848, devido em grande parte à política italiana de Palmerston, que na aparência parecia tolerar o apoio da libertação nacional em si mesma. Por isso, julgavam que se a situação se agravasse, poderiam contar com o apoio britânico. Em breve seriam desiludidos, apesar de pouco se recear que o auxílio britânico viesse a ser necessário, no Verão de 1848. Até Agosto, pelo menos, os acontecimentos pareceram correr bem para os Húngaros. Presumia-se que Radetzky seria derrotado em Itália e que os Alemães em Frankfurt – aos quais os Húngaros haviam enviado uma delegação – também conseguiriam unir-se. Sem os Alemães nem os Italianos, os Habsburgos seriam então forçados a chegar a acordo com os Húngaros. Ou, por outras palavras, a monarquia de Habsburgo tornar-se-ia o reino da Hungria. Enquanto a guerra italiana prosseguisse, porém, o governo húngaro encontrava-se numa posição difícil. A opinião pública na Hungria era fortemente pró-italiana, enquanto as tropas húngaras combatiam sob o comando de Radetzky para manter a Lombardia-Véneto na posse da Áustria. No parlamento, o governo defendia-se afirmando que nos termos da Pragmática Sanção era dever dos Húngaros defender o seu monarca quando este fosse atacado. Não houve um apoio oficial às exigências para mandar regressar as tropas húngaras por outro motivo: os homens de fronteira, ou *Grenzer*, de Jellačić teriam então oportunidade para regressar igualmente para casa. Ainda assim, o governo viu-se colocado numa situação embaraçosa quando os Austríacos, no final de Abril, lhe pediram reforços. Seria este pedido que levaria ao famoso discurso de Kossuth no parlamento de 20 de Julho, o qual declarava que só enviariam tropas para Itália se os Italianos não conseguissem assinar uma paz honrosa.

E essa paz, subentendia ele, deveria conceder-lhes «um governo livre e nacional». No dia seguinte, definiu as suas condições como a renúncia austríaca à Lombardia. No final do debate, com efeito, a posição húngara passara a significar que só enviariam tropas para a Itália quando a própria segurança húngara estivesse salvaguardada e os Italianos tivessem recusado uma oferta de constituição nacional. Em suma, Radetzky não receberia reforços da Hungria. Apenas uns dias após o debate, porém, o marechal-de-campo obteria a sua vitória decisiva sobre Carlos Alberto em Custozza.

A intransigência húngara em relação às finanças e à defesa, para não falar da sua política italiana, levaria a paciência austríaca ao limite. Por volta do fim de Agosto de 1848, por conseguinte, os Húngaros haviam sido prevenidos de que se não entregassem as pastas da Defesa e das Finanças, a Áustria não permaneceria neutra por mais tempo na sua disputa contra Jellačić. Se a Áustria alguma vez fora neutra nesta disputa é algo que constitui, evidentemente, um grande debate na historiografia das revoluções. De qualquer modo, quando o exército de Jellačić atravessou o Dravo a 11 de Setembro de 1848, Jellačić já fora recolocado como governador (4 de Setembro) e a 3 de Outubro tornar-se-ia comandante-chefe e real comissário na Hungria.

O entendimento de que a disputa com a Áustria poderia ter de vir a ser decidido pelas armas já levara os Húngaros a formar *honvéds*. O governo dispunha também de regimentos húngaros do exército imperial leais e de milhares de guardas nacionais. Todos estes, juntamente com voluntários estrangeiros, seriam a partir de então amalgamados em batalhões *honvéd* dos quais, no final da guerra, haveria duzentos e quatro, com mais de 170 000 homens. No entanto, procurar os homens constituía apenas o início do problema, encontrar armas com que equipá-los revelar-se-ia muito mais difícil. Privado de abastecimentos estrangeiros, tendo já visto a maioria das reservas do exército serem enviadas para a Itália ou para a Áustria, o governo possuía poucas e preciosas espingardas de reserva com que armar as suas tropas. A situação também não era mais optimista quanto às munições ou uniformes. No auge da ofensiva primaveril de 1849, os soldados receberiam menos de um cartucho por homem, por dia. As espingardas falhavam um tiro em quatro. As batalhas principais seriam perdidas simplesmente por não haver armas suficientes para aguentar uma ofensiva. Contudo, o simples facto de poder haver uma ofensiva primaveril, durante a qual os Húngaros disporiam de superioridade não só numérica como também de armas, era quase um milagre em si, em não pequena parte devido a Kossuth. Nas palavras de Deák: «Por fim, a Hungria tivera de se equipar a si própria, e Kossuth dirigiu pessoalmente o esforço. Lidando diariamente com a questão, a sua preocupação abrangeu desde a produção de canhões a minúsculas quantidades de camisolas interiores. Só um optimista incorrigível como ele poderia ter assumido esta tarefa aparentemente impossível. Numa altura em que a Boémia e a Estíria produziam cada uma 45 000 toneladas de ferro anualmente, a Hungria produzia apenas cerca de 30 000 toneladas e a produção interna de ferro ainda nem sequer era capaz de satisfazer as muito modestas necessidades húngaras em tempos de paz. A produção de cobre equivalia a menos de 2000 toneladas, e o chumbo a menos de 200 toneladas. Outros metais eram praticamente inexistentes; a primeira mina de enxofre, tão importante a nível militar, fora aberta apenas em 1848. E a única fábrica de armamento do país, em Peste, pouco produzira até Novembro, quando fora nacionalizada pelo governo; desde então produzia cerca de quinhentos mosquetes por dia. Havia várias boas fábricas de pólvora; mas com isso se completava a lista de fábricas militares. A indústria húngara fizera grandes progressos nas duas décadas anteriores, mas havia poucas máquinas operacionais e ainda menos mecânicos qualificados ou trabalhadores experientes»([27]). E durante a guerra da independência, deve acrescentar-se, toda a indústria das armas tivera de ser mudada de Budapeste para Nagyvárad por duas vezes, para escapar ao exército austríaco. Estas interrupções apenas serviam para exacerbar um problema já bastante difícil.

Os principais motivos para a derrota húngara, por conseguinte, deverão ser procurados, de acordo com a análise acima, no atraso da indústria húngara e na falta de um exército devidamente treinado com o qual resistir aos Austríacos. A falta de aliados húngaros também não ajudou. Significava que as suas deficiências económicas e militares não podiam ser compensadas por terceiros. Do mesmo modo, a questão da nacionalidade foi uma desvantagem; contudo, não foi talvez tão significativa como mais tarde se pensou, o mesmo se aplicando aos camponeses. Por fim, temos o papel da intervenção russa. Esta costumava ser considerada decisiva – e sem dúvida que teria sido, se a guerra tivesse prosseguido. No entanto, chegou provavelmente o momento de dar a Haynau o crédito que merece: foi ele o verdadeiro vencedor em 1849 na Hungria.

    Estará então Deák correcto ao afirmar que a derrota da Hungria era *inevitável*? Trata-se de uma palavra extremamente perigosa para ser utilizada por um historiador. Contudo, é uma teoria bastante convincente, especialmente considerando a intervenção russa. Por outro lado, talvez tivesse havido hipótese de se chegar a acordo – evidentemente um acordo muito pequeno – se Görgei tivesse pressionado Viena em Abril de 1849. Mais concretamente, os Húngaros puderam estabelecer o seu regime graças às ocorrências na Itália. A Itália – e não a Hungria – seria a chave dos acontecimentos de 1848. Foi só após o êxito de Radetzky no início de Agosto que os Austríacos começaram a convencer-se de que as revoluções podiam ser derrotadas. Antes disso, todas as exigências húngaras eram permitidas, todos os pedidos de Batthyány concedidos. Se Radetzky tivesse sido derrotado, é pois possível que a aposta húngara pudesse ter compensado. Os acontecimentos também poderiam ter tomado outro rumo na Alemanha; o rei poderia até ter ido a Buda. O que teria sucedido exactamente constitui, evidentemente, uma incógnita. Contudo, teria sido algo diferente, e tal diferença poderia até ter incluído a sobrevivência do ministério de Batthyány.

A Revolução da Lombardia-Véneto

    Como conseguiram então os Austríacos derrotar a revolução na Itália? Como já se deve ter compreendido, este resultado não foi de modo algum inevitável. Pois, apesar de ter alertado para a eclosão da revolução na Lombardia-Véneto ao longo do Inverno de 1847-48, e apesar da enorme importância estratégica que atribuía a Milão no seu planeamento militar, Radetzky foi forçado a retirar-se da cidade somente após cinco dias de lutas de rua. Tratou-se de uma humilhação singular para um comandante que prometera que tal ocorreria apenas sobre o seu cadáver. E a rendição de Veneza sem que se disparasse um só tiro contribuiu em muito para a sua consternação. As suas desculpas foram que havia sido apanhado desprevenido e com poucas munições em Milão, enquanto o perigo para Veneza nunca lhe fora relatado pelo comandante da cidade, o conde Zichy. De qualquer modo, a sua retirada bem-sucedida com grande parte do seu exército para o Quadrilátero (as quatro grandes fortalezas de Verona, Mântua, Legnago e Peschiera) foi um consolo – «um daqueles tristes golpes de mestre da arte da guerra», como o próprio descreveu num relato a Ficquelmont([28]).

As suas desculpas não admitem um verdadeiro escrutínio. No que se refere a Milão, a questão básica consiste em saber por que motivo foi ele forçado a retirar-se quando tinha forças superiores na cidade e outras disponíveis não muito longe? Os Milaneses não estavam armados. O campo estava relativamente tranquilo e o exército piemontês ainda se encontrava apenas em fase de mobilização. Além disso, encontrava-se muito disperso, com apenas três regimentos na vizinhança imediata da fronteira. A posição estratégica inicial era pois a favor de Radetzky.

A insurreição teve início na manhã de 18 de Março e prosseguiu durante os dias 18 e 19 de Março, limitando-se, principalmente, ao centro da cidade. O plano de Radetzky, pelo menos a 19, era manter a Cidadela a todo o custo, bem como os outros edifícios e quartéis militares. Entretanto, utilizaria tropas móveis para subjugar os insurrectos e manter uma atitude defensiva nos bastiões contra qualquer ameaça externa. Foram chamadas mais tropas para reforçar a cidade, uma vez que nada ainda se passava na fronteira piemontesa. A 20 de Março, porém, tudo piorou bastante para os Austríacos. Os insurrectos ganharam terreno, enquanto as forças imperiais começavam a ficar sem alimentos nem munições. Algumas também ficaram isoladas em cerca de cinquenta e duas localizações diferentes e as tropas italianas começaram a desertar. O moral entre as outras começava também a esmorecer: tinham de permanecer constantemente despertas e fazer inúmeras tentativas para resgatar os oficiais e homens que haviam sido isolados da força principal. A 20 de Março, os cônsules estrangeiros da cidade tentaram providenciar um armistício. Este foi aceite por Radetzky, mas recusado pelos Italianos, que enviaram balões com pedidos de auxílio, com o resultado de que o campo circundante também se erguia agora em rebelião. (A suposição de que os camponeses lutariam automaticamente pela Áustria contra os seus senhores revelou-se deste modo falsa.) Entretanto, no interior da cidade, os rebeldes avançavam para os portões e bastiões enquanto Radetzky tentava reconquistar terreno perdido no centro. Os Austríacos foram repelidos, enquanto os insurrectos assumiram o comando das portas de Tosa e Ticino, chegando assim à periferia da cidade. O seu êxito pode ser explicado de diversos modos: por esta altura, eles estavam em certa medida organizados e havia alguma coordenação; partilhavam também ideais; mas, ainda mais importante, as barricadas revelavam-se extraordinariamente eficazes – por volta do quinto dia, havia 1651, algumas das quais eram fixas, mas outras móveis e por detrás das mesmas abrigavam-se colunas móveis de insurrectos. Após o dia 20, Radetzky começou também a receber relatórios de perdas e derrotas sofridas pelas suas guarnições em Como, Bérgamo, Cremona e Bréscia. Havia igualmente relatórios de maior actividade piemontesa nas fronteiras. Na noite de 21 para 22 de Março, tomou, pois, a decisão de abandonar a cidade. Provavelmente, o factor menos importante no seu espírito era a actividade dos Piemonteses, acerca da qual não se preocupava muito. De qualquer modo, Carlos Alberto não declarou guerra até 23 de Março, e as primeiras vanguardas do exército piemontês só atravessaram Ticino na tarde de 25 de Março e manhã do dia seguinte – ou seja, mais de dois dias após Radetzky ter abandonado a cidade. Se este tivesse sido capaz de manter a ordem em Milão, todos os indícios apontam para que Radetzky se tivesse mantido no local e combatido. Fora, de facto, apanhado desprevenido e sem munições suficientes, mas isso não era certamente culpa de ninguém a não ser dele próprio, especialmente considerando o facto de que o país se encontrava sob a lei marcial.

As desculpas que o exército arranjou para a capitulação de Veneza podem ser encontradas nas memórias do general Schönhals, o adjunto de Radetzky. Escreveu ele: «Foi extraordinário que pouco antes da eclosão da revolução nenhuns relatórios do Véneto chegassem ao marechal-de-campo. Sobretudo, nenhum relatório foi confirmado pelo comando-geral nem pelos dois Comandos de Corpos acerca da situação. Consolava-nos o pressentimento de que as autoridades nada tinham a relatar e que a ordem não fora perturbada fosse de que modo fosse»([29]). Verdadeiramente extraordinário não é apenas o tom complacente de tal afirmação – «consolava-nos o pressentimento»! – mas o facto de muitos arquivos conterem não apenas os relatórios – francamente desesperados – que faltavam aos estados-maiores de Schönhals, como também indícios de que estes foram transmitidos a Viena por Radetzky, acompanhados por garantias de que tudo se encontrava em ordem. Foi por esse motivo que, em meados de Fevereiro, Zichy decidiu transmitir os seus receios directamente a Viena. O comandante naval de Veneza, o almirante Martini, escreveu relatórios semelhantes: os marinheiros da cidade eram italianos nas suas simpatias; os trabalhadores do Arsenal fervilhavam de insatisfação; o governo perdera toda a autoridade; e talvez só mais 15 000 soldados pudessem salvar a situação. Nas palavras de Zichy, a 28 de Fevereiro ao Conselho de Guerra em Viena: «[...] como podem as pessoas pensar que a maior parte da marinha não se encontra indisposta contra a Casa de Áustria e não pegará em armas para utilizar contra nós na primeira oportunidade?»[30]. A resposta, surpreendentemente, fundamentada nas garantias de Radetzky, foi a seguinte: «[...] por muito mau que se revele o estado de coisas em Veneza, não nutro receios a esse respeito, porque, por um lado, não pode haver terreno menos propício para uma revolta popular e, por outro, é tão fácil reforçar Veneza que eu próprio não teria dificuldades em reprimir qualquer tentativa de revolta»[31]. Martini, por conseguinte, estava em condições de receber a seguinte resposta a um dos seus relatórios mais comoventes: «Certamente não deixa de reconhecer as dificuldades da sua presente situação, mas por outro lado, espera-se uma total pacificação a partir das medidas tomadas pelo alto-comando que permitem que todos esperemos pelo melhor»[32]. Zichy, no fim, nem sequer pediu o auxílio dos corpos do exército presentes no Véneto; limitou-se a render-se.

Radetzky, em consequência disto, tinha um problema de credibilidade. Em Viena, era considerado como mais um comandante fracassado. Isto significava que o governo colocava a sua fé na negociação com os Italianos e não no combate contra estes. Entretanto, o seu exército corria o risco de se estar a desagregar. Mitos à parte, não havia um sistema em funcionamento no seio das forças imperiais através do qual as tropas de uma nacionalidade se localizassem na pátria de outra, segundo um qualquer cálculo maquiavélico. Pelo contrário, quando o conde Hartig, antigo governador da Lombardia, na véspera das revoluções duvidou da lealdade das tropas italianas que serviam na Itália, descobriu que «não só não se duvidava da sua lealdade, como qualquer alusão a tais dúvidas [...] era considerada como uma violação da honra militar»[33]. O verdadeiro sistema parecia funcionar, em vez disso, na suposição de que uma vez que o império era supranacional, e que os recrutas provinham de toda e qualquer parte do mesmo, haveria sempre tropas de diferentes nacionalidades localizadas a dado momento em qualquer parte específica para serem utilizadas de acordo com as circunstâncias. «Assim, embora a maioria dos regimentos se movesse por uma série de domínios habsburgos, de tantos em tantos anos, torna-se difícil concluir que o *Hofkriegsrat* tivesse elaborado qualquer sistema extremamente sofisticado ou diabólico. Aqueles que pensam de outro modo teriam de demonstrar por que motivo tantas tropas se encontravam no lugar errado na altura errada e por que motivo muitas delas aí tinham permanecido tanto tempo»([34]). Assim, em Itália, no início de 1848, verificava-se que dos sessenta e um batalhões de infantaria de Radetzky, nove eram húngaros, seis checos, dez eslavos do Sul, doze austríacos e vinte e quatro italianos. Ou seja, 39% da sua infantaria, ou 33% do seu exército total era constituído por italianos. E isto apesar das preocupações que ele próprio exprimira num relatório de Dezembro de 1848. Escrevera então a Viena: «Não desconfio minimamente destes soldados; cumprirão o seu dever; mas não convém esperar mais deles do que seria razoável, sobretudo quando estão a ser conduzidos para o combate contra os seus próprios compatriotas. Não há qualquer dúvida de que se encontrarão sujeitos a todo o tipo de influências e serão atraídos pela deserção; se a sorte da guerra for contra, não responderei pela sua lealdade; tal experiência nem sequer seria surpreendente; é tão antiga como a própria história»([35]). Com a queda de Milão e Veneza, por conseguinte, o marechal-de-campo foi confrontado com a realidade da sua própria profecia, pois por volta do início de Abril, cerca de 11 000 dos seus soldados italianos haviam desertado – tornando os restantes 10 000 um problema suplementar. Interrogou Viena: «Mas onde devemos colocá-los? Na primeira linha? Aí, eles poderiam mudar de lado, utilizar as suas armas contra nós e formar uma brecha na linha de combate que seria certamente perigosa. Na reserva, ameaçam a minha retaguarda; mantê-los nas fortalezas seria ainda mais perigoso, uma vez que as poderiam então entregar ao inimigo. A única solução que resta é dividi-los de tal modo que apenas possam resultar deserções parciais e graduais; nas piores circunstâncias, desarmá-los-ia e dissolvê-los-ia»([36]). Como se verificou, ocorreram mais deserções, embora vários regimentos, sobretudo aqueles que haviam permanecido muito tempo em Itália, permanecessem leais.

As tensões crescentes entre os Húngaros e os eslavos do Sul também criariam problemas a Radetzky. Os Húngaros, como já constatámos, recusavam-se a enviar reforços para Itália e faziam pressão a favor de um acordo que teria dado a Lombardia aos Italianos. Os Croatas, por outro lado, permaneciam leais e enviaram mais tropas ao marechal-de-campo. Contudo, havia alturas em que o apoio dos eslavos do Sul também parecia precário. O patriarca sérvio, Rajačić, por exemplo, ameaçava convocar os *Grenzer* se não lhe fosse dada mais protecção da parte do exército imperial no Sul da Hungria contra os Húngaros. De facto, até ameaçou aliar-se com os Sardos, uma ideia que os eslavos do Sul mais radicais defendiam. Nestas circunstâncias – ainda mais inquietantes pelo facto de os Sardos se recusarem a considerar os Húngaros como verdadeiros inimigos – Radetzky necessitava claramente de ser considerado neutro no que dizia respeito à Questão Húngara. Acabou por consegui-lo, embora as suas simpatias pessoais estivessem com Jellačić, que admirava e que a dado momento servira no seu exército. Assim, declarou ao ministro de Guerra: «Não desejo de momento analisar a questão sobre se a exagerada confiança dos Húngaros ao lidarem com as nacionalidades que existiam junto deles terá dado origem aos infortúnios que agora nos ameaçam deste lado. Já basta que este infortúnio tenha surgido»([37]). Entretanto, escreveu a Rajačić: «Não tenciono pôr-me a julgar ambas as partes que agora ameaçam a Hungria com infortúnios imprevisíveis. Mas os seus líderes, sejam eles quem forem, serão severamente julgados pela história mundial. Não pode – não deve haver uma separação do exército austríaco. O exército continua leal e imbuído do mais nobre espírito. Se a tal for forçado, erguerá armas para salvar a integridade da monarquia, do mesmo modo que triunfou sobre os seus inimigos externos [...] peço a Vossa Excelência para servir de intermediário entre as partes; sirva-se do respeito pelo seu santo ofício para evitar o derrame de sangue. Não haverá outra forma de reconciliar as duas partes sem ser o recurso à mais infeliz das formas – a guerra civil?»([38]). De diversos outros modos, também, o marechal-de-campo manteve-se afastado da Questão Húngara. Foi talvez uma sorte este não possuir dinheiro de reserva e por isso não poder enviar fundos a Jellačić. Do mesmo modo, se Radetzky permitiu ao líder sérvio, Suplikač, que regressasse da Itália, tal não se tratou de um sinal de simpatia, uma vez que já acordara o mesmo privilégio ao coronel Mészáros, o ministro de Guerra húngaro. A sua tarefa tornou-se consideravelmente mais fácil, porém, quando Jellačić acedeu a um pedido de Schwarzenberg de uma proclamação para acalmar os *Grenzer*. Esta dizia em parte: «Não se deixem distrair por relatos e receios pela segurança do vosso país [...] estejam certos de que nos sentimos suficientemente fortes para defender a nossa nacionalidade sem o vosso auxílio»([39]). Por volta de Novembro de 1848, por conseguinte, Radetzky pôde relatar a Viena: «Se até aqui tive a grande sorte de ver a união mantida entre todas as nacionalidades do exército sob o meu comando, a maior parte das quais consiste em regimentos húngaros e croatas, é somente graças à circunstância de se ter evitado que o governo pareça estar a favorecer uma nacionalidade em detrimento de outra»([40]). Um relatório britânico dirigido a Lord Palmerston chegara entretanto à mesma conclusão: «A respeito das diferenças que havia entre os Húngaros e os Croatas, creio que o marechal-de-campo Radetzky com o seu habitual tacto e talento, conseguiu pôr-lhes cobro»([41]). Se isso era realmente verdade, tratava-se de uma proeza extraordinária, de facto, e que contribuiu em não pequena medida para o seu êxito. As outras nacionalidades não lhe causavam grandes problemas.

O mesmo não se podia dizer, contudo, de Viena. Aqui, a reputação de Radetzky reduzira-se a nada após a capitulação de Milão e Veneza e, a 20 de Abril, Ficquelmont escrevera ordenando-lhe que se preparasse para uma negociação da paz([42]). Uma revolta «tão geral e decisiva» como a que ocorrera, explicou, «só poderia ser reprimida por uma guerra igualmente decisiva ou através de negociações». No entanto, «mesmo que a Áustria tivesse meios para empreender tal guerra de repressão», não era nada certo que o pudesse fazer, à luz do mundo e da opinião italiana. Fora pois decidido prosseguir negociações de paz mesmo enquanto a guerra ainda decorria. «Com sorte», segundo Ficquelmont, o combate poderia ser «contido nas províncias do Véneto», mas (mesmo) «as vantagens da guerra» só «poderiam contribuir para a restauração da paz através das negociações». Este esperava portanto «a mais próxima identificação da liderança militar com as tentativas de alcançar a paz». Radetzky não foi informado sobre os pormenores – embora possa ter adivinhado que o plano era entregar a Lombardia na esperança de manter o Véneto –, excepto de que o conde Hartig ia ser enviado para Itália como «Comissário da Paz», com ordens para assumir o controlo de quaisquer territórios que fossem retomados pelo marechal-de-campo. A sua missão, em teoria, era «apaziguar» os Italianos, embora, como seria de prever, a sua tarefa principal, na prática, fosse a de apaziguar Radetzky.

As negociações de paz foram conduzidas a três níveis: através de Hartig, assim que este se reuniu ao exército de Nugent, que se revelou rapidamente capaz de reforçar Radetzky; através de Hummelauer, um diplomata austríaco enviado para Londres numa tentativa de assegurar a mediação britânica; e através de vários emissários enviados a Milão numa tentativa de separar os Lombardos dos Sardos. A missão de Hummelauer nascera claramente do desespero. Foi-lhe dito, antes de partir: «Achamos impossível dar-lhe quaisquer instruções precisas. É-nos absolutamente necessário pôr um rápido fim ao problema italiano. Veja que apoio poderemos obter do governo inglês. O essencial para nós é que uma parte da dívida do Estado seja assumida. Não temos meios para empreender uma guerra de maneira suficientemente eficaz e mesmo uma batalha vencida não resolveria o problema. Diga-nos como está a situação»([43]). No entanto, revelou-se impossível convencer os Britânicos a um acordo razoável. Quando Hummelauer pediu a Palmerston para servir de intermediário, com base na autonomia de um governo local para a Lombardia-Véneto, a sua oferta foi rejeitada a 23 de Maio. No dia seguinte, sugeriu então uma mediação com base na entrega da Lombardia e garantia de autonomia do governo local para o Véneto. Palmerston aceitou esta proposta, mas a mesma foi rejeitada pelo executivo britânico a 3 de Junho. Hummelauer, em consequência disso, regressou a Viena de mãos vazias. Entretanto, as tentativas de separar os Lombardos dos Sardos não chegavam a lado nenhum. Outro diplomata austríaco, von Phillipsberg, foi enviado a Milão com a oferta de um reino lombardo separado sob o domínio de um príncipe habsburgo que seria governado por um parlamento eleito. Esta missão, porém, obteve um resultado inesperado. Von Phillipsberg foi preso com o fundamento de que as suas credenciais não se encontravam em ordem. Imperturbável, o governo imperial enviou mais outro agente, de nome Schnitzer-Meerau, desta vez com uma oferta para assegurar à Lombardia independência total. As «condições equitativas» em anexo iriam «abranger principalmente a transferência de uma parte proporcional da dívida do estado do Império Austríaco para a Lombardia»([44]). Os Lombardos, contudo, declinariam esta proposta e por volta de 25 de Junho,

Schnitzer-Meerau relatava que estes pediam a independência não só da Lombardia como também de todos os territórios italianos da Áustria, como preâmbulo às negociações. Com efeito, Wessenberg, o ministro dos Negócios Estrangeiros austríaco já sabia da união da Lombardia com a Sardenha, um desenvolvimento que lhe permitia dar rédea solta a Radetzky.

O marechal-de-campo, entretanto, queixava-se amargamente dos esforços de pacificação de Hartig, que julgava ridículos. Seriam, protestava ele, apenas tomados por fraqueza. De qualquer modo, não fazia intenção de colaborar com Hartig, declarando ao ministro da Guerra, o conde Latour: «Apenas negociarei com a espada na minha mão»[45]. Defendia que as ordens de Hartig eram incompatíveis com as últimas ordens que recebera pessoalmente do imperador – para agir, se necessário, de acordo com as leis da guerra. Noutras ocasiões, dizia que não as compreendia. De qualquer modo, julgava que Hartig estava a ser manipulado pelos Italianos, que recebiam permissão dele para publicar jornais que, por sua vez, transmitiam falsas informações e propaganda antiaustríaca. Por esse motivo, tomava cuidadosas medidas para evitar o homem, embora não deixando de o informar – e a Latour – que se a lei marcial fosse levantada na Lombardia-Véneto – especialmente no Quadrilátero que se encontrava em estado de sítio – ele deporia imediatamente a sua espada: «Eu, enquanto leal súbdito, não posso senão obedecer. Mas seria então forçado a demitir-me do meu comando»[46].

Por entre esta disputa, contudo, surgiu um problema mais grave para Radetzky. A 11 de Junho, Wessenberg, o novo ministro dos Negócios Estrangeiros, ordenou-lhe que negociasse um cessar-fogo com os Sardos[47]. A guerra era «dispendiosa» e o exército necessitava de «um bem merecido repouso». O marechal-de-campo ficou estupefacto. Escreveu a Hartig: «Descemos muito, mas por Deus, não tanto assim»[48]. A sua reacção foi enviar o príncipe Felix Schwarzenberg – embaixador austríaco de Nápoles quando haviam eclodido as revoluções – a Innsbruck, para anular a decisão. Com efeito, o conflito decisivo entre Wessenberg e Schwarzenberg ocorreria em Viena. O ministro dos Negócios Estrangeiros estava sobretudo preocupado com os custos financeiros da guerra e a possibilidade de uma intervenção francesa. Mas Schwarzenberg, seguindo argumentos delineados por Radetzky, respondeu que havia poucas esperanças de poupar dinheiro entregando a Lombardia – os Italianos limitar-se-iam a ameaçar o Véneto e a atacar na primeira oportunidade. Entretanto a Áustria teria de pagar um grande exército regular para defender a província que lhe restava. Por outro lado, não era do interesse da França criar um Estado forte na sua fronteira sul. Nem era intenção de Radetzky provocar uma intervenção francesa ao invadir o Piemonte – este estava bem consciente de tal perigo. Por fim, um cessar-fogo *de facto* já existia, uma vez que nenhum dos exércitos estava em posição de tomar a iniciativa. Aquilo que era realmente necessário, por conseguinte, eram mais tropas e uma batalha decisiva. E uma vez que Wessenber ouvira falar do fracasso da missão de Schnitzer-Meerau e da união da Lombardia ao Piemonte, estava preparado para concordar. Considerando que a diplomacia não conseguira provocar um acordo de paz, poucas alternativas lhe restavam além de deixar a iniciativa nas mãos de Radetzky.

O fracasso da diplomacia austríaca devera-se, evidentemente, em não pequena medida aos Italianos. O seu êxito inicial em assumir o controlo das principais cidades da Lombardia-Véneto levara-os a julgar erroneamente que tinham vencido a guerra – muito à semelhança de como Windischgraetz se iludiria na Hungria após ter capturado Budapeste. Daí a sua confiança exagerada nas negociações com a Áustria. Na realidade, Carlos Alberto não era melhor comandante que Windischgraetz: também ele era lento a organizar e também ele seguia políticas de ocupação que favoreciam o inimigo. Os seus impostos recaíam principalmente sobre os pobres e, tal como Windischgraetz, tornou-se identificado com os interesses da nobreza local. Era alcunhado de *il re dei signori* e apresentou a Radetzky a oportunidade de voltar os camponeses contra ele. Nas palavras de Franco della Peruta, «fazia-se recair o fardo da guerra principalmente sobre as secções mais pobres do povo e sobre a burguesia empregada na indústria e no comércio, protegendo a burguesia e a nobreza rurais o mais possível»[49]. Por volta de Agosto de 1848, Radetzky recebia, pois, *vivas* dos camponeses, ao longo de todo o seu percurso até Milão, embora, por sua vez, viesse a perder a sua confiança. Basicamente, estes temiam que ambos os lados desejassem recrutá-los e isso era algo que não recebia nenhum apelo popular.

No entanto, não foi a política de Carlos Alberto em relação aos camponeses que o fez perder a guerra. Quando muito, tal deveu-se mais a simples erros de natureza militar. Para começar, o rei não planeara invadir a Lombardia, com o resultado de que, quando foi convidado pelo governo provisório da Lombardia a intervir, o seu exército não se encontrava em estado de prontidão. Estivera à espera, em vez disso, de ter de reprimir uma revolução em Génova. Entrou pois na Lombardia sem suficientes mapas, tendas, cavalos ou provisões. Além disso, o exército via-se estorvado pelo deficiente comando do rei e pela crença de que os Austríacos já estavam derrotados. Como consequência disso, não houve um esforço determinado para os perseguir ou para travar batalha com eles antes destes se conseguirem estabelecer no Quadrilátero. Carlos Alberto também se sentia aterrorizado por ter de utilizar voluntários estrangeiros ou italianos, temendo contaminar as suas tropas realistas com o republicanismo. Daí tanto a sua recusa em procurar o auxílio dos Franceses, que de qualquer modo reivindicavam Nice e a Sabóia, como a sua recusa em confiar a carabineiros voluntários lombardos a tarefa de cortar as linhas de provisões austríacas ao longo do Tirol. Por fim, a Legião Polaca, que o poeta Adam Mickiewicz organizara em Itália, foi obrigada a organizar uma quase revolta antes de receber permissão de recrutar entre os prisioneiros de guerra austríacos e de enfrentar o inimigo em combate.

Mesmo depois de Radetzky ter recebido o reforço de Nugent, o resultado não era de modo algum previsível: ambos os lados possuíam mais ou menos o mesmo número de homens. No entanto, o comando de Radetzky revelou-se superior e a 6 de Agosto conseguiu entrar novamente em Milão. Antes disso, a 24-25 de Julho, em Custozza, fora-lhe permitido travar um combate decisivo. Latour escrevera-lhe, após a confusão do cessar-fogo: «Não me considero no direito de decidir a partir daqui, na minha qualidade de ministro da Guerra, quando chegará o momento certo para combater o rei Carlos Alberto da Sardenha [...] esta decisão deverá ser deixada a Vossa Excelência enquanto comandante supremo que possui experiência de guerra e a confiança do monarca, do governo e do exército a tão alto nível [...] Deveis ser livre de decidir o que fazer em relação ao inimigo»([50]). A resposta consistiu no relatório de Radetzky, de Custozza, que dizia: «Uma vitória decisiva foi o resultado deste dia ardoroso»([51]).

Também por esta altura, o marechal-de-campo vencera a sua batalha sobre a política interna da Itália. O conde Hartig demitira-se de comissário da corte a 3 de Julho. Apenas uns dias antes, Radetzky escrevera-lhe: «Também eu lamento sinceramente que tivesse de ter havido diferenças entre nós em muitos aspectos referentes aos nossos pontos de vista sobre o presente estado da Itália. Contudo, passei por experiências tão amargas, em parte devido à negligência de todos os meus avisos e previsões sobre as condições daqui, que Vossa Excelência não me censurará se agora considero que por entre estes escombros gerais, pelo menos conservei a minha honra militar imaculada. Nutro igualmente a esperança de que Vossa Excelência mantenha os sentimentos amáveis em relação a mim que tão frequentemente revelou em primitivos e melhores tempos»([52]).

Com a reconquista de Milão, a guerra em Itália encontrava-se mais ou menos terminada. O resultado nunca fora previsível e, de facto, a situação permaneceria incerta durante algum tempo. Em Setembro, por exemplo, parecia que os Franceses talvez interviessem, mas em vez disso ocorreu uma mediação – aceite agora pelos Austríacos apenas na condição de nenhum dos seus territórios ter de ser entregue. Então, em Março de 1849, contra a opinião dos Britânicos e dos Franceses, Carlos Alberto retomou a guerra. Mas, como constatámos, foi derrotado por Radetzky numa semana. Com a derrota dos Húngaros e a rendição de Veneza em Agosto de 1849, as revoluções terminaram.

A Desobediência e a Camarilha

Alguns mitos ligados à sua derrota dizem respeito aos respectivos papéis dos comandantes que acabam de ser debatidos. Um afirma que triunfaram devido à sua desobediência – um ponto de vista atribuído ao príncipe Schwarzenberg. Outro diz respeito à existência de uma Camarilha, um grupo de cortesãos, membros da família imperial e comandantes imperiais, que se supõe terem coordenado, nas costas do governo de Viena, uma estratégia de contra-revolução. Considera-se sobretudo que o conde Latour desempenhou o papel essencial de coordenar os papéis de todos os outros, desde o Ministério de Guerra onde, por exemplo, terá arranjado dinheiro e material para Jellačić numa altura em que o governador fora privado do seu título pelo imperador. Em consequência disto, transmite-se a impressão, na bibliografia secundária, que a contra-revolução foi organizada, que os contra-revolucionários possuíam pontos de vista e importância semelhantes.

Daí os nomes Windischgraetz, Jellačić e Radetzky frequentemente se encontrarem associados como se se tratasse de partes permutáveis da mesma máquina, sob o controlo, na opinião de alguns, de Latour ou, mais tarde, do príncipe Schwarzenberg. A verdade, porém, é totalmente diversa.

Vejamos a questão da desobediência. Já deve ter ficado evidente que Radetzky não foi culpado de insubordinação. Nos seus conflitos com Hartig e Wessenberg, o seu partido foi sempre definido. Ele desejava que a lei marcial prevalecesse e que fosse travado um combate decisivo, mas nunca houve qualquer ideia de desobediência. Em vez disso, defenderia o seu caso – energicamente, no mínimo – e evitaria confrontos pessoais, embora sempre com a ameaça subjacente de que se não conseguisse o que desejava, abandonaria o comando. As suas palavras para Latour foram: «Enquanto comandante general, sou responsável perante o Ministério de Guerra e Sua Majestade; se as minhas operações e a posição do meu exército necessitarem que eu tome medidas que não são consideradas pelos regulamentos administrativos habituais, serei responsável pelas mesmas perante Vossa Excelência»([53]). Foi exactamente o mesmo ponto de vista que adoptara com Hartig: «Eu, enquanto súbdito leal, nada posso fazer senão obedecer. Mas seria, então, forçado a renunciar ao meu comando»([54]). Na prática, o governo imperial não tinha grande alternativa a não ser aceitar os pontos de vista do comandante no local, a menos que estivesse preparado para arriscar o caos e uma crise de moral.

Windischgraetz foi igualmente acusado de insubordinação – no seu caso, de recusar enviar tropas a Radetzky e desobedecer a ordens em Praga. Mais uma vez, porém, a verdade é totalmente diversa. Por exemplo, ele não conseguiu, como ficou constatado, colocar Viena em estado de sítio em Março de 1848, quando foi nomeado comandante da cidade, imediatamente após a eclosão da revolução, e isso apesar do facto de toda a gente saber que era essa a sua intenção. A sua inactividade, segundo o seu biógrafo, Paul Müller, deveu-se ao seu respeito pela corte que preferiu fazer concessões. Ele próprio recusou dizer o que sucedera ao certo «até que alguns olhos se fechassem»([55]), mas o factor a ter em conta é o de que ele não tomou o assunto em mãos. O seu comportamento em Praga, como comandante do exército da Boémia, igualaria o de Radetzky em muitos aspectos.

Nos manuais escolares, Windischgraetz é famoso por bombardear Praga e assim aparentemente dar o primeiro passo firme para combater a revolução. Na realidade, Cracóvia já fora bombardeada com pouca influência nos acontecimentos noutros locais e o mesmo se verificaria em Praga. A verdade é que não havia nenhum movimento revolucionário real na cidade que pusesse em perigo a monarquia. O Congresso Eslavo era um órgão de debate, cujos delegados na sua maioria eram leais à dinastia e não tinham nada a ver com a «Revolta de Withsun» no local. Além disso, a maioria dos boémios – checos, mais do que alemães – já havia recebido concessões significativas através da «Carta Boémia» de 8 de Abril. Esta garantira uma administração separada à província – embora sem um ministério à parte – e estipulara total igualdade para a língua checa em todos os ramos da administração e da educação. Além disso, seria convocada uma nova Dieta – não baseada nas antigas câmaras de deputados – e a questão da união com a Silésia e a Morávia seria encaminhada para o *Reichstag*, assim que ele abrisse em Viena. Considerando estas concessões, dificilmente haveria uma grande necessidade de actividade revolucionária. Daí o mais recente relato do Congresso Eslavo estar em condições de descrever a revolta de Junho nos seguintes termos: «Essencialmente, tratou-se de uma reacção popular espontânea às provocações do comandante militar austríaco na Boémia, o príncipe Alfred zu Windischgraetz [...] Assim que ele regressou [a Praga, a 20 de Maio] a actividade militar na cidade intensificou-se; as patrulhas dobraram e numa revista militar de 7 de Junho o general fez alusões explicitamente depreciativas à nova constituição. Aumentou o tamanho da guarnição e colocou artilharia pesada em [...] montes que dominavam o centro da cidade»([56]). A 12 de Junho, após um comício de protesto pacífico e uma concentração, estalaram as zaragatas entre os estudantes e as tropas. Estas degeneraram numa revolução quando alguns estudantes foram mortos. Ergueram-se barricadas e durante seis dias continuaram as lutas de rua até que, a 17 de Junho, Windischgraetz desalojou os insurrectos com um pesado bombardeio de canhões dos montes sobranceiros à cidade. A sua esposa – irmã do príncipe Schwarzenberg – fora morta por uma bala perdida no primeiro dia do combate e a partir de então este rejeitara todas as tentativas de se chegar a acordo. Quando a luta terminou, colocou a cidade em estado de sítio e estabeleceu uma comissão investigadora militar-civil, para apanhar os culpados que se encontravam por detrás da «revolução». Estas medidas, porém, foram ambas tomadas sem consulta do Ministério de Guerra em Viena.

Viena já tinha, na realidade, motivos para estar insatisfeita com o comportamento do príncipe. Constituía um pretenso segredo, por exemplo, que quando o governador da Boémia, o conde Leo Thun, tentara em Maio formar um governo independente de Viena, Windischgraetz o apoiara. (Thun justificara as suas acções com o fundamento de que, em primeiro lugar, o governo de Viena perdera autoridade para a concentração de estudantes, após não ter conseguido dissolver a Legião Académica Vienense a 23 de Maio e, em segundo, que a Carta Boémia subentendera um ministério separado para a Boémia, que não tinha. O herdeiro ao trono, o arquiduque Francisco Carlos, porém, aceitara o conselho do governo de Viena de que conceder um governo autónomo à Boémia seria destruir a unidade da monarquia.) Latour foi ao ponto de pedir a Windischgraetz uma explicação para as suas acções. Este respondeu que também julgara que Viena tivesse perdido o controlo e que fora motivado «pelas mais puras e nobres das intenções»([57]). Contudo, servira-se igualmente da crise de Maio em Viena, para pedir ordens directas do imperador, no futuro, e para procurar autorização de marchar sobre Viena com 20 000 soldados regulares e as reservas boémias. Latour, numa carta particular, rejeitou tais pedidos e de igual modo o fez Francisco Carlos.

Considerando tal comportamento por parte de Windischgraetz, o governo de Viena tinha fortes dúvidas sobre o seu relatório da revolta de Junho. Suspeitava mais ou menos que esta fora provocada por ele e enviou um comissário civil e outro militar a Praga assim que ouviu falar em revolta, para descobrir o que ali se passara. Estes tinham recebido poderes para exigir a demissão de Windischgraetz e retirar todas as tropas da cidade, se tais medidas fossem consideradas necessárias para restaurar a confiança pública. Windischgraetz abdicou, de facto, do seu comando a favor do comissário militar, o conde Mendsdorff, assim que soube de tais poderes, mas foi-lhe solicitado que reassumisse o comando quando o exército lhe pediu que o fizesse e quando se tornou evidente que só a sua demissão não restauraria a ordem. Latour, entretanto, ao receber a notícia da demissão do príncipe, observou que era uma sorte este ter-se demitido por sua própria vontade, pois de outro modo teria sido difícil verem-se livres dele. Não há qualquer prova de que os dois homens estivessem a trabalhar em conjunto.

Após a repressão da revolta, Windischgraetz tornou-se um herói da contra-revolução. Recebeu ainda os agradecimentos pessoais do imperador, e por fim, a 3 de Julho, a aprovação pelos dois comissários. Segundo os mesmos: «Ele apenas resistira à agitação, não desejava infringir questões constitucionais e os seus motivos eram leais»([58]). Mas por causa disso, agora tornava-se um problema ainda maior no que dizia respeito a Latour e ao ministério. Isso ficaria demonstrado, em primeiro lugar, pela sua recusa de enviar tropas em auxílio de Radetzky; seguidamente, pela disputa decorrente com ele sobre a lei marcial e os direitos civis dos prisioneiros políticos. A arma principal de Windischgraetz, contudo, tal como a de Radetzky, era a ameaça de demissão. Pois se tal tivesse sucedido, constava que as suas tropas desertariam de Praga e partiriam *en masse* para Itália.

Foi a 24 de Junho que ele escreveu a Latour, informando-o de que não podia prestar auxílio a Radetzky. A sua carta dizia: «Debilitar as forças armadas colocadas em Praga para enviar uma parte das mesmas para Itália significaria abandonar as vantagens que foram conquistadas com grande dificuldade e sacrifícios, bem como abandonar a Boémia. Trata-se da minha opinião irrefutável baseada num conhecimento exacto da situação e motivo pelo qual me vejo obrigado a declarar francamente que se fosse formalmente forçado a enviar tropas, nem eu, e muito menos outra pessoa qualquer, estaria na posição de manter a Boémia, pelo que estou determinado a ir a Innsbruck para colocar o meu caso ao imperador»([59]). Windischgraetz defendia que as tropas só poderiam ser enviadas para Itália se também ele recebesse reforços, caso contrário, não poderia ser responsabilizado por manter a ordem no campo da Boémia. O governo de Viena não acreditou que houvesse qualquer ameaça à ordem no campo da Boémia. Daí a resposta de Latour de que recebera a carta de Windischgraetz «com profundo pesar»([60]).

Houve inúmeros conflitos também a respeito da lei marcial e dos prisioneiros inculpados pela comissão de investigação. O governo vienense não via como seria possível que as eleições para o *Reichstag* se realizassem em Julho, se Praga ainda estivesse em estado de sítio. Foi então enviado um tal Hofrat Komers a Praga, com poderes para publicar um decreto abolindo a lei marcial se achasse que esta já não era necessária. Komers consultou Thun e o príncipe e chegou à conclusão de que seria insensato aborrecê-lo. Além disso, Windischgraetz assegurara-lhe que, com uns pequenos ajustes técnicos, seria perfeitamente possível realizar eleições livres. Seria, na realidade mais, fácil garantir que eram livres se a lei marcial continuasse a vigorar. O ministério concordou relutantemente e só depois de o *Reichstag* se ter reunido é que Windischgraetz foi finalmente persuadido a acabar com a lei marcial. Entretanto, este defendia que qualquer tentativa de passar sem a mesma levaria simplesmente à anarquia. E repetia a sua ameaça de ir até junto do imperador se Viena se atrevesse a sobrepor-se à sua opinião. Komers, com efeito, não vira nenhuma necessidade para a lei marcial. A detenção de noventa e quatro pessoas pelo comité de investigação parecia-lhe uma indicação de que a lei e a ordem tinham sido restauradas. No entanto, temia que os militares se tornassem ingovernáveis se Windischgraetz voltasse a demitir-se do seu comando. O ministério de Viena também não desejava forçar o imperador a escolher entre ele e o próprio ministério, nesta questão.

O novo *Reichstag* reuniu-se a 10 de Julho e os deputados checos passaram então muito do seu tempo a criticar a lei marcial em Praga. Uma vez que uma das pessoas presas pelo comité de investigação fora além disso eleita deputada, a situação tornou-se embaraçosa para o novo ministro da Justiça, Alexander Bach. Este possuía uma personalidade enérgica e estava bastante bem preparado para enfrentar o exército. Anunciou, portanto, que não haveria julgamentos-farsa e que os prisioneiros políticos seriam amnistiados. Do mesmo modo, recusou ouvir as queixas da guarnição de Praga de que vários deputados deveriam ser presos por a caluniarem. Latour persuadiu Windischgraetz a aceitar a posição do ministro.

O príncipe, contudo, sentiu-se extremamente chocado com os procedimentos do *Reichstag* e compelido a fazer planos contingentes, não fosse este acabar por atacar o monarca. Mais uma vez, pois, abordou a corte (Francisco Carlos e a imperatriz) e requereu plenos poderes. Desta vez, obteve-os antedatados a 23 de Maio, quando o ministério estivera em crise, para evitar a necessidade de uma ratificação ministerial. Segundo tais poderes – que deveriam ser utilizados apenas nas circunstâncias mais desesperadas – Windischgraetz recebia autoridade para tomar as medidas que achasse necessárias em Viena e para reunir as tropas que exigia para tal. A 28 de Agosto, também reforçou a sua posição ao contribuir para nomear o príncipe Joseph Lobkowitz como general-adjunto do imperador. Lobkowitz era um dedicado partidário do príncipe e foi-lhe dito para assegurar que o imperador não seria induzido a assinar quaisquer documentos que pudessem pôr o trono em risco. Mais importante ainda, foi-lhe ordenado que retirasse rapidamente o imperador da capital, se alguma vez a sua pessoa corresse perigo. Nas próprias palavras de Windischgraetz: «Mal observe que estejam a ser extorquidas concessões ou que a pessoa do imperador corre qualquer tipo de perigo, reúna o maior número de tropas possível e leve o imperador e toda a família real, não como fugitivos, mas sob a protecção do exército, via Krems, para Olmütz»([61]). Acrescentou: «Conquistarei então Viena, o imperador abdicará a favor do seu sobrinho, e em seguida tomarei Ofen [Budapeste]». Foi porém ordenado a Lobkowitz que não revelasse tais planos ao Ministério, nem mesmo a Latour que, segundo Windischgraetz, «embora seja certamente bem-intencionado, foi totalmente enganado pelos recentes eventos e pelo *Reichstag*, e encontra-se, na realidade, totalmente baralhado.» Este plano, contudo, não foi executado até à revolução em Viena, em Outubro de 1848, e ao assassínio de Latour. Nessa altura, havia de facto motivos para recear pela segurança do imperador e ninguém se opôs ao que se fez. Windischgraetz não pode, pois, ser acusado de utilizar os seus poderes secretos de forma irresponsável. Com a derrota desta revolução, por outro lado, estes faziam dele um ditador virtual – título que efectivamente ele se recusou a aceitar – e colocavam-no em posição de nomear o seu cunhado, Schwarzenberg, como primeiro-ministro e de prosseguir com os seus planos de tratar da abdicação do imperador e da conquista da Hungria. Inevitavelmente, discutiu com Schwarzenberg sobre quase todos os aspectos da nova política do governo, embora, talvez surpreendentemente, descobrisse ser incapaz de a alterar a uma escala significativa. No fim, como já constatámos, foi despedido de supremo comandante da Hungria na Primavera de 1849, quando se revelou incapaz de derrotar a contra-ofensiva húngara. Seja como for que acabemos por avaliar o seu papel – e tentaremos fazê-lo brevemente – torna-se difícil alegar que ele salvou a monarquia pela desobediência. Tal como Radetzky, nunca temeu defender o seu caso e apoiado pela ameaça da demissão, mais uma vez, tal como o antigo marechal-de-campo, era frequentemente bem-sucedido ao fazê-lo.

O caso de Jellačić era totalmente diferente. Restam poucas dúvidas de que tudo o que este fez na Primavera e no Verão de 1848 foi ilegal e insubordinado e de que toda a sua estratégia dependia da aprovação retrospectiva das suas acções pelo imperador. A sua própria nomeação foi indiscutivelmente ilegal, tendo surgido antes de o novo ministério húngaro estar formado, de modo a evitar a necessidade da ratificação ministerial, que Viena sabia que ele nunca obteria. A partir de então, a recusa do governador em acatar ordens de Budapeste, a sua imposição da lei marcial na Croácia civil e militar e, acima de tudo, o ter reunido um exército com o qual invadir o território vizinho de um Estado húngaro legalmente constituído – e isto numa altura em que o imperador já o privara do seu título e cargo de governador – tudo isto constituía o exemplo mais flagrante de desobediência. No fim, evidentemente, recebeu o apoio que esperava, quando o imperador, a 4 de Setembro, o reinvestiu como governador e a 3 de Outubro o fez comandante-chefe das forças reais na Hungria, o país que ele estava a invadir.

Teria tudo isto sido planeado desde o início? Teria a Camarilha organizado as coisas através de Latour? Os Húngaros estavam absolutamente certos disso, uma vez que haviam sido interceptadas cartas que aparentemente provavam que Jellačić recebera munições, provisões e dinheiro de Latour. Por outro lado, a julgar pelo estado do exército de Jellačić, Latour não podia cumprir muito bem o seu papel. Segundo o Professor Rothenberg: «De um modo geral, as forças croatas tinham escassez de artilharia pesada, espingardas modernas e equipamento de terreno. Dos *Grenzer*, apenas cerca de metade estavam armados e equipados do modo prescrito pelos regulamentos militares da época; o resto trajava os seus fatos nacionais e levava as armas que conseguiam obter: espingardas de pederneira, caçadeiras e até lanças»[62]. É verdade que Jellačić presumira que as forças regulares da Hungria desertariam para a bandeira imperial que ele hasteara mas, mesmo assim, devia esperar possuir um exército melhor do que aquele que tinha na sua retaguarda. Como se verificou, ele nem sequer podia pagar às suas tropas e, como declarou ao barão Kulmer, a sua principal ligação à corte, «[...] torna-se difícil manter a disciplina quando os soldados não recebem o seu salário»[63]. Uma carta de um dos seus oficiais que regista a disposição e condições do exército de Jellačić confirma que era esse realmente o caso. Dizia esta: «Daqui a quatro dias, estaremos em frente a Peste, e que Deus valha à cidade, pois os Homens da Fronteira (isto é, os *Grenzer*) estão tão exasperados e furiosos que serão terríveis de controlar. Já é quase impossível mantê-los longe de excessos e impedi-los de roubar e furtar terrivelmente. Ordenamos a administração de mil chicotadas todos os dias; mas de nada adianta: nem sequer um deus, e muito menos um oficial, os pode deter. Somos recebidos bastante amavelmente pelos camponeses, mas todas as noites chegam queixas, por vezes pavorosas. Sou levado ao desespero por este bando de ladrões e eu próprio não me sinto mais que um bandido; pois tenho de cuidar da intendência»([64]). Quanto apoio, então, recebera de facto Jellačić de Latour?

Muito do que se escreveu acerca deste tema baseia-se na correspondência entre Jellačić e Kulmer, que fora provavelmente essencial para assegurar a nomeação de Jellačić como governador, para começar, e que certamente partilhava a sua crença de que não se poderia permitir que a nova constituição húngara continuasse. Na sua carta de 30 de Março, por exemplo, ao congratular Jellačić pela nomeação, Kulmer escreveu: «Tudo parece estar mal na Hungria. O novo ministério foi de facto confirmado, embora eu julgue que a sua eficácia é nula. No fim, a Áustria terá de reconquistar a Hungria»([65]). Ele achava que Jellačić deveria assumir esta tarefa e ficava frustrado com qualquer atraso. O próprio Jellačić era mais cauteloso, preferindo receber prévia aprovação de Viena, mas Kulmer insistia que a aprovação viria logo que ocorresse uma invasão. Deste modo, a 28 de Agosto, preveniu: «[...] somente após ter atravessado o Dravo, a confiança em si, que está agora a declinar rapidamente, ficará restaurada. Assim que tiver invadido a Hungria com êxito, receberá a sanção imperial»([66]). Uns dias mais tarde, escreveu: «[...] os círculos mais altos de Viena esperam e desejam que não se detenha até ter entrado em Peste. Por isso, caro amigo, avance!»([67]). Também transmitiu a impressão de que Latour estava a favor da invasão, escrevendo, por exemplo, a 16 de Agosto: «Acabo de sair de junto de Latour que me disse: como ministro, não posso aconselhar o governador, mas se estivesse no lugar dele, não hesitaria tanto, já me teria posto em marcha»([68]).

A correspondência entre Jellačić e Latour confirma que fossem quais fossem as opiniões privadas de Latour, este não permitia que as mesmas interferissem com os seus deveres como ministro constitucional. As observações de Kulmer estão, portanto, sem dúvida correctas, a esse respeito. Mais no cerne da questão, contudo, encontra-se o facto de a correspondência entre Jellačić e Latour – e na realidade entre

Latour e os outros comandantes na fronteira militar – demonstrar que não havia um fluxo secreto de fundos de Viena para Zagreb. Latour, na verdade, enviou algum dinheiro, mas admitiu-o aos Húngaros e explicou porque o enviara. Enviou-lhes igualmente cópias da correspondência de Jellačić e tentou fazer com que fossem eles a fornecer-lhe dinheiro. Pois a grande preocupação de Latour era com os oficiais reformados, as esposas, viúvas, filhos e órfãos da fronteira, que se encontravam privados de salário, pensões e fundos de subsistência. Latour temia que se lhes continuasse a faltar o dinheiro, a situação deteriorar-se-ia a ponto de os *Grenzer* terem de ser convocados de Itália para atacar os Húngaros. Mas durante todo o Verão – até o imperador e o ministério decidirem apoiar a invasão de Jellačić – Latour desistiu, tanto quanto possível, de interferir nos assuntos húngaros e ordenou aos generais na Hungria que obedecessem às ordens do ministério húngaro. Também não houve movimentação de dinheiro de fundos secretos disponíveis para fornecer auxílio a Jellačić. Nem os registos dos «fundos do gabinete secreto» nem os fundos da família Habsburgo-Lorena revelam que tenha efectivamente sido prestado qualquer auxílio. A única entrada nessa época, relacionada com Jellačić, regista que haviam sido dados 1700 florins ao seu pai para que este equipasse o futuro governador como tenente. Ao que parece, fora a mãe a responsável por este pedido.

O problema básico na Croácia era que os Croatas se recusavam a reconhecer a legitimidade do governo húngaro ao qual tinham estado submetidos, por isso este não lhes pagava dinheiro nenhum. Os Austríacos, por outro lado, apesar dos seus esforços para permanecerem neutros na disputa, dependiam dos Croatas para ter reforços em Itália. Por esse motivo, não estavam em posição de ignorar os pedidos de Jellačić, especialmente quando este os envolvia em expressões como esta: «Sem os *Grenzer*, a vitória da Áustria em Itália não teria sido possível, sem os *Grenzer*, a monarquia austríaca estaria agora à beira de ser derrubada sem esperança de salvação»[69]. No entanto, também tornou claro que não podia haver nenhum acordo com a Hungria: «É um facto inegável», escreveu, «que estes regimentos *Grenzer* não reconhecerão o ministério húngaro em nenhumas circunstâncias e que eu – ainda que o desejasse – não me poderia submeter a este ministério, uma vez que nesse caso o comando geral perderia a autoridade e a manutenção da lei e da ordem entre a população e entre os regimentos fronteiriços quebrar-se-ia indubitavelmente»([70]). O resultado foi que os Húngaros, na figura do seu ministro das Finanças, Kossuth, simplesmente ignoraram a necessidade de fundos das fronteiras. Do mesmo modo, o ministro da Guerra, Mészaros, não tratou de administrar o mecanismo das pensões e promoções relacionadas com os regimentos fronteiriços. Jellačić, por conseguinte, pressionava constantemente Latour para que fosse este a fornecer o dinheiro e as promoções, requerendo 148 000 florins em Junho, 280 000 em Julho e 145 262 em Agosto. E Latour fez o que podia para arranjar o dinheiro. Por exemplo, a 12 de Julho, Jellačić escreveu acusando a recepção de 100 000 florins e pedindo mais 168 107([71]). Foi este pedido que levou Latour a endereçar uma carta feroz a Esterházy. Dizia em parte: «Permito-me, pois, uma vez mais, como fiz na nota supracitada, referir o facto de que as medidas tomadas pelo ministro das Finanças para privar o Tesouro Militar de Agram dos seus pagamentos regulares só pode, claramente, contribuir para associar ao descontentamento na Croácia partes da população que até aqui mantiveram a distância dos tumultos predominantes, pessoas de rendimentos reduzidos e que por isso terão de enfrentar a pior das misérias. Deverá, como consequência, tornar o acordo imperial proposto para a tão lamentável disputa ainda mais difícil nos presentes aspectos e a mais longo prazo»([72]). Contudo, ele não tinha ilusões e sabia que os seus motivos seriam erroneamente interpretados por Kossuth. Por isso, continuou: «Mas se ele [Kossuth] tenciona descrever a minha nota de 4 deste mês referente aos custos de realização dos pagamentos [de Jellačić] como novo exemplo do espírito hostil do governo imperial a respeito da unidade territorial da Hungria e como um ataque à garantia legal da independência e integridade do império húngaro, devo protestar em meu nome e no dos meus colegas muito especificamente contra isso, uma vez que salientei repetidas vezes que a frequentemente referida transferência de fundos ocorreu sem qualquer intenção de apoiar qualquer facção política, mas apenas para cobrir os pagamentos regulares às tropas, algumas das quais se encontram na direcção de Gör, outras em posições defensivas no litoral, ameaçado pelo inimigo italiano, bem como para satisfazer as justas reivindicações de servidores do Estado activos ou reformados ou seus dependentes, viúvas e filhos que dependem do apoio do Tesouro. As únicas considerações tidas em conta, por conseguinte, foram aquelas sem dúvida merecidas por um povo que já há meses que tem lutado, e luta ainda com admirável auto-sacrifício e em grande número para proteger os direitos do seu monarca em sangrentos campos de batalha.» Como seria de prever, no entanto, os Húngaros nada fizeram: Jellačić continuou a queixar-se e a pedir fundos, contudo Latour mantinha-se leal às novas instituições. A 14 de Agosto, por exemplo, disse a Jellačić: «As inúmeras desvantagens que surgiram para o serviço imperial da submissão de toda a fronteira militar ao Ministério de Guerra húngaro e a recusa persistente dos *Grenzer* em reconhecer esta posição já foram há muito infelizmente reconhecidas por mim. Mas por muito que eu tenha reconhecido a necessidade de enfrentar este problema indomável, fazendo voltar as questões em causa à sua primitiva situação, sob o Ministério da Guerra austríaco, não me posso opor às ordens imperiais absolutamente categóricas que Vossa Excelência conhece e tenho de submeter a minha autoridade administrativa à do Ministério da Guerra húngaro»([73]). E a 20 de Agosto emitiu uma circular a todos os comandos-gerais na Hungria e na fronteira, a confirmar que os seus pedidos e relatórios deveriam ser directamente enviados para Budapeste a menos que se referissem a regimentos estrangeiros ou a regimentos fora da Hungria, caso em que poderiam comunicar directamente com ele.

Uma semana mais tarde, porém, Latour enviava um ultimato a Esterházy. Escreveu ele: «As tropas, a administração, têm de ser pagas; viúvas e órfãos, reformados e mulheres de oficiais em campo que permanecem em casa clamam pelos seus meios de subsistência!»([74]) Acrescentou em seguida, muito mais ameaçadoramente: «Qualquer intervenção útil da parte do ministério austríaco é interpretada como possuindo um significado sinistro. Este ministério não pode, pois, fazer mais do que recomendar urgentemente a Vossa Excelência que rectifique as recentes queixas do comando-geral e chamar a atenção de Vossa Excelência para aquilo que a necessidade e a privação irão e deverão por fim conduzir, nomeadamente a decisão de procurar os meios de subsistência absolutamente essenciais pela força nas terras vizinhas.» Concluiu: «Imploro, pois, com urgência a Vossa Excelência, em nome do ministério austríaco, um auxílio imediato e se não se alcançar uma decisão positiva durante esta semana, nada mais restará ao ministério austríaco senão pôr [por si próprio] um fim à miséria absolutamente intolerável nas fronteiras através de meios adequados.» Quando, mesmo assim, nada se passou, Bach persuadiu então o ministério austríaco, a 29 de Agosto, a emitir o seu aviso de que não poderia continuar a permanecer neutro na disputa entre a Hungria e a Croácia, a menos que os Húngaros abdicassem das suas pastas da Defesa e das Finanças. A 11 de Setembro, já reinvestido na sua função de governador, Jellačić atravessou o Dravo. Os seus primeiros relatórios eram muito optimistas e a 4 de Outubro o rei dissolveu o parlamento húngaro e tornou-o comandante-chefe de todas as forças armadas na Hungria. A sua aposta compensara, mas só agora Latour podia apoiá-lo abertamente, algo por que, a 6 de Outubro, pagaria com a sua vida.

Por conseguinte, não se pode dizer que o império foi salvo através da desobediência. Tão-pouco se poderá alegar que o foi por uma *Camarilha*. Essa era apenas a versão da ala de esquerda do *comité directeur* de Metternich. Windischgraetz recusara, no fim de contas, enviar tropas a Radetzky, que recusara tomar partido na disputa entre a Hungria e a Croácia; e Latour ofendera por várias vezes Windischgraetz, Jellačić e Radetzky ao insistir em cumprir os seus deveres como ministro constitucional. Também é verdade que poucas destas pessoas gostavam umas das outras. Latour teria gostado de ver Windischgraetz demitir-se; o próprio Windischgraetz pouco respeito sentia pelas capacidades militares de Jellačić e Radetzky, e pensava que Latour se vendera ao constitucionalismo; Radetzky, por outro lado, era capaz de ter uma opinião generosa acerca de todos.

Havia ainda diferenças profundas entre todos a outro nível, nomeadamente no que se referia à política. A de Jellačić é muito difícil de compreender. Sem dúvida, ele acreditava num império unido com autonomia de governo para as várias nacionalidades, mas que grau de liberdade deveriam estas gozar, torna-se difícil saber. Certamente que não permitiu muita na Croácia, durante o Verão de 1848, uma vez que o país se encontrava sob a lei marcial e os historiadores jugoslavos actualmente sentem reservas quanto a tratá-lo como um herói nacional. A descrição bastante pouco simpática de Windischgraetz, por outro lado, que concordava que deveria ter sido despedido durante a campanha húngara, dá-nos alguns motivos para supor que talvez não tenha sido totalmente reaccionário. Disse ele: «Windischgraetz é um aristocrata. Odeia todas as revoluções por íntimo sentimento tanto como por instinto profissional. Esmagou as ideias constitucionais de Frankfurt em Praga e aqui em Viena não permitirá liberdades. É sempre duro para com os revolucionários penitentes. Um verdadeiro demónio republicano encontra maior graça a seus olhos, pois aí os extremos se tocam. Além de ser um aristocrata, é um pedante militar»[75]. O próprio Windischgraetz não poderia estar em desacordo com grande parte desta opinião, embora dificilmente pudesse considerar Jellačić qualificado para julgar fosse quem fosse em questões militares. A respeito das suas opiniões sobre a aristocracia, estas eram bem conhecidas e na realidade quase um estereótipo em 1848. No entanto, vale a pena recordar quão profundamente eram estas mantidas, algo que se confirma pela seguinte troca entre ele e o conde Stadion, na altura da revolta de Praga. Stadion escrevera-lhe: «O imperador fez concessões aos seus povos. Porquê e sob que circunstâncias, cabe a ele decidir. Foram feitas e a partir deste momento são propriedade do povo e como tal sagradas, como qualquer outra propriedade. Atacar tal propriedade e limitá-la é uma grande injustiça. Não pode e não deve ser admitido que o imperador minta aos seus povos; nunca seria sua intenção que uma oferta imperial fosse impugnada. Aquele que assim aconselha o imperador, impugna a sua honra»[76]. A tudo isto, Windischgraetz replicou: «No que se refere às ofertas do imperador aos seus povos, que ofertas são essas? Um homem não pode oferecer algo que pertença a outra pessoa e apesar de todos os seus poderes, aquilo que não é propriedade do imperador não pode ser considerado como propriedade do povo»[77]. A resposta de Windischgraetz a Stadion, por outras palavras, foi a mesma que a de York, da obra de Shakespeare, a Ricardo II: «Retirai os direitos de Hereford e retirai ao Tempo as suas cartas e os seus direitos consuetudinários; não deixeis então que o dia de amanhã se siga ao dia de hoje; não sejais vós mesmo, pois de que modo sois rei senão por justa sucessão?» A monarquia, em resumo, dependia da sobrevivência da pirâmide social de que o imperador constituía o vértice. No entanto, este só poderia esperar conservar essa posição colaborando com os seus nobres e mantendo-os acima do resto. Removê-los ou abolir os seus direitos e privilégios seria convidar ao colapso da própria monarquia. Por conseguinte, não podia haver concessões ao liberalismo nem à democracia. A raça humana, crê-se que terá dito certa vez, começou com os barões; abaixo disso havia apenas macacos.

Radetzky, por outro lado, era muito mais progressista e tinha opiniões muito diferentes acerca da nobreza. Nos anos 1820, registara a sua crença de que todos os países em breve teriam constituições e acolhera a constituição imperial de 25 de Abril de 1848, escrevendo ao primeiro-ministro da Guerra, Peter Zanini: «Ontem, recebi a nova constituição do ministro do Interior. Assenta numa base tão liberal que a considero como a mais liberal da Europa. Devemos aguardar, evidentemente, que a imprensa encontre nela algo de criticável, mas espero, contudo, que a maior parte da nação encontre nela a garantia de todos os desejos e ideias aos quais crê que a sua felicidade está ligada»([78]). A falha do *Reichstag*, porém, em conceder um voto de agradecimento às suas tropas na Itália, moderou um pouco o seu entusiasmo: «Roma não recompensou o seu exército deste modo; nem a Grécia; nem a sangrenta República Francesa; estava reservado à Liberdade moderna apresentar um espectáculo tão indigno ao mundo»([79]). Por outro lado, uma circular de Latour datada de 24 de Setembro, lembrando aos comandantes que a obediência às ordens significava «apoiar e respeitar as instituições e disposições constitucionais do Estado»([80]), suscitava uma defesa. «O exército», escreveu, «não tem motivos para manter qualquer predilecção pelo sistema que caiu. Este sistema era, se se pode chamar um despotismo, um despotismo civil e não militar. O exército foi ignorado, humilhado; não exprimiu, portanto, nenhum espírito de hostilidade contra as instituições livres que Sua Majestade outorgou aos seus povos»([81]). Contudo, a revolução de Outubro em Viena e o assassínio de Latour a 6 de Outubro convenceram o velho marechal-de-campo de que a Áustria ainda não estava pronta para a liberdade. Por esse motivo, numa proclamação que censurava a guarnição de Viena por não estar a cumprir o seu dever, revelou um tom político novo e muito diferente: «Soldados! Abri os vossos olhos ao abismo que tendes a vossos pés; tudo está em movimento; os principais pilares da ordem social foram destruídos; a decência, a moralidade e a religião encontram-se ameaçadas de destruição. As pessoas estão determinadas a destruir tudo que é sagrado e caro à humanidade, tudo em que se baseia o Estado e que este sustenta. Isso, e não a liberdade, constitui o objectivo de qualquer agitador que deseja arrastar-vos para a vossa ruína e vergonha»([82]). Quando um membro do *Reichstag* mais tarde propôs que o exército também deveria eleger deputados, as tropas em Itália, como seria de prever, enviaram petições ao imperador para que este rejeitasse a ideia. «O exército», declararam, «como parte integrante do poder executivo nunca poderá [...] tomar qualquer parte no legislativo»([83]). O próprio Radetzky felicitaria Schwarzenberg quando este dissolveu o *Reichstag* de Kremsier.

Todavia, Radetzky ainda esperava conquistar o povo italiano para a Casa de Habsburgo. Porém, tencionava fazê-lo após a revolução, não através do liberalismo, mas através de uma versão paternalista da luta de classes. Acreditava fervorosamente que a revolução em Itália fora provocada pela nobreza local e planeava isolá-la apelando aos camponeses. Declarou a Schwarzenberg: «Humilhar os ricos refractários, proteger os cidadãos leais, mas sobretudo *exaltar as classes mais pobres dos camponeses como na Galícia* deveria ser o princípio em que doravante o governo da Lombardia-Véneto se deveria basear»([84]). Diz-se que o seu chefe de estado-maior, o general Hess, explicou a política ainda mais simplesmente: «O povo ama-nos; os nobres odeiam-nos; temos, pois, de os aniquilar»([85]). O resultado foi que os nobres do Norte da Itália sofriam impostos sobre impostos num esforço de destruir a sua base económica e social. Radetzky cobrava impostos especiais, superimpostos e impostos extraordinários para os obrigar a pagar pela guerra. Até tentou confiscar todas as terras nobres logo em Novembro de 1848, embora somente após a insurreição de Milão, de Fevereiro de 1853, tenham entrado em vigor decretos de expropriação de bens. O resultado foi que ele adquiriu a reputação de comunista. Palmerston declarou que as suas políticas eram exercidas «no espírito da mais odiosa opressão e enunciavam uma doutrina que perten[cia] somente aos discípulos do comunismo»([86]). Eram «subversivas dos próprios alicerces da ordem social». No entanto, tiveram o efeito oposto. Para começar, conseguiram minar toda a economia do Norte de Itália, que se baseava numa agricultura próspera. Em segundo lugar, os camponeses sempre suspeitaram que o marechal-de-campo se preparava para recrutá-los, com o resultado de que os decretos destinados a amnistiar os desertores eram todos erroneamente interpretados como meios sinuosos de restaurar as listas de recrutamento. Por isso, o exército austríaco encontrou pouco apoio rural; em vez disso, milhares de camponeses fugiram para a Suíça. Assim, por volta de Janeiro de 1849, o ministro britânico em Turim estava em condições de relatar a Palmerston: «É política dos Austríacos declarar abertamente que apenas uma classe dos seus súbditos italianos, nomeadamente os nobres, se encontra realmente insatisfeita com eles e que as medidas adoptadas foram calculadas apenas para quebrar o espírito de revolta naquele segmento da população e permitir-lhes conferir a felicidade e a satisfação ao resto dos habitantes, que se afirma que estão perfeitamente dispostos a acolher os seus governantes austríacos. A informação que recebi leva-me a formar uma conclusão totalmente diferente. A partir dos relatos que recebi de pessoas que tiveram a oportunidade de estudar este ponto, creio que um sentimento de ódio profundamente enraizado impregna o espírito de homens, mulheres e crianças por toda a Lombardia e que este sentimento aumentou desmesuradamente desde a reocupação das suas províncias»([87]).

A perspectiva de Radetzky era, pois, nitidamente muito diferente da de Windischgraetz. Foi uma ironia, portanto, que este último escolhesse como primeiro-ministro em Outubro de 1848 o seu cunhado, o príncipe Schwarzenberg. Sem dúvida que sentia que Schwarzenberg, treze anos mais novo que ele e que outrora servira como cadete no seu regimento, seguiria a sua linha política. Mas foi um erro. Schwarzenberg, que passara a maioria do seu tempo, durante o Verão de 1848, junto de Radetzky, partilhava os pontos de vista deste último sobre os nobres e os camponeses. Aprovou, assim, a abolição do trabalho forçado – serviço de trabalho obrigatório – e propôs excluir a nobreza de qualquer papel de relevo no governo. Pior ainda, estava preparado para manter muitos dos ministros constitucionais de 1848 e para considerar um regime parlamentar. E enfrentou os protestos de Windischgraetz com acusações de que a nobreza húngara era tão «política e moralmente degenerada» como os Italianos. De facto, ao contrário do seu cunhado, não conseguia encontrar nada de bom para dizer sobre os nobres em geral. Escreveu: «Não conheço uma dúzia de homens da nossa classe com suficiente sensatez política ou com a experiência necessária a quem pudesse ser confiada uma parte importante de poder sem em breve termos de recear por ela. Pensei muito sobre como constituir a aristocracia da Áustria como órgão, de modo a que esta mantenha uma influência política adequada, mas não consegui encontrar os elementos de que é constituído este órgão. A democracia tem de ser combatida e os seus excessos têm de ser contestados, mas na ausência de outros meios de auxílio, isso só poderá ser feito pelo próprio governo. Confiar num aliado tão fraco como o é infelizmente a nossa aristocracia, seria prejudicar a nossa causa mais do que auxiliá-la»([88]).

Por conseguinte, quanto mais se analisa o problema, mais convincente se torna a prova de que a monarquia em 1848 não foi salva por qualquer conspiração reaccionária e certamente não por uma conspiração composta de homens unidos pela estratégia, pela política ou pelo respeito mútuo. Além de uma esperança comum de que os excessos da revolução pudessem ser ultrapassados, pouco havia que unisse estes homens. Não deixa assim de ser um pouco irónico que estes sejam normalmente postos no mesmo saco, nos manuais escolares – três ou quatro nomes estrangeiros de pronúncia estranha – como se fossem membros igualmente importantes de uma equipa. Jellačić não pode ser realmente chamado «o homem que salvou a Áustria», título que lhe foi tão generosamente conferido pelo seu biógrafo inglês[89]. E a importância de Windischgraetz encontra-se mais bem resumida por Louis Eisenmann: «Sem talento militar, tornou-se comandante de um corpo de exército em Praga; sem talento político, tornou-se por um momento, nos bastidores, mestre da Áustria»[90]. Radetzky, por outro lado, surge como figura de relevo cujas vitórias constituíram verdadeiras proezas e cujo êxito constituiu a chave da contra-revolução. Se ele não tivesse conseguido derrotar Carlos Alberto, torna-se difícil acreditar que a Áustria teria tido a força de vontade para desafiar os Húngaros. Na Hungria, por outro lado, chegou o momento de dar a Haynau o seu devido crédito. Pois se não tivesse sido ele, os Russos, graças à incompetência de Windischgraetz e Jellačić, teriam tido realmente que terminar a guerra. Todos estes homens, por outro lado, tiveram um papel a desempenhar e todos foram necessários, no fim, para esmagar as revoluções. Não será demais realçar, porém, que houvera pouco acordo quanto ao modo de proceder. Considerando que havia pouco acordo quanto ao que iria suceder em seguida, não havia modo de prever o resultado destes eventos. Tudo em 1848-49 foi extremamente confuso e contraditório de modo que, imanente em toda a história caótica se encontrava toda uma variedade de possíveis *dénouements*. Como se verificou, o príncipe Schwarzenberg emergiu como o homem forte da reacção, mas por sua vez faltou-lhe uma visão nítida do futuro. No centro da contra-revolução não se encontrava pois a força e o rumo mas a discordância e a confusão, mais um vazio do que uma *camarilha*. Este vazio, no final, seria preenchido pelo absolutismo.

4

Da Contra-Revolução ao Compromisso

O Império Habsburgo esteve mais próximo da dissolução em 1848-49 do que em qualquer outra época anterior a 1918. De facto, até a Primeira Guerra Mundial, durante quase todo o tempo que durou, levantaria muito menos contestação à monarquia do que as revoluções de 1848. Eis o motivo por que foi necessário prestar-lhes tanta atenção. Para o fim, estas tornaram-se uma luta dinástica, mais do que uma luta social ou até nacional, embora as questões sociais e sobretudo nacionais estivessem sem dúvida envolvidas. Ainda assim, a questão fundamental em causa – e que é muitas vezes ignorada nos manuais escolares – era a de se saber qual a dinastia que deveria governar na Hungria, na Lombardia-Véneto e na Alemanha. Foi com o fim de assegurar que só haveria uma resposta a tal questão que os Habsburgos recorreram às armas nos três combates. Sendo essa a razão por que as revoluções foram derrotadas não nas barricadas – ou não só nas barricadas –, mas no campo de batalha.

Schwarzenberg

As últimas duas fases da sua derrota asseguraram o regresso ao *status quo ante* interna e externamente. Uma vez que ambas as fases implicaram a capacidade de governação do príncipe Schwarzenberg, será melhor iniciar este capítulo pela análise das suas políticas e personalidade. Poucos estadistas austríacos se têm revelado mais controversos e, de facto, os seus próprios contemporâneos também achavam difícil chegar a um consenso a seu respeito. Por outro lado, não se pode negar que ele causava impacto. Francisco José chamou-lhe «o maior ministro que já tive ao meu lado»([1]); Metternich, em certa ocasião, disse que ele era «um aluno da minha escola diplomática [...] um homem de carácter firme, autêntica coragem e visão esclarecida», embora mais tarde acabasse por considerá-lo «um aluno extraviado» e condenasse as suas bruscas «oscilações» entre «demasiado» e «demasiado pouco». Nicolau I, da Rússia, descreveu-o como um «Palmerston de uniforme branco», enquanto Bismarck se indignava com a sua atitude altiva e arrogante em relação à sua pátria prussiana. Hoje em dia, a disputa principal entre os historiadores não é tanto sobre se obteve êxito ou não – existe um esmagador consenso de que ele alcançou um êxito enorme – mas se foi um *Metternichiano* ou um *Realpolitiker*. Regressaremos a esta questão brevemente. De momento, porém, torna-se necessário estabelecer um pouco os antecedentes, a fim de obter uma ideia acerca do homem.

Nascido em 1800, sobrinho daquele príncipe Schwarzenberg que fora comandante aliado da bem-sucedida coligação contra Napoleão, o príncipe Felix tinha garantida uma carreira no serviço militar ou diplomático austríaco. Iria, na realidade, desfrutar de uma carreira de sucesso nos dois domínios, entrando primeiro para o exército em 1818 e depois, em 1824, para o serviço diplomático. Contudo, a sua carreira diplomática não o obrigou a abandonar o exército – longe disso, continuou a ser promovido na hierarquia militar durante todo o tempo em que foi diplomata. E fossem quais fossem os seus fracassos ou infortúnios no mundo da diplomacia, o seu encanto, as suas ligações e a boa aparência contribuíram de algum modo para o socorrer e promover também nesta esfera. Com efeito, é extremamente surpreendente como Schwarzenberg alguma vez conseguiu manter o seu cargo de diplomata, pois quando foi enviado para São Petersburgo, em 1824, a amizade que ali travou com o príncipe Trubetskoy levou a que se tornasse *persona non grata* junto de Nicolau I. Veio a revelar-se que Trubetskoy era um líder da revolta dezembrista de 1825 e procurou refúgio na embaixada austríaca quando ela fracassou. O novo czar julgava, assim, que Schwarzenberg já devia saber da conspiração com antecedência. Somente em 1844 acabaram por se reconciliar. Seria em Inglaterra, contudo, a que chegou em 1828, que Schwarzenberg revelaria a sua maior incompetência diplomática. Apaixonou-se nesse país e manteve abertamente um caso com Jane Digby, Lady Ellenborough, filha do Primeiro Lorde do Almirantado e esposa do Lorde do Selo Privado. Como consequência, o embaixador austríaco – o mesmo príncipe Esterházy que se tornaria ministro dos Negócios Estrangeiros Húngaro em 1848 – teve de tratar do seu regresso a Viena. De lá, bastante surpreendentemente, foi enviado para Paris, para onde Lady Ellenborough o seguiu, agora grávida de um filho seu. Assim, por volta de 1832, encontrava-se em Berlim, sendo uma figura mais representativa da idade romântica do que do mundo diplomático, poder-se-ia concluir. No entanto, segundo parecia, nada podia deter o seu progresso e a sua carreira continuou com postos em Itália até que, em 1848, se viu surpreendido pelas revoluções enquanto embaixador austríaco de Nápoles. Daí, via Trieste e Viena, dirigiu-se ao exército de Radetzky e retomou a sua carreira militar. E enquanto servia em Itália, quase podemos ter a certeza de que assimilou as ideias do marechal-de-campo – comuns em todo o corpo de oficiais – a respeito da nova constituição e do papel traiçoeiro da nobreza italiana.

Schwarzenberg, porém, já tinha a sua opinião a respeito da constituição e da nobreza. Por exemplo, antes de deixar Viena para se juntar ao exército de Nugent, escreveu um artigo no *Wiener Zeitung* de 9 de Abril respondendo a um ataque à nobreza austríaca por parte de Ignaz F. Castelli três dias antes, no mesmo jornal. Castelli acusara os nobres austríacos de se terem pura e simplesmente escapulido e de não apoiarem a revolução. Schwarzenberg, escrevendo sob o pseudónimo de «um nobre», reivindicou que tal não era verdade. A nobreza encontrava-se apenas temporariamente fora de cena, alegava este, porque se encontrava de luto por algumas mortes recentes; a sua falta de proeminência nos jornais não significava nada mais que isso. Segundo Schwarzenberg, a nobreza era patriótica e trabalhara para as recentes concessões que apoiara. No entanto, a missão principal de todos naquele momento era trabalhar para uma Áustria grandiosa, unida e poderosa. A fé contínua de Schwarzenberg nas novas instituições ficou provada quando, em licença do exército em Julho de 1848, se apresentou como candidato ao *Reichstag* na sua aldeia natal da Boémia.

Ali, um dos seus trabalhadores rurais opôs-se à sua candidatura com o fundamento de que a mesma implicaria um comprometimento com as massas. Schwarzenberg replicou a essa objecção com a resposta: «num Estado constitucional, temos de nos habituar agora a comprometer-nos com as massas»([2]). Além disso, embora tal como Radetzky se sentisse repugnado com os trágicos eventos de Outubro de 1848, não retiraria destes a conclusão de que o governo responsável na Áustria deveria terminar. Pelo contrário, foi graças a ele que o *Reichstag*, em vez de ser eliminado como Windischgraetz desejava, foi de facto prorrogado para Kremsier. Foi Schwarzenberg quem, por pressão de Stadion e dos deputados conservadores checos do *Reichstag*, persuadiu o imperador a emitir um manifesto, a 19 de Outubro, esclarecendo outro saído três dias antes. Este concedera a Windischgraetz liberdade para lidar com Viena. O novo manifesto, contudo, embora não diminuísse de modo algum a autoridade de Windischgraetz, tornava claro que os poderes do *Reichstag* permaneciam intactos e que este deveria prosseguir a sua tarefa de delinear uma nova constituição, uma tarefa que recebeu maior incentivo do primeiro-ministro quando este apresentou os seus ministros ao *Reichstag*, a 27 de Novembro. A sua equipa era bastante liberal. Stadion era ministro do Interior; Bach, ministro da Justiça; Krauss, ministro das Finanças; e Bruck, ministro do Comércio. Além disso, o próprio Schwarzenberg declarou: «O ministério não deseja atrasar-se na tentativa de concretizar instituições liberais e populares; antes considera seu dever colocar-se à cabeça deste movimento. Desejamos, sinceramente e sem reservas, uma monarquia constitucional»([3]). Entre as suas outras promessas estavam a igualdade para todos os cidadãos perante a lei, igualdade de direitos para todos os povos, tornar públicos todos os ramos da administração, e o princípio da comuna livre no estado livre. Os seus objectivos em relação a Itália e à Hungria encontravam-se contidos no seu grandioso plano: «A unificação das terras e dos povos da monarquia num grande órgão político.» Só a sua política germânica permanecia obscura, embora também aqui ele realçasse a mudança. Disse: «[...] a existência contínua da Áustria como unidade política constitui uma necessidade germânica e europeia. Impregnados por esta convicção, esperamos o desenvolvimento natural do processo de transformação, ainda incompleto. Até a Áustria e a Alemanha rejuvenescidas terem alcançado novas e definitivas formas, não será possível regular as suas mútuas relações a nível de Estado. Até lá, a Áustria continuará lealmente a cumprir os seus deveres como membro da Confederação»([4]).

O próprio rejuvenescimento da Áustria confirmou-se uns dias mais tarde com as notícias de que houvera uma mudança de monarca. A abdicação de Fernando era debatida no seio da família imperial desde Novembro de 1847. Ele próprio se oferecera para se retirar durante o Verão de 1848, mas Windischgraetz opusera-se a tal, alegando que não se podia interferir com o princípio da monarquia hereditária («graça de Deus»). No entanto, com a fuga para Olmütz após a revolução de Outubro, a imperatriz levantara de novo a questão e desta vez assegurara a aprovação de Schwarzenberg e mais tarde de Windischgraetz. Este, apesar de algumas apreensões, era capaz de ver as vantagens de ter um monarca que não estivesse pessoalmente vinculado às concessões feitas pelo seu antecessor – uma interpretação bastante inconsistente do princípio hereditário, no mínimo. Windischgraetz presumiu, assim, que quando Francisco José subisse ao trono, a cerimónia incluiria uma censura pública da revolução e de todas as suas obras. Em vez disso, Fernando limitou-se a afagar o cabelo do novo imperador, declarando: «Deus te abençoe, sê corajoso, Deus proteger-te-á, não me importa»([5]). Depois, no dia seguinte, Schwarzenberg leu ao *Reichstag* uma proclamação em nome do novo monarca, que ainda ia mais longe que a sua prévia declaração na exaltação das virtudes das instituições livres. A Áustria, consequentemente, parecia bem lançada rumo ao constitucionalismo. Constituiu um choque profundo, por conseguinte, quando a 6 de Março Stadion informou os deputados de Kremsier que o *Reichstag* fora dissolvido e que o imperador já aprovara uma nova constituição. Esta, datada de 4 de Março, fora concedida por graça de Deus e seria implementada por decreto. No entanto, uma vez que também nunca chegou a ser aplicada, torna-se necessário analisar a questão sobre se, antes de mais, Schwarzenberg alguma vez tencionara governar com um parlamento. Alguma vez teria sido sincero no que afirmara ou tratava-se apenas de um oportunista desonesto e sem escrúpulos?

Schwarzenberg e a política interna

Os indícios sugerem que Schwarzenberg não era de modo algum um absolutista convicto e poderia muito bem ter-se preparado para trabalhar com um parlamento eleito. Por outro lado, além de desejar uma Áustria forte e unida, não parece ter tido qualquer programa político definido em mente e encontrava-se provavelmente fora do seu domínio em muitos aspectos como primeiro-ministro. É esta estranha mistura de patriotismo determinado e inexperiência política que ele representava que podem explicar as suas afirmações a respeito das instituições livres, o esboço da constituição de 4 de Março, e a sua subsequente superação estratégica por Kübeck e Francisco José. Explicaria ainda a sua confiança nos ministros tais como Bach e Krauss, que provinham de mundos sociais totalmente diferentes do seu. Porém, isto constitui apenas uma parte da história. A outra parte é a de Schwarzenberg ter sido apanhado entre as reivindicações muito extremistas do *Reichstag*, por um lado, e as pretensões indubitavelmente absolutistas do novo monarca, por outro, que desejava governar como o seu avô Francisco. Schwarzenberg, por seu turno, simplesmente não possuía a habilidade política – e talvez o empenho pessoal – para manobrar entre estas forças. De qualquer modo, nunca soube muito bem em que sentido deveria manobrar.

Quando entrou em funções, segundo Friedrich Walter, o novo primeiro-ministro estava «extremamente mal informado acerca da condição interna da monarquia e por conseguinte quase não era capaz de tomar decisões neste domínio»[6]. Daí a sua confiança em Bach – «o mais activo e enérgico dos colegas»[7] – cujo «decisivo talento parlamentar»[8] e defesa hábil este julgava indispensáveis. Kübeck, no entanto, que frequentemente repreendia o príncipe pela sua «falta de qualificações e ignorância», defendia que Bach só era consultado para pormenores técnicos e que o próprio príncipe controloava as questões de princípio. Segundo Walter: «Por muito que o príncipe admirasse as capacidades e diligência do seu ministro do Interior, era sempre ele que determinava as linhas gerais da política do ministério e através da fascinação exercida pela sua forte personalidade fazia com que Bach seguisse o seu comando»[9].

Seriam os princípios de Schwarzenberg constitucionais? Certamente que este não via utilidade na anarquia ou na revolta e era capaz de condenar, peremptoriamente, estes aspectos de 1848. No entanto, como já se constatou, defendia o parlamento e emprestava o seu nome e a sua voz a declarações a favor do parlamentarismo. Deve, assim, depreender-se que o príncipe não era pessoalmente avesso ao sistema parlamentar como forma de governo. A sua correspondência com Windischgraetz durante o Inverno de 1848 pode ser indubitavelmente utilizada para apoiar esta asserção. Windischgraetz fora, afinal, responsável pela sua nomeação como primeiro-ministro, e era considerado por muitos, na época, como o salvador da monarquia. Por isso exigia «ser incessantemente informado» sobre «as mais importantes questões internacionais» e sobre «todas as medidas e negociações da política externa»([10]). Uma vez que insistia, além disso, que «os ministros deviam desistir de qualquer inclinação aberta para o partido do movimento, não apoiar demasiado as ideias de reforma e manter os velhos modos que fossem compatíveis com as novas circunstâncias»([11]), simultaneamente desafiava Schwarzenberg a defender os seus princípios, se estes fossem de facto constitucionais. Mas defender ambos os seus ministros e o *Reichstag* foi precisamente o que Schwarzenberg fez, embora, se tivesse optado por concordar com o seu cunhado, pudesse ter contado com o apoio do exército e da corte. No entanto, em contrapartida, a 5 de Janeiro de 1849, estava em condições de escrever a Windischgraetz: «O nosso *Reichstag* no Kremsier tornou-se muito dócil. Cada vitória, cada progresso na Hungria, alarga os seus horizontes políticos e concede à sua capacidade de estabelecer leis maior maturidade»([12]). E dois dias depois, defendendo os seus colegas ministeriais, escreveu delineando «o ponto de vista do ministério» como sendo de «manter um progresso regulado»([13]). Tal como Windischgraetz, pretendia estar a lutar contra a revolução, mas com outras armas.

Schwarzenberg só terminou a sua relação com o *Reichstag* quando aí eclodiu um conflito por causa da formulação dos direitos fundamentais, conflito em que um número bastante considerável de deputados se ancorou à ideia da soberania popular. Assim, por volta de 12 de Janeiro de 1849, escrevia ao seu cunhado: «O *Reichstag* demonstrou, nos últimos dias, ser tão naturalmente malévolo que a esperança de chegar ao objectivo planeado, à concepção da constituição por este e com este está a desaparecer gradualmente»([14]). E a 21 de Janeiro já relatava que o esboço de constituição do próprio governo estava quase pronto. «Então», acrescentou sarcasticamente, «será dito à desnecessária associação que prossiga o seu caminho»([15]). Quando Windischgraetz o aconselhou, porém, a terminar o trabalho livrando-se dos «ideólogos» do seu gabinete, Schwarzenberg continuou disposto a defender os seus colegas. «Ministros adequados», replicou, «são raros de um modo geral, especialmente em épocas em que, além de um conhecimento e uma capacidade vulgares, é extremamente necessário que tenham uma certa resistência e uma certa coragem moral»([16]). Se o seu ministério actual se desmembrasse, declarou, não teria outros homens por entre os quais optar.

O debate que desiludiu Schwarzenberg em relação ao Kremsier dizia respeito a uma cláusula no esboço da constituição, que declarava: «Toda a soberania procede do povo, e é exercida do modo prescrito pela constituição»([17]). Stadion na realidade prevenira os deputados de que a cláusula seria inadmissível, mas a sua «interferência» fora mal acolhida – Windischgraetz declarara: «Se não aprendem acerca da Graça de Deus, aprenderão acerca da graça do canhão»([18]). A cláusula ofensiva foi subsequentemente retirada, mas não deixara de provocar danos. O esboço final da constituição era, de qualquer modo, bastante radical. O monarca ficava mais ou menos encarregado da política externa, mas encontrava-se limitado quanto aos assuntos internos. Os seus ministros seriam responsáveis perante o parlamento, ficando o rei apenas com um veto suspensivo sobre a legislação. Podia prorrogar o parlamento, mas apenas por um mês, e se o dissolvesse teria de ser eleito um sucessor num período de três meses. Muitos outros aspectos do *Reichstag* eram igualmente provocadores: todos os títulos da nobreza ficavam abolidos; a religião católica já não seria a religião «dominante»; introduzia-se o casamento civil; todos os cidadãos seriam iguais perante a lei; e uma longa lista de direitos civis – liberdade de expressão, de associação, etc. – foi introduzida. O parágrafo 21 sobre os direitos das nacionalidades declarava: «Todos os povos do império têm igualdade de direitos. Cada povo possui um direito inalienável de preservar a sua nacionalidade em geral e a sua língua em particular. A igualdade de direitos na escola, na administração e na vida pública de todas as línguas de uso local é garantida pelo Estado»([19]). Em relação à autonomia local, o esboço recusava estabelecer disposições para a Hungria – que se presumia que tinha a sua própria constituição – ou para a região da Lombardia-Véneto. De resto, eram concedidos a todos os territórios tradicionais – com algumas modificações geográficas – direitos iguais, com tribunais especiais que seriam criados para resolver disputas entre as nacionalidades em qualquer território específico. Além disso, todas as regiões seriam divididas em círculos (condados), tanto quanto possível numa base étnica. O parlamento seria composto por duas câmaras, a Alta incluindo três representantes de cada território e um de cada círculo, a Baixa composta por deputados directamente eleitos, com um censo eleitoral bastante baixo. Eis, pois, a famosa constituição de Kremsier.

Muitas destas disposições eram nitidamente demasiado radicais para que o governo as aceitasse. Considerava-se, sobretudo, que a posição do monarca fora rebaixada, apesar do facto de a cláusula de soberania popular ter por fim sido retirada. Por outro lado, a recusa de incluir a Hungria e a Lombardia-Véneto na sua esfera significava que a constituição não previa uma monarquia unida do modo como Francisco José previa. Não lhe foi permitido, portanto, tornar-se realidade.

Originou-se, porém, uma controvérsia a respeito da «constituição de Kremsier». Joseph Redlich, por exemplo, comparou-a à constituição francesa de 1791 e à constituição americana, declarando que era a melhor que a Áustria alguma vez obtivera[20]. Outras pessoas escreveram também sobre a «oportunidade perdida» da Áustria[21]. C. A. Macartney, por outro lado, registou a sua discordância, alegando que só se chegara a um acordo por causa da ameaça de dissolução. Escreve: «Criou-se uma lenda acerca do procedimento do *Reichstag* neste campo: que uma vez livres das influências nefastas da corte, da aristocracia e de outras forças reaccionárias, os povos da monarquia se achariam em mútua afeição e agradável razoabilidade, e teriam produzido uma solução baseada na qual a Áustria teria vivido pacificamente, se a reacção não o tivesse impedido. Nada podia estar mais longe da verdade. O trabalho realizado pelo *Reichstag* foi, de facto, muito valioso. Mas a vontade de produzi-lo fora provocada não pela ausência de forças não democráticas, mas pela sua presença demasiado próxima nos bastidores, pois toda a gente no Kremsier estava profundamente consciente de que, enquanto trabalhavam, Windischgraetz apenas esperava uma oportunidade para rejeitar o seu trabalho»[22]. A observação de Macartney não explica, contudo, por que motivo o esboço final era ainda tão radical. Tão-pouco destrói o sentimento de que, se tivesse sido tentada, a constituição poderia muito bem ter oferecido à monarquia uma base para um progresso pacífico.

Por outro lado, para regressar à nossa discussão original, a alternativa a Kremsier acabou por não ser Windischgraetz e o absolutismo, mas sim Schwarzenberg e Stadion que, como constatámos, era um autêntico campeão das instituições parlamentares. E como ministro do Interior de Schwarzenberg, fora a este que se atribuíra a tarefa de delinear uma constituição alternativa à de Kremsier. Talvez não seja de surpreender, pois, que a sua constituição – a constituição decretada a 4 de Março de 1849 – retirasse várias ideias do esboço de Kremsier, embora omitindo as mais radicais. Segundo a versão de Stadion, o monarca ficaria com poderes praticamente ilimitados nos negócios estrangeiros, enquanto nos internos exerceria a autoridade executiva através de «ministros responsáveis». A autoridade legislativa seria partilhada com o *Reichstag*, que consistia numa Câmara Alta composta por representantes eleitos pelas dietas locais, e uma Câmara Baixa, eleita por sufrágio directo. Os projectos de lei exigiam o consentimento das duas Câmaras e do monarca para passarem a leis. Numa emergência, ou se o *Reichstag* não estivesse em sessão, o monarca poderia governar através de Ordens em Conselho, mas tais ordens teriam depois de ser submetidas à aprovação do *Reichstag*. Um Conselho Imperial ou *Reichsrat*, cujos membros seriam nomeados pelo próprio monarca, aconselharia o imperador. Abaixo do *Reichstag* vinham as dietas (*Landtage*), os condados, os distritos e as comunas, todos governados por conselhos livremente eleitos e todos autónomos nas suas próprias esferas. Todos os cidadãos seriam iguais perante a lei, e o princípio de igualdade de língua e nacionalidade de Kremsier repetia-se, embora já não fosse agora especificamente «garantido». Prometia-se aos habitantes das terras austríacas a liberdade de consciência e a prática privada da sua religião, enquanto o usufruto de direitos civis e políticos se tornava independente da fé. Havia uma longa lista de outras liberdades cívicas. No entanto, nas palavras de Macartney: «[...] o verdadeiro significado da constituição, além de um *octroi*, residia na sua esfera pan-monárquica. O monarca seria coroado apenas uma vez: como imperador da Áustria. Haveria apenas uma cidadania, um sistema legal e um parlamento central. A monarquia constituiria também uma só União Aduaneira; todas as tarifas internas seriam abolidas»[23]. A Lombardia-Véneto, cujo estatuto exacto seria resolvido mais tarde, constituía a única excepção – e mesmo assim, apenas nominalmente – a esta unidade recém-criada. No que dizia respeito à Hungria, a sua antiga constituição permaneceria em vigor, excepto as partes que entravam em conflito com a nova constituição, as quais seriam abolidas, e a igualdade de direitos seria assegurada a cada nacionalidade e cada língua local em todos os domínios da vida pública e privada. Os pormenores seriam integrados num estatuto separado. Entretanto, a Fronteira Militar foi restabelecida e três novas «Terras da Coroa» – a Transilvânia (com o Partium), a Croácia-Eslavónia e a Voivodina – foram criadas a partir das terras da coroa de Santo Estêvão (coroa húngara). Portanto, o documento em geral não era de modo algum reaccionário. É verdade que desdenhava a soberania popular e deixava ao monarca um veto sobre a legislação; todavia, assegurava um ministério responsável, um sistema parlamentar e direitos civis. Não pode, pois, ser utilizada como prova de que Schwarzenberg mentira ao povo ou de que este não acreditava num governo responsável. Além disso, uma vez que o seu ministro da Justiça, Schmerling, promulgou reformas que asseguravam um julgamento por júri em casos civis e criminais graves, e que pela primeira vez asseguravam o interrogatório público de testemunhas, há outros indícios que sugerem que se previa uma nova era constitucional. No entanto, a constituição de Stadion, tal como a de Kremsier, nunca foi aplicada.

Exactamente por que motivo tal terá sucedido não se sabe. Basicamente, a resposta é que o jovem imperador, Francisco José, preferia ser ele próprio a governar. Se foi este, por outro lado, que tomou a iniciativa de restaurar o governo pessoal ou se foi levado a isso por outra pessoa, é caso para pensar. De qualquer modo, está bem demonstrado que o homem que planeou a restauração do absolutismo monárquico foi Kübeck, chefe do Tesouro sob o sistema de Metternich, que encontrou apenas uma resistência limitada por parte de Schwarzenberg. Este último, com efeito, nas palavras de Friedrich Walter, demonstrou uma estranha «passividade» perante as manigâncias de Kübeck. «No comportamento de Schwarzenberg», escreve, «não se pode deixar de reconhecer alguma incerteza hesitante acerca da sua futura conduta», enquanto Kübeck «foi muito auxiliado pela superioridade que alcançou, pelo facto de lutar por um conceito claro, por saber exactamente o que desejava»([24]). Schmerling, Krauss e Bruck, por outro lado, demitir-se-iam todos antes de a transição para o absolutismo estar terminada.

Havia, evidentemente, bons motivos para a constituição de Stadion não poder ser imediatamente implantada. Os Húngaros, para começar, só se renderam em Agosto de 1849 – o general Klapka resistiu na fortaleza de Komárom até Novembro; Veneza também não capitulou antes de Agosto; grande parte da monarquia ainda necessitava, pois, de ser pacificada e até que o governo estivesse absolutamente certo de que possuía um controlo total, estava fora de questão realizar eleições para um *Reichstag*. A Questão Germânica tinha também de ser resolvida e também isso implicava uma possível mudança na posição constitucional da Áustria. Além do mais, até mesmo Viena ainda se encontrava em estado de sítio. Em consequência da revolução, havia assim demasiados pretextos plausíveis para retardar a implementação da constituição. No entanto, o governo começou a promulgar legislação baseando-se no princípio de que um dia teria de a justificar ao *Reichstag*. Isto permitiu a Schwarzenberg e à sua equipa manter a iniciativa; evitar críticas; e privar o monarca de um papel dominante no governo. (Schwarzenberg declarou que não tencionava tornar-se um «lacaio» do trono.) Permitiu também que Kübeck ridicularizasse todo o processo. Simplesmente não havia como contradizê-lo, quando este afirmava que o ministério se estava a autoproteger sob o «escudo de uma responsabilidade teórica, cuja não-existência na realidade lhe confere uma total irresponsabilidade»[25]. Na prática, o país estava a ser governado pelo exército, a burocracia e a nova gendarmaria (ou polícia). Em 1849, Radetzky tornou-se governador-geral da Lombardia--Véneto; o arquiduque Alberto, em 1851, tornou-se governador-geral da Hungria; o príncipe Carlos Schwarzenberg tornou-se governador--geral da Transilvânia; o próprio Francisco José tomou o título de Grande Voivod, mas deixou o governo da Voivodina a outro general austríaco; enquanto até mesmo a Croácia foi posta em ordem em Janeiro de 1853, embora Jellačić tenha ficado nominalmente no comando como governador. Este, na realidade, em breve perdeu as suas faculdades e o reino foi governado pelo exército. Nas famosas palavras de um croata a um amigo húngaro: «Recebemos como recompensa aquilo que vos foi dado como castigo.» O restante da monarquia era governado por burocratas que trabalhavam em colaboração com a polícia. A administração estava totalmente centralizada; o alemão era a língua da administração; e toda a educação acima do nível primário era também dada em alemão. Na Hungria e na Croácia, por conseguinte, os cargos administrativos tinham de ser preenchidos por checos ou eslovenos que falassem alemão. Uma vez que na Hungria tais pessoas eram equipadas com uniformes ao estilo magiar, passaram a ser conhecidas como os «hussardos de Bach».

O ataque de Kübeck ao sistema ministerial teve início a 19 de Outubro de 1850, quando, no seu regresso de Frankfurt, onde estivera a representar a Áustria na Dieta Federal, foi convocado para falar com o imperador, que o informou de que decidira estabelecer o *Reichsrat* assegurado pela constituição e que desejava que Kübeck definisse a sua competência. Este deveria compor os seus estatutos e fazer propostas quanto aos seus membros. Exactamente por que motivo fora escolhido para esta tarefa não se sabe. Talvez fosse por se saber que ele tinha má vontade contra o ministério: fora Krauss e não ele o escolhido para ministro das Finanças. Talvez fosse por ele desfrutar do apoio de importantes reaccionários como Metternich, que desejava um regresso ao sistema de governo pré-Março. Por outro lado, podia ser apenas que graças à sua reputação de mago das finanças se esperasse que a sua nomeação para o *Reichsrat* tornasse o império mais digno de crédito a nível internacional. Além disso, fora Kübeck, no fim de contas, que sugerira inicialmente tal órgão, quando a constituição fora delineada. De qualquer modo, ao apresentar a 1 de Novembro as suas primeiras propostas ao imperador, foi informado de que seria ele o presidente do novo órgão. Algum tempo depois – a 19 de Novembro –, foi-lhe dito também que se pretendia que o *Reichsrat* «suplantasse e de certo modo substituísse a constituição»([26]). Por esta altura, portanto, deve ter-se tornado bastante evidente o que o imperador pretendia. Nas palavras de Macartney: «Não é nossa função conciliar as acções de Francisco José nesta conjuntura com o sentido de honra escrupuloso que os seus biógrafos lhe atribuem, nem sabemos qual a voz precisa que o persuadiu de que, embora a sua língua tivesse prometido, a sua mente permanecera livre de juramentos. Mas é bastante evidente que por volta de 1850, no máximo, este se convencera de que fossem quais fossem as palavras que Schwarzenberg lhe atribuíra quando acedera ao trono, constituía seu direito e seu dever ignorá-las, e tornar-se governador absoluto dos seus domínios»([27]). Kübeck revelou-se mais do que disposto a auxiliar este processo.

Nos seus memorandos ao imperador, Kübeck atacava o próprio conceito de responsabilidade ministerial. Esta baseava-se na soberania popular, alegava, e por isso era incompatível com a monarquia. A responsabilidade numa monarquia devia ser prerrogativa do monarca apenas; a responsabilidade ministerial deveria pois ser abolida. Também não havia necessidade de um Conselho Ministerial. Em vez disso, ministros individuais deveriam fazer propostas ao *Reichsrat* e somente este, composto por estadistas já de certa idade, deveria ter a tarefa de aconselhar o monarca. Kübeck, na realidade, estava a propor um regresso ao sistema pré-Março, com os ministros na posição de chefes *Hofstellen* e o *Reichsrat* como equivalente do *Staatsrat*. O *Reichsrat* acabou por surgir em Abril de 1851, embora o imperador não alargasse muito os seus poderes, com receio de provocar a demissão de Schwarzenberg. Este último, contudo, que Kübeck consultara, estava preparado para coexistir com o novo órgão – a constituição, afinal, admitia-o – mas esperava limitar a sua autoridade e assegurar a primazia do ministério sobre este. Por volta de Agosto de 1851, por outro lado, tal já não era possível. Decretos imperiais aboliram a responsabilidade ministerial perante o *Reichstag*, e atribuiu-se ao *Reichsrat* a tarefa de investigar se a constituição ainda era viável. No entanto, nem Schwarzenberg nem Bach se demitiram; só Krauss optou por fazê-lo, seguindo os anteriores exemplos de Schmerling e Bruck. Por fim, o imperador acabou com qualquer espécie de incerteza quando, a 29 de Dezembro, presidiu a uma sessão conjunta do ministério e do *Reichsrat*, na qual foram lidas propostas para alterar a constituição e se anunciaram as suas intenções. Dois dias mais tarde, a constituição foi abolida e o neo-absolutismo recebeu a sua fundamentação na lei através da chamada «Carta Patente Sylvester» de 31 de Dezembro de 1851.

A Carta Patente na realidade abrangia três documentos: o primeiro informava o ministério de que a constituição fora abolida, embora a abolição das rendas rurais (ver abaixo) e o princípio da igualdade perante a lei permanecessem em vigor; o segundo anulava a lista de direitos de 1849, embora se garantisse a todas as igrejas a liberdade de culto e o controlo da sua propriedade; o terceiro expunha as linhas gerais da nova organização administrativa da monarquia. Estas implicavam a abolição dos conselhos eleitos a nível de território, de círculo ou de distrito; a abolição das reformas legais de Schmerling; a introdução do direito civil e criminal da Áustria em terras húngaras; e o desaparecimento do princípio de igualdade no que se referia à língua e à nacionalidade. Por fim, uma comissão encabeçada por Kübeck examinaria as leis da monarquia, anulando tudo o que parecesse sugerir o princípio da representação popular ou que tivesse tido origem nas revoluções de 1848. Em resumo, Francisco José regressara ao sistema de Metternich, excepto que o reforçara extraordinariamente, alcançara a centralização que Metternich sempre desejara e até criara ministros. Pouco será de surpreender, pois, que o próprio Metternich, que em breve regressaria a Viena, lhe concedesse a sua aprovação. Se as dietas superficiais que este sempre favorecera tinham desaparecido, tal não constituía grande motivo de preocupação após 1848, tendo em conta os problemas que estas haviam causado. O próprio Schwarzenberg provavelmente tinha sentimentos controversos: se, por um lado, estivera preparado para trabalhar num contexto parlamentar, por outro habituara-se a existir sem o aborrecimento de ter de se justificar perante o *Reichstag*. Além disso, com o regresso ao governo pessoal, o combate com Kübeck a nível institucional terminara. Francisco José, como se verificou, não estava mais disposto a ser dominado por um *Reichsrat* do que por um ministério. Segundo Macartney: «Enquanto Kübeck foi vivo, era frequentemente chamado para fornecer conselhos, especialmente em questões financeiras, mas o *Reichsrat* enquanto tal nunca teve o mínimo efeito sobre a política»[28]. Desconhece-se, contudo, de que modo o primeiro-ministro teria enfrentado as mudanças a longo prazo, pois Schwarzenberg faleceu subitamente a 5 de Abril de 1852, apenas uns meses depois de estas terem sido introduzidas.

A política germânica de Schwarzenberg

Convém agora analisar a política germânica de Schwarzenberg, antes de lidar com as outras controvérsias do período neo-absolutista. Também aqui o seu registo é controverso, e mais uma vez surge o sentimento de que talvez lhe faltasse um objectivo definido, e de que talvez este também não fosse tão bem-sucedido como alguns historiadores pretenderam. Em causa está o resultado da Conferência de Dresden de 1850-51, mas antes de podermos compreender a disputa, teremos de esboçar brevemente os antecedentes dos acontecimentos.

As revoluções de 1848 na Alemanha, como é bem sabido, originaram o Parlamento de Frankfurt, cuja tarefa era delinear uma constituição para uma Alemanha unida. Cerca de Outubro de 1848, tornara-se evidente que este favoreceria um sistema *kleindeutsch*; por outras palavras, seria dito à Áustria que para esta permanecer na Alemanha, teria de concordar com uma união pessoal com os seus territórios não germânicos ou ficar totalmente de fora da nova Alemanha. Uma vez que esta nunca aceitaria tal plano, a coroa da nova Alemanha foi oferecida, na Primavera de 1849, a Frederico Guilherme IV da Prússia, que era já o Estado dominante da Alemanha em termos económicos e militares. Na realidade, este recusou a oferta – 3 de Abril de 1849 – desdenhando, como afirmou, aceitar uma coroa de sarjeta. Por outro lado, teria menos escrúpulos em aceitar uma coroa dos seus pares, os príncipes germânicos. O seu primeiro-ministro, o general von Radowitz conseguiu organizar precisamente isso, de modo que entre Janeiro e Maio de 1850 a União de Erfurt, subsequentemente a União Germânica, tomou forma, e sob esta o rei da Prússia tornou-se *Reichsvorstand* ou director do Império Germânico e a Alemanha adquiriu um *Reichstag* bicameralista. Tratava-se nitidamente de uma situação que a Áustria não podia aceitar. Tão-pouco constituía uma situação que atraísse todos os outros monarcas germânicos, uma vez que a União foi boicotada pelos reinos da Baviera, da Saxónia, de Hanôver e Württemberg, já para não falar de muitos dos Estados menores.

Em Maio de 1850, Schwarzenberg tornou clara a sua intenção de ignorar a União, reafirmando a posição da Áustria como presidente da Confederação Germânica e reunindo novamente a Confederação. Isto não significa que este tencionasse simplesmente organizar os assuntos germânicos mais uma vez de acordo com as linhas de Metternich: as suas propostas na Conferência de Dresden prová-lo-iam. De qualquer modo, já falara ao *Reichstag* de Kremsier de uma Alemanha rejuvenescida e tinha desde o início da sua função como primeiro-ministro proposto uma série de planos que exigiriam uma reorganização da Confederação. Um destes implicava a divisão da Alemanha em seis círculos; outro, a criação de uma nova direcção abaixo do nível da presidência; enquanto outro previa ainda uma câmara na qual a Áustria possuiria 38 votos contra 32 para o resto da Alemanha. O governo austríaco declarara, na verdade, em dado momento, que a Confederação Germânica estava para terminar. Até pelo menos 1849, contudo, a atenção de Schwarzenberg estivera principalmente voltada para outros assuntos: a Itália e especialmente a Hungria. O resultado foi que em Setembro de 1849 assinou o chamado Interim Germânico com a Prússia, segundo o qual, os dois Estados controlariam em conjunto os assuntos germânicos até que se pudesse chegar a um acordo mais permanente. Este Interim expirou a 1 de Maio de 1850.

Schwarzenberg utilizou o método de convocar a Confederação como meio de demonstrar que a Áustria, tendo restaurado a sua posição na Itália e na Hungria, estava agora pronta para fazer o mesmo na Alemanha. A oportunidade para o fazer surgiu na consequência de disputas em Schleswig-Holstein e Hesse-Kassel. Na primeira, o rei da Dinamarca apelou à Confederação para uma execução federal em seu nome contra os seus opositores nacionalistas germânicos; na última, o soberano apelava para uma execução contra os seus súbditos constitucionalistas rebeldes. Em ambos os casos, os opositores destes príncipes apelaram ao apoio da Prússia e da União Germânica. Levantou-se, pois, a questão sobre qual dos órgãos se deveria impor como árbitro dos assuntos da Alemanha. A situação complicava-se, evidentemente, pelo facto de no caso de Schleswig-Holstein estarem envolvidos algo mais do que apenas os interesses germânicos. O equilíbrio de poder no Báltico poderia ser abalado se o rei da Dinamarca perdesse o controlo dos ducados do Elba, de modo que a Rússia – para não falar da Grã-Bretanha – era avessa a qualquer mudança do *status quo*. O czar Nicolau I foi, pois, consultado por ambas as partes e concedeu o seu apoio moral à Áustria. No entanto – tal como Palmerston – não compreendeu todos os pormenores da disputa constitucional entre a Áustria e a Prússia e fez saber que só interviria activamente se eclodisse uma guerra entre os dois Estados germânicos por causa de Schleswig-Holstein. No caso de Hesse-Kassel, permaneceria neutro, embora benevolentemente a favor da Áustria. Como se verificou, a Confederação optou por afirmar a sua autoridade sobre Hesse-Kassel, que era atravessada por estradas militares prussianas. A ocupação do Eleitorado, por conseguinte, levou a uma escaramuça entre tropas austríacas e prussianas, durante a qual um cavalo prussiano e cinco carabineiros austríacos ficaram feridos. O cavalo ficou perpetuado numa lenda como o Cavalo Branco de Bronzell, palco destes acontecimentos, mas apesar do pequeno número de baixas, existia agora um sério perigo de guerra na Alemanha.

Tal perigo foi removido devido ao colapso da Prússia. Frederico Guilherme sempre se sentira relutante em contestar as reivindicações da Áustria – como romântico alemão, possuía um conhecimento demasiado directo da história de Habsburgo – e por isso proclamou o fim da União Germânica. Radowitz foi enviado a Londres como embaixador e o seu rival, o conservador Otto von Manteuffel, enviado para negociar com Schwarzenberg em Olmütz. No entanto, este último insistiu que antes de poderem ser iniciadas quaisquer negociações, a Prússia deveria desarmar-se totalmente e a Áustria apenas parcialmente. Este facto foi considerado como uma extraordinária humilhação para os Prussianos, embora os acordos finais (ou *Punktation* – acordos não vinculativos, como se diz em alemão) fossem menos humilhantes em si do que o facto de a Prússia ter recuado. Estes acordos consistiam em que as questões de Hesse-Kassel e Schleswig-Holstein deveriam por fim ser resolvidas pelos Estados germânicos no seu todo e que o futuro da Confederação seria decidido em «conferências livres» em Dresden, nas quais todos os Estados germânicos teriam permissão de participar. Estas conferências tiveram início em 23 de Dezembro de 1850 e encerraram a 15 de Maio de 1851.

A Conferência de Dresden assistiu a três propostas apresentadas por Schwarzenberg: primeiro, que a Áustria como um todo deveria entrar para a Confederação – a chamada *Gesamteintritt*; segundo, que deveria ser criada uma nova autoridade executiva em representação da Áustria, da Prússia, dos outros quatro reinos e dos restantes Estados germânicos, cujo propósito ostensivo seria assegurar uma rápida mobilização da Confederação em tempos de emergência; terceiro, que a monarquia, novamente como um todo, deveria entrar para a *Zollverein* ou União Aduaneira Germânica. Schwarzenberg descreveu estas mudanças como sendo muito limitadas, porém, se tivessem ocorrido teriam criado um «*Reich* de Setenta Milhões» política e economicamente coeso, que iria do Báltico ao Adriático, uma forma anterior da *Mitteleuropa*.

Inicialmente, tudo pareceu correr bem ao primeiro-ministro austríaco. Travara bons debates em Berlim antes de a conferência se ter reunido e até se oferecera ali para partilhar a presidência da Confederação com a Prússia embora os pormenores, declarou, tivessem de ser resolvidos mais tarde. Foi então que surgiram as dificuldades, em Dresden. Em primeiro lugar, alguns dos Estados germânicos desejavam um parlamento nacional, algo a que Schwarzenberg, aderindo ao princípio federal, foi obrigado a opor-se. A partir de então, os Estados mais pequenos, secretamente incentivados pela Prússia, criaram dificuldades em relação ao executivo proposto. (O plano austríaco consistia em conceder dois votos a cada uma das duas grandes potências, aos quatro outros reinos um voto para cada, e deixar três aos restantes pequenos Estados, que seriam distribuídos de modo a deixar a Prússia em permanente minoria.) Aqui Schwarzenberg mostrou disposição para chegar a um acordo, oferecendo-se mais uma vez para partilhar a presidência com a Prússia em troca de um executivo mais vasto. Em seguida, regressou a Viena, bastante abalado, deixando o seu adjunto Buol a tratar da conferência na sua ausência. Buol apercebeu-se então de que havia pouco apoio em relação à entrada da Áustria para a União Aduaneira, pelo que solicitou um perito em tarifas (um homem adequadamente chamado Hock – penhorado) para reexaminar o caso austríaco. Schwarzenberg regressou a Dresden, porém, num estado de espírito mais optimista, esperando um voto plenário a 23 de Fevereiro de 1851. Na realidade, este foi adiado durante duas semanas – Manteuffel não confiava na promessa de Schwarzenberg de partilhar a presidência – mas quando por fim se realizou, produziu uma maioria oposta à posição da Áustria. Isso permitiu a Manteuffel declarar que a Prússia só aceitaria uma votação por unanimidade. Os Prussianos, com efeito, exigiam agora igualdade *de jure* com a Áustria em todos os assuntos da Confederação e um executivo ainda maior (anátema para os Estados médios) como seu preço para a *Gesamteintritt*. Schwarzenberg ofereceu-lhes uma partilha legal de todas as funções da Confederação, mas insistiu que a Áustria deveria manter a presidência. Seguiu-se um impasse, apresentaram-se novas propostas, e os Estados médios começaram a temer um acordo à sua custa entre a Áustria e a Prússia. A conferência parecia agora em perigo de perder o rumo. Buol aconselhou Schwarzenberg a retomar a sua posição inicial, mas este preferiu em vez disso realizar mais negociações secretas com Manteuffel. Finalmente, porém, admitiu a derrota e a 9 de Abril aceitou o princípio de um regresso à antiga Confederação mais uma aliança defensiva austro-prussiana como um *pis aller*. Continuava a insistir, contudo, que os relatórios do comité deveriam ser todos submetidos a uma sessão plenária para uma votação final, sendo o seu plano mandar remetê-los para o *Bundestag* em Frankfurt, para maiores debates. Realizou-se, pois, uma sessão final, a 15 de Maio, altura em que as propostas da Áustria foram derrotadas. Nem sequer houve acordo suficiente no comité para justificar um voto plenário sobre a *Gesamteintritt* e o novo executivo. Apenas um relatório sobre o comércio e as tarifas foi aprovado para ser analisado e mesmo assim apenas como «matéria preciosa» de debate. No entanto, Schwarzenberg sentiu-se compelido a louvar o trabalho da conferência antes de a dar por terminada. No dia seguinte, porém, antes de deixar Dresden juntamente com Manteuffel, assinou um tratado de defesa mútua com a Prússia: foi este o único fruto verdadeiro dos seus debates com o estadista prussiano. Deveria durar três anos (embora fosse renovável); tinha por objectivo opor-se à ameaça da revolta revolucionária; e não continha quaisquer garantias específicas excepto a da defesa mútua. Por outro lado, assegurava uma espécie de *modus vivendi* junto de Berlim.

Como deveriam então ser avaliadas estas negociações? Há poucos anos, o historiador americano Roy Austensen escreveu vários artigos em defesa da diplomacia de Schwarzenberg, aclamando-o como um «metternichiano» de sucesso e contestando a afirmação de que este era um *Realpolitiker* fracassado([29]). Antes de avaliar esta afirmação, temos obviamente de explicar a terminologia de Austensen. Por «metternichiano» este quer dizer alguém que segue uma política externa concebida para apoiar a legalidade, a tradição e os direitos dos tratados; suster o equilíbrio de poder; resolver disputas entre Estados pacificamente; e preservar a ordem social – alguém, em resumo, preparado para seguir as regras e colaborar com os outros para combater a revolução. Um *Realpolitiker*, por outro lado, é alguém que considera o sistema de Estado apenas como a arena na qual seguir políticas egoístas, alguém para quem a luta pela supremacia pode justificar quase todas as tácticas, uma vez que o fim justifica os meios. Os adeptos fervorosos de tal política no século XIX, segundo Austensen, incluíam Bismarck, Cavour e talvez Napoleão III – mas não Schwarzenberg.

A teoria de que Schwarzenberg fracassou como *Realpolitiker* parece muito clara. Fracassou em colocar a monarquia como um todo na Confederação; fracassou em fazê-la entrar para a *Zollverein*; fracassou portanto em criar o seu «*Reich* de Setenta Milhões» que poderia ter dominado a Europa. Segundo Austensen, porém, nunca tencionara dominar a Europa; nem sequer tencionara dominar a Prússia; por fim, nem sequer se preocupava muito, nem compreendia a questão da entrada da Áustria para a *Zollverein*. Quanto a isto, os seus conselheiros encontravam-se divididos – Bruck e Hock tinham opiniões diferentes – e a questão apenas surgira como meio de conquistar a opinião nacionalista germânica. Na realidade, o mesmo se aplicava em relação à *Gesamteintritt* para a Confederação. No fundo, Schwarzenberg estava bastante consciente de que no final a liderança da Alemanha significaria colaborar com a Prússia, de modo que o principal objectivo da sua política sempre fora conseguir isso. E, segundo Austensen, foi bem-sucedido. Ele tinha, no fim de contas, frustrado a emergência de todo e qualquer parlamento nacional ou tribunal federal, preservando assim a natureza federal da Confederação; a Áustria, além disso, mantivera a presidência; Radowitz fora derrubado; e a União de Erfurt fora eliminada. Por fim, a aliança defensiva de 16 de Maio fornecera um *modus vivendi* junto da Prússia. Todavia, se houve uma tentativa de obter ainda mais vantagens para a Áustria, não foi realmente séria. As propostas de reforma de Schwarzenberg sempre haviam sido de modesta concepção e nunca se haviam destinado a ser muito duradouras. Nas palavras de Austensen: «As suas propostas para a reforma da Confederação haviam sido concebidas no espírito do conservadorismo metternichiano, para a reforçar como uma arma contra a revolução e para restaurar o equilíbrio de poder na Alemanha, que fosse favorável à Áustria. A *Gesamteintritt* conferiria a Viena um peso acrescido face a Berlim nas instituições federais, compensando assim a Áustria por algumas conquistas políticas da Prússia durante a última década. O alargamento da *Zollverein* daria à Áustria uma voz nas questões económicas e comerciais da Alemanha. O executivo forneceria um órgão central mais eficaz em caso de perturbações internas provocadas por invasões estrangeiras. Além disso, embora o princípio de confederação fosse intocável para Schwarzenberg, os "aperfeiçoamentos" seriam pontos negociáveis. Este sentia-se relutante em colocar toda a força do seu prestígio e da Áustria por detrás destes pontos, e estava claramente disposto a contentar-se com menos»([30]).

Austensen apresenta o seu caso de modo bastante plausível, no entanto, acaba por não conseguir convencer. Existem muitos motivos pelos quais se torna difícil considerar Schwarzenberg como um metternichiano. Para começar, ao contrário de Metternich, ele estava sempre pronto para recorrer à força. A sua política de forçar a Prússia a desarmar-se totalmente antes de Dresden foi desnecessariamente humilhante. Em segundo lugar, novamente ao contrário de Metternich, estava disposto a representar para a plateia. Pode ter acabado por apoiar o princípio federal e frustrado a emergência de um parlamento eleito, mas a certa altura das negociações estivera definitivamente disposto a lançar a cartada parlamentar. Afinal, já a lançara na Áustria e ele próprio defendera ali o parlamento, embora sem êxito, em Julho de 1848. De Dresden estava pois em condições de escrever a Francisco José já em 21 de Dezembro de 1850: «Conhecendo Vossa Majestade os meus sentimentos a respeito das representações populares, sabe que eu não as defendo. Mas não se pode negar que a concepção dos plenipotenciários prussianos se concretizará, se o plano bem calculado do rei não for cortado pela raiz através dos meios sugeridos»([31]). A resposta de Francisco José não chegou até nós, mas a carta seguinte de Schwarzenberg informa-nos sobre o seu conteúdo: «As ordens renovadas de Vossa Majestade a respeito da inadmissibilidade de uma representação popular serão prontamente seguidas»([32]). Este tipo de lembrança seria desnecessário numa correspondência com Metternich.

Uma terceira falha na teoria de Austensen é o seu argumento de que Schwarzenberg nunca acreditara realmente na *Gesamteintritt*, no que se referia à *Zollverein*. Na realidade, as negociações acerca do futuro daquele órgão foram realizadas pelo menos com tanto vigor como as negociações acerca da Confederação. A prova descoberta pelo historiador alemão Helmut Böhme contradiz, aliás, as reivindicações de Austensen. Por exemplo, numa carta a Francisco José, Schwarzenberg explicou: «Entre os meios mais eficazes de que o governo de Vossa Majestade dispõe para a afirmação e o contínuo desenvolvimento da sua influência por toda a Alemanha, deve contar-se a sua participação activa na promoção dos seus interesses económicos comuns. A importância sempre crescente deste aspecto da arte de governar implicará maiores dificuldades para a Áustria, à medida que o tempo for passando, em manter eficaz e dignamente a sua posição política como principal potência da Confederação Germânica e como base de todo o sistema europeu [...] esta medida poderá também ser considerada como uma medida política, cujo alcance se estende às relações de poder e influência entre os grandes Estados europeus»([33]). Encontrou-se também um memorando entre os papéis de Schwarzenberg que dizia em parte: «A União Aduaneira constitui uma questão de vida ou de morte para a Áustria. Esta fá-la-á progredir com maior vigor do que qualquer outra coisa e não recuará sequer perante concessões de domínio puramente político para a promover. Se a Áustria conseguir uma União Aduaneira como deseja, a influência da Prússia será totalmente quebrada»([34]). Torna-se difícil crer, por conseguinte, que a posição de Schwarzenberg quanto à *Zollverein* fosse tão condescendente ou tão indiferente como Austensen defende. Além disso, seria necessário encontrar indícios para o suposto conflito entre Bruck e Hock. Discordariam nos princípios ou nos pormenores? Na realidade, discordariam sequer? Hock recordaria mais tarde aqueles três anos como anos de colaboração com Bruck e entre os mais gratificantes da sua vida([35]).

Outra dificuldade em aceitar a teoria de Austensen consiste na sua afirmação de que a *Gesamteintritt* poderia ser atractiva para os nacionalistas germânicos e poderia assim ter sido utilizada como uma ferramenta para conquistar o seu apoio para a Áustria em relação à Questão Germânica, de um modo geral. Este argumento parece altamente improvável. Como consequência da *Gesamteintritt*, no fim de contas, poderia ter surgido a situação de um magiar ou um polaco se poderem tornar presidentes da Confederação Germânica. Tal situação não podia ser apelativa para nenhum nacionalista germânico. Torna-se, pois, difícil aceitar a afirmação de que Schwarzenberg era um metternichiano. De qualquer modo, o próprio Metternich, como Austensen reconhece, desaprovava abertamente a política de Schwarzenberg. Torna-se mais credível, assim, considerá-lo um *Realpolitiker* fracassado. De facto, até como metternichiano é certamente um fracasso, uma vez que o seu acordo de 16 de Maio com Manteuffel era muito mais limitado em tempo e alcance do que aquilo que Schwarzenberg pretendera. Assim, em vez de um acordo permanente, apenas assegurara uma aliança por três anos; em vez de uma aliança que garantisse a integridade territorial de ambos os Estados, existia simplesmente uma obrigação de defesa mútua; e em vez de se dirigir especificamente contra a interferência francesa ou inglesa, o tratado dirigia-se unicamente contra a ameaça da sublevação revolucionária. Schwarzenberg, por conseguinte, obtivera comparativamente poucas vitórias, apesar da sua derrota da União de Erfurt. Em resumo, torna-se difícil avaliar o seu êxito em questões internas e externas. Em ambos os casos, pareceria que, após os êxitos iniciais, este fracassara em moldar os acontecimentos à medida dos seus desejos – talvez porque lhe faltasse uma ideia suficientemente nítida do que desejava fazer. Torna-se, pois, impossível, considerá-lo um grande êxito. Com efeito, apesar dos elogios que Francisco José lhe dirigiu mais tarde, considerando-o o seu melhor conselheiro, o seu legado seria negativo. Transmitiu ao jovem imperador, primeiro, o conselho de apenas consultar os ministros individualmente – e mesmo assim, apenas sobre os assuntos do seu próprio departamento – e, em segundo lugar, a crença infeliz de que em último caso, os interesses da Casa de Habsburgo poderiam sempre ser defendidos pela espada. Foram necessárias pelo menos duas guerras para dissuadir Francisco José da utilidade de tal política, embora nos seus anos avançados o imperador decidisse mais uma vez recorrer a esta, com consequências fatais.

As consequências económicas de 1848

Cerca de um ano após o falecimento de Schwarzenberg, foram definidas as relações com a *Zollverein* através do Tratado de Comércio de Fevereiro de 1853. Este excluía a Áustria da União Aduaneira até pelo menos 1860, altura em que as negociações poderiam recomeçar. Bruck, porém, confessou-se bastante satisfeito com os resultados, um veredicto que as investigações mais recentes certamente justificariam. Pois se naquele momento parecia que a exclusão da Áustria representava uma vitória para a Prússia, tal não parece agora o caso. Com efeito, tendo já conseguido recuperar a liderança política da Alemanha através da Confederação restabelecida, a Áustria conseguia agora, através do Tratado de Comércio, obter quase todas as vantagens económicas que uma plena participação na *Zollverein* lhe poderia ter proporcionado. Trata-se, pelo menos, da conclusão do historiador económico Thomas F. Huertas, que assim conclui por dois motivos: «Em primeiro lugar [porque] as estruturas de comércio externo das duas regiões eram praticamente idênticas, de modo que havia pouco incentivo para um comércio mútuo. Em segundo lugar, [porque] o Tratado de Fevereiro reduzia os direitos alfandegários ao mínimo, de modo que quase se alcançara um comércio livre entre as duas regiões. O passo adicional para uma plena união aduaneira era economicamente minúsculo, embora politicamente gigantesco»([36]). E explica: «Um maior alargamento do Tratado de Fevereiro para uma união aduaneira plenamente desenvolvida poucas vantagens adicionais traria à monarquia de Habsburgo, uma vez que o tratado de comércio já reduzira as tarifas sobre o comércio entre as duas regiões ao mínimo [...] Nestas condições, a Áustria já usufruía de livre acesso ao mercado da *Zollverein* para as suas exportações mais importantes como cereais, lã, madeira, penas de colchão, fibra de linho, linho, fio, cobre, tecidos de linho em bruto e produtos químicos. Estes artigos eram responsáveis por mais de 70% do valor das exportações da monarquia de Habsburgo para a *Zollverein* em 1863. As tarifas sobre os restantes 30% das exportações da Áustria para a *Zollverein* não eram muito exorbitantes; as taxas para gado, lúpulo, lã cardada, seda, fio de algodão, cabedal fino, vidro comum, farinha e frutos encontravam-se todas abaixo dos 10% *ad valorem*»([37]). Assim: «O Tratado de Fevereiro praticamente esgotara os lucros de produção e consumo que um comércio totalmente livre entre as duas regiões traria»([38]). Segundo Huertas, o verdadeiro motivo para entrar na *Zollverein* devia ser político: «As vantagens económicas desta política foram exageradas – quer pelos publicistas da época, quer por historiadores económicos posteriores»([39]).

O Tratado de Comércio de Fevereiro de 1853, contudo, constitui apenas uma de várias alterações económicas do período de 1848-54 recentemente reanalisadas por historiadores económicos. Outras mudanças incluem as revisões tarifárias de 1852 e 1854; a *Grundentlastung* ou emancipação dos camponeses que, embora decretada em 1848, só entrara de facto legalmente em vigor em 1853; a abolição da barreira alfandegária ou *Zwischenzollinie* entre a Áustria e a Hungria; a construção de caminhos-de-ferro após 1848; e a criação do Creditanstalt Bank em 1855. Por vezes considera-se que, no seu conjunto, estas mudanças ou reformas constituíram um ponto de viragem para o desenvolvimento económico e político da Áustria. Os historiadores marxistas têm-nas considerado pré-requisitos necessários para o desenvolvimento da sociedade burguesa na monarquia, enquanto outros as consideraram como parte de uma estratégia política concebida por Schwarzenberg para ultrapassar a oposição política através do progresso material. De qualquer modo, têm sido tradicionalmente consideradas como significativas. Nas palavras de Macartney: «Os resultados alcançados pelos vários departamentos durante os primeiros anos do governo quase absolutista e depois absolutista de Francisco José foram, de acordo com qualquer critério, impressionantes: para bem ou para mal, alteraram a face da monarquia de modo mais radical do que todo o meio século dos reinados de Francisco e Fernando»([40]). Porém, uma nova geração de historiadores económicos americanos lançou dúvidas sobre este veredicto, alegando que as reformas em questão tiveram pouca importância e só alteraram as tendências económicas na monarquia de forma marginal. Entre os principais destes historiadores encontram-se Thomas Huertas, John Komlos, Richard Rudolph e David F. Good. Para compreender o seu ponto de vista, teremos de analisar as reformas supracitadas uma por uma.

Em relação às alterações tarifárias de 1852 e 1854, o antigo argumento sugeria que esta reforma, ao abolir o anterior sistema de proibições e permitir que os produtos estrangeiros concorressem com os produtos internos na monarquia, conferiu um ímpeto significativo ao progresso económico. A nova concorrência supostamente forçava os produtores internos a serem mais eficazes e a estimular a produtividade e o rendimento. Contudo, segundo Huertas: «Na realidade, o alcance da reforma tarifária tem sido extremamente exagerado, pois o volume de tarifas aduaneiras sobre a importação aumentou, de facto. Em relação às produções, as reformas à primeira vista inverteram a velha política de proibição do século e substituíram-na por uma tarifa de protecção. Contudo, na maioria dos casos o governo subia de tal modo a taxa que a tarifa resultante acabava por se tornar excessiva [...] Em resumo, as reformas tarifárias pouco impacto tiveram sobre a economia austríaca. [...] Ainda que se presuma que todo o aumento na importação de produtos manufacturados se devia à alteração de tarifas e que a reforma reduzia para metade o preço austríaco de tais produtos, a obtenção máxima de bem-estar proporcionada pela reforma tarifária era de apenas 0,25% do PNB. A substituição de canais de importação legais por rotas de contrabando poderá ter sido responsável pela maior parte do aumento dos produtos manufacturados. Se tal fosse o caso, a monarquia já obtivera a maioria dos lucros da liberalização comercial através dos contrabandistas»[41].

Segundo Macartney, «a maior de todas as transformações ocorreu nas propriedades»[42]. E não restam muitas dúvidas de que «a única e extraordinariamente importante lei que sobreviveu aos meses revolucionários de 1848 foi a *Grundentlastung*»[43]. Os camponeses encontravam-se agora totalmente libertos da sua sujeição anterior e as terras em que haviam previamente trabalhado como propriedade dos seus amos passaram legalmente para as suas mãos. Na Áustria, foram obrigados a pagar apenas um terço do valor das terras, encarregando-se o Estado de pagar outro terço do valor, enquanto os proprietários sacrificavam o terço restante em troca dos serviços jurídicos e administrativos que já não eram obrigados a realizar. Na Hungria, os camponeses receberam gratuitamente o título das terras de que tinham usufruído e o Estado compensou plenamente os proprietários pelo valor de rendimento capitalizado da renda que estes haviam cobrado anteriormente – cerca de um terço do valor da terra. Os proprietários foram pagos em obrigações com juros de quarenta anos que podiam ser comercializadas ou utilizadas para garantir empréstimos. Nas terras ocidentais, foram pagos cerca de 290 000 000 de florins, como indemnização, na Hungria, cerca de 304 000 000.

Sempre se pensou, de modo geral, que uma vez que o trabalho forçado era muito menos eficiente do que o trabalho assalariado, a emancipação dos camponeses deveria ter estimulado a produtividade agrícola. No entanto, Komlos, ainda que admitisse uma diferença de 50% na produtividade entre trabalho livre e trabalho forçado, alega que o resultado final foi economicamente insignificante. Calcula o aumento da produção, de uma vez por todas, resultante da emancipação, em 1,2% do PNB na Hungria e em 2,4% do PNB na Áustria. David F. Good explica porquê: «[...] a produtividade mais baixa durante os trabalhos forçados pode ter correspondido a uma maior produtividade dos servos, pois estes aplicavam-se com maiores esforços e melhores ferramentas e animais aos seus próprios terrenos. Assim, de uma perspectiva de produção agrícola total, o trabalho forçado não era necessariamente ineficiente. Além disso, as despesas de execução no caso do trabalho livre não são nulas [...] Contudo, ainda que se presuma que o trabalho livre era muitíssimo mais eficiente do que o trabalho forçado, o impacto da emancipação continuava a ser bastante pequeno. Tal sucedia porque a quantidade de trabalho forçado constituía apenas uma pequena porção do trabalho total fornecido no sector agrícola. No caso da Hungria, o número total de dias de trabalhos forçados devidos pelos camponeses antes de 1848 totalizava o valor de 24 000 000. Isto representa cerca de 4,4% dos cerca de 540 000 000 de valor de dias de trabalho aplicados anualmente às terras aráveis. Na Áustria, os servos, sob as disposições da servidão, deviam aos senhores cerca de 60 000 000 de valor de dias ou 9% dos 756 000 000 de valor de dias de trabalho estimados»([44]). Komlos desvaloriza igualmente o significado da formação de capital em resultado da emancipação: as obrigações só poderiam ter sido transformadas em capital material, alega, se fossem vendidas a capitalistas. «Por outras palavras, fossem quais fossem os investimentos que os proprietários de obrigações realizassem, estes apenas teriam impedido os investimentos dos outros»([45]). Por estes motivos, conclui: «[...] que a emancipação dos camponeses não pode ter tido um efeito imediato profundo sobre a economia da monarquia de Habsburgo. A reforma deveria ser considerada como um acto meramente formal ao invés de um ponto de viragem na história económica da Áustria. Somente uma visão automaticamente determinista da história consideraria as reformas legais de 1848 como [...] um pré-requisito necessário para um maior progresso económico»([46]).

O padrão do comércio entre a Áustria e a Hungria já se encontrava fixado há cerca de um século, antes de 1848. Na sua maioria, implicava uma troca de produtos industriais da Áustria por produtos agrícolas da Hungria. Por exemplo, em 1846-47, a única exportação austríaca de grande importância para a Hungria era a exportação de produtos de algodão (31% do total), enquanto as exportações mais importantes da Hungria para a Áustria eram de lã em bruto (31%) e trigo (12%). Todos estes produtos, porém, se encontravam sujeitos a tarifas – ao contrário dos produtos que passavam por entre outras zonas da monarquia. Como consequência, a importância económica da barreira aduaneira entre a Áustria e a Hungria constituía motivo de alguma controvérsia. Economistas e figuras públicas debateram se esta seria mais vantajosa para a Áustria ou para a Hungria, embora até 1840 a maioria dos Húngaros parecesse concordar que seria melhor para eles se tal barreira desaparecesse. Só nessa altura Kossuth e os seus apoiantes lançaram uma campanha para a manter, como meio de promover a indústria húngara – uma estratégia que haviam extraído das obras do economista alemão, Friedrich List. A abolição da barreira aduaneira em 1850 ocasionou, pois, mais controvérsia.

Até meados da década de 1960, os historiadores, sobretudo os húngaros, defenderam que o desaparecimento da *Zwischenzollinie* permitiu que a Áustria mantivesse a Hungria numa espécie de dependência colonial, embora alguns também fossem da opinião de que este desaparecimento contribuíra igualmente para aumentar o desenvolvimento económico. A partir de então, os historiadores húngaros – sobretudo Hanák, Bérend, Ránki e Katus – modificaram a opinião para uma perspectiva de que a Hungria, no geral, lucrara com a União Aduaneira. No entanto, continuavam a responsabilizá-la pelo atraso da indústria húngara, sobretudo nos têxteis. Komlos e Huertas contestam agora esta opinião. Segundo os seus cálculos, a existência ou não da barreira tarifária tinha pouca importância económica. Segundo Komlos: «[...] a eliminação da barreira aduaneira permitiu à economia húngara produzir no máximo mais 7 000 000 de florins no valor de produtos e serviços do que antes de 1850. Comparado com uma produção nacional bruta em meados do século de talvez 460 000 000 de florins, isso teria significado um aumento líquido de 1,5 na produção total, uma quantia bastante pequena. As reservas sociais da Áustria eram de 8,1 florins aproximadamente, em comparação com uma produção nacional bruta de cerca de mil milhões de florins: ou seja, menos de 1 por cento da produção total»[47]. Huertas conclui o mesmo: pelos seus cálculos, o lucro líquido para a monarquia era um pequeníssimo valor de 0,2 por cento das suas receitas em 1850. Eis a sua explicação: «Em primeiro lugar, as tarifas no comércio intra-império eram mínimas e dificilmente se poderá afirmar que estas tenham obstruído de modo significativo a interacção económica da monarquia antes de 1850»[48]. Em segundo lugar, os produtos que a Áustria e a Hungria exportavam entre si também eram exportados pela monarquia, no seu conjunto, para outros países. «Isto indica que as exportações de cada qual eram competitivas no mercado mundial. Por conseguinte, a monarquia também realizava o seu comércio interno a preços próximos do nível do mercado mundial. Em conjunto, estes dois factores garantiam que nenhuma das partes sofria uma desvantagem substancial por conceder tratamento preferencial às importações da outra. Também nenhuma das partes lucrava significativamente por ter acesso privilegiado ao mercado da outra. Para o total da monarquia, a eliminação da *Zwischenzollinie* trouxe um lucro económico insignificante, uma vez que a sua existência não tinha impedido uma distribuição óptima dos seus recursos produtivos»[49]. Porém, tal como no caso da *Zollverein*, Huertas mais uma vez observa que os objectivos políticos do governo em 1850 talvez tenham sido mais importantes do que os pormenores técnicos da economia: «Embora [a remoção da barreira tarifária] tivesse tido um impacto mínimo na receita total húngara, a distribuição das receitas pela Hungria pode ter sido alterada a favor dos grandes proprietários nobres. Estes formavam um baluarte de apoio habsburgo na Hungria e controlavam ali o cenário político local antes e depois de 1848. Assim, a remoção da *Zwischenzollinie*, que aumentou os preços que recebiam pelos seus cereais, pode ser considerada como a recompensa do governo central pela lealdade destes durante o período do Vormärz e a sua tentativa de assegurar a fidelidade dos mesmos na era neo-absolutista»([50]). Eis uma questão que merece reflexão.

Segundo David F. Good: «O estímulo de Bruck para a integração económica dos domínios de Habsburgo através da remoção da barreira tarifária austro-húngara aumentou graças a uma nova política de transporte. Em meados do século, 70% da rede de caminhos-de--ferro de 2617 quilómetros do império encontrava-se sob o domínio do Estado – a maior na Europa. A Lei da Concessão do Caminho-de--Ferro de 1854 previa uma redução na natureza e no alcance do envolvimento do governo sobre o sistema ferroviário. O governo deveria vender algumas das suas explorações e promover um maior desenvolvimento através de uma política que garantisse juros sobre o capital de investidores privados»([51]). Esta política era em parte ditada pelas dificuldades económicas que surgiram durante a Guerra da Crimeia, sendo também consistente com as políticas de liberalização do período neo-absolutista, e foi de facto posta em prática. Após 1854, as linhas do Norte e do Sul foram vendidas a uma empresa privada, criada principalmente com capital francês, que em troca de certos benefícios fiscais e garantias financeiras concordou em estender a sua nova rede ferroviária até à Hungria. Foi então que, em 1856, o Estado vendeu a sua linha lombardo-véneta a um consórcio de investidores estrangeiros e nacionais; subsequentemente, este fundiu-se com vários outros. Segundo Good: «Por volta de 1859, apenas 13,8 quilómetros de toda a rede permaneciam nas mãos do Estado»([52]). Por fim, as novas companhias privadas que assumiram o controlo dos caminhos-de-ferro expandiram as suas redes, embora o «surto de crescimento ferroviário» que se desenvolveu tenha diminuído gradualmente após os últimos anos da década de 1850. Por volta de 1860, contudo, a rede ferroviária austríaca expandira-se de 1300 para 3000 quilómetros e a húngara de 200 para quase 1700 quilómetros.

A importância destes desenvolvimentos tem sido reconhecida, de um modo geral, pelos historiadores económicos. O próprio Good faz o reparo fundamental de que os caminhos-de-ferro diminuíam os custos de transporte até aos clientes e criavam uma procura noutros sectores da economia: carvão, ferro e aço, e madeira. O historiador austríaco Herbert Matis chegou ao ponto de descrever os caminhos-de-ferro como «o sector líder» da economia nos anos 1850, «manifestando uma contribuição fundamental para o aperfeiçoamento da infra-estrutura económica»[53]. A sua opinião seria provavelmente apoiada pelo historiador húngaro László Katus, que defende que os caminhos-de-ferro constituíam o sector mais dinâmico da economia húngara entre 1848 e 1918[54]. Richard Rudolph, por outro lado, revela-se mais céptico sobre o seu papel e salienta a continuidade do programa de construção ferroviária antes de 1848. Rejeita igualmente o ponto de vista de que foi uma nova ordem social burguesa criada pelas revoluções que tornou o surto de crescimento ferroviário possível. O surto de crescimento ferroviário posterior na Rússia feudal e czarista, segundo pretende, refuta essa ideia[55].

Crê-se que um último desenvolvimento que, juntamente com as reformas supracitadas reforçou a posição económica da monarquia nesta época, consistiu na criação do Creditanstalt Bank, concebido para desenvolver a indústria e o comércio austríacos através da atribuição de crédito para investimentos a longo prazo. Como já constatámos, a capacidade da monarquia antes de 1848 para fornecer o capital para o desenvolvimento industrial era lamentavelmente inadequada, uma situação que a criação da Niederösterreichische Escompte-Gesellschaft, em 1853, pouco contribuíra para alterar. No entanto, o rumor de que os irmãos Pereire, fundadores do Crédit-Mobilier em França, se encontravam prestes a criar um banco semelhante na Áustria, levou o governo a fundar, em 1855, pressionado pelos Rothschilds e inúmeros aristocratas abastados, o Creditanstalt. Este foi «organizado numa base de sociedade anónima com o enorme capital social, para a época, de 100 000 000 de florins. Este valor ultrapassava o capital do banco nacional (63 500 000 de florins) e ultrapassava o do seguinte maior banco comercial, o Niederösterreichische Escompte-Gesellschaft (5 000 000 de florins), o qual, por seu turno, possuía um capital social maior do que qualquer firma industrial por si só. A dimensão desta base financeira permitia que o Creditanstalt ampliasse as suas actividades para além da actividade bancária comercial habitual, para as áreas típicas do género de bancos de Crédit-Mobilier – o financiamento de projectos de capital a longo prazo e a criação de novas firmas»[56].

Historiadores como Gershenkron, Cameron e März salientaram, por conseguinte, a importância deste desenvolvimento([57]).

Qual foi então a importância global destas mudanças económicas no início da década de 1850 para o desenvolvimento da economia austríaca? Como já constatámos, apesar de medidas tão positivas e necessárias como a expansão dos caminhos-de-ferro e a criação do Creditanstalt, muitas das reformas aparentemente mais espectaculares não produziram as vantagens económicas que lhes têm sido tradicionalmente atribuídas. Assim, não se verificou uma grande expansão económica após 1848. Por conseguinte, David Good está bastante correcto ao associar esta descoberta de reconstrução da imagem das taxas de crescimento na monarquia do século XIX ao trabalho de Rudolph, de Komlos e dele próprio([58]). De acordo com a tradição, esta imagem fora a de que os anos anteriores a 1848 tinham sido considerados um caminho preparatório para um surto de crescimento económico posterior a 1848, que culminara com o boom da *Grunderzeit* (era fundadora) de 1867-73. Daí por diante, sobreveio a grande depressão de 1873-79, seguida por um período de lento desenvolvimento até meados da década de 1890, período após o qual a monarquia passou por uma rápida expansão até à Primeira Guerra Mundial. As investigações mais recentes sugerem, todavia, que o desenvolvimento sustentado emergiu na Áustria durante o período pré-Março, continuou ao longo de 1848 e da década de 1850 e só revelou uma quebra muito significativa por volta de 1859. A viragem foi então acentuada – um declínio de 20%, entre 1860 e 1865, segundo o índice de Rudolph, ou de 28%, entre 1861 e 1864, de acordo com Komlos – mas seguida de uma recuperação igualmente acentuada daí por diante. O auge da actividade económica dos últimos anos da década de 1850 foi então suplantado pelo período anterior a 1873. A grande depressão de 1873-79 seguiu depois um padrão semelhante – declínio acentuado seguido de vigoroso aumento da actividade económica na década de 1880, levando a um retomar da tendência estabelecida de um desenvolvimento relativamente lento mas firme, mesmo até 1914. Como observa Good: «O ano de 1848 não pode apontar o início do desenvolvimento sustentado e não se encontra associado a uma aceleração acentuada do desenvolvimento sustentado já em progresso. Nenhum dos índices de produção disponíveis revela qualquer aceleração nos anos posteriores a 1848. Pelo contrário, esses anos formam um elo no padrão mais vasto de uma taxa de tendência de lenta aceleração ao longo do século XIX»([59]).

Huertas atribui a interrupção desta tendência na década de 1860 à política externa da monarquia: «Esforços militares do governo para conter as forças do nacionalismo e para manter o estatuto de grande potência da dinastia de Habsburgo levaram a políticas monetárias e fiscais que impediram um desenvolvimento económico»([60]). Este realça quatro períodos distintos, no seu relato acerca da política monetária dos Habsburgos: as revoluções de 1848, a Guerra da Crimeia, a Guerra Italiana de 1859 e a guerra de 1866 contra a Prússia e a Itália. Após as revoluções de 1848, defende, o governo começou a emitir as suas próprias notas, revogando desse modo o monopólio de emissão de notas conferido ao Banco Nacional Austríaco em 1816. Porém, ao pedir empréstimos ao Banco, ao mesmo tempo, também contribuiu para aumentar a emissão de notas deste último. O aumento resultante no dinheiro em circulação significava que já não era possível manter a convertibilidade do florim para prata; a monarquia desistiu do padrão da prata e a moeda pôde circular. A partir de então, o governo tentou, regularmente, restaurar a convertibilidade, mas era sempre frustrado pela sua necessidade de financiar guerras. Segundo Huerta: «A política monetária do império pode ser sucintamente resumida como uma perseguição de Sísifo pela paridade da prata de 1847, a que o governo renunciara sob o ataque das revoluções de 1848 a favor de uma taxa de câmbio flexível. Cada nova guerra forçava o governo a abandonar o seu objectivo e a pedir novamente fundos ao Banco Nacional, para financiar os seus exércitos em campo. Assim que as hostilidades cessavam, o Banco Nacional começava a reduzir as suas participações da dívida do Tesouro e a juntar reservas de prata como preparação para a retoma dos pagamentos em espécie. A taxa de crescimento de dinheiro em circulação decaía acentuadamente e em alguns casos tornava-se negativa. O ágio, o desconto do florim da sua paridade da prata de 1847, reflectia nitidamente estas rotações na política monetária dos Habsburgos»([61]).

A primeira tentativa de reforma surgiu entre 1851 e 1853 sob o ministro das Finanças Baumgartner, mas os seus esforços foram frustrados pela Guerra da Crimeia. Depois, em meados de 1855, Bruck mais uma vez se tornou ministro das Finanças. Também ele possuía um mandato para reformar os sistemas monetário e fiscal, sendo relativamente bem-sucedido. Recusou-se a diminuir acentuadamente o dinheiro em circulação, mas aumentou a taxa de câmbio ao vender propriedades e obrigações do Estado e aumentando a quantidade de numerário no Banco. De facto, por volta de Outubro de 1858, este último conseguia retomar os pagamentos em espécie. Por esta altura, também, a Áustria conseguiu ainda formar uma união monetária com a *Zollverein* através de um tratado de moeda corrente de 1857. Este requeria que ambas as partes mantivessem uma paridade de prata fixa, mas com a eclosão da guerra em 1859, a taxa de câmbio caiu a pique e mais uma vez o governo recorreu aos empréstimos. O debate constitucional após a guerra prolongou o período de incerteza, levando a taxa de câmbio a cair novamente a pique. O ministro das Finanças von Plener tentou enfrentar o problema reduzindo o volume de reservas e dinheiro na economia – que caiu 29%, entre Setembro de 1861 e Dezembro de 1865 –, mas só contribuiu para causar uma recessão, embora outros factores – uma má colheita, por exemplo – também se fizessem sentir como factores de contribuição.

A guerra de 1866 forçou novamente o governo a recorrer às máquinas impressoras do Banco Nacional. Em seguida, deu-se o surto de *Grunderzeit* e o dinheiro em circulação continuou a aumentar até 1871. Depois, este aumento ficou limitado e a súbita queda da taxa de expansão contribuiu para provocar a depressão em 1873. Assim, as rotações da política monetária dos Habsburgos contribuíram para retardar o desenvolvimento económico da monarquia ao longo de todo o período de 1848-73.

Segundo Huertas, também o aumento substancial da dívida não monetária do governo contribuiu para tal[62]. No período de 1848-1865, a quantidade de obrigações detidas pelo público aumentou de 1 130 000 000 para 2 470 000 000 de florins *C.M.*, uma subida média anual de 80 000 000 de florins *C.M.*, ou cerca de 2% do PNB em 1856-1858. Huertas defende: «Na medida em que estas emissões de títulos de dívida impedissem o investimento privado, o crescimento austríaco sofreria»[63]. Na Alemanha, por contraste, o dinheiro em circulação pôde aumentar muito mais uniformemente, e o endividamento por parte dos estados germânicos foi sempre mantido sob maior controlo. Assim: «O aumento na dívida pública alemã em 1849-1865 era de 1 250 000 000 de marcos, aproximadamente 80 000 000 de marcos por ano ou cerca de metade do aumento da dívida da dinastia Habsburgo.

Como é evidente, isto colocava um peso muito menor na maior economia alemã, sobretudo no início da década de 1850. Em 1851-1856, o aumento na dívida alemã detida pelo público equivalia a 1,2% do rendimento líquido nacional, enquanto o aumento nas participações públicas da dívida da monarquia de Habsburgo totalizava 4,9% do PNB de 1856-1858 no império»[64]. A Alemanha, como consequência, conseguia ter uma taxa de crescimento muito maior do que a da monarquia após 1850. Segundo Milward e Saul: «Comparada com a Alemanha após 1850, a disparidade na dimensão da produção industrial *per capita* aumenta acentuadamente até 1890 [...]»[65]. É inegável que tal disparidade resultava de várias causas, mas Huertas insiste que no período de 1848-1867 o atraso económico da Áustria se devia em última análise à sua política externa: «As políticas monetária e fiscal [...] tomavam o seu curso de acção a partir dos objectivos militares da monarquia. Estes levaram o império a sucessivos conflitos que desviavam os recursos, quer através de impostos, quer de dívidas no sector público. Em consequência disto, o desenvolvimento económico da monarquia poderá ter sido retardado. De qualquer modo, a política de taxa de câmbio do império agravava o impacto adverso da sua política militar»[66]. Por outro lado, Huertas, como poderemos constatar, parece ir demasiado longe ao responsabilizar o «nacionalismo» pela política militar da dinastia Habsburgo, que habitualmente constituía muito menos uma ameaça aos interesses dinásticos do que os fazedores de política imperiais estavam acostumados a presumir.

Buol e a política externa dos Habsburgos

Convém agora analisar a política externa da monarquia no período de 1853-1866, embora se torne necessário confessar que poucas controvérsias a rodeiam. O fracasso da política dos Habsburgos é tão óbvio em todos os aspectos que pouco resta acrescentar, sem recorrer à narrativa. No entanto, tem havido algumas tentativas de revisão que merecem reflexão. Estas incluem tentativas de reabilitar as reputações de ministros dos Negócios Estrangeiros fracassados como Buol e Rechberg, a quem se defende alegando que estes não tinham alternativa, pois encontravam-se numa posição insustentável e que – mais uma vez – eram «metternichianos», cujo único desejo era o de manter a paz e o Pacto Europeu contra as ambições pouco escrupulosas de homens como Lord Palmerston, Napoleão III e Bismarck.

No caso de Buol, Roy Austensen e Paul Schroeder sugeriram ambos circunstâncias atenuantes para os seus fracassos. Schroeder, sobretudo, escreveu um relato muito pormenorizado sobre a política austríaca durante a Guerra da Crimeia, no qual responsabiliza a Grã-Bretanha pela guerra e pelo seu desastroso resultado para a Áustria: «O motivo fundamental para o início da guerra foi o mesmo que derrotaria todos os esforços para terminá-la através de negociações, antes de uma vitória militar – a honra e o prestígio britânicos»([67]). Associada a esta encontrava-se a ideologia *Whig*, «o desejo britânico de promover o progresso europeu e uma liberdade ordenada contra o despotismo reaccionário e a revolução radical, e substituir a velha ordem repressiva internacional por uma nova ordem liberal constitucional edificada em redor da Inglaterra [...]»([68]). E nas suas tentativas caprichosas para promover esta ordem liberal internacional, alega Schroeder, a Grã-Bretanha deparava sempre com a Áustria. «Em toda a parte da Europa em que a Grã-Bretanha desejava fazer o bem – Itália, Alemanha, Polónia, os Balcãs, a Turquia – lá estava a Áustria a impedir-lhe a passagem»([69]). Daí a longa série de desacordos entre as duas potências durante a guerra. Os seus objectivos fundamentais eram totalmente diferentes: Buol desejava uma forma modificada do antigo Pacto Europeu com as velhas regras mas uma nova disposição (Grã-Bretanha, França e Áustria), enquanto Palmerston desejava ignorar o Pacto e expulsar a Rússia para as fronteiras da Europa através de uma drástica vitória. Esta diferença de perspectiva fez da estratégia de Buol um fracasso, ainda que a curto prazo parecesse ser bem-sucedido. Afinal, antes de se aliar às potências ocidentais, assegurou garantias de integridade da Áustria junto da Prússia, da Confederação Germânica, da França e da Sardenha. E a partir daí conseguiu reunir os dois lados à mesa de conferências e assegurar a paz sem realmente envolver a Áustria na guerra. Tudo isto, do ponto de vista de Schroeder, era metternichiano e louvável: «As ideias de Buol eram absolutamente pós-1815: reter os potenciais agressores no seio do Pacto, ao invés de formar uma coligação aberta contra estes; entrar em guerras, caso o fizesse, apenas por objectivos bem definidos, justificados e calculados, e terminá-las quando tais objectivos fossem alcançados; estabelecer acordos de paz toleráveis para os vencidos e exequíveis para os vencedores; fornecer soluções políticas ao invés de militares a problemas basicamente políticos. O seu objectivo principal era preservar o núcleo daquilo que Metternich alcançara em 1815, a que desde 1822 a Grã-Bretanha se opusera com frequência e desejava agora destruir: a liderança da Áustria de um centro independente para a Europa que serviria para refrear as ambições da Prússia e a expansão da Rússia e funcionaria como eixo do Pacto. Buol não era um grande homem, e talvez nem fosse um representante adequado de tais ideias. Mas aquilo que defendia é digno de respeito»[70]. Trata-se de uma opinião que Austensen apoia. Também do seu ponto de vista: «Buol nunca se desviou dos princípios fundamentais de Metternich [...] A sua própria diplomacia, mesmo nas suas fases mais activas, era defensiva e geralmente elaborada em termos nitidamente metternichianos [...] O seu fracasso [...] representa mais do que um mero fracasso pessoal; tratou-se antes de um fracasso de um pacto conservador e defensivo da diplomacia europeia, ou seja, da tradição de Metternich»[71].

Este ponto de vista pode ser defensável, pelo menos no que se refere à diplomacia de Buol durante a Guerra da Crimeia. No entanto, existe um outro lado da história que, nas próprias palavras de Buol, se refere à «revolução (pois não é outra coisa)»[72] na diplomacia austríaca em 1854-55. A «revolução» de que Buol falava era a sua política de uma aliança com as potências ocidentais. Esta foi de facto concluída a 2 de Dezembro de 1854, mas a decisão realmente revolucionária já fora tomada anteriormente, a decisão de 3 de Junho de enviar um ultimato à Rússia para que esta se retirasse dos Principados. Além disso, a política oculta desta decisão fora debatida em conferências imperiais em Março e Maio, altura em que tanto Buol como o imperador pareciam estar dispostos a permitir que a Áustria tomasse parte activa na guerra contra a Rússia. Buol alegara então que a ocupação russa dos Principados constituía uma ameaça para os interesses austríacos e germânicos. Os Russos, segundo pretendia, estavam a preparar-se para integrar aquelas terras no Império Russo. No entanto, com a Inglaterra e a França agora em guerra, chegara a oportunidade ideal para a Áustria se aliar a estas a fim de refrear a Rússia. Além disso, se os Russos recusassem retirar-se, poderia fazer-se a guerra nos Balcãs, em vez de na Crimeia, dando assim à Áustria uma maior oportunidade de intervenção nos acontecimentos e uma melhor possibilidade de defesa contra os Russos. Em troca da sua aliança com as potências europeias, convém acrescentar que Buol julgava poder persuadi-las a fornecer garantias da integridade territorial da Áustria, e convencê-las, talvez, a permitir que os Principados ficassem sob protecção austríaca depois da guerra. Excluiu a hipótese de uma aliança com a Rússia, primeiro com o fundamento de que os Russos praticamente ignorariam a Áustria em assuntos estratégicos e diplomáticos e, em segundo lugar, com o fundamento mais evidente de que tal aliança seria um convite não só a que as potências ocidentais atacassem a Áustria, como a que eclodisse uma revolução na Hungria e na Itália. Até mesmo a Prússia poderia aproveitar a oportunidade para insistir sobre as suas pretensões na Alemanha. Quanto à neutralidade, Buol excluiu tal política com o fundamento de que isso o privaria da oportunidade de influenciar as políticas de qualquer uma das potências.

Contudo, havia nítidas desvantagens naquilo que Buol propunha, as quais se tornaram imediatamente patentes para muitos dos seus colegas. O chefe de regimento, general Hess, por exemplo, salientou que a Rússia era a aliada tradicional da Áustria contra a revolução; que a monarquia não era militarista nem suficientemente robusta a nível financeiro para empreender uma guerra contra esta; que tal guerra imediatamente desencadearia uma revolução na Polónia; e que as potências ocidentais não eram dignas de confiança, visto serem tradicionalmente antiaustríacas e que redesenhariam o mapa da Europa após qualquer vitória nos moldes das linhas revolucionárias. Contudo, a única concessão que Buol fez foi adiar o envio do ultimato até ter renovado a aliança defensiva de 1851 com a Prússia e ter assegurado a concordância turca de a Áustria ocupar os Principados durante a guerra. Em seguida, apresentou o ultimato sem ter recebido quaisquer garantias prévias da Grã-Bretanha, da França ou da Prússia a respeito de contingências militares específicas. Depois, realmente, a Áustria tornou-se mais moderada. Apenas assinou um tratado de aliança com a Inglaterra e a França em 2 de Dezembro de 1854, altura em que já as persuadira a concordar com objectivos de guerra moderados (os Quatro Pontos). Tão-pouco se tornou participante activa na guerra a partir de então, embora o seu segundo ultimato à Rússia de 28 de Setembro de 1855 ameaçasse transformá-la numa guerra, se a Rússia recusasse negociar a paz. Por essa altura, no entanto, o mal estava feito. A Rússia, que em 1849 interviera para salvar a monarquia, que entre 1848 e 1851 ocupara os Principados para reprimir a revolução, e que em 1853 concedera à Áustria total apoio diplomático contra a Turquia durante a legação de Leiningen a Constantinopla – a Áustria ameaçara entrar em guerra com a Turquia, se esta última invadisse o Montenegro –, sentiu-se vivamente ferida pela ingratidão da Áustria. O czar ofereceu uma estatueta de Francisco José, que até então decorara o seu escritório, ao seu criado, e declarou ao embaixador austríaco que ele e Jan Sobieski da Polónia eram os dois reis mais tolos da história uma vez que ambos haviam salvo a Áustria. Quando morreu, uns meses mais tarde, os seus súbditos responsabilizaram a ingratidão austríaca pelo seu falecimento. De facto, décadas depois, viajantes da Rússia relatariam como as pessoas ainda ali continuavam a condenar a política austríaca.

Os motivos de Buol já foram debatidos. Existem ainda alguns pontos, contudo, que poderão ser referidos em sua defesa. Em primeiro lugar, Nicolau da Rússia recusou de facto garantir o *status quo* nos Balcãs – na realidade, incentivou a Áustria a invadir a Bósnia-Herzegovina – de modo que era ele o próprio responsável por fazer a Áustria desconfiar dos seus motivos. Por outro lado, uma vez que também se oferecera para permitir à Áustria que administrasse os Principados em conjunto consigo, havia poucos motivos para crer que a ignoraria. Um segundo ponto digno de análise é o receio de Buol de uma revolução na Itália, inspirada em França. Sem dúvida que isso constituía uma possibilidade, porém, com Radetzky firmemente no controlo da região da Lombardia-Véneto, e considerando a derrota de Carlos Alberto em 1848 e 1849, seria certamente provável que qualquer sublevação fosse derrotada. Além disso, com os Franceses comprometidos numa guerra na Crimeia, havia menos hipóteses de estes intervirem em apoio dos Italianos. Como se veio a verificar, os Sardos entrariam no mesmo jogo que os Austríacos e com melhores resultados. De facto, em Janeiro de 1855, também estes assinaram uma aliança com a França para lutar contra os Russos na Crimeia; mas, ao contrário dos Austríacos, participaram realmente no combate. Napoleão III não sentia, pois, qualquer necessidade de apoiar a Áustria por qualquer sentimento de gratidão, depois da guerra; encontrava-se em maior dívida para com o inimigo mais virulento desta. Como Schroeder e Austensen reconhecem, tratava-se de uma ilusão da parte de Buol ter esperado outra coisa. Entretanto, este destruíra toda a base da política externa metternichiana ao destruir a aliança contra-revolucionária entre a Áustria e a Rússia, e as relações entre estas duas potências nunca mais voltariam a ser as mesmas. O ultimato de 3 de Junho de 1854 deve pois ser considerado, nas palavras de Norman Rich, «um acto de loucura quase inconcebível»([73]). Este acrescenta ainda: «Em retrospectiva, o ultimato pode também ser considerado como um ponto de viragem na história europeia, pois marcou o fim da amizade e colaboração entre as duas potências conservadoras da Europa Oriental e o início de uma amarga hostilidade que culminaria em guerra, em 1914, na destruição de ambas as casas imperiais e na liquidação do Império Habsburgo»([74]).

Curiosamente, um homem que previu um pouco esta situação e que se mostrou severo acerca da conduta de Buol, foi o próprio Metternich. A sua própria política era de estrita neutralidade, resumida no conselho: «[...] nunca nos devemos permitir ser utilizados como tropas de choque do Leste contra o Ocidente ou do Ocidente contra o Leste»([75]). Condenou, por conseguinte, o ultimato e o tratado de aliança, retratando o seu antigo colega do seguinte modo: «As consequências fatais de toda e qualquer acção encontram-se ocultas para o conde Buol. Ele vê o que está mesmo na sua frente; quanto ao que está para vir, nada vê»([76]). Schroeder sente relutância em reconhecer que a política de Metternich pudesse ter funcionado melhor. No entanto, insiste em que Buol era um metternichiano, embora fracassado. E, apesar da insistência de Metternich na neutralidade em 1854-1856, somos levados a recordar que: «Metternich defendia em 1815 e em 1840-1841 a garantia europeia e uma aliança de grandes potências a favor da Turquia, que Buol se esforçou tanto por efectuar. Além disso, o seu programa de uma aliança ocidental para refrear a Rússia em 1828-1829 foi precisamente o que Buol e Francisco José tentaram nesta altura, como afirmavam»([77]). Meternich, por outro lado, nunca ameaçara a Rússia com a guerra do modo como Buol e Francisco José o fizeram em 1854. Por este motivo, talvez seja melhor aceitar as opiniões de Bernhard Unckel que considera Buol e o seu imperador como seguidores não de Metternich mas de Schwarzenberg. A política deste último, define-a como sendo de apoio a uma Áustria poderosa e centralizada, uma Áustria que manteria a sua independência e defenderia os seus próprios interesses. Daí a proposta de Schwarzenberg para a *Mitteleuropa*, a sua forte posição na questão dos refugiados húngaros em 1849-1850, e a sua disposição para reconhecer Napoleão III, apesar da desaprovação do czar. Daí também, alega Unckel, a forte posição da Áustria em relação ao Montenegro (a legação de Leiningen de 1853), após a sua morte, e a sua disposição de enfrentar o czar em 1854. Tratou-se apenas da continuação da política de auto-afirmação de Schwarzenberg, uma política que também explica, aliás, as esperanças de Buol de manter alguma influência política e económica nos Principados após a guerra. Buol poderá assim ser considerado como um metternichiano fracassado ou um Schwarzenberg fracassado. Com efeito, seria provavelmente uma amálgama dos dois. O que não foi, sem dúvida, um êxito.

O facto de Buol ser realmente um fracasso não se tornou perfeitamente evidente até à Guerra Italiana de 1859. A Paz de Paris, quando muito, pareceu solenizar a sua revolução diplomática. Terminou, afinal, com um tratado assinado pela Áustria, a França e a Grã-Bretanha que garantia a independência e integridade do Império Otomano. Um tratado como este, porém, não barrou o caminho para um *rapprochement* entre a França e a Rússia nem comprometeu Napoleão III à defesa do *status quo* na Europa Ocidental. Por volta de 1858, por conseguinte, este planeava cumprir a sua antiga promessa de «fazer algo pela Itália». Como qualquer aluno de escola sabe, tal significava conspirar uma guerra contra a Áustria em aliança com a Sardenha. Foi montada uma cilada em Plombières e, no momento previsto, Buol caiu nela como previsto. Mais uma vez emitira um ultimato; mais uma vez não se preocupara em assegurar garantias de apoio militar específico previamente; e mais uma vez a Áustria poria em risco a sua economia ao seguir uma política de tipo Schwarzenberg de afirmar os seus direitos. De facto, fá-lo-ia como desafio a uma conferência internacional que estava prestes a realizar-se, para debater as questões italianas. Contudo, uma vez que esta fora convocada pela Rússia, agora uma potência revisionista, havia poucas hipóteses de que a mesma apoiasse a posição da Áustria. De qualquer modo, a economia da Áustria estava tão debilitada que não se podia dar ao luxo de manter o seu exército mobilizado por muito tempo. Daí a necessidade de uma decisão rápida.

Outro aspecto do legado de Schwarzenberg esteve envolvido em tal decisão: a necessidade de proteger a unidade imperial. Não havia sido concedido um governo próprio à região da Lombardia-Véneto desde 1849: tal como a Hungria e a Croácia, fora governada pelo exército, e não houvera tentativas de alterar esta situação. Nesta altura, já era demasiado tarde, evidentemente, para subornar os Italianos, como alguns destes haviam sugerido antes de 1848. Os líderes da sociedade italiana estavam na sua maioria exilados e a muitos haviam sido confiscadas as suas propriedades, após a revolta abortada de Mazzini em Milão, em 1853. Tão-pouco a nomeação do irmão de Francisco José, Maximiliano, como governador-geral em 1857, fez qualquer diferença, uma vez que lhe foram concedidos bastante menos poderes do que o próprio arquiduque Rainer recebera em 1818. Em todo o caso, o imperador não estava disposto a fazer quaisquer concessões aos Italianos – isso apenas incentivaria pedidos de tratamento especial noutras regiões. O máximo que Francisco José faria em relação a reformas, seria uma série de medidas comunicadas ao seu irmão em Julho de 1858, em resposta ao seu pedido de mudança. Estas incluíam uma comissão para descobrir se o imposto de propriedade em Itália era desproporcionadamente elevado; a abolição de alguns benefícios fiscais de que as localidades usufruíam; a reorganização das academias de arte em Milão e Veneza; melhores salários para médicos distritais; e alterações aos regulamentos de alistamento militar. Por outro lado, salientou que nunca poderia haver um governo nas províncias italianas independente de Viena nem um governo exclusivamente em comunicação com Viena através de um Ministério dos Negócios Italianos. «A força da influência austríaca em Itália dependia da solidariedade de toda a monarquia, não da importância intrínseca das terras italianas e do seu desenvolvimento»[79]. Maximiliano escreveu desesperado à sua mãe, declarando: «Vivemos agora num caos total e por vezes eu próprio começo a indagar se a consciência permitirá uma cega obediência às ordens de Viena [...]»[80]. No entanto, não havia nada que este pudesse fazer. Continuava a ser um facto que não se podia conceder aos Italianos instituições que eram negadas aos outros povos da monarquia; tão-pouco se poderia ter em conta as opiniões dos Britânicos ou de outros. Como Buol escrevera num despacho do Congresso de Paris: «Uma vez que se permita uma interferência nas questões italianas em medida ilimitada, que motivos haveria para não a alargar ainda mais?»[81]. O império permaneceria, pois, um todo unido e a região da Lombardia-Véneto seria governada, no interesse imperial, a partir de Viena. Assim, não houve hipótese de negociar com os próprios Italianos antes de 1859. O seu destino só poderia ser decidido pela guerra.

Como já constatámos, a decisão de guerra foi tomada antes que pudesse realizar-se um Congresso Europeu para debater o futuro da Itália, em parte devido à Áustria não se poder dar ao luxo de conservar o exército mobilizado. Fora levada, assim, a exigir a desmobilização piemontesa através de um ultimato que permitiu a Cavour urdir a intervenção francesa. Os Austríacos só em parte o haviam esperado, embora julgassem que se tal ocorresse poderiam contar com o apoio prussiano. Tratou-se de um erro, e um erro previsível. A Prússia, afinal, não se unira à Áustria para forçar a Rússia a sair dos Principados durante a Guerra da Crimeia («Considero inexplicável ter de prosseguir sem o apoio de Vossa Majestade», escrevera Francisco José a Frederico Guilherme IV)[82], nem a Prússia nem os Estados da Alemanha se haviam mostrado dispostos a apoiar os Quatro Pontos. Agora, mais uma vez, os Prussianos revelavam pouco entusiasmo em relação a uma política sobre a qual não tinham sido consultados. O resultado foi que a Áustria teve de enfrentar a França e a Sardenha sozinha. Francisco José queixou-se à sua mãe apenas uma semana antes da batalha de Solferino: «[...] a nossa posição é difícil [...] temos um inimigo numericamente superior e muito corajoso [...] para quem até os meios mais desprezíveis são bem-vindos, que tem por aliada a revolução [...] somos traídos por todos os lados no nosso próprio país [...] espero que, talvez, no fim de contas a Alemanha e aquela escória ignominiosa da Prússia venham em nosso auxílio no último momento [...]»[83]. No entanto, a mobilização da Prússia a 24 de Junho, acompanhada por uma declaração de mediação armada, chegou demasiado tarde para salvar os Austríacos: precisamente nesse dia, foram derrotados em Solferino pelos Franceses. Francisco José celebrou então a Paz de Villafranca com Napoleão III e entregou a Lombardia à Sardenha.

Segundo alguns relatos, o imperador foi obrigado a fazê-lo por causa do problema da nacionalidade, que se reflectiu em Solferino pela deserção de muitas das suas tropas italianas e húngaras. Na realidade, dificilmente seria esse o motivo principal para a derrota austríaca. Apenas cerca de 6% das tropas austríacas estiveram envolvidas na deserção e, destas, a maioria era italiana. As tropas lombardas eram muito menos dignas de confiança do que as venezianas, talvez porque fosse muito mais óbvio que a Lombardia se tornaria italiana antes do

Véneto. Nos regimentos húngaros houve, na realidade, muito menos deserções do que se temia. É um facto que Kossuth e Klapka conseguiram juntar uma legião húngara para auxiliar os Franceses durante a guerra, um corpo que a certa altura atingiu um total de 4000 homens. No entanto, este era em grande parte composto por prisioneiros de guerra forçados a alistarem-se e cuja nacionalidade era duvidosa – os Franceses identificavam as tropas húngaras como aquelas que traziam calças justas – e, além disso, nunca tomou parte em qualquer combate. István Deák, numa análise sobre o significado do problema da nacionalidade no combate, chega à conclusão de que praticamente não havia problemas de nacionalidade no exército e nenhuma política para lidar com isso[84]. Escreve: «Em Magenta e Solferino, os jovens oficiais marcharam para a morte com dignidade e orgulho, e as suas fileiras ou colunas alemãs, checas, húngaras, croatas ou romenas marcharam atrás deles sem grandes queixas»[85]. As verdadeiras causas militares para a derrota teriam outra justificação, em grande parte, no comando do exército. O comandante-chefe era o conde Gyulai, um amigo do conde Grünne, adjunto do imperador – e ministro da Guerra *de facto* – e um homem sem experiência de serviço activo. Este estava tão seguro da sua inaptidão para a tarefa que na realidade pediu para ser retirado do comando; também estava em más relações com o seu chefe de Estado-Maior. Contudo, foi-lhe permitido liderar a campanha, mesmo assim. Além disso, como o ultimato fora enviado antes da mobilização, o seu exército dificilmente se encontrava preparado para iniciar a campanha. E, como é evidente, a escassez de dinheiro significava que este estava mal equipado e sofria de falta de transporte, de modo que os soldados chegaram a Itália doentes, exaustos e esfomeados. Gyulai comandou-os, em seguida, de modo extremamente cauteloso, permitindo-se ser atacado primeiro e renunciando a qualquer tentativa de tomar a iniciativa. Tendo sido derrotado em Magenta, retirou-se então para o Quadrilátero. Aqui foi substituído pelo imperador em pessoa, que partira para o campo de batalha acompanhado por Hess e Grünne. O primeiro aconselhava uma estratégia defensiva, especialmente dado que o exército tinha poucas provisões. Francisco José e Grünne, por outro lado, preferiram atacar, com o resultado de se terem deparado com os Franceses em Solferino. Ali, a liderança superior, a experiência e formação do inimigo revelou o seu valor, embora o problema da nacionalidade possa ter contribuído de modo indirecto para o resultado final. Pois, segundo o historiador militar, Gunther Rothenberg, o alto-comando austríaco sentira «relutância em introduzir novas armas de cano estriado, porque esta arma de precisão teria exigido tácticas de fileiras abertas, e estas tácticas teriam facilitado a deserção. Por isso, o alto-comando achou melhor nada fazer»[86].

Rechberg, Mensdorff e o caminho para Sadowa

A derrota na Itália provocou a substituição de Buol como ministro dos Negócios Estrangeiros por Rechberg, cujo principal desafio nesta pasta, como se verificaria, foi a Questão Germânica, desta vez sob a capa temível de Bismarck. Uma vez que este último já se convencera de que a Alemanha era demasiado pequena para a Áustria e a Prússia, o desafio não seria fácil. No final, Rechberg fracassou, porém, à semelhança de Schwarzenberg e Buol, tem sido aclamado por Austensen e outros, sobretudo o historiador americano Richard B. Elrod, como um «metternichiano» cuja política honrada e europeia na Alemanha teria sido preferível à *Realpolitik* de Bismarck. Nas palavras de Austensen: «[...] mesmo que alguns factores da política germânica da Áustria possam ser legitimamente caracterizados como estreitos e egocêntricos, também se poderá alegar que, no seu conjunto, ainda assim representavam um conceito muito mais vasto do que o da Prússia. Os homens formados na "escola" de Metternich consideravam as questões germânicas no contexto da manutenção de um sistema europeu estável. Uma vez que a Áustria era a principal garante – bem como a principal beneficiária – do acordo de 1815, tinha de considerar os efeitos de quaisquer mudanças na Alemanha sobre o conjunto da Europa. A Áustria sabia que, se perdesse a sua posição na Alemanha, diminuiria significativamente a sua capacidade para desempenhar um papel estabilizador nas questões europeias e provocaria uma grande alteração nas relações entre as grandes potências. No entanto, não podia defender a sua posição através de uma política agressiva como a da Prússia porque desse modo perderia a sua credibilidade como defensora da legalidade e da tradição, que era considerado o seu maior predicado. Quer por experiência, quer por formação, tinha aprendido a agir com contenção e a tentar exercer uma influência moderadora nas questões europeias. Para a Áustria, tratava-se de uma necessidade europeia, bem como de um interesse austríaco. Pelo contrário, os Prussianos inclinavam-se a ver a Alemanha como a arena sobre a qual poriam em prática as suas ambições de expansão. Tratava-se de uma política de visões mais estreitas e tacanhas; e como Schwarzenberg bem previu, uma Alemanha prussiana acabaria por tomar a mesma atitude em relação a toda a Europa»([87]).

Austensen define uma política germânica «metternichiana» como uma política que considerava as questões germânicas em primeiro lugar e principalmente num contexto europeu; em segundo lugar, como uma política que procurava relações próximas e cordiais com a Prússia, sem cuja colaboração não poderia conseguir a Confederação; em terceiro lugar, como uma política que mantinha a primazia da Áustria na Alemanha. Por outras palavras, se a Áustria procurava organizar a Alemanha de modo a manter um equilíbrio de poder na Europa contra as ambições da França e da Rússia, também procurava fazê-lo de modo a que a Alemanha defendesse os interesses austríacos na Europa e deixasse a Áustria desempenhar o papel de potência germânica líder. O problema era que, considerando a emergência económica militar e política da Prússia após 1848, havia ali estadistas – principalmente Bismarck – que não viam motivos para continuar a agir assim. Do seu ponto de vista, o equilíbrio europeu continuaria a ser mantido mesmo que as questões germânicas fossem organizadas de modo a reflectir o equilíbrio de poder em mudança na própria Alemanha. Tão-pouco viam qualquer motivo para identificar os interesses da Áustria na Itália ou nos Balcãs com os da Europa, uma identificação que, aliás, por volta de 1860, também não parecia evidente para as outras potências. Por este motivo, as suposições que os estadistas austríacos faziam durante este período podem ser consideradas anacrónicas, uma crítica que também poderá aplicar-se a historiadores como Schroeder, Austensen, Elrod e outros que tomam o seu partido. Também não é plausível falar do compromisso assumido pela Áustria para formar um sistema europeu estável ou para com o Pacto quando se pensa no ultimato à Rússia em 1854, no ultimato à Sardenha em 1859, ou nas tentativas austríacas entre 1861 e 1863 de reformar a Confederação Germânica. Em todos estes casos o ponto de vista da Prússia foi ignorado ou contestado. A verdade era que o acordo de 1815 servia perfeitamente à Áustria e esta só o modificaria se fosse para seu próprio proveito. A diplomacia «metternichiana», por outras palavras, era realmente apenas uma *Realpolitik* austríaca com outro nome. Uma verdadeira política de conceder prioridade aos interesses europeus e à preservação da paz teria implicado concessões da parte da Áustria que esta nunca esteve disposta a fazer, na Itália, na Alemanha nem noutras regiões. Ao invés, esperava sempre que as potências europeias aceitassem a sua liderança, apesar da oposição que suscitava na Itália e noutras regiões e apesar do facto de que ameaçara envolver os Estados germânicos em guerras na Itália e nos Balcãs onde estes não tinham interesses em jogo. Além disso, o facto de a Prússia ser a potência económica líder na Alemanha, a chefe da União Aduaneira Germânica e a potência militar de que a Alemanha (incluindo a Áustria) dependia em qualquer guerra contra a França, não parecia indicar qualquer necessidade de rever as instituições da Confederação Germânica a favor da Prússia. Por isso, quando Francisco José se encontrou com o príncipe regente da Prússia, em 1860, o Ministério dos Negócios Estrangeiros austríaco ofereceu-lhe o seguinte conselho: «O príncipe regente deve compreender que a Corte Imperial, mesmo com a melhor vontade de alargar a influência, o prestígio e o próprio poder da Prússia, não pode deixar de sentir a mais legítima relutância nesta conjuntura em sacrificar os seus direitos e a sua posição na Alemanha. A Áustria combateu honradamente contra o inimigo hereditário da Alemanha, sofreu baixas e perdeu dinheiro, teve de sacrificar uma província da Itália, assistiu ao destronamento ilegal dos ramos menores da Casa Imperial na península: e agora espera-se que também volte atrás na Alemanha! O príncipe deve compreender, como amigo da Áustria, que não pode pedir tal coisa, que teria um efeito desastroso a nível interno para a monarquia de Habsburgo e fá-la-ia perder prestígio em toda a Europa»[88]. No entanto, o memorando prussiano equivalente, preparado para o príncipe regente prussiano, apenas afirmava o óbvio: «[...] Deverá ficar bem claro que é a Áustria que necessita de auxílio, enquanto a Prússia pode facilmente arranjar aliados e não está dependente do auxílio austríaco [...] Se [...] a Áustria nos pedir para considerar um ataque a Mincio (Véneto) como uma declaração de guerra, então teríamos de explicar os motivos que nos impedem de condescender a tal pedido se as nossas aspirações na Alemanha não forem tidas em conta»[89].

A história da luta pelo domínio na Alemanha é bem conhecida e não necessita de ser aqui repetida. Após a Guerra Italiana, Francisco José introduziu algumas reformas constitucionais na monarquia – o Diploma de Outubro de 1860 e a Carta Patente de Fevereiro de 1861. Estas pouco contribuíram para resolver a crise constitucional do neo--absolutismo (ver abaixo) mas permitiram que o imperador fizesse uma proposta para dominar a Alemanha ao concordar com a reforma da Confederação – delegados de um parlamento austríaco podiam agora juntar-se aos dos outros Estados germânicos num parlamento federal germânico – e até ao organizar o famoso *Fürstentag* de 1863. Tudo isto significava, evidentemente, um conflito com a Prússia, que tinha os seus próprios planos de reforma e que também esteve ocupada entre 1860 e 1865 a renegociar a *Zollverein* de modo a deixar a Áustria de fora. Entre 1860 e 1866, por conseguinte, disputava-se a segunda partida da luta pelo domínio da Alemanha e em grande parte sobre as mesmas questões que em 1848-51: a reforma da Confederação, a *Zollverein* e o Schleswig-Holstein. Desta vez, Rechberg foi menos audacioso que Schwarzenberg e quando os dois lados resolveram as diferenças de modo militar sobre o Schleswig-Holstein, foi a Áustria que perdeu apesar do apoio da maioria dos Estados da Confederação.

Poder-se-á defender Rechberg? É inegável que a sua política foi uma tentativa desesperada de chegar a um compromisso com Bismarck acerca do Schleswig-Holstein. (Opôs-se aos planos de reforma da Confederação, que foram em frente porque Francisco José os apoiou.) «Se agirmos calma mas firmemente em defesa dos nossos legítimos direitos», declarou a um colega bávaro, «e reunirmos os outros governos germânicos em nosso redor, a Prússia compreenderá a impossibilidade de realizar os seus planos e isso facilitará a vitória da facção mais calma e mais sensata em Berlim»([90]). Noutra ocasião, declarou a um colega: «[...] não desejamos impor quaisquer humilhações à Prússia. Só pedimos que por seu lado esta respeite a nossa dignidade e a posição que mantemos na Alemanha como grande potência e como herdeiros de um glorioso passado»([91]). Talvez isto fosse verdadeiramente «metternichiano». Mas era também desprovido de sentido e apenas conduziu a Áustria a toda a espécie de contradições – por exemplo, apoiar Augustenburg e a Confederação contra o Schleswig-Holstein num momento e oferecer-se para fazer, ou fazendo mesmo, acordos separados com a Prússia no momento seguinte. No entanto, Rechberg não podia oferecer alternativa. Entretanto, até este compreendera que perseverar em tal rumo – colaboração com a Prússia só pela própria colaboração – não tinha dignidade nem possibilidade de êxito enquanto Bismarck estivesse encarregado da política externa em Berlim: «Sobrecarrega a condução dos assuntos de um modo extraordinário», escreveu após Bismarck lhe dizer para evitar sentimentalismos, «quando se tem de lidar com um homem que revela o seu cinismo político tão abertamente que responde a uma parte da minha carta – que temos de fazer da conservação da Confederação e dos direitos hereditários dos príncipes germânicos o fundamento da nossa política – com a expressão contundente de que ambos nos devemos colocar no terreno prático da política de gabinete e não deixar a situação ficar obscurecida pelo nevoeiro proveniente das doutrinas de uma política germânica sentimental. Tal linguagem é digna de um Cavour. A adesão ao fundamento da legalidade constitui uma política nebulosa de sentimentalismo! A tarefa de manter este homem dentro de certos limites, de o dissuadir da sua política expansionista de utilidade [...] ultrapassa os poderes humanos»([92]). Outros, porém, incluindo o perito germânico no Ministério dos Negócios Estrangeiros austríaco, von Biegeleben, e o secretário de Estado no governo austríaco, von Schmerling, chegaram à conclusão óbvia de que era necessário haver uma mudança de política. Segundo Schmerling: «Rodeado de egoístas, até mesmo um homem honesto deve seguir uma política egoísta de modo a não sucumbir»([93]). Biegeleben sugeriu uma aliança com a França, rumo que Rechberg se recusou a considerar, defendendo que por fim isso apenas acabaria por deixar a Áustria isolada. Ainda assim, uma vez que a sua própria política não conduzia a nada e estava a ser cada vez mais criticada por Viena, demitiu-se em Outubro de 1864.

Só em 1866 a Áustria adoptou a *Realpolitik*. Em 1865, rejeitou uma oferta dos Italianos de comprar o Véneto, oferta essa que foi considerada insultuosa para a *Kaiserhaus*, embora o ministro das Finanças, von Plener, tivesse gostado, considerando o estado das finanças imperiais, de a ter aceitado. Foi então que, em 1866, se deu uma mudança decisiva: consciente de que Bismarck negociara uma aliança com a Itália, Mensdorff-Pouilly, o novo ministro dos Negócios Estrangeiros, negociou um tratado secreto com a França. Segundo as condições desse documento, a Áustria comprometeu-se a ceder o Véneto, através de França, à Itália caso esta vencesse a guerra com a Prússia, ficando acordado que esta se indemnizaria na Alemanha. Na realidade, o plano era tomar a Silésia à Prússia e estabelecer na Renânia um dos ramos de Habsburgo que fora expulso da Itália Central. Napoleão III seria consultado sobre a extensão das conquistas austríacas na Alemanha, mas não existe provavelmente verdade na afirmação dos historiadores prussianos que foi oferecido à própria França território germânico. A *Realpolitik* austríaca não ia tão longe. Em vez disso, a parte francesa do negócio consistia em que Napoleão III deveria permanecer neutro em qualquer guerra, recebendo contudo a honra de transferir o Véneto para a Itália. O resultado final foi uma situação bastante curiosa, que até os maiores esforços de Michael Derndarsky, o historiador austríaco, não podem defender plausivelmente[94]. Significava que as tropas imperiais mais uma vez morreriam no campo de batalha no Norte de Itália, embora o território que estivessem a defender acabasse por ser cedido, quer vencessem ou perdessem. Certamente que era um preço demasiado alto a pagar pela honra fosse de quem fosse. No entanto, Francisco José permitiu-o, embora nesse caso a aposta militar se tenha perdido. A derrota em Sadowa significou que a Áustria foi expulsa da Alemanha e também perdeu o Véneto. Von Plener escreveu no seu diário mesmo antes de a guerra ter começado que teria sido melhor ter vendido o Véneto aos Italianos. E acrescentou: «Mas nos círculos mais altos considerava-se alta traição a simples menção a esse facto, e agora custar-nos-á 100 000 homens e milhões em dinheiro. A Áustria ficará financeira e economicamente arruinada, e o resultado será sempre a perda do Véneto»[95]. Pelos vistos, possuía uma visão mais perspicaz das capacidades do exército austríaco do que o seu imperador.

A diplomacia de Rechberg e Mensdorff levou a uma discussão entre dois dos historiadores que recentemente se interessaram bastante por este período, nomeadamente Elrod e Derndarsky. Ambos são «revisionistas» no sentido de que ambos crêem que a Áustria nas décadas de 1850 e 1860 seguiu uma política «metterniciana» e europeia, pela qual deveria receber o devido crédito. No entanto, Elrod é obviamente mais «revisionista» que Derndarsky: daí a sua defesa de Rechberg, que expõe do seguinte modo:

> Rechberg compreendeu correctamente que a Áustria não poderia vencer Cavour, Napoleão III e Bismarck no seu próprio campo; que,

rodeada como estava de Estados revisionistas, a Áustria não poderia resolver os seus problemas tornando-se também revisionista. Mas a sua política geral de passividade e moderação e de oposição a qualquer mudança na Itália e na Alemanha era igualmente insustentável. A sua crença de que as outras potências deviam, ou podiam, persistir nos princípios e políticas que mais serviam a Áustria e que apenas aumentavam a agitação e a tensão nas zonas voláteis da Europa Central era injustificada e manifestamente auto-interesseira.

No entanto, será um sofisma alegar que a terceira opção lógica seria a Áustria simplesmente ceder voluntariamente à mudança irresistível. O governo de Viena teve certamente muitas oportunidades para o fazer: recebeu uma variedade de ofertas para a cessão ou venda do Véneto, ou para um acordo com a Prússia na Alemanha. Mas como Rechberg e mais tarde Mensdorff compreenderam, a maioria destas propostas não se destinava a resolver problemas mas a abrir caminho para maiores exigências. Além disso, a maioria destas acarretava o perigo certo de envolver a Áustria em conflito com as outras potências – sobretudo com a Rússia nos Balcãs – ou de reconhecer o princípio do nacionalismo.

Em Novembro de 1863 o embaixador austríaco em Londres, melindrado por outro discurso sobre por que motivo a Áustria deveria ceder o Véneto à Itália, afirmou categoricamente que a Áustria preferiria sempre perder uma província pela guerra do que cedê-la numa mesa de negociações. Paradoxalmente, tinha razão. Até Lord Clarendon reconheceu durante o desenlace austro-prussiano de 1866 que, para os Austríacos, «uma guerra desastrosa é melhor do que uma desonra voluntária». A decisão de combater em 1866 permitiu pelo menos que a Áustria exercesse um certo controlo sobre a natureza da guerra e o seu resultado, ainda que tenha perdido. O tratado secreto com a França a 12 de Junho destinava-se não só a assegurar a neutralidade de Napoleão mas também a controlar a sua política italiana de modo a precaver-se contra uma guerra nacionalista com a Itália e a comprometer o imperador francês a uma solução não nacional na Alemanha: a Silésia para a Áustria e uma zona renana neutralizada. Por fim, a natureza da própria guerra germânica com os Estados germânicos do Sul (e outros) a combaterem pela Áustria desempenhou um papel semelhante. Evitou que a guerra se tornasse uma guerra de nacionalidades.

Assim, o resultado imediato da guerra não foi insuportável para a Áustria, apesar da sua expulsão da Alemanha. O império continuava a ser independente, ainda era uma potência europeia e um freio à potência germânica. Tudo isto mudou drasticamente com a Guerra Franco-Prussiana. A criação de um Império Germânico poderoso e nacionalista transformou o sistema interno europeu. De facto, as políticas gerais de Bismarck após 1871 procuraram manter a paz e a estabilidade europeia. Mas a longo prazo, nem a habilidade de Bismarck pôde disfarçar o facto de que o Império Germânico constituía em si um factor de desestabilização nas políticas europeias[96].

Derndarsky concorda que a Áustria tinha de combater; uma passividade contínua apenas teria levado a um Congresso Europeu e à perda de território. Salienta, contudo, que o tratado secreto com França não foi realmente *Realpolitik*, mas apenas uma resposta ao tratado de Bismarck com a Itália. De qualquer modo – dificilmente seria ideal –, Napoleão III apenas ofereceria neutralidade e não apoio militar. Por outro lado, alegar que o Império Germânico que emergiu após 1870 era em si desestabilizador, afirma Derndarsky, «parece ser um ex-pós-fatalismo insustentável que nega a multicausalidade e transparência em princípio do seu rumo»[97]. Ambos os historiadores, porém, parecem ignorar uma série de factores na sua avaliação da política austríaca. Para começar, torna-se difícil compreender como pode a Áustria ser retratada como factor estabilizador na diplomacia europeia do século XIX e defensora do interesse europeu se estava sempre disposta a rejeitar soluções diplomáticas para os seus problemas. Foi precisamente esta atitude que tornou pessoas como Cavour e Bismarck necessárias. Além disso, não condenam a moralidade de permitir que milhares de soldados morressem na Itália por uma província que acabaria por ser cedida de qualquer modo. Tratava-se de uma manobra cujo cinismo facilmente se equiparava a tudo que Bismarck ou Cavour fossem capazes de fazer. Era também um erro em termos militares – as tropas poderiam ter sido utilizadas na Boémia. Em última análise, contudo, a verdadeira questão em jogo na recusa da Áustria em comprometer-se não era nem uma estratégia diplomática nem um estado de alerta militar, mas simplesmente a honra do imperador. Foi por isso que tiveram de morrer homens em Itália; foi por isso que Bebedek recebeu o (arriscado) comando boémio em vez do arquiduque Albrecht; e foi por isso que o pressionaram a combater em Sadowa e os responsáveis o trataram tão miseravelmente, depois. A honra imperial exigia que nenhum território fosse entregue sem luta; as teorias a respeito dos interesses ou princípios europeus por oposição à *Realpolitik* não passam de pretextos e justificações. E a honra imperial, para aqueles que morreram desnecessariamente a defendê-la, não possuía mais valor moral do que a *Realpolitik*. Por fim, Derndarsky debilita a sua posição ao precaver Elrod contra o determinismo. O facto é que – e regressaremos a isso mais adiante em relação a Schroeder – não só constitui um erro descrever o Império Germânico após 1870 como desestabilizador em si; também se ignora a particularidade de que o factor desestabilizador acabou por se revelar a Áustria. Pois ao não conseguir manter a liderança da Alemanha e da Itália, tentaria recuperar o seu prestígio procurando uma posição predominante nos Balcãs. Na maioria das vezes, isso não teve importância – podia ser refreada pela Alemanha. No entanto, em 1914, quando tal não sucedeu, o resultado foi a guerra mundial e o desaparecimento da monarquia – após mais outro ultimato e outra recusa em comprometer-se, desta vez com os eslavos do Sul. O facto de não se comprometerem teve, pois, graves consequências a longo e também a curto prazo. Contudo, regressaremos a este ponto mais tarde.

Assim como a perda da liderança italiana levara a uma reforma constitucional, de igual modo a exclusão da Alemanha teve esse efeito. Em parte, era esse o preço natural do fracasso; mais especificamente, a monarquia descobriu que ninguém lhe emprestaria o dinheiro necessário para reconstituir a sua economia a menos que se efectuassem mudanças constitucionais. O período de 1860-1866 foi portanto uma espécie de crise constitucional contínua. No fim, seria resolvida através do *Ausgleich*, ou Compromisso com a Hungria, um acordo feito à pressa entre Francisco José e os Magiares. Antes disso, a monarquia passara do Diploma de Outubro de 1860, um plano federalista concebido por aristocratas magiares e boémios, para a Carta Patente de Fevereiro de 1861, que alterava o primeiro para um rumo mais centralizador. O plano de 1860 fora um eco das propostas de Metternich de 1817 e apenas servira para demonstrar como estas teriam sido impraticáveis, uma vez que foi rejeitado por praticamente todas as nacionalidades da monarquia, que não tinham motivos para sentir que os seus interesses seriam representados por um punhado de eminentes aristocratas reunidos em Viena. A Carta Patente de Fevereiro transformou assim o *Reichsrat* previsto pelo Diploma de Outubro num parlamento central – algo mais dentro das linhas da constituição de Stadion de 1849. Porém, como seria de prever, isto aborreceu os Húngaros. Já antes de 1866, por conseguinte, Francisco José iniciou as negociações com Ferenc Deák, o porta-voz reconhecido da Hungria. Este último insistiu na legalidade das Leis de Abril de 1848, mas na prática estava disposto a modificá-las em relação às Finanças, aos Negócios Estrangeiros e à Defesa. Contudo, seria ainda necessária a derrota às mãos da Prússia para convencer o imperador de que era inevitável um compromisso, demonstrando que mesmo nos assuntos internos havia que satisfazer as exigências da honra. No fundo, era um absolutista que se ressentia com a necessidade de parlamentos, mas agora não tinha opção. Assim, arranjou dois, embora em muito boas condições.

5

A Monarquia Dual

A maioria dos estudantes parece crer que a monarquia de Habsburgo esteve em «declínio» entre 1867 e 1914. Logo, a perspectiva comum parece ser a de que em 1914 estava à beira do «colapso» e que a Primeira Guerra Mundial apenas provocou o inevitável. Na realidade, no seio da monarquia quase ninguém estava a trabalhar por uma república durante esta época e praticamente ninguém desejava ver a monarquia desagregar-se. Talvez ironicamente os dissidentes mais militantes fossem os nacionalistas germânicos liderados por von Schönerer, que defendia que os germânicos austríacos deveriam separar-se e juntar-se ao Império Germânico dos Hohenzollerns. Seria apenas a derrota na guerra, por conseguinte, que precipitaria o colapso, e tal derrota não foi certa até ao início do Verão de 1918. Mesmo então, o exército habsburgo continuou a lutar até ao cruel final. Contudo, se as Potências Centrais tivessem realmente vencido a Primeira Guerra Mundial, a monarquia de Habsburgo teria sobrevivido não só intacta como quase certamente alargada. Este capítulo não seguirá, pois, qualquer determinismo inapropriado. Por outro lado, considerando as já conhecidas debilidades do sistema dual, analisará temas como o lugar da Hungria no seio da monarquia, o problema das nacionalidades, o desenvolvimento económico, a emergência de novas forças políticas e sociais, o pessimismo cultural e os problemas da política externa antes de 1914, para se apurar qual o estado exacto em que se encontrava o Império Habsburgo antes de entrar no seu combate final.

O Compromisso de 1867

Comecemos por nos debruçar sobre o Compromisso. Alguns historiadores preferem utilizar a palavra «acordo», mas se se tratava de um acordo, dificilmente seria popular. Os alemães da monarquia em breve o começaram a detestar e muitos húngaros também desejavam alterá-lo. Os outros povos da monarquia – compreensivelmente – sentiram-se enganados. No entanto, manteve-se na sua essência. A liderança magiar recusou-se a admitir qualquer alternativa que lhe deixasse menos poder. E uma vez que Francisco José não estava disposto a conceder-lhes mais, o Compromisso tornar-se-ia a âncora de base do Estado húngaro. Nada poderia ser feito para o minar. Os seus termos acabaram por ficar estabelecidos, e só o fim da monarquia poria fim ao *Ausgleich*.

A maioria dos historiadores, tal como a maioria dos contemporâneos, raramente teve uma palavra amável a dizer acerca do Compromisso. Não é muito difícil de compreender porquê. Em primeiro lugar, tratou-se de um acordo, não entre os representantes das várias regiões da monarquia, mas entre Francisco José e a liderança magiar. E tendo o primeiro chegado a este acordo, impô-lo em seguida à «parte austríaca» dos seus domínios, apesar da sua impopularidade junto da maioria dos seus súbditos. De facto, um historiador húngaro de renome sugeriu recentemente que nem junto dos súbditos húngaros o acordo havia sido popular. Segundo György Szabad, os parlamentares húngaros que o delinearam não tinham abordado «a questionável legalidade das eleições de 1865 e também não [haviam] levado em conta o facto de as condições do acordo proposto mal serem conhecidas pelos eleitores que deram ao partido de [Deák] a sua maioria parlamentar. Nem uma palavra fora dita durante as eleições de 1865 sobre uma modificação das leis de 1848 de modo a alargar as prerrogativas do soberano, e nem sequer a parte do programa que debatia os negócios conjuntos fora publicada ainda na Hungria»([1]). Trata-se, contudo, de uma curiosa perspectiva, primeiro, porque quase todas as eleições na Hungria no século XIX eram «de questionável legalidade» e, segundo, porque é extremamente duvidoso que Deák pudesse ser acusado, fosse de que modo fosse, de enganar o eleitorado húngaro. Nas palavras de László Péter: «Quando o parlamento foi convocado no Outono, nem o eleitorado nem os eleitos podiam ter grandes dúvidas sobre o tipo de acordo constitucional que Deák pretendia assegurar. Os seus princípios eram claros. Mais notável se torna, pois, que em 1865-1866 nem um único político tivesse erguido a voz contra o rumo de Deák [...] A união com que o parlamento exprimiu o seu desejo de chegar a acordo com a coroa no início de 1866 foi impressionante. *Kiegyenlités* [acordo] ainda não possuía a conotação pejorativa que, através da sua desajeitada tradução para "compromisso", passou a ter desde então [...] A autoridade de Deák era enorme; a maioria dos deputados reconhecia a sua liderança e ainda não existiam verdadeiros partidos»([2]).

Com ou sem o apoio do eleitorado, a liderança húngara vira obviamente a oportunidade para fazer um excelente negócio. Francisco José parece ter sido um homem com pressa em 1866 e talvez nunca tenha chegado a ler todos os pormenores do acordo que fora orquestrado com os Húngaros. A lei húngara que incorporava o Compromisso incluía certamente importantes cláusulas que sugeriam que a Hungria não só tinha direito a um exército separado, mas também a uma política externa separada. Estas cláusulas, é facto, foram excluídas da lei austríaca que incorporava o acordo, o que significava nada mais nada menos que a monarquia seria governada com base em duas leis fundamentais textualmente diferentes. Pior ainda, as suposições subjacentes a tais leis eram diferentes. Os Austríacos presumiam a existência de uma espécie de «Estado global», ou *Oberstaat*, a que chamavam «monarquia austríaca», relativamente à qual as duas «partes» ou *Reichshälften* estariam submetidas. No entanto, tal interpretação era totalmente estranha ao pensamento constitucional húngaro, que ainda se atinha a um conceito de um Estado húngaro constitucional separado que partilhava um governante – ou antes a pessoa de um governante – com os Austríacos, e que apenas entrara em certos acordos constitucionais específicos com estes. Os Húngaros, na realidade, não se preocupavam muito que a lei austríaca fosse diferente. A sua versão do Compromisso fora aceite em primeiro lugar; além disso, uma vez que o seu preâmbulo afirmara que o Compromisso seria um acordo entre governos constitucionais na Áustria e na Hungria, considerava-se o constitucionalismo austríaco pelo menos tão dependente da Hungria como o constitucionalismo húngaro o era da Áustria.

O Compromisso deixava, por fim, uma série de questões ao acaso ao decretar que o chamado «compromisso económico» entre a Áustria e a Hungria deveria ser renegociado a cada década. Esta disposição cobria não só as tarifas e o comércio, mas também a quantidade de dinheiro com que cada país contribuiria para o tesouro comum – a chamada «quota». Inútil será dizer que estas negociações levavam a conflitos regulares entre as duas «partes» da monarquia. Por volta de 1895, por conseguinte, as perspectivas de Karl Lueger acerca do Compromisso, expostas à Câmara dos Comuns do parlamento austríaco, representavam as da maioria dos alemães austríacos: «Considero o dualismo», declarou, «um infortúnio – de facto, o maior infortúnio pelo qual a minha pátria já passou, um infortúnio ainda maior do que as guerras que perdemos»([3]). Os porta-vozes das nacionalidades também terão exprimido o seu acordo. O Compromisso de 1867 submetera-os aos povos dominantes, apesar de todos os seus esforços em favor da dinastia em 1848. Considera-se que Andrássy resumiu a sua posição nestas palavras notáveis dirigidas a um colega austríaco: «Cuide dos seus escravos que nós cuidaremos dos nossos»([4]).

O *Ausgleich* teve consequentemente novos defensores. O principal é Macartney que, num artigo extremamente interessante acerca deste tema, adoptou a perspectiva de que, em primeiro lugar, já tudo o resto havia sido tentado e, em segundo lugar, apesar de todos os seus defeitos o Compromisso durara meio século: «Só se pode julgar o valor de algo [...] depois de o experimentar e, a julgar por essa experiência, o Compromisso, ainda que não totalmente digerível, continha pelo menos os ingredientes suficientes para sustentar cinquenta milhões de pessoas durante cinquenta anos»([5]). No entanto, colocam-se duas objecções à sua defesa: em primeiro lugar, apesar das experiências constitucionais de 1860-1861, é simplesmente falso sugerir que tudo o resto já havia sido tentado – veja-se Kremsier, por exemplo, ou até a constituição de Stadion; em segundo lugar, não há motivos para aprovar um regime pobre – ou, ocasionalmente, até de total despojamento – na história.

Quase todos os historiadores não húngaros alegaram que através do Compromisso os Húngaros assumiam o controlo da monarquia. Pois enquanto os Magiares se revelaram capazes de manter os seus escravos sob controlo e demonstravam grande solidariedade quando confrontados com usurpações ou, mais frequentemente, a resistência por parte de Viena na Cisleitânia, por outro lado – um dos nomes para a «parte» austríaca da monarquia – a amarga disputa entre Alemães e Checos minou fatalmente a força negocial do governo austríaco quando se tratou de negociar com os Húngaros. O resultado, nas palavras de um historiador austro-americano foi que: «A Hungria, com efeito, governou e explorou toda a monarquia [...] A cada revisão de dez em dez anos do "Acordo", as exigências húngaras tornavam-se mais ousadas [...] Se não fosse a Primeira Guerra Mundial, é provável que a Hungria se tivesse tornado independente aquando da renovação do "Acordo", em 1917»([6]). Um estudo recente de um eminente historiador austríaco chegou à mesma conclusão, afirmando que sob Kálmán Tisza, após 1875, a Hungria alterou a natureza do Dualismo: «Segundo a formulação [de Tisza], a Hungria assumiu a liderança na "monarquia dual" e os Magiares eram senhores da Hungria»([7]). O mesmo historiador salienta que a queda do governo de Badeni na Áustria em 1897, um acontecimento que praticamente levou à suspensão do respectivo governo parlamentar (ver abaixo), aconteceu não em resultado dos esforços de Badeni para assegurar o acordo checo de uma renovação do acordo económico com a Hungria. A observação geral que faz, porém, é a seguinte: «A política interna da Áustria nestes anos não pode ser compreendida sem a pressão permanente exercida pela Hungria. Muitos dos problemas que foram e são atribuídos aos governos austríacos emergiram precisamente como consequências do Dualismo, as consequências insidiosas e ameaçadoras do Dualismo, ou, em última análise, de se querer manter os Húngaros no sistema a qualquer custo»([8]). Com a eclosão da Primeira Guerra Mundial, segundo este historiador, a predominância húngara em todos os assuntos económicos e diplomáticos tornou-se «inequívoca»([9]). Pior ainda, Tisza [István] separou totalmente a Hungria da Áustria, governou-a quase como um país estrangeiro, e negou provisões de alimentos essenciais à esfomeada Áustria.

Os historiadores húngaros, por outro lado, pintaram um quadro muito diferente do Dualismo. Péter Hanák, por exemplo, tentou demonstrar que a situação era mais complexa do que as versões austríacas por vezes admitiam. Em primeiro lugar, recorda-nos que, nos termos do Compromisso, as disposições relativamente à Hungria recaíam sobre três grupos, nomeadamente, (a) questões puramente internas a respeito das quais, segundo o *Ausgleich*, a Hungria era independente, isto é, questões em que o governo húngaro tomava as decisões, o parlamento húngaro aprovava-as e o rei húngaro sancionava-as; (b) os chamados *acordos não pragmáticos* (ou seja, que não provinham da Pragmática Sanção de 1723), isto é, disposições que representavam um «acordo de interesses» baseado em «princípios comuns», e que incluíam as quotas e as tarifas, bem como os acordos de comércio do compromisso económico, os quais, por sua vez, deveriam ser renegociados a cada dez anos pelos governos da Áustria e da Hungria, após o que as fórmulas aprovadas seriam submetidas aos respectivos parlamentos e ao soberano. O grupo final de disposições (c) era o que provinha da Pragmática Sanção, sendo dirigido pelo ministério comum imperial-real (mais tarde, imperial *e* real). A posição constitucional a respeito destas disposições era muito pouco clara. Legalmente, o ministério comum era simplesmente responsável – para separar delegações parlamentares da Áustria e da Hungria – pelas questões que não pertenciam aos governos de nenhuma das «partes». Além disso, as relações dos ministros comuns com os da Áustria e da Hungria também eram pouco claras, e o ministro dos Negócios Estrangeiros comum, por exemplo, era legalmente obrigado «a proceder apenas com o acordo e a aprovação de ambas as partes [da monarquia]»([10]). As políticas comuns deveriam ser preparadas pelo ministério comum, e depois apresentadas às delegações separadas de ambos os parlamentos para serem votadas, após o que seriam por sua vez apresentadas ao monarca, a fim de que este as aprovasse. De tudo isto pode assim presumir-se que a Hungria era independente em relação aos seus próprios assuntos e alcançara a paridade nos assuntos comuns. Na prática, porém, como salienta Hanák, o sistema funcionava de modo muito diferente. Nos assuntos internos, para começar, havia duas importantes divergências do modelo legal. O governo húngaro tinha de depor as suas propostas em primeiro lugar não perante o parlamento, mas perante o rei – e segundo uma fórmula muito precisa – a sanção preliminar do *elozetes szentesítés*. O monarca, por outras palavras, tinha direito de veto sobre a legislação antes e depois de esta ser apresentada ao parlamento, o que poderia ser considerado um resquício feudal, mais do que um sinal da independência húngara, se não fosse o facto de Francisco José sentir que era de seu direito discutir propostas dos seus governos com grupos não oficiais de cortesãos, especialmente se tais propostas pudessem afectar a monarquia no seu todo. Estes grupos de cortesãos incluíam membros da família imperial, da aristocracia e das forças armadas que serviam mais a dinastia que qualquer um dos governos em questão. Deste modo, Francisco José conseguia submeter até mesmo os assuntos internos da Hungria às necessidades da monarquia como um todo.

Havia uma divergência semelhante do modelo jurídico em relação aos assuntos comuns. Aqui, a política não era determinada pelas negociações entre governos e parlamentos, mas entre o monarca e os governos em questão. Se ocorresse um conflito entre o monarca e o governo, na maioria dos casos o governo tinha de submeter-se ou afastar-se. Nos casos de conflito entre a Áustria e a Hungria, mais uma vez era o monarca que decidia o resultado. No que se referia aos ministros comuns, também se chegava a uma política através de um debate entre estes e o soberano. O papel das delegações era puramente formal e apenas em questões de extrema importância a influência constitucional dos primeiros-ministros húngaro e austríaco podia ser aplicada. Entretanto, os soldados e cortesãos junto dos quais o monarca procurava conselho influenciavam constantemente a tomada de decisões. O monarca, por conseguinte, segundo László Péter, servia como «pedra angular da estrutura política»[11]. E prossegue: «O controlo do soberano sobre o exército – operando largamente fora da esfera constitucional-legal, permitia normalmente a Francisco José manter a liberdade sobre tudo o que afectasse directamente a monarquia enquanto grande potência: política externa, defesa e finanças imperiais. Na esfera mais elevada da política de Estado, Francisco José permaneceu um autocrata mesmo após 1867. Tomava decisões após se ter aconselhado junto do *Ministerrat für gemeinsamen Angelegenheiten*, por vezes referido como Conselho da Coroa, um órgão consultivo mais do que executivo com membros indefinidos e sem estatuto constitucional formal»[12].

Paradoxalmente, esta situação satisfazia muitos húngaros. Um membro da sua delegação, por exemplo, declarou em 1906: «Reconheço apenas ministros comuns, mas não um governo comum»[13]. De facto, Péter alega que fora esta a intenção de Deák em 1867. Segundo este: «Que o governo devesse "provir" de uma maioria parlamentar, fora considerada uma condição *sine qua non* do restabelecimento da vida constitucional por parte de Deák e dos seus apoiantes; mas estes não esperavam que fosse concedido ao parlamento um controlo político final. A responsabilidade política era estritamente dual: esperava-se que o governo mantivesse a confiança do monarca e do parlamento, de modo que, qual moderno palatino, pudesse mediar com êxito entre as duas partes [ou seja, o rei e o parlamento – não a Áustria e a Hungria]. Deák e as maiorias «de 67» após 1867 acreditavam numa constituição equilibrada e não num sistema de governo parlamentar»([14]). Péter salienta ainda o facto de a autoridade do monarca ser incentivada pela «intensa lealdade quase invariavelmente demonstrada ao soberano pela grande maioria dos seus súbditos»([15]). «*Kaisertreue* e *királyhűség*», acrescenta, «eram no século XIX sentimentos poderosos». Observa igualmente «o efeito intimidante da presença física do monarca nos políticos, e mais ainda nas pessoas comuns»([16]), antes de concluir que: «A magia do ofício – que Francisco José se esforçava por manter, cultivando a etiqueta da corte com escrúpulo obsessivo –, juntamente com a *potestas* institucional notavelmente eficaz assegurou que, durante meio século, fosse possível um grau de colaboração mais do que suficiente das partes constituintes da união, mesmo em épocas de crise»([17]). Hanák está certamente correcto, portanto, ao defender que o retrato do Dualismo pintado pelos historiadores austríacos, *i.e.* que a Hungria dominava a monarquia, necessita de ser modificado. Por fim, há dois outros factores que Hanák gostaria de que nos recordássemos. O primeiro é que, embora a Hungria exercesse muita influência na política externa – cerca de 25% a 30% do corpo diplomático, já para não falar de pelo menos três ministros dos Negócios Estrangeiros da época, eram húngaros e todos eles seguiam uma política externa que nos seus princípios fora estabelecida por Andrássy –, os Húngaros não tinham influência sobre o exército. De facto, este órgão era nitidamente antipático em relação aos cidadãos e parecia agir frequentemente na Hungria como um exército de ocupação. Tratava-se de um poder independente no seio do Estado húngaro e tornava a Hungria dependente da dinastia. A descrição de Hanák do exército como «o calcanhar de Aquiles do Dualismo» é bem confirmada pelos muitos conflitos que ocorreram entre a Áustria e a Hungria sobre questões militares, já para não falar das crises constitucionais de 1903-1906, durante as quais um destacamento de tropas (embora *honvéds* húngaros) expulsou os deputados do parlamento húngaro, e durante as quais também o exército imperial recebeu ordens, embora nunca fossem executadas, para uma invasão e ocupação da Hungria.

O último ponto que Hanák estabelece é que nos devemos sempre recordar dos factores emocionais envolvidos. Assim, por muito bem que a Hungria se saísse no Dualismo – e investigaremos esta questão mais adiante –, a opinião pública húngara continuava a considerar a Hungria oprimida. Inversamente, por muito débil que a posição húngara possa ter sido a nível constitucional, em muitos aspectos a opinião pública austríaca ressentia-se com o que julgava ser o papel sinistro e predominante da Hungria na monarquia.

Analisemos agora mais pormenorizadamente estas questões. A respeito dos assuntos militares, não há qualquer dúvida de que o imperador e os seus principais conselheiros militares sentiam extrema relutância em 1866-1868 em sancionar tudo o que pudesse acabar por dividir o exército. O arquiduque Alberto, sobretudo, suspeitava de todos os planos húngaros em relação a qualquer tipo de formações militares húngaras separadas. Francisco José, porém, ansioso por chegar a um acordo com os Magiares, concordou relativamente depressa com uma série de propostas de Andrássy, o braço direito de Deák e primeiro primeiro-ministro da Hungria dual, propostas essas destinadas a pôr fim à disputa. O problema em 1867, segundo Zoltán Szász, era «como dividir a monarquia de Habsburgo em duas, embora deixando-a inteira»([18]). O mesmo se aplicava ao exército, uma vez que Kálmán Tisza e outros alegavam que a Pragmática Sanção de 1723 apenas requeria uma defesa comum, não necessariamente uma defesa unida. Foi Andrássy quem descobriu a fórmula para negociar este obstáculo. Nas palavras de János Décsy, era «o homem certo na altura certa para a tarefa certa»([19]) e, segundo Gábor Vermes, foi a sua «brilhante e enérgica diplomacia» que resolveu o problema([20]). Basicamente, o que se passou foi que o soberano ficou ao comando do exército imperial-real comum – o artigo 11.º do Compromisso estipulava que «em conformidade com as prerrogativas constitucionais do soberano, reconhece-se que todos os assuntos relacionados com o comando, controlo e organização interna unificados de todo o exército, e também do exército húngaro como parte integrante de todo o exército, estão reservados à disposição de Sua Majestade» – embora os termos de serviço, acantonamento e apoio financeiro para os regimentos húngaros fossem determinados pelo parlamento húngaro. A língua de comando deste exército seria o alemão, algo que se aplicava tanto ao regimento húngaro como a outros. (Andrássy, que tentou negociar o húngaro como língua de comando para os regimentos húngaros, foi informado de que os húngaros incluíam mais de 14% de entre apenas 14 em 64 regimentos de infantaria, e menos de 10% a 12% em formações de *Jäger*, artilharia, mecânica e de transmissões; com efeito, apenas os catorze regimentos hussardos falavam 80% a 100% húngaro.) Por outro lado, Andrássy persuadiu Francisco José a concordar com a criação de forças de defesa internas na Áustria e na Hungria (e também na Croácia), sendo a húngara naturalmente baptizada *Honvédség*. Esta seguiria o modelo do exército comum quanto a organizações e uniformes, mas seria autorizada a utilizar insígnias e bandeiras distintas, e utilizaria o húngaro como língua de comando. O seu juramento de fidelidade seria dirigido ao rei e à constituição nacional. Andrássy considerava o *Honvédség* como um exército nacional embrionário, mas precisamente para evitar que tal sucedesse, Francisco José recusou-se a permitir que este possuísse a sua própria artilharia. O monarca insistiu também em nomear o seu comandante-chefe e controlava a questão das suas comissões. Em última análise, contudo, este era simplesmente demasiado pequeno para desafiar o exército imperial: em 1870 possuía apenas cerca de 10 000 soldados regulares. Segundo Szász: «Um batalhão conteria apenas vinte e um a vinte e seis homens, por vezes até insuficientes para montar uma guarda adequada. As bandas militares não eram permitidas até às celebrações do milénio de 1896, em parte porque se temia que a banda ultrapassasse em número os soldados em qualquer marcha que liderasse»[21].

Andrássy compreendeu, porém, que seria este o melhor acordo que poderia obter. Nas palavras de Rothenberg: «[...] sempre um realista político, [ele] decidiu que chegara ao limite das concessões imediatamente disponíveis, e para não colocar em risco o acordo político que concedera à Hungria total paridade na monarquia dualista, forçou o acordo militar através do parlamento. No entanto, e isto constituía um inquietante presságio do que estava para suceder, para acalmar as veementes objecções da oposição teve de prometer que o governo continuaria a procurar uma maior autonomia militar por todos os meios disponíveis»[22]. A oposição porém, nunca estava satisfeita, e como arma principal no seu combate por um exército mais nacional utilizou a obstrução parlamentar de projectos de lei do exército que surgiam em debate a cada dez anos. Por exemplo, o debate sobre o projecto de lei de 1889 foi extremamente violento e provocou a declaração do velho Andrássy, agora elevado à Câmara dos Lordes, de que nunca houvera uma ideia de um exército separado para a

Hungria em 1867. Tinham de ser feitas concessões, no entanto, para que o projecto de lei fosse aprovado, incluindo a famosa alteração através da qual o exército comum passou a ser conhecido por imperial *e* real, ao invés de simplesmente imperial-real (k.u.k. em vez de k.k., em alemão). Foi então que, em 1898, quando o ministério comum pediu um modesto aumento de tropas, que a obstrução parlamentar foi mais uma vez utilizada, desta vez acompanhada de motins, uma situação que durou oito anos. No fim, o *Honvédség* acabou por receber a sua preciosa artilharia, mas não antes de a disputa ter provocado a famosa ordem do dia de Chlopy de Francisco José a 17 de Setembro de 1903, que reafirmava a sua intenção de manter um exército unido, e a quase implantação do plano U, que autorizava a ocupação militar da Hungria. Apesar da violência destas disputas, o *Honvédség* e o exército imperial conseguiram, porém, colaborar harmoniosamente antes de 1914 e durante a própria Primeira Guerra Mundial. Certamente que as tropas húngaras de ambos os serviços se distinguiram mesmo até ao fim. Tem-se sugerido, por conseguinte, que com um pouco mais de flexibilidade toda a disputa poderia ter sido facilmente evitada, um ponto de vista que tem sido contestado por Gunther Rothenberg, actualmente talvez o mais eminente de todos historiadores militares da monarquia. Comentando as dúvidas expressas por um general austríaco sobre se «os bravos húngaros, que desde a época de Maria Teresa utilizavam uniformes especiais, galões e calças justas, teriam realmente mudado se tivessem exibido o emblema nacional em vez da dupla águia nos seus capacetes»([23]), insiste que: «A principal questão, contudo, era a da língua e isso não podia ser resolvido [...] Para manter o seu estatuto dominante no seu próprio reino, os Húngaros necessitavam da língua de comando húngara; concedê-la teria significado a divisão do exército, algo que nenhum lealista de Habsburgo poderia admitir. Assim, o acordo da questão militar estava condenado desde o início»([24]). Por que motivo terão os Húngaros feito tanto escândalo? A questão dos empregos para a classe dominante da pequena nobreza parece ser uma falsa pista. Embora somente 27% dos oficiais do exército em 1902 proviessem da Hungria – e menos de metade destes eram magiares – havia ainda menos descendentes da pequena nobreza empregados como oficiais no *Honvédség*, onde a linguagem não constituía, evidentemente, qualquer problema. A questão das nacionalidades é também frequentemente levantada no contexto do problema do exército. No entanto, a única exigência que nunca foi feita pelo parlamento húngaro foi mudar a *língua regimental* de todos os regimentos reunidos na Hungria para o magiar, apesar do facto de que esse teria sido de longe o modo mais eficaz de magiarizar recrutas não magiares. Após a passagem do século, a maioria dos políticos húngaros estava, de facto, disposta a aceitar a introdução do magiar como língua de comando de todos os regimentos húngaros. «Porém, ninguém pensou», escreve László Péter, «que as setenta e tal palavras e frases ensinadas aos recrutas romenos e eslovacos os magiarizaria, tal como a língua de comando actual não os germanizara, nem aos magiares»[25]. A disputa sobre a questão do exército não pode, pois, ser considerada apenas como um efeito secundário do nacionalismo ou da questão da nacionalidade. No fundo, era provavelmente um problema constitucional, no sentido mais estrito do termo. Considerando que o sistema dual dependia do monarca; considerando que as eleições eram geridas pelo governo e lhes faltava legitimidade aos olhos da oposição; e considerando a importância dada pelos Húngaros à formalidade e à tradição, – ficavam muitas vezes surpreendidos por os nobres ingleses não terem uniformes –, tornou-se quase inevitável que a tradição de negociar com a coroa para assegurar concessões fosse explorada pela oposição antes que esta permitisse que os projectos de lei do exército e outros aspectos do Compromisso, que tinham de ser renegociados periodicamente, fossem aprovados pelo parlamento. Este constituía o seu principal meio de recordar ao monarca, e também às nacionalidades de forma indirecta, a importância contínua da nação e o seu lugar essencial no seio da constituição. O facto de os problemas na política externa terem diminuído com a passagem do século – talvez também tivesse havido um declínio económico temporário – poderá muito bem ter afectado o momento das disputas. Teria a disputa sido então realmente séria? Estará Rothenberg correcto ao rejeitar a perspectiva de que um pouco mais de flexibilidade a teria facilmente resolvido? Norman Stone escreveu: «A crise de 1905--1906 fora em grande parte histriónica, mais uma maqueta de 1848 que uma antecipação de 1918»[26]. No mesmo artigo, escreve, porém, que «as oitenta palavras de alemão simples implicaram uma crise que colocou em questão a própria existência da monarquia de Habsburgo» e recorda-nos que outra disputa em 1911-1912, novamente sobre o exército, teve implicações muito mais graves na altura das guerras dos Balcãs. Eis o motivo por que István Tisza, primeiro-ministro húngaro na época, recorreu à força para expulsar os obstrucionistas da câmara. Stone prossegue: «Um projecto de lei do exército finalmente passou a lei, embora os seus efeitos chegassem demasiado tarde. Se em 1914 o exército austro-húngaro sofreu grandes baixas, e se encontrava mal treinado e mal equipado, muita da culpa se deve à Hungria»([27]). Talvez seja possível concluir, assim, que embora muitas das questões envolvidas no debate sobre o exército não tiveram em si mesmas uma importância de vida ou de morte, a sua exploração por parte dos políticos húngaros como meio de afirmar os direitos do parlamento e da nação na constituição teve, de facto, consequências que foram fundamentalmente graves.

A Economia do Dualismo

Voltemos agora a nossa atenção para a economia. Quais foram as consequências económicas do Dualismo para a Hungria e a monarquia? Segundo a tradição, a imagem fornecida tem sido bastante pessimista. Até meados da década de 1950, os historiadores húngaros pensavam que a Hungria fora uma espécie de colónia austríaca sob o Dualismo, um ponto de vista com longos antecedentes. Oszkár Jászi, por exemplo, descreveu o papel da capital austro-alemã como «uma tirania económica que impedia o progresso nos territórios húngaros, eslavos e romenos da monarquia e [...] impedia o bem-estar da população»([28]). Outros historiadores salientaram o facto de geograficamente a monarquia fazer pouco sentido económico: a Boémia encontrava-se ligada através dos seus rios à economia da Alemanha; a Galícia e a Bucovina estavam separadas do resto da monarquia por montanhas; Voralberg estava ligada à região produtora de têxteis da Suíça e da Suábia; a monarquia não tinha nenhuma rota fluvial para os seus principais portos adriáticos; o Danúbio era extremamente difícil de navegar; e dois terços da monarquia encontravam-se cobertos por colinas e montanhas. Por fim, alega-se que a incerteza política e económica provocada pelas disputas sobre a renovação de termos militares e económicos do Compromisso em nada contribuiu para inspirar confiança no Estado dual. Contudo, actualmente, a imagem esboçada por historiadores de quase todos os povos é basicamente muito positiva – daí o título da recente obra de David F. Good, *The Economic Rise of the Habsburg Empire, 1750-1914*. Esta nova imagem sublinha a crescente unidade económica da monarquia antes de 1914 e as vantagens obtidas com a mesma pelas duas partes, mas sobretudo pela Hungria. No que se refere à unidade económica, Good destaca o desenvolvimento das redes ferroviárias, a expansão do sistema bancário e de crédito e a crescente integração do mercado regional. Por altura da Primeira Guerra Mundial, por exemplo, até as regiões remotas da Hungria possuíam redes ferroviárias de consideráveis dimensões – 96 e 98 quilómetros por 100 000 pessoas na Transilvânia e na Croácia-Eslavónia, respectivamente, em 1910. Tais níveis, segundo Good, comparavam-se favoravelmente com os das regiões mais desenvolvidas dos domínios austríacos e suplantavam largamente os níveis predominantes nos Estados independentes dos Balcãs da Roménia, Bulgária e Sérvia (49, 42 e 31 quilómetros por 100 000, respectivamente)[29]. De um modo geral, o seu veredicto é o seguinte: «Os indícios quantitativos apoiam quem salienta as realizações mais positivas da união económica de Habsburgo. Considerado em termos económicos, o império experimentou uma substancial integração de mercado nas décadas anteriores à Primeira Guerra Mundial. A evolução de vastas redes de comunicação e financeiras quebrou as barreiras que separavam os mercados locais e regionais do extenso reino multinacional. O final do século XIX foi uma época de crescente troca inter-regional de mercadorias bem como de capital financeiro e humano. Associada a estas mudanças encontrava-se uma tendência significativa para a uniformização dos preços das mercadorias, taxas de juro e índices salariais a nível regional. A integração económica estava em curso»[30]. Estes pontos são reforçados por Good através de comparações internacionais. Por exemplo, demonstra que havia uma maior variação nos preços regionais do trigo na Índia do que na Áustria-Hungria; maior diferenciação regional nas taxas de juro dos Estados Unidos e do Japão. Do mesmo modo, havia menos variação regional na monarquia em relação ao rendimento *per capita* do que na Itália ou na Suécia; na realidade, a Áustria-Hungria andava em torno da média europeia segundo este índice. Good reforça estas conclusões através de uma comparação mais pormenorizada entre as economias da Áustria-Hungria e dos EUA – um exercício interessante uma vez que uma é geralmente considerada como uma trapalhada económica e a outra como um paradigma económico no século XIX. Na realidade, os paralelismos são bastante notáveis. Ambos possuíam clivagens regionais significativas – Norte/Sul nos EUA Leste/Ocidente na monarquia de Habsburgo – as quais diziam ambas respeito a sistemas sociais diferentes na primeira metade do século: a escravatura no Sul da América, a servidão no Leste da monarquia, numa escala muito maior que noutras regiões; ambos continham também diferentes sistemas políticos, os quais seriam ambos afectados pelos legados da guerra civil. De qualquer modo, uma comparação das duas economias revela que embora ambos os países tivessem um desenvolvimento irregular nos primeiros dois terços do século, as diferenças regionais diminuíram depois na monarquia, mas aumentaram nos EUA. De um modo geral, Good parece assim convincente na sua defesa de que a monarquia trazia vantagens económicas a todas as suas partes constituintes antes de 1914 – ainda que houvesse menor desenvolvimento na Galícia e na Bucovina de que em qualquer outra região.

Quanto crescimento houve e até que ponto a monarquia se comparava favoravelmente a nível internacional, em termos de desenvolvimento económico? Segundo um conjunto de estimativas, a economia austríaca cresceu entre 1870 e 1913 a um índice médio de 1,32%. «Isso colocava-a entre os líderes da liga de desenvolvimento do final do século XIX. Entre os primeiros a desenvolver-se, só era equiparada pela Alemanha e entre os retardatários apenas pela Suécia e a Dinamarca»([31]). Depois de 1871, os domínios húngaros desenvolveram-se a um ritmo ainda mais rápido – cerca de 1,7%. «No seu conjunto, o desempenho impressionante da Áustria após 1870 e o ritmo de crescimento mais rápido na Hungria implicam que o atraso relativo do império era menos grave em 1913 que em 1870»([32]). No entanto, ao longo de todo o século XIX, o relativo atraso económico da monarquia parece ter aumentado. Eis o veredicto de Good: «Embora as regiões ocidentais do império se mantivessem mais ou menos a par dos contemporâneos ocidentais europeus, ao longo do século XIX, o relativo atraso económico do império no seu todo intensificou-se provavelmente entre as Guerras Napoleónicas e a Primeira Guerra Mundial. Por volta da década de 1870, o desenvolvimento sustentado estendera-se aos domínios austríacos. É improvável, contudo, que o império não fosse capaz de se desenvolver com a rapidez suficiente para fechar o fosso que se alargara enquanto os territórios orientais não tinham sido associados ao processo de desenvolvimento»([33]).

A crença de Good de que a monarquia demonstrara ser economicamente vantajosa para todas as suas regiões é partilhada por muitos outros historiadores económicos, especialmente os que se debruçam sobre a Hungria. John Komlos, por exemplo, no seu recente estudo do desenvolvimento económico de Habsburgo([34]), defende que «a economia austríaca [...] poderia ter passado muito bem sem a sua parceira húngara»([35]). Por outras palavras, a Hungria explorava a Áustria e não o contrário. A conclusão de Komlos é que «a Hungria não era economicamente explorada pela Áustria; em vez disso, esta recebia consideráveis vantagens dos seus laços especiais com a economia austríaca. A Áustria fornecia-lhe um mercado digno de confiança para os seus produtos agrícolas e era, mais importante ainda, uma fonte indispensável de capital e trabalho especializado. A Hungria obteve muito mais do que a Áustria com o "casamento de têxteis e trigo". Estas vantagens foram em grande medida fundamentais para a mobilização dos sectores agrícola e industrial da Hungria. Este padrão global é talvez previsível quando uma economia mais pequena, especialmente com uma localização geográfica tão inconveniente como a da Hungria, pode estar preparada para obter mais de tais laços do que uma economia maior e mais avançada. (A Áustria, mesmo no fim da nossa época, produzia o dobro do valor dos produtos e serviços que a economia húngara, e até mais 44% numa base *per capita*)»([36]). A Hungria, porém, na opinião de Komlos, retardara sem dúvida o desenvolvimento económico austríaco no século XIX. A partir dos finais da década de 1870, os seus governos tinham começado a emitir títulos mobiliários em profusão; mais de metade destes foram comprados por capitalistas austríacos até aos anos de 1890. Com efeito, as operações da Hungria no mercado livre na Áustria permitiram-lhe financiar capital social de despesas gerais internamente sem desviar fundos de investimentos privados ou ter de recorrer a uma tributação demasiado alta. O resultado foi que as despesas e os investimentos do governo puderam crescer mais rapidamente do que as receitas fiscais durante os períodos de elevado desenvolvimento económico ou, por outras palavras, o rendimento disponível e por isso o consumo podia ser estimulado pelo acesso livre ao mercado de capitais austríaco. Segundo Komlos: «O resultado destes desenvolvimentos foi que a partir de 1878 a produção industrial avançou significativamente na Hungria pela primeira vez em sectores bastante difusos da economia liderada pela produção de farinha. Como consequência disso, na Hungria os sintomas da "grande depressão" estiveram basicamente ausentes. Na Áustria, por outro lado, o *stock* reduzido de capital de risco teve um impacto negativo na produção industrial até à década de 1890. Ao atrair grandes quantidades de capital austríaco, a economia húngara foi, pois, determinante para o prolongamento da depressão na Áustria»([37]). Noutras partes da sua obra, Komlos declara que no final do século XIX «a Hungria constituía de certo modo um fardo por esgotar o mercado de capitais de fundos austríaco de que a indústria austríaca necessitava»([38]).

Os historiadores económicos húngaros, inútil será dizer, não partilham desta opinião. Péter Hanák, numa dissertação feita em 1981 e revista para publicação em 1982 sobre a contribuição húngara para a monarquia, alegou que o Compromisso «contribuíra bastante para a prosperidade económica da monarquia»([39]) e que «havia vantagens e desvantagens mútuas no comércio entre as economias complementares dos dois países»([40]). Este defende que a consolidação política fomentou os investimentos, assegurou a credibilidade internacional e estimulou a exploração dos recursos naturais da Hungria. Mas «não menos significativa»([41]) foi a contribuição anual da Hungria com 58 000 000 de coroas para o pagamento dos juros sobre a dívida do Estado de 1867. (Também assumiu a amortização de 1,4 mil milhões de coroas em 1908.) No que se refere às movimentações de capital, Hanák escreve que: «A Hungria fornecia um mercado seguro para a exportação directa e indirecta de capital austríaco e isto não era apenas uma consequência do estatuto de estados comuns ou a garantia de juros para a construção de caminhos-de-ferro, mas também o resultado do estreito *laço* entre os sistemas bancários e o comércio dos dois países. O capital austríaco colocado na Hungria durante esta época equivalia a cerca de três mil milhões de coroas, e revelou-se um investimento proveitoso para *ambas* as partes»([42]). Por fim, Hanák alega que a Hungria ficou com uma parte crescente dos produtos austríacos à medida que o século ia passando e tornou-se sobretudo «indispensável à Áustria, cujos produtos industriais mal competiam com os da Europa Ocidental»([43]). Isto, declara ele, pode ser provado pelo facto de que, além dos têxteis, a Áustria vendia os seus produtos industriais de qualidade inferior à Hungria, vendendo os seus artigos melhores nos mercados ocidentais.

A dissertação de Hanák foi severamente criticada por outro importante historiador económico da monarquia, Scott M. Eddie[44]. Este concorda com a conclusão fundamental de Hanák, mas contesta muitas das suas estatísticas e dos seus argumentos – incluindo algumas sobre tarifas que eu não referi. Por exemplo, a Hungria não ficou com uma parte crescente dos produtos austríacos à medida que o século ia passando; segundo Eddie, a sua parte permaneceu bastante uniforme. Uma crítica surpreendente que este faz, contudo, é a de que Hanák omite totalmente o que é «incontestavelmente a maior contribuição [da Hungria] para a prosperidade global da monarquia», nomeadamente, as suas exportações agrícolas para o estrangeiro. E escreve: «Sem as exportações agrícolas húngaras para o exterior da monarquia, a Áustria não poderia ter financiado as suas muitas importações, sobretudo de fibras e têxteis, em que se baseava grande parte da sua actividade industrial. Embora seja do conhecimento geral dos historiadores deste período, um olhar para os números de exportações e importações líquidas torna este ponto extremamente claro [...]. As exportações agrícolas líquidas da Hungria não só cobriam todas as exportações líquidas da monarquia nessas categorias como cobriam o excedente de importação da Áustria também. Este deve ser, pois, o primeiro candidato à principal contribuição da Hungria para a economia, também»[45]. Parece assim que Komlos talvez tenha sido demasiado precipitado na sua afirmação de que a Áustria se poderia ter desenvolvido mais rapidamente sem a Hungria, e que o consenso que agora existe entre historiadores económicos da monarquia, nomeadamente que tanto a Áustria como a Hungria aproveitaram economicamente do *Ausgleich*, ainda pode ser defendido.

Uma Hungria atrasada?

Esta imagem da monarquia em crescimento relativamente rápido durante o final do século XIX e a tornar-se cada vez mais integrada economicamente permite-nos analisar a obra do sociólogo político Andrew János com alguma confiança. Num trabalho recente e fascinante[46], este apresentou uma série de perspectivas controversas sobre a Hungria durante a era do Compromisso. Teremos de nos debruçar, de modo particular, sobre a sua reavaliação do problema das nacionalidades.

Porém, a sua suposição de base obriga-nos a rever a economia e a política da Hungria dual, nomeadamente que «[...] durante a época em questão, a Hungria era um país atrasado localizado na periferia do sistema mundial e trabalhando sob as mesmas dificuldades materiais e psicológicas que as das actuais nações emergentes no chamado Terceiro Mundo»([47]). Trata-se de um vislumbre que ele espera possa ser utilizado «para desenvolver um conceito generalizado de política periférica», embora a sua obra de facto acabe por ser mais ou menos uma história sociopolítica da Hungria, concentrada na era dual.

János é um intelectual de impressionante erudição, no entanto a sua obra é passível de uma série de críticas. Para começar, as suas generalizações não são convincentes. Não se pode realmente aceitar que tenha havido algo como uma «experiencia histórica ocidental». Ou se tivermos de o fazer, será certamente algo relacionado com o governo parlamentar, o Estado de direito e os valores do Cristianismo e do Iluminismo. Mas todas estas questões fazem da Hungria uma parte integrante da tradição ocidental e não um «país atrasado localizado na periferia». Poderá ser verdade que a Hungria não fosse uma democracia-modelo durante o Dualismo, mas não havia democracias-modelo na Europa, naquela época. Segundo os costumes, os governadores da Hungria encontravam-se comprometidos com o governo parlamentar sob o Estado de direito e funcionavam num sistema de sufrágio que não era assim tão diferente dos outros Estados europeus. Por exemplo, calcula-se que enquanto 6,3% da população na Hungria tinha direito de voto em 1890, a percentagem na Áustria era de 7,2, em Itália de 9,1, na Holanda de 6,5, na Noruega de 9,8, na Suécia de 6,0, na Bélgica de 2,2 e no Reino Unido de 16. É verdade que as percentagens noutros locais eram mais elevadas – 29 em França, 21 na Alemanha, 24 em Espanha e 22 na Suíça – mas isso apenas realça as dificuldades implicadas em falar numa experiência ocidental comum. A que equivalia isto no século XIX? A Alemanha e a Itália tiveram de suportar guerras de unificação; a França passou por toda a espécie de regimes, desde o republicanismo revolucionário ao cesarismo militar, à monarquia constitucional, ao republicanismo moderado; a Grã-Bretanha entretanto consolidara a sua monarquia constitucional; enquanto por fim a Alemanha estabelecia uma forma de governo diferente novamente, após 1871. Se o factor comum seria a responsabilidade dos governos, ou o Estado de direito, então mais uma vez se torna difícil ver onde se encontrava a Hungria tão desajustada. O próprio János fornece indícios que demonstram que os tribunais eram livres, a imprensa também e que, fora das zonas habitadas pelas nacionalidades, as eleições eram livres. Os primeiros-ministros que não consultassem regularmente os seus deputados perdiam poder; o Supremo Tribunal libertou um deputado que tentou alvejar um primeiro-ministro e apoiou outro que acusara um outro primeiro-ministro de fraude – o primeiro-ministro demitiu-se. O mesmo tribunal contestava regularmente os resultados eleitorais nas circunscrições governamentais, e era permitido que surgissem jornais por todos os lados, incluindo jornais socialistas que se referiam aos ministros como «porcos» e «criminosos». Na realidade, a tradição liberal e parlamentar na Hungria, que se revelara suficientemente forte para resistir a José II, Metternich e Francisco José, também se revelaria suficientemente forte para resistir a Gömbös e Imrédy entre as guerras mundiais, de modo que mesmo até 1944, como János reconhece, uma oposição parlamentar efectiva e uma imprensa livre puderam sobreviver sob Horthy. De facto, a Hungria foi mesmo capaz de proteger a sua população judia até 1944, algo que os presumivelmente menos «atrasados» franceses não se preocuparam em fazer. Torna-se, pois, difícil, ver porque insistiria János que a sua história se assemelha à dos países do Terceiro Mundo, que também possuem entre si passados notoriamente variados, mas que na sua maioria não são famosos pelos seus governos responsáveis nem pelo Estado de direito.

János poderia opor que as suas generalizações se destinam realmente a ser aplicadas à história económica e social. No entanto, novamente aqui surgem dificuldades com as definições. Este fala do núcleo e da periferia da Europa Ocidental, por exemplo, sem nunca tornar claro se o núcleo em questão incluía toda a França e a Alemanha ou não. Talvez isso se deva ao facto de este tentar ultrapassar a dificuldade – sub-reptícia ou inconscientemente – de que existiam regiões economicamente avançadas e atrasadas em diferentes Estados europeus ao mesmo tempo. Por outras palavras, havia regiões economicamente menos desenvolvidas em quase todos os estados líderes – na Irlanda ou nas Highlands escocesas no Reino Unido, por exemplo, ou no Mezzogiorno em Itália, ou nas grandes zonas da França e Alemanha rurais que coexistiam com as novas cidades industriais. Praticamente por toda a parte da Europa, com efeito, era possível encontrar um núcleo e uma periferia existindo lado a lado no seio de Estados únicos. No entanto, János nunca faz face a este problema e não consegue ver que a Hungria poderia estar mais bem equipada nesta perspectiva, que, mais uma vez, a manteria na tradição ocidental. O trabalho de David F. Good sobre a integração económica na monarquia demonstra o maior valor desta abordagem.

Ainda assim, a nível daquilo a que se chamou a «meta-história», János alega, porém, que o «atraso» da Hungria é responsável por importantes factores na sua estrutura social e política que mais uma vez a separam do Ocidente. A sua teoria consiste em que, não tendo uma classe empresarial, a Hungria tivera de utilizar o Estado para se industrializar. Por outras palavras, o Estado fora criado antes da economia, o «oposto» do procedimento «normal» no Ocidente[48]. Esta abordagem provém, pensamos, do trabalho de Alexander Gerschenkron[49] que alegava que economias atrasadas exigiam o estímulo de bancos estatais centrais – ou cartéis funcionando como subordinados dos bancos – para alcançar o Ocidente. O próprio trabalho de Gerschenkron, contudo, foi recentemente exposto às críticas de académicos que salientam, em primeiro lugar, que houve uma reorganização da gestão e das estruturas industriais por toda a Europa nos finais do século XIX – dito de outro modo, que o recurso a bancos e cartéis não se restringia a zonas relativamente atrasadas – e em segundo lugar, nas palavras de David Good, que «em termos de desenvolvimento da tecnologia moderna, a distinção entre zonas avançadas e atrasadas não é particularmente útil. Os países seguidores não se limitavam a emprestar tecnologia já existente – encontravam-se frequentemente na vanguarda dos desenvolvimentos tecnológicos que sustentaram a revolução organizacional do final do século XIX. Os avanços alemães na química e os avanços americanos no processamento agrícola e alimentar ocorrem-nos facilmente à memória»[50].

János, contudo, está menos preocupado com a economia do que com as estruturas sociais. O seu argumento de que o desenvolvimento da Hungria era o oposto do do Ocidente – ou seja, de que o Estado fora criado antes da economia – é apoiado, segundo crê, pela perspectiva de que na Hungria uma classe da pequena nobreza retrógrada e em declínio criou um Estado burocrático inflacionado para auto-emprego, deixando os judeus a dominar a economia. A Hungria, por conseguinte, deveria ser considerada como um país em desenvolvimento em que uma poderosa classe dominante nativa empregava «empresários-párias» para dirigir o comércio que desdenhava tratar. Existe alguma verdade nisto – tal como, de facto, existe alguma verdade em todos os argumentos de János – no entanto, mais uma vez há um exagero e uma suposição injustificada de que tudo se tinha desenvolvido de modo muito diverso no «Ocidente». Até que ponto será verdade que as economias se desenvolveram aí antes dos Estados? Não se poderia alegar que o Estado francês era essencialmente da criação de Napoleão I, enquanto a economia francesa enquanto tal só emergiu com o governo de Napoleão III? Se é possível crer em Eugene Weber, foi o Estado francês que ainda foi responsável por transformar «camponeses em franceses» na passagem para o século XX[51]. E quanto à Grã-Bretanha? A sua industrialização foi de facto em grande parte financiada por empresários independentes, mas esta julgara necessário criar um Banco de Inglaterra logo a partir de 1694. Tão-pouco se deverá ignorar o papel dos Dissidentes na sua revolução industrial, uma vez que pode bem considerar-se que estes constituíram um grupo de «empresários-párias» comparável aos judeus na Hungria. János, por fim, parece não ter consciência do debate acerca do papel do *establishment* inglês no «declínio da Grã-Bretanha». Também este foi acusado de ser social e culturalmente hostil à indústria e oposto ao espírito industrial. O equivalente à sua classe da pequena nobreza (*gentry*) em declínio com o seu desdém pelo comércio não está, assim, de modo algum ausente da historiografia da Inglaterra do século XIX[52]. Talvez mais surpreendentemente, János também pode ser acusado de ignorar o papel das burocracias nas regiões desenvolvidas da Europa. A Áustria e a Prússia eram evidentemente famosas no século XIX pelos seus *Beamten*. A França contudo, também contava com os seus burocratas, e os prefeitos não tinham ilusões de que o seu trabalho consistia em executar a vontade de Paris. A este respeito, é muito interessante comparar Napoleão III e István Tisza. Ambos controlavam grandes burocracias de forças policiais e oficiais; ambos incentivaram o desenvolvimento da indústria; ambos utilizaram a linguagem de progressistas contemporâneos; ambos foram associados à emergência de capitalistas e financeiros; mas Tisza estava mais comprometido que Napoleão III com um *Rechtstaat*, enquanto Napoleão III introduziu o sufrágio masculino universal. A Grã-Bretanha, evidentemente, nunca teve uma grande burocracia – pelo menos internamente. No entanto, existe um importante factor que não deve aqui ser ignorado, nomeadamente que partes da classe dominante britânica exploravam o Estado para seu emprego também, como administradores coloniais e soldados. Se era possível Bright descrever o serviço diplomático como «assistência social da aristocracia», János deveria considerar o quão maior assistência o Império Britânico fornecia em termos de governadores coloniais, comissários distritais, oficiais de polícia e do exército, e tudo o resto. Uma última questão acerca da burocracia na Hungria é que esta não era corrupta: era bem paga e mantinha as mãos limpas, como János reconhece. Isto dificilmente constituirá uma característica dos funcionários no actual Terceiro Mundo – mas dizia-se ser verdade dos burocratas da Alemanha, Áustria e outras regiões da Europa no século XIX.

A questão dos judeus suscita uma série de ideias, algumas das quais serão reveladas mais adiante. Em primeiro lugar, estes simplesmente não constituíam uma «classe pária». É verdade que a sociedade preferia que se convertessem antes de se tornarem totalmente aceitáveis, mas é falso sugerir que eles não estavam integrados na sociedade ou que estavam confinados ao comércio. Como János demonstra, tinham uma grande participação na agricultura, nas profissões liberais, no movimento laboral e até na própria posse de terras. O próprio Tisza lhes abriu a burocracia e o partido governante; nobilitou-os às centenas; tinham assento na Câmara dos Lordes e no executivo; primeiros-ministros e pares do reino casavam com judias. A sua posição não era semelhante, portanto, à dos asiáticos, por exemplo, na actual África Oriental e do Sul. Pelo contrário, usufruíam de protecção imperial e governamental. E isto traz-nos a outra crítica a János, nomeadamente, o facto de ele ignorar factores na história húngara que certamente contribuem para a tornar única, mas que não a separam da história do Ocidente.

Um factor, que já foi referido, é o papel da tradição parlamentar da Hungria. Outro é a influência exercida sobre esta pelo poder superior dos países vizinhos. A sua dominação por parte da Áustria é bastante evidente. Antes de 1848, a Dieta apenas se podia reunir quando convocada pelo imperador-rei. Foi então que, em 1849, uma Hungria independente foi derrotada por um exército austríaco sob o comando de Haynau. Entre 1849 e 1867, foi governada a partir de Viena e mesmo durante o *Ausgleich* Francisco José e os seus conselheiros mais próximos determinaram a política externa e de defesa. (O mesmo padrão de dominação externa prosseguiria após 1918. Através do Tratado de Trianon, de 1920, a Hungria foi privada pelos Aliados de mais de dois terços da sua anterior população e território e nesse mesmo ano foi invadida pela Roménia. Entre 1933 e 1944 foi pressionada por Berlim, o que levou à sua ocupação pelos nazis em 1944 e em 1945 pelos Soviéticos, que em 1956 também reprimiram uma tentativa de independência.) Se János toma tudo isto como certo, é culpado de um erro, porque a insegurança da Hungria acerca da sua independência nacional significava que esta não a permitiria arriscar concedendo direitos iguais às nacionalidades nas suas fronteiras – os Eslovacos, os Romenos, os Sérvios e os Croatas. János, porém, minimiza deliberadamente o significado da questão da nacionalidade nas suas obras a favor das consequências sociopolíticas do atraso económico. Nestes, é sempre interessante, mas acaba por não convencer. Foi, afinal de contas, o problema de nacionalidade que dividiu, se é que não derrotou a nação em 1848-1849; foi o problema de nacionalidade que esteve no fulcro do sistema de Tisza – empregos para jovens magiares, já para não falar de cento e vinte assentos governamentais «seguros» nos condados eslovaco e romeno; mais uma vez, era o facto de os judeus poderem ser assimilados que lhes dava protecção governamental, uma vez que era o grande número de judeus assimilados que dava aos Magiares a sua maioria na Hungria; por fim, era a existência das nacionalidades que privava a grande maioria dos Húngaros de votos – uma situação paradoxal. Ainda assim, ter concedido um voto a todos teria significado trazer ao parlamento elevado número de deputados eslovacos e romenos, bem como de socialistas e outros opositores do governo. A questão da nacionalidade pode, pois, explicar em grande parte o fenómeno em que János está interessado, muito mais facilmente do que paralelismos falaciosos com o Terceiro Mundo.

O problema da nacionalidade na Hungria

O problema de nacionalidade tem de ser mais pormenorizadamente estudado, contudo, pois muitas pessoas crêem ter sido este o responsável pela queda da monarquia, uma perspectiva que talvez R. W. Seton-Watson tenha popularizado mais do que ninguém através das suas obras[53]. A opinião popular parece ser que ao alienar os eslavos do Sul em particular, os Húngaros os empurraram para os braços dos Sérvios, forçando assim a monarquia ao estratagema desesperado e suicida do seu ultimato à Sérvia em 1914. Até que ponto é esta imagem verdadeira? Antes de podermos chegar a um veredicto final, teremos de analisar de que modo os Magiares tratavam as nacionalidades e até que ponto a sua reacção era de alienação da dinastia. Certamente que não se pode presumir que apenas porque uns estudantes radicais assassinaram um arquiduque em 1914, automaticamente usufruíram do apoio de uma maioria de eslavos do Sul – no interior ou mesmo no exterior da monarquia.

Convém esclarecer dois pontos antes de podermos iniciar a nossa análise destas questões: o Compromisso entre a Hungria e a Croácia – o chamado *Nagodba* – de 1868 e a Lei das Nacionalidades do mesmo ano. O primeiro foi mais ou menos uma versão em miniatura do *Ausgleich* entre a Áustria e a Hungria, ou seja, a Croácia, embora formando «um único complexo estatal» com a Hungria, mantinha a sua própria Dieta para os assuntos internos e era representada nas delegações húngaras em relação aos assuntos «pragmáticos». Quando estes eram debatidos no parlamento húngaro, os deputados croatas – cerca de quarenta – podiam assistir e falar em croata. Um ministro croata sem pasta representava entretanto os interesses croatas nestes domínios, no mesmo parlamento. Todas as outras questões eram decididas apenas pela Dieta croata, que também podia gastar 45% das receitas obtidas na Croácia. Nas palavras de Macartney, contudo: «O valor da sua independência era reduzido pelo facto de o governador, que era o dirigente do "governo provincial autónomo" croata, embora responsável pela Dieta croata, ter sido porém nomeado pela coroa por proposta do presidente de ministros húngaro»([54]). A língua oficial da Croácia era somente o croata.

A Lei das Nacionalidades de 1868 era um documento bastante liberal cujo preâmbulo, que fora esboçado por Eötvös e revisto por Deák, dizia:

> «Considerando que, segundo os princípios básicos da constituição, todos os cidadãos da Hungria constituem, politicamente, uma nação, a nação unitária húngara indivisível (*nemzet*), da qual todos os cidadãos do país, seja qual for a sua nacionalidade pessoal (*nemzetiség*) é membro com direitos iguais:

E considerando que esta igualdade de direitos pode ser concedida por disposições especiais apenas em relação ao uso oficial de diferentes línguas actualmente no país, e isso apenas na medida em que a unidade do país necessitar, às possibilidades práticas de governo e administração e às reivindicações de administração de justiça severa, enquanto em todos os outros aspectos a total igualdade de direitos de todos os cidadãos permanece intacta: as seguintes regras servirão de orientação a respeito do uso oficial das várias línguas»([55]).

Isto significava que enquanto a língua de Estado, incluindo a do parlamento e da universidade era o húngaro, «foi feita uma ampla disposição para a utilização de línguas não magiares a todos os níveis, desde os condados para baixo, na administração, justiça e educação, enquanto o seu uso na vida privada era inteiramente livre»([56]). Eötvös na realidade considerara o húngaro apenas como a língua de mais outro *nemzetiség* no seio do território do *nemzet* histórico colectivo. Mas este ponto de vista não era partilhado pelos seus compatriotas magiares. Assim, em vez de fornecer uma base sólida para uma política nacional liberal, a Lei de 1868, como é bem sabido, foi aplicada de modo a constituir um instrumento de magiarização.

Esta política reflectiu-se a partir dos anos 1880 numa série de esferas: política de educação; lei eleitoral; política cultural; a imprensa; julgamentos políticos; e administração pública. Foi motivada por um sentimento de superioridade cultural, uma missão civilizadora e uma crença de que o papel da Hungria nos assuntos internos consistia em utilizar a monarquia para manter um equilíbrio de poder na Europa Central e resistir à hegemonia russa ou germânica. Em termos práticos, tal significava o seguinte: as Leis da Educação de 1879, 1883, 1891 e 1907, que em conjunto tornavam o magiar obrigatório em todas as escolas do Estado e confessionais (incluindo o jardim infantil), que estipulavam que todos os professores tinham de ser fluentes nessa língua, que declaravam que os professores não deviam ser hostis ao Estado e que por fim decretavam níveis de salários para os professores tão elevados que somente o Estado podia pagar-lhes (e assim controlá-los)([57]). Estas leis estipulavam ainda que cada vez mais súbditos deveriam ser ensinados apenas em magiar e em níveis cada vez mais elevados. As restrições eleitorais foram também utilizadas para servir a causa magiar. Assim, o sufrágio, concedido a aproximadamente 10% da população em 1848, restringia-se a 6% sob o Dualismo. Os próprios Magiares, escusado será dizer, encontravam-se consideravelmente sobre-representados mesmo neste pequeno eleitorado, ocupando mais de 90% dos assentos parlamentares. Por esse motivo, embora os Romenos, Eslovacos e Sérvios constituíssem uma maioria em mais de 100 circunscrições húngaras, nunca asseguraram mais de entre cinco a 25 lugares no parlamento – menos de 10%. O governo procurava igualmente controlar a imprensa, primeiro exigindo que fossem feitos elevados depósitos antes de se conceder permissão para fundar um jornal e, em segundo lugar, utilizando leis de 1878 que proibiam qualquer pessoa de incitar qualquer classe da população, qualquer nacionalidade ou comunidade religiosa contra outra. Os infractores poderiam ser punidos com coimas ou levados para a cadeia. Deste modo, não só os jornalistas como os políticos podiam ser importunados. Por exemplo, Svetozar Miletič, deputado sérvio no parlamento húngaro, foi preso logo no início da década de 1870, apesar da sua imunidade parlamentar. Foi então que, em 1892, após os estudantes e outros nacionalistas romenos terem assinado uma petição dirigida a Francisco José, o governo húngaro apresentou queixa contra uma série desses signatários, que foram considerados culpados pelos tribunais, apesar de um protesto internacional. (O próprio Francisco José recusou receber a petição.) Os Eslovacos, evidentemente, não se saíram melhor. O padre Andrej Hlinka, por exemplo, foi a julgamento em 1906 por apoiar o Partido Nacional Eslovaco numa eleição e condenado a dois anos de prisão. Foi ainda suspenso das suas funções de padre pelo seu bispo local. Contudo, os seus paroquianos insurgiram-se quando não lhe foi permitido consagrar a sua nova igreja, o que levou à morte de quinze pessoas e à prisão de mais quarenta. Mais uma vez, estes acontecimentos foram alvo de condenação internacional. Por fim, tomaram-se medidas administrativas para reforçar a posição magiar. Por exemplo, os saxões da Transilvânia perderam todos os seus antigos direitos em 1876, um ano depois de os Eslovacos serem obrigados a testemunhar o encerramento da Matiča Slovenška, a sua organização cultural. Por esta altura, os Eslovacos já tinham perdido igualmente os seus três liceus confessionais onde se falava o eslovaco. Uma vez mais, tudo fora feito para restringir os poderes das autoridades locais. Uma vez que o governo central representava agora os interesses magiares, já não havia qualquer necessidade de defender a autonomia local como na época dos sistemas de Metternich ou de Bach. Cerca do final do século XIX, praticamente desaparecera. Cada cidade ou aldeia, por exemplo, ao abrigo de uma lei de 1898, apenas podia ter um nome oficial, que deveria ser aprovado pelo ministro do Interior; isto significava, evidentemente, que seria um nome magiar. Os cemitérios locais também deviam assegurar que as lápides fossem gravadas em magiar.

Em que se traduzia tudo isto? Até que ponto era realmente repressiva a política de magiarização? János, por seu lado, tem as suas dúvidas. Escreve ele: «Segundo a documentação minuciosa de Robert Seton--Watson numa década crítica (1898-1908), quinhentos e três eslovacos foram inculpados de acusações que abrangiam desde o incitamento à revolta às injúrias à bandeira húngara, e em oitenta e um julgamentos alcançaram um total de setenta e nove anos e seis meses. Durante a mesma época, duzentos e dezasseis romenos foram condenados a trinta e oito anos e nove meses. Estes números globais eram impressionantes mas uma divisão de anos por condenações fornece médias de 1,6 e 2,2 meses... Os registos do movimento socialista, publicados por um dos seus membros líderes, revelam novecentas e dezasseis acusações no período pré-guerra, resultando numa condenação total de vinte e quatro anos e onze meses ou uma média aproximada de doze dias»[58].

János muito provavelmente subestima os danos causados às nacionalidades pelas políticas de magiarização, na sua preocupação de demonstrar as vantagens disponíveis pela assimilação. A ideia de um par de meses na prisão por utilizar a própria língua ou de um par de anos na cadeia por apoiar um partido específico não parece preocupá--lo. Por outro lado, embora salientando que a classe operária abrangia apenas 10% da população, está disposto a admitir a severidade da reacção oficial à democracia social próximo do final do século: «[...] As associações de trabalhadores eram perseguidas, os seus líderes presos e arrastados para os tribunais e os seus membros colocados sob vigilância policial. Os gendarmes e polícias reprimiam as insurreições disparando sobre as multidões ou atacando-as de baioneta em riste. A repressão atingiu o auge com Bánffy como primeiro-ministro (1895--99): uma fonte recém-publicada afirma que cinquenta e um trabalhadores foram mortos e cento e catorze feridos em batalhas encarniçadas com as autoridades»[59]. Podemos assim concluir que opor-se ao regime provocava consequências desagradáveis.

De que modo então reagiram as nacionalidades e até que ponto foi bem-sucedida a pressão do governo para a assimilação? Procuremos responder primeiro à última questão. Segundo o historiador austríaco Horst Haselsteiner, os candidatos mais prováveis à assimilação eram as classes instruídas e a próspera burguesia que poderia com relativa rapidez – numa geração ou pouco mais – tornar-se membro da nação dominante no Estado[60]. Por esse motivo, na época do Compromisso foram os herdeiros da burguesia instruída alemã e judia que se tornaram os pontas-de-lança do impulso para a magiarização – pessoas com nomes como Falk, Rákosi, Agai, Horn, Helfy e acima de tudo Grünwald. A seguir a estas, vieram as assimilações em massa da passagem do século. Segundo o mesmo historiador, havia muitas pessoas envolvidas – nada menos que entre 2 500 000 a 3 000 000 de pessoas entre 1787 e 1910. Não está claro precisamente quantas destas foram assimiladas à força – talvez 50% –, mas Haselsteiner crê que se podem retirar duas conclusões a respeito dos seus números antes de 1914: primeiro, que o número de Magiares assimilados dificilmente seria inferior em número ao natural crescimento dos próprios magiares; e segundo, que na véspera da Primeira Guerra Mundial a proporção de magiares assimilados era responsável por mais de um quarto e de facto quase um terço de todos os Magiares[61]. De qualquer modo, o censo de 1910 colocou as percentagens das várias nacionalidades como se segue: Magiares 48,1; Alemães 9,8; Eslovacos 9,4; Romenos 14,1; Rutenos 2,3; Croatas 8,8; e Sérvios 5,3. Isto representava um aumento de 2,7% em relação a 1900 para os Magiares, de 0,1% para os Croatas e Rutenos, e uma diminuição de 1,3, 1,1, 0,4 e 0,2% para os Alemães, Eslovacos, Romenos e Sérvios, respectivamente.

Como reagiram as nações à política húngara? Pode responder-se a esta questão olhando para a situação política na Transilvânia, nas terras eslavas do Sul e na Eslováquia à vez. Na Transilvânia não havia uma dieta separada para representar os desejos e aspirações da população predominantemente romena. A Dieta de 1865, na qual os Magiares, representando apenas 29% da população, tinham recebido oitenta e nove delegados, votara pela união com a Hungria, apesar da oposição dos 13 delegados romenos que representavam 54% da população. Foi então que, em 1874, uma nova lei eleitoral, ao estabelecer elevadas qualificações de propriedade e de educação, privou efectivamente de voto os romenos da Transilvânia, cuja grande maioria era constituída por camponeses analfabetos. Assim, não foi por acaso que a ameaça de Francisco José de introduzir o sufrágio adulto universal na Hungria em 1905 tenha resolvido ali a crise constitucional. Na Transilvânia, entretanto, havia pouca resistência à predominância magiar. A pequena classe intelectual, mais os líderes da Igreja, esperava uma espécie de reforma de sufrágio e o mesmo grau de autonomia que a Croácia alcançara com o *Nagodba*. No entanto, havia poucas perspectivas de conseguir tal coisa. O Partido Nacionalista, formado em 1881, acabou por ter a ideia de enviar uma petição a Francisco José em 1892, mas, como já constatámos, os signatários foram presos e em 1894 receberam condenações de até cerca de cinco anos. Somente em 1905 é que o Partido Nacional mudou de táctica e decidiu concorrer a eleições. Em 1906, por conseguinte, quinze deputados romenos foram eleitos para o parlamento de Budapeste. Ali, colaboraram com colegas sérvios e eslovacos, mas conseguiram muito pouco; o governo húngaro ignorou-os a favor de uma crescente magiarização. Na realidade, portanto, apesar de uma crescente consciência nacional – especialmente entre os instruídos –, chegara-se a um impasse no que se referia aos romenos da Transilvânia. O direito de voto não seria reformado (Tisza estava inflexível em relação a tal); a Dieta desaparecera; e não havia esperanças de que a fraca aliada da Áustria, a Roménia tomasse algumas medidas para melhorar o seu destino. Nas palavras de Barbara Jelavich: «A Transilvânia não possuía nenhum grupo importante que representasse quer um Estado independente quer a união com a Roménia. Tal política não era prática, considerando as condições internacionais da época. A Roménia, aliada à Alemanha e à Áustria-Hungria em 1914, não estava disposta, nem capaz de promover o nacionalismo romeno na Transilvânia. Nenhuma potência, incluindo a Roménia, desejava ou previa a desagregação do Império Habsburgo. A monarquia era considerada pela maioria dos estadistas como necessária ao equilíbrio político do Continente. Embora alguns romenos na Transilvânia e o reino independente considerassem a união num futuro distante, poucos a consideravam uma possibilidade perto de se realizar»([63]). Torna-se, assim, difícil crer, pelo menos no que à questão da nacionalidade na Transilvânia se referia, que a política húngara entre 1867 e 1914, apesar do seu impiedoso programa de magiarização, possa realmente ser acusada de ter levado a monarquia à beira da dissolução. Pelo contrário, é a falta de oposição organizada, a falta de qualquer verdadeiro movimento pela unificação com a Roménia e a apatia de grandes segmentos da população que mais impressiona. Qual era então a situação nos territórios eslavos do Sul?

Como é evidente, nem todos os eslavos do Sul estavam sob o domínio húngaro. A maioria dos eslovenos, por exemplo, vivia em Carníola, Estíria, Ístria, Gorízia e Gradisca, territórios que faziam parte da Cisleitânia. O mesmo se aplicava à Dalmácia, cuja população era sobretudo croata, embora também incluísse sérvios e italianos. Assim, a potencial influência política dos eslavos do Sul era diminuída pelo facto de estes se encontrarem divididos entre as duas partes da monarquia. Além disso, a aquisição da Bósnia-Herzegovina – ocupada pela Áustria-Hungria em 1878, anexada por esta em 1908 – não fez diferença neste aspecto, uma vez que estas províncias não se juntaram a nenhuma das «partes» da monarquia, mas foram governadas pelo ministro das Finanças imperial numa tentativa deliberada de manter o equilíbrio étnico do sistema dualista (ver abaixo). Os Eslovenos, de qualquer modo, constituíam uma população rural, fortemente conservadora em termos políticos e profundamente ligada à Igreja Católica. Podem não ter habitado a parte mais rica da monarquia, mas, de um modo geral, possuíam as suas próprias quintas e estavam em melhor situação do que os outros povos dos Balcãs. Segundo um especialista: «Por volta de 1914, os Eslovenos eram cultural e economicamente de longe a mais avançada nação eslava do Sul»[64]. Segundo outro: «Na realidade, o camponês esloveno médio estava em muito melhor situação do que o seu equivalente noutras regiões da Europa Oriental»[65]. O resultado era eles serem politicamente moderados. É verdade que se desenvolveu um movimento nacionalista após 1848, que procurava propor a utilização da língua eslovena e é também um facto que os partidos políticos eslovenos se opuseram ao *Ausgleich*, contudo as reformas eleitorais na Áustria nas décadas de 1880 e 1890 e sobretudo a introdução do sufrágio adulto universal em 1907 significava que os Eslovenos podiam proteger a sua nacionalidade. Por outro lado, tal não significava uma oposição aos Habsburgos, em parte porque os Eslovenos eram contra o nacionalismo italiano na Gorízia e na Ístria. Ao invés, os clérigos eslovenos, descobrindo serem incapazes de trabalhar com os partidos conservadores germânicos, começaram a colaborar com o Partido do Direito Croata e em 1912 assinaram uma declaração de apoio mútuo em Liubliana. Deve salientar-se, porém, que nenhum dos partidos possuía uma orientação jugoslava, e ambos eram contra uma colaboração com os sérvios ortodoxos da monarquia. Havia ainda outros partidos entre os Eslovenos, mas nenhum destes desejava a desagregação do império. «A única facção verdadeiramente radical era o grupo juvenil *Preporod*, que privilegiava a dissolução da monarquia e a junção da Eslovénia, da Croácia e da Sérvia de modo a formarem um Estado jugoslavo. Esta organização representava, contudo, apenas uma pequena minoria da população conservadora, católica e rural. Antes de 1914, não havia nenhum movimento esloveno de importância que representasse a desagregação do Império Habsburgo e a formação de uma Jugoslávia»([66]).

Na Dalmácia, durante a maioria do período até 1860, a influência política encontrava-se na extremamente pequena minoria de italianos (2%) e eslavos falantes de italiano nas cidades costeiras. Após a independência italiana, todavia, o governo começou a privilegiar menos este grupo. O resultado foi que a maioria eslava adquiriu mais influência. Ainda assim, existia uma rivalidade entre os autonomistas que desejavam um governo autónomo para a Dalmácia – e que simpatizavam com a classe profissional italianizada – e os nacionalistas que desejavam unir-se à Croácia num Reino Triuno reconstituído (Croácia--Eslavónia-Dalmácia). Os nacionalistas, por volta da década de 1880, porém, haviam levado a melhor e em 1883 a língua oficial da província mudou do italiano para o sérvio-croata. A situação política complicou-se ainda mais pela rivalidade entre os sérvios e os croatas (16 e 82% da população, respectivamente, segundo o censo de 1910). A principal fonte de dificuldade era o futuro da Bósnia-Herzegovina após 1878, uma vez que o Partido Nacional Sérvio, que fora organizado em 1879, se opunha aos planos croatas de unir a província à Croácia e à Dalmácia. Em resultado disso, os Sérvios colaboraram com os autonomistas e os croatas com o Partido do Direito Croata, com a sua posição clerical, conservadora e nacionalista croata. Contudo, no início do século XX, os acontecimentos levariam a uma formação de uma coligação sérvio-croata na Dalmácia que influenciaria os desenvolvimentos na própria Croácia.

Como já se constatou, a Croácia fora bem-sucedida em manter um certo grau de autonomia em relação à Hungria através do *Nagodba* de 1868. No entanto, o governo húngaro conseguira manter ali o controlo ao nomear o governador e ao controlar as finanças croatas. Além disso, apenas 2% da população croata tinha direito a votar, embora essa percentagem acabasse por aumentar para 8,8% a partir de 1910. Assim, a política era assunto de apenas uma pequena e abastada elite. Era dominada por duas questões: a relação com Budapeste e a rivalidade entre os Sérvios e Croatas, exacerbada pelas suas divergências sobre o futuro da Bósnia-Herzegovina. Na Croácia-Eslavónia, a população consistia em 62,5% de Croatas, e 24,6% de Sérvios. O principal porta-voz dos nacionalistas croatas era Ante Starčevič, líder do Partido do Direito. O seu ideal era um Estado croata abrangendo o reino triuno e a Bósnia-Herzegovina e, segundo Barbara Jelavich, este considerava os Sérvios simplesmente como «Croatas de segunda categoria», que podiam ser «croatizados»([67]). Os Sérvios, por seu lado, resistiam a esta pressão política e voltavam-se em certa medida para o governo em busca de protecção. (Até 1903 houve pouca aproximação da parte da Sérvia, uma vez que este país, tal como a Roménia antes de 1914, era um aliado austríaco e na realidade um satélite.) Nestas circunstâncias, foi muito fácil para Budapeste manter o controlo. O governador entre 1883 e 1903 foi o conde Khuen-Héderváry que, com o apoio do Partido Unionista (os que eram a favor da ligação a Budapeste) e alguns nacionalistas, ganhou as eleições em 1882, 1884 e 1892. O regime foi ainda reforçado pelo facto de a proporção sérvia da população ter aumentado após 1881 com a integração da fronteira militar na Croácia civil.

Após 1894, o partido de Starčevič dividiu-se em dois, emergindo um Partido do Direito Puro sob Josip Frank. Este era mais anti-sérvio mas mais pró-Habsburgo do que o partido principal e exigia uma reorganização trialista da monarquia – ou seja, a criação de um Estado croata incluindo a Dalmácia e a Bósnia-Herzegovina com o mesmo estatuto que a Áustria ou a Hungria no seio da monarquia. A proposta exigia ainda que os eslovenos da Áustria fossem incluídos no novo Estado croata. Quanto aos sérvios da monarquia, era evidente que seriam os derrotados em qualquer destes planos. No entanto, tal plano era também exigido pelo Partido Social-Democrata Croata fundado em 1894 e pelo Partido Camponês, fundado em 1904. O resultado, segundo Barbara Jelavich, foi: «A ênfase nos direitos políticos croatas foi acompanhada por uma crescente animosidade entre os Sérvios e os Croatas pelo final do século. Ocorreram revoltas, e a imprensa de ambos os lados trocou violentas recriminações. O foco principal de descontentamento sérvio e croata dirigia-se assim um contra o outro e não contra o sistema dual»([68]).

No entanto, o ano de 1903 traria muitas mudanças. Na Sérvia, para começar, a família real foi assassinada e substituída por uma dinastia hostil a Viena. Na Croácia, Khuen-Hédervary abandonou Zagreb para se tornar primeiro-ministro da Hungria. Na Bósnia-Herzegovina, Kállay, o chefe da administração desde 1882, faleceu. Uma nova geração de políticos também se tornou proeminente na Croácia, incluindo alguns que tinham sido educados em Praga, sob Thomas Masaryk, um forte apoiante da unidade eslava. O ano de 1905 também provocou uma enorme mudança. Na Dalmácia, os líderes eslavos do Sul juntaram-se numa tentativa de explorar a crise constitucional na Hungria sobre a questão do exército. Ofereceram-se para apoiar a oposição húngara a Viena em troca do acordo húngaro em rever o *Nagodba* e restaurar o reino triuno. Mais tarde, nesse ano, uma variedade de partidos sérvios e croatas na Croácia aprovou um programa semelhante. Os Sérvios concordaram em trabalhar por um reino triuno, desde que lhes fossem concedidos direitos iguais neste. O principal objectivo consistia em assegurar a unificação da Dalmácia e da Croácia; a questão do futuro da Bósnia-Herzegovina foi evitada. A nova coligação croata-sérvia adquiriu assim um matiz jugoslavo, pois os Croatas e Sérvios prometiam agora trabalhar em conjunto e respeitar os direitos mútuos. Um resultado imediato foi a conquista de quarenta e três em oitenta e quatro lugares no *Sabor* croata (Parlamento Croata) (Maio de 1906). No entanto, os Húngaros não ficaram impressionados. Perante a ameaça de Francisco José de introduzir o sufrágio adulto universal, os seus problemas com Viena ficaram resolvidos. A política de magiarização foi então intensificada e aprovou-se uma lei a respeito da utilização do húngaro nos caminhos-de-ferro, que contradizia o *Nagodba*.

Contudo, a coligação continuou a desempenhar um importante papel na política croata antes de 1914, embora frequentemente de modo oportunista. Tão-pouco subsiste a menor dúvida que as suas actividades perturbavam as autoridades. Em 1909, por exemplo, levaram uma série dos seus membros a julgamento (os julgamentos de Agram e Friedjung), numa tentativa de provar ligações subversivas à Sérvia. No entanto, a utilização de documentos forjados e indícios inexactos apenas desacreditou os processos, consolidou a coligação e deixou à monarquia a reputação de se portar como uma república das bananas. Em 1910, por outro lado, chegou-se a um acordo entre a coligação e o governo para reformar a lei eleitoral, aumentando o número de votantes de quase cinquenta mil para cento e noventa mil. Entre essa altura e 1914, a lei funcionou, por vezes a favor, outras contra o governo, mas sempre dentro do sistema dualista esperando reformar o *Nagodba*. Ambos os ramos do Partido do Direito e o Partido Camponês se opunham a esta, pois todos privilegiavam o trialismo e eram anti-sérvios. Ela própria, por contraste, representava a colaboração com os Sérvios no seio da monarquia. Todos os principais partidos políticos na Croácia, por conseguinte, actuavam numa estrutura política que pressupunha a existência contínua do Império. Somente os estudantes das sociedades secretas terroristas privilegiavam a união com a Sérvia e tentavam obtê-la através dos assassínios políticos. Em objectivos e métodos, eram quase indubitavelmente totalmente não representativos. Em 1912, porém, a constituição da Croácia foi suspensa pelo governador contra quem haviam sido efectuadas algumas tentativas de assassínio. Segundo A. J. P. Taylor, as consequências foram irónicas: «[...] o idealismo dos eslavos do Sul restringia-se a uns poucos intelectuais de classe média. A pequena nobreza e os oficiais do exército croatas, organizados no Partido do Direito Puro, embora hostil à Hungria, eram no entanto mais fanaticamente anti-sérvios e dedicados à monarquia. Além disso, o partido camponês croata, que agora congregava partidários em massa, seguiu a mesma linha, embora com mais expressões democráticas. Radič, o seu líder, pregava a "ideia austríaca"; a tarefa da monarquia, declarava, era não ser "nem alemã, nem magiar nem eslava, mas cristã, europeia e democrática". A ideia dos eslavos do Sul, sintética e intelectual, apenas conquistou a classe média instruída, que observava a colecção de retratos de Strosmajer; o nacionalismo em massa, na Croácia como em todo o lado, brotou do solo e odiava os seus vizinhos mais próximos. Na Áustria, o sufrágio universal enfraqueceu o entusiasmo nacional, embora não o eliminasse; na Croácia, o sufrágio universal teria derrubado um partido camponês católico favorável aos Habsburgos e hostil ao governo húngaro. De qualquer modo, a pequena nobreza magiar, evitando o sufrágio universal por todos os meios na Hungria, não conseguiu introduzi-lo na Croácia. Assim, recusavam a si próprios a única arma decisiva e tiveram de perpetuar o perigo *imaginário* de um movimento eslavo do Sul generalizado»([69]).

A terceira região afectada pela magiarização húngara era a Eslováquia. Aqui, a vida cultural por volta de 1914 entrara numa estagnação virtual e a única esperança para os eslovacos que procuravam escapar à magiarização era a emigração. Segundo um historiador: «Nos primeiros anos deste século, a emigração eslovaca, sobretudo para os Estados Unidos, atingiu proporções de uma fuga em massa. Isto debilitou ainda mais o povo eslovaco, ao privá-lo dos seus elementos mais empreendedores»([70]). Também politicamente a situação era bastante desoladora. Segundo o censo de 1910, a população eslovaca era de 1 095 000 ou cerca de 10% da população húngara. Isso deveria ter-lhes permitido cerca de quarenta lugares dos quatrocentos e treze na Câmara dos Comuns do parlamento húngaro. Ao invés, graças ao direito de voto limitado, apenas sete deputados eslovacos foram eleitos nas eleições de 1906 e apenas três em 1910. Mesmo então, um destes em breve se viu forçado a demitir-se. O resultado inevitável foi que a vida política tinha de ser efectuada fora do parlamento. O principal veículo para o debate político era o Partido Nacional Eslovaco, «uma organização política frouxa de líderes sem partidários em massa» que «reflectia várias tendências políticas, desde a liberal-democrata à conservadora clerical»([71]). Sofria ainda da divisão tradicional entre católicos e protestantes. Por esse motivo, em 1912, Hlinka assumiu a liderança ao fundar um Partido Popular Eslovaco clerical. Nenhum político eslovaco, porém, antes de 1914 possuía qualquer plano de desmantelar a monarquia nem sequer de procurar a unidade no seu seio com os Checos. De um modo geral, não é pois possível alegar que por volta de 1914 os Húngaros tinham levado a monarquia à beira da dissolução devido ao seu tratamento das nacionalidades, por muito injusto que este possa ter sido. O papel da Hungria na monarquia entre 1867 e 1914 pode ter sido deprimente de muitos modos, envolvendo discussões regulares acerca do exército e da Quota e a condenação internacional da magiarização. De facto, tudo isto formaria parte essencial do *Kulturpessimismus* pelo qual a monarquia de *fin de siècle* se tornaria tão famosa. No entanto, a Hungria contribuiu realmente para o desenvolvimento económico da monarquia, estava a tornar-se mais integrada economicamente no seu seio, e desempenhou um importante papel na elaboração e determinação da sua política externa. A sua contribuição, por conseguinte, não foi simplesmente negativa.

O problema da nacionalidade na Cisleitânia

O problema da nacionalidade não foi, evidentemente, privilégio da parte húngara da monarquia. Na Cisleitânia, esteve igualmente em evidência, determinando ali todo o rumo da vida política. Os alemães austríacos achavam muito mais difícil controlar os seus eslavos do que os húngaros, após 1867. O resultado foi que o governo caiu nas mãos da burocracia, enquanto a vida parlamentar paralisou e Francisco José escolheu primeiros-ministros dos escalões superiores do funcionalismo público. Não existem controvérsias em torno do curso dos acontecimentos. Basicamente, Checos e Alemães não foram capazes de chegar a acordo sobre a questão da representação nacional e da educação pública nos territórios checos (Boémia, Morávia e Silésia) e – não tão conhecido – na Baixa Áustria. A disputa ocorreu a dois níveis – nas dietas locais e no *Reichsrat*. Frequentemente parecia possível chegar a um compromisso – como na Morávia, em 1905 –, porém, no momento fulcral a pressão intransigente de radicais políticos conseguia sempre sabotar o acordo. Tão-pouco existia qualquer meio de forçar uma solução: mesmo após a introdução do sufrágio adulto universal em 1907, ambos os lados se encontravam em minoria no *Reichsrat* – 232 austríacos alemães e 107 checos numa Câmara de 516 deputados. Quanto aos outros – polacos, eslovenos, ucranianos, italianos, croatas, sérvios – também não conseguiam estar de acordo em nada. O resultado foi o governo burocrático. Que desejavam então os Checos? Era nítido que as suas divergências com os Alemães eram constitucionais. Os Checos pareciam desejar a restituição das suas «antigas liberdades», ou seja, a unidade e a independência das terras da coroa boémia como fora garantido pelo rei habsburgo em 1526 e ignorado desde então. Na prática, tal significava «federalismo» – uma posição na monarquia para a Boémia como a que a Hungria desfrutava. No entanto, até isso, por volta da década de 1880, já não parecia ser uma proposta prática. A última proposta federalista dos Checos foi na realidade apresentada em 1903, mas uma especialista duvidou da sua seriedade.

Escreve ela: «Esta proposta nunca se tornou tema de negociações oficiais: por isso, é possível duvidar que se destinasse a ser mais do que um balão de ensaio. Kramář, o líder reconhecido dos Checos, costumava descrever propostas semelhantes de outros partidos como irrealistas; nunca ficou muito claro se a sua atitude era motivada por uma compreensão dos obstáculos quase intransponíveis a tal reforma ou por uma relutância em conceder a *conditio sine qua non* alemã na Boémia ou por uma convicção de que os eslavos acabariam por tomar o aparelho do Estado e assim dominar toda a Áustria. Os seus discursos no *Reichsrat* parecem indicar uma ou outra consideração em diversos momentos. Fossem quais fossem os seus motivos, ao longo do período em investigação, o governo bem como os partidos nacionais restringiram os seus esforços de reconciliação às questões boémias e à administração central, no que se referia aos Checos e Alemães»[72]. Por outras palavras, os Checos abandonaram qualquer tentativa de alterar o sistema dual, porém tentavam dominar os territórios boémios.

O antagonismo entre os Checos e os Alemães era disputado acerca de assuntos constitucionais, mas provinha de factores intelectuais e sociais. Em meados do século, a classe média checa passara a ter uma consciência nacional em grande parte como resultado de uma renascença cultural: a Sociedade Científica Boémia fora fundada em 1784; o Museu Nacional Boémio em 1818; a *Matice ceska* – uma sociedade cultural com a sua própria editora – em 1834. Sociedades e salões de leitura também haviam surgido; e o primeiro volume da história da Boémia de Palăcky – ou do *povo* boémio, de acordo com o título – agora em checo e não em alemão – dado aos volumes seguintes – surgiu em 1836. Porém, à medida que o século ia passando, ocorriam importantes mudanças sociais. A população checa, que durante a primeira parte do século estivera principalmente envolvida na agricultura, voltava-se cada vez mais para a indústria, deslocava-se cada vez mais para as cidades e prosperava gradualmente. Começou, assim, a mudar-se para áreas e empregos que haviam sido previamente ocupados por alemães. Praga, por exemplo, tornou-se esmagadoramente uma cidade checa e não alemã, e até Viena se sentiu ameaçada pela imigração checa. Por volta de 1900, a minoria checa representava ali cerca de 4,3% da população. Pode não parecer muito – na realidade, representa aproximadamente a mesma percentagem que o número de negros em Inglaterra, actualmente –, mas era o suficiente para persuadir as dietas da Baixa e Alta Áustria, Salzburgo e Voralberg a aprovar leis, sancionadas pelo imperador, fazendo do alemão a língua exclusiva destas dietas, da administração local e, na prática, da educação. Em resultado disso, os alunos checos que viviam em Viena tinham de ir à Morávia para aprender checo na escola, algo que provocava profundo ressentimento, uma vez que era considerado inconstitucional.

O problema é que a constituição não era clara. O artigo 19.º da versão alemã do *Ausgleich* prometia a igualdade de todas as línguas coloquiais na escola, no trabalho e na vida pública e obrigava todas as terras da coroa habitadas por mais de uma nacionalidade a fornecer educação na sua própria língua a todos os habitantes. No entanto, a constituição não definia uma nacionalidade nem declarava se a igualdade deveria ser assegurada à pessoa individual, a um órgão organizado de membros de cada nacionalidade ou aos territórios predominantemente habitados por uma nacionalidade. A constituição também não fornecia qualquer definição de «coloquial», que se podia referir a todas as línguas faladas numa terra da coroa ou apenas às línguas faladas numa localização específica. Por fim, também não era claro quem devia aplicar a lei: o governo central, as terras da coroa ou alguma agência ou tribunal administrativo. Interpretar a constituição tornou-se, pois, um assunto puramente político com diferentes interpretações a serem consideradas, por sua vez, como exemplos de discriminação e ilegalidade. Mas como não havia um governo suficientemente forte para impor uma única interpretação, e uma vez que nunca se chegou a qualquer compromisso, o assunto escapava a uma solução.

É possível demonstrar que havia poucas probabilidades de se chegar a um compromisso enumerando as diferentes interpretações: (a) os Checos insistiam que o artigo 19.º concedia igualdade nacional a todas as pessoas em qualquer região da monarquia; os Alemães apenas reconheciam a igualdade checa em territórios predominantemente checos; (b) os Checos consideravam qualquer língua coloquial, desde que fosse falada em qualquer terra da coroa, o que significava que um checo deveria poder utilizar a sua língua na vida pública onde quer que se encontrasse; os Alemães desejavam restringir o termo a línguas faladas num distrito específico por uma percentagem específica – 10% a 35%, dependendo de como lhes conviesse – da população; (c) os Checos interpretavam a igualdade nacional como o direito de utilizar a sua língua na comunicação com os serviços públicos, ou seja, como língua de administração interna e externa, direito a ter escolas que ensinassem checo a todas as crianças checas, onde quer que estas estivessem, e a ter a mesma proporção de cargos no funcionalismo público que a proporção de checos na população relativa; os Alemães insistiam em manter o alemão como única língua oficial nas regiões germânicas da Boémia e como língua exclusiva da administração interna na Cisleitânia.

Sucessivos governos tentaram, porém, obter um compromisso, nem que fosse apenas para persuadir os Checos a entrar no *Reichsrat* de Viena, que a princípio estes boicotaram. Em 1871, por exemplo, o conde Hohenwart emendou o *Ausgleich* de modo a agradar-lhes. Delinearam-se artigos fundamentais, nos quais os Checos reconheciam o *Ausgleich*, mas que alteravam a sua disposição interna a respeito da Cisleitânia. Em primeiro lugar, foram prometidos quinze lugares à Dieta da Boémia na delegação cisleitana que controlava os assuntos comuns; em segundo, toda a legislação que não estivesse relacionada com assuntos comuns, mas afectasse a Boémia, deveria ser submetida à Dieta boémia para protecção dos interesses boémios; em terceiro, os assuntos administrativos referentes a tarifas, comércio, monopólios, correios, telégrafos, caminhos-de-ferro, questões militares e outros assuntos considerados não comuns seriam controlados na Cisleitânia por um comité que abrangia ministros do governo, altos funcionários públicos, e os respectivos ministros de cada terra da coroa; por fim, em vez da Câmara dos Lordes, seria criado um Senado na Cisleitânia, metade de cujos membros seria nomeada pelo próprio imperador, sendo, porém, a outra metade nomeada por sugestão das dietas. Estas propostas suscitaram, contudo, grande oposição não só dos alemães boémios, que abandonaram as suas dietas, mas do exército, da burocracia e da Igreja, bem como das dietas da Morávia e da Silésia; esta última, dado que os Alemães eram a principal nacionalidade da província, rejeitava qualquer laço com a Boémia. No entanto, a oposição decisiva proveio dos Húngaros sob Andrássy, que protestou que as disposições de 1867 eram invioláveis. Uma vez que os Eslovenos, Rutenos e outros também se opuseram, o imperador sentiu-se constrangido a retirar as propostas.

Foi, portanto, apenas sob Taaffe (primeiro-ministro entre 1879 e 1893) que os Checos voltaram a entrar para o *Reichsrat*. Este tornou o checo e o alemão línguas iguais na administração externa da Boémia e da Morávia em 1880; criou uma universidade checa em Praga; e alargou o direito de voto em 1882. O resultado foi que uma nova maioria de polacos, checos, clericais e conservadores se estabeleceu em Viena, enquanto em 1883 os Checos conquistavam uma imensa maioria na Dieta boémia. A partir de então, foram os Alemães que ficaram na defensiva. Isto quase levou a um compromisso na Boémia em 1890, que a oposição dos Jovens Checos frustrou. Em 1896, uma reforma do direito de voto reduziu ainda mais a força dos Alemães, deixando-lhes apenas 47% de deputados no *Reichsrat*, em comparação com os dois terços de 1873. O resultado foi um desespero crescente. Em 1897 a situação explodiu, quando o primeiro-ministro, Badeni, para conquistar votos checos para renovar o Compromisso com a Hungria, concordou em conceder ao checo um estatuto igual ao do alemão como língua interna de administração na Boémia e na Morávia. O que significava que todos os funcionários públicos alemães teriam de ser bilingues, daí em diante. Os resultados foram as insurreições por todo o império; alemães por toda a parte protestavam contra os decretos. No entanto, a única reacção checa foi pedir que estes se estendessem à Silésia, onde havia o dobro de alemães em relação aos Checos. Badeni caiu do poder e os decretos foram retirados. Entre 1900 e 1904, um novo primeiro-ministro, Ernst von Koerber, tentou reconciliar ambas as partes e, segundo Alexander Gerschenkron, esperava fazê-lo através da «primazia do factor económico»([73]). Gerschenkron sobrestima, porém, a importância de Koerber – considera o programa de obras públicas do primeiro-ministro como um modo consideravelmente inovador de reconciliar as duas partes, dando-lhes interesses económicos comuns –, que, de qualquer modo, ficou minada pela sua incapacidade de obter o apoio do seu ministro das Finanças. A verdadeira esperança, antes de 1914, era que o chamado Compromisso morávio de 1905, negociado pelo ministério de Gautsch, pudesse fornecer um modelo para a Boémia. As proporções relativas de checos e alemães na Morávia eram de 71,3 para 27,9% da população. A base deste acordo era uma disposição eleitoral pela qual os Checos teriam 73 e os alemães 40 lugares na cúria, além dos eleitos pelos proprietários rurais e membros das câmaras de comércio. Esperava-se que isto pusesse fim a toda a agitação nacional, garantindo uma maioria checa e deixando ao mesmo tempo os Alemães bem representados. Na realidade, o Compromisso teve pouco impacto na Boémia.

As divergências que surgiram ali entre as duas partes após as eleições de 1908 levaram os alemães a obstruir a Dieta boémia, enquanto os checos resolveram obstruir o *Reichsrat*. Em 1914, por conseguinte, a constituição da primeira foi suspensa e a última prorrogada.

Deveria o governo imperial ser responsabilizado por esta situação? Um historiador pensa que não: «Os governos, paciente mas infrutiferamente, procuraram uma via intermédia aceitável para ambos, e os nacionalistas adquiriram o hábito de culpar o governo por não conseguir chegar a um acordo que eles próprios tinham impedido. Os moderados de entre estes, contudo, esperavam acabar por chegar a um acordo, e lutavam para obter as melhores condições na redistribuição inevitável de poder no Estado e nas terras da coroa. Neste processo, os radicais suscitavam as emoções das massas com promessas de vantagens económicas e sociais incalculáveis que resultariam do cumprimento do seu programa nacional. Esta agitação aumentou o radicalismo dos votantes e não só assustou a classe dirigente de Viena como tornou ainda mais difícil obter um compromisso nacional. Sem este, a reforma constitucional era impossível, o *Reichsrat* continuava paralisado e o governo pela burocracia era praticamente inevitável»[74]. Há, talvez, muita verdade neste ponto de vista, no entanto o fulcro do problema eram os alemães. Afinal, foram estes que se opuseram a uma igualdade completa com os checos, devido a um sentido anacrónico de superioridade cultural e política. Por que motivo não deveriam eles ter tido de aprender checo nas terras boémias? Felizmente para eles, Francisco José também não via grandes motivos para insistir. O seu império poderá ter sido uma *Hausmacht*, mas a *Haus* em questão fora tradicionalmente alemã. Além disso, necessitava da sua aliança germânica e, de qualquer modo, sempre preferira governar a monarquia através da burocracia. Por fim, os próprios checos dificilmente constituíam uma ameaça para a dinastia. Um futuro primeiro-ministro checo declarou em 1906: «Desejamos salvar o parlamento austríaco da ruína total, mas desejamos salvá-lo para os eslavos da Áustria, que constituem dois terços da população. O império é nosso por direito»[75]. O próprio Masaryk declarou em 1909: «Desejamos uma Áustria federal. Não podemos ser independentes fora da Áustria ao pé de uma Alemanha poderosa, tendo alemães no nosso território»[76]. Por fim, Kramář declarou em 1914, após o assassínio do arquiduque Francisco Fernando: «[...] protestamos resolutamente contra a ideia de alguém pensar que, devido ao nosso eslavismo sincero, sejamos hostis ao império. [...] não nos inclinamos para nenhum lado, fora do império»[77]. O historiador americano Victor S. Mamatey concluiu portanto: «Na véspera da Primeira Guerra Mundial, os Checos, embora profundamente frustrados no Império Habsburgo, não concebiam viver fora dele»[78].

Na Galícia, a província polaca da monarquia, o problema de nacionalidade revelou-se muito mais controlável. Os Polacos, que eram em número de cinco milhões e constituíam 17,8% da população da Cisleitânia em 1910, consideravam a Áustria como a principal defensora dos interesses polacos após a supressão pela Rússia da rebelião no Congresso polaco em 1863. O ano de 1868 trouxe, assim, uma efusiva declaração de lealdade à monarquia e ao dualismo, de acordo com a qual os Polacos se revelaram o mais firme pilar do novo sistema político. Do mesmo modo, nunca esconderam o seu apoio da ressurreição, a longo prazo, de um Estado polaco independente. A sua recompensa, entretanto, seria a permissão de dominar a vida política da Galícia: aqui a população era 46% polaca e 42% rutena. No entanto, os Polacos, graças ao sistema eleitoral, controlavam a esmagadora maioria dos lugares do *Reichsrat* e da Dieta. Nesta última, por exemplo, entre 1877 e 1908, os Rutenos conseguiram obter apenas entre 8,6% a 14,2% dos lugares. A língua oficial na província era o polaco e as duas universidades (Cracóvia e Lvov) eram também polacas. Além disso, as escolas e instituições culturais polacas recebiam apoio oficial, o que não se verificava com as rutenas. Inútil será dizer que isto alimentou um sentimento de ressentimento nos Rutenos e levou a conflitos entre estes e os Polacos. Alguns sentiram-se tentados a voltar-se para a Rússia em busca de auxílio – etnicamente, eram o mesmo povo que os Ucranianos –, mas como a política russa era constantemente mais opressiva do que a austríaca, esta dificilmente constituía uma alternativa adequada. Com a introdução do sufrágio adulto universal, a representação rutena aumentou. Por volta de 1914, um quarto dos deputados do *Reichsrat* da Galícia eram rutenos e também um quinto dos representantes da Dieta. Isto não resolveu o problema – houve obstrução na Dieta e um boicote ruteno das universidades na província – mas na véspera da Primeira Guerra Mundial, a situação melhorara. Havia sido acordado um compromisso eleitoral, que teria dado aos Rutenos 27,2% dos lugares na Dieta, começando o governo a preparar planos para a criação de uma universidade rutena separada. Foi também concebido um compromisso para a província vizinha da Bucovina. Ali, em 1910, havia 305 000 Rutenos, 273 000 Romenos, 168 000 Alemães e 102 000 judeus, juntamente com um número considerável de Polacos e Húngaros. Uma nova constituição em 1910 concedia autonomia pessoal a estas seis nacionalidades. Além disso, citando Barbara Jelavich: «O facto de esta região ser relativamente remota do centro do Estado austríaco parece ter constituído uma vantagem; nunca foi cenário de violentos conflitos nacionais como os que ocorriam noutras regiões»([79]).

A mais pequena nacionalidade na monarquia antes de 1914 – se não incluirmos os Bósnios muçulmanos, os judeus galicianos, os Gregos, os Arménios, os Albaneses e os Búlgaros – eram os quase 800 000 Italianos, que ainda não faziam parte de uma Itália unificada. Habitavam o Sul do Tirol e o litoral adriático, constituindo as populações de três províncias, Gorízia-Gradisca, Trieste e Ístria. No Sul do Tirol pretendiam uma assembleia própria que os libertasse do domínio de Innsbruck. No litoral, procuravam manter a sua posição privilegiada no governo, uma vez que eram ultrapassados em número pelos eslavos numa proporção de quase dois para um. Na realidade, eram uma nacionalidade mais privilegiada do que oprimida, no sentido em que, especialmente após 1907, possuíam mais representantes para o seu número do que qualquer outro grupo nacional. A maioria dos historiadores, com efeito, tem tendência para os tratar como parte dos problemas de política externa da Áustria-Hungria – *Italia irredenta* – mais do que como parte do problema de nacionalidade. Só ocasionalmente causavam problemas como, por exemplo, quando o estudante Guglielmo Oberdan – na realidade, Wilhelm Oberdank, um esloveno de Trieste que se converteu à causa italiana – procurou o martírio em nome da Itália e foi enforcado por planear, de modo bastante incompetente, assassinar o imperador([80]).

Ironicamente, por contraste com os Magiares na Hungria, até pode ser possível tratar os Alemães da Cisleitânia como parte do problema de nacionalidade. Estes constituíam apenas 35,6% da população da Cisleitânia em 1910, 9,8% da população da Hungria e 23,9% da população da monarquia no seu todo. Os seus problemas nos territórios checos já foram analisados, mas igualmente relevante era o seu conhecimento de que mesmo ao lado existia o novo e dinâmico

Império Germânico. Hans Kohn escreveu, pois: «A posição dos alemães na Áustria podia ser comparada à dos polacos ou italianos austríacos. Sentiam-se parte de uma entidade nacional mais vasta, cuja maioria de pessoas vivia fora da monarquia de Habsburgo. Os alemães austríacos tinham memórias mais recentes de comunhão com os alemães além da fronteira, enquanto os italianos de Trieste ou de Trentino nunca tinham feito parte de qualquer Estado italiano e o estatuto de Estado polaco, com excepção da República da Cracóvia, deixara de existir perto do final do século XVIII. Mas os alemães austríacos haviam feito parte da Confederação Germânica até 1866 e tinham participado na Assembleia Nacional em Frankfurt-am-Main. Assim, a situação dos Alemães na monarquia de Habsburgo não era, na época do nacionalismo, tão fundamentalmente diferente da dos elementos não germânicos»[81]. Os ressentimentos alemães levariam, com efeito, à criação de um movimento pangermânico na Áustria, liderado por Georg von Schönerer. Juntamente com outros – entre os quais personalidades futuramente tão famosas como Heinrich Friedjung e Viktor Adler –, foi o autor do Programa Linz de 1882, que exigia a separação da Cisleitânia de territórios não alemães como a Dalmácia, a Galícia e a Bucovina, bem como a promoção do alemão ao estatuto de única língua oficial no resto da «Áustria». Eram ainda recomendadas várias medidas pelas quais se poderia organizar uma vida económica e cultural alemã para esta mesma «Áustria». Os próprios planos de von Schönerer, porém, eram mais extremistas. Este desejava uma ruptura com a Igreja Católica e a dinastia de Habsburgo, e considerava que o futuro dos alemães da Áustria residia no Império Germânico. Os seus inimigos dilectos na monarquia eram os eslavos e os judeus; os seus apoiantes, além de estudantes nacionalistas e anti-semitas extremistas, eram sobretudo alemães que viviam junto das intersecções entre os grupos étnicos. Em 1884, liderou sem êxito uma campanha para nacionalizar a Nordbahn, uma linha ferroviária que fora financiada pelos Rothschilds. A questão, alegava ele, era dos judeus contra o povo. Em 1898 convocou o exército alemão para invadir a Áustria e salvar a sua população alemã. Um dos seus partidários, o deputado Franko Stein, declarou no *Reichsrat*, a 1 de Março de 1902: «Digo isto em voz alta, desejamos pertencer ao Império Germânico», acrescentando: «Actualmente, quem for patriota na Áustria é um tolo»[82]. A 13 de Março, disse a um jovem deputado checo: «Somos tão antiaustríacos como vós»[83]. Schönerer foi, pois, um precursor de Hitler, que o glorificou em *Mein Kampf*, mas que também criticou a sua falta de talento organizador. Os pangermânicos, com efeito, permaneciam um grupo parlamentar bastante pequeno dividido entre uma série de facções em guerra.

A falta de talento organizador, por outro lado, não era acusação que se pudesse fazer a Karl Lueger e ao seu Partido Social Cristão, que também assumiu a causa anti-semítica entre os alemães austríacos nesta época, embora sempre apoiasse a dinastia. Lueger, na realidade, era um agente político de primeira água que, graças a uma retórica fascinante e a puro trabalho duro a favor dos lojistas e artesãos de Viena, veio a dominar totalmente a vida política da capital imperial. Inicialmente, suspeitou-se que seria um revolucionário, tendo contestado a liderança do conselho da cidade, e quatro vezes entre 1895 e 1897 o imperador se recusou a confirmar a sua eleição como presidente da câmara. No entanto, a sua maioria cada vez aumentava mais e não havia como escapar-lhe. A partir de então, governou a cidade até morrer em 1910. A sua política era de patrão da cidade e reformador social. Tão-pouco se pode negar que os Vienenses beneficiaram com os seus esforços, em termos de estradas, casas, esgotos, parques e outras instalações públicas. Hitler também o admirava e declarou em *Mein Kampf* que ficara profundamente comovido no seu funeral. Contudo, chamava ao seu anti-semitismo uma farsa, uma opinião que tem sido em parte sustentada pela investigação histórica. Lueger, com efeito, serviu-se do seu anti-semitismo menos como uma doutrina racial do que como um recurso político. «Quem é judeu», declarava, «é algo que me cabe determinar»[84]. Uma vez estabelecido, o seu Partido Social Cristão tornou-se conservador, em parte devido à compreensão de que os artesãos da cidade não podiam esperar escapar às consequências da industrialização; em parte devido ao facto de o partido ter transcendido Viena e assim ter-se interessado cada vez mais pelos camponeses e pelo campo. De facto, um dos mais importantes proprietários rurais da Áustria, o príncipe Alois Liechtenstein, tornou-se um dos dirigentes do partido. Por altura da morte de Lueger, por conseguinte, os sociais cristãos já não eram considerados os inimigos dos grandes empreendimentos, mas sim notados pela sua lealdade à dinastia, resistência a interpretações magiares do *Ausgleich* e apoio do paternalismo político e social.

Um partido de quem se poderia esperar que contribuísse para reconciliar as nacionalidades na Áustria era o dos socialistas, que emergira unido da sua conferência de Hainfeld de 1889. Em 1907 obtiveram oitenta e sete lugares e tornaram-se no maior partido no *Reichsrat*. Antes disso, na sua conferência em Brunn em 1899, haviam afirmado a sua lealdade para com a dinastia – pelo menos indirectamente – e exigido uma solução para o problema da dinastia reconstruindo o império como uma federação de grupos nacionais autónomos. Dois dos seus dirigentes, Karl Renner e Otto Bauer, eram defensores de uma «autonomia pessoal» e escreveram obras de influência sobre os problemas colocados aos socialistas pela questão da nacionalidade. A sua solução consistia em separar a questão cultural da territorial e permitir que as pessoas, onde quer que se encontrassem, se registassem como votantes de um grupo nacional específico. Poderiam então votar numa cúria separada por um número predeterminado de deputados da sua nacionalidade específica. Os assuntos de educação e outros poderiam ser administrados por agências nacionalmente homogéneas. Deve notar-se que esta política nunca foi oficialmente adoptada pelo Partido Socialista na Áustria. Contudo, como se poderá constatar, era semelhante ao Compromisso estabelecido na Morávia em 1905, na Bucovina em 1910 e na Galícia mesmo nas vésperas da Primeira Guerra Mundial. O próprio Partido Socialista, ironicamente, revelar-se-ia incapaz de evitar as consequências da questão da nacionalidade no que à sua própria organização se referia. Em 1911, o ramo checo do partido separou-se do principal órgão da Cisleitânia queixando-se do carácter germânico esmagador da sua liderança. Os preconceitos de Marx e Engels, na realidade, ainda eram visíveis. O historiador alemão, Hans Mommsen, confirmou-o ao escrever: «O nacionalismo cultural de Renner e a atitude mais alemã de Bauer tornaram-se visíveis, ainda que indirectamente, nas discussões entre democratas sociais sobre a política da nacionalidade após a primeira revolução russa de 1905»([85]). E acrescenta: «A sua posição a respeito da assimilação nacional, o problema das escolas de minorias e as implicações económicas da questão da nacionalidade demonstram claramente que eles haviam sido influenciados pelas atitudes nacionais da sua época. As suas soluções propostas para o problema da nacionalidade equivaliam à ilusão (aporia) de que conflitos nacionais persistentes, que cada vez mais tomavam o aspecto de uma luta de poder imperialista, estavam a abrir caminho para reformas democráticas, que representavam as condições prévias para qualquer compromisso duradouro sobre a nacionalidade»([86]). O veredicto de Robert A. Kann, embora crítico, é diferente: «O princípio da autonomia pessoal», escreve, «embora constituísse um instrumento de justiça nacional mais sofisticado do que o da autonomia territorial, não teria, a longo prazo, resolvido os problemas de conflito nacional. Em última análise, a maioria dos grupos nacionais no Império Habsburgo, como qualquer outro que estivesse ou se sentisse oprimido, desejava um estatuto de Estado e não apenas igualdade nacional baseada numa estrutura legal perfeita. A autonomia pessoal, embora mais equitativa do que a autonomia territorial, de facto parecia bastante afastada da aparência da desejada identidade de nação e Estado. A nação parecia estar ancorada em registos públicos, mais do que numa jurisdição territorial patente, por muito limitada que fosse. No entanto, enquanto o império permanecesse no forte cenário dos sistemas centralistas nos Estados dualistas, a autonomia pessoal poderia ter fornecido justiça nacional numa escala que nenhum outro sistema institucional poderia assegurar sob as condições existentes. Além disso, as reformas nesta base impediam as inovações radicais de uma estrutura federal que provavelmente não poderia ter sido efectuada sem conflitos com a Hungria e uma consequente intervenção dos países vizinhos. Assim, embora o princípio da personalidade não tivesse resolvido os problemas nacionais austríacos, poderia ter contribuído para deter a doença insidiosa da desintegração nacional durante algum tempo. Tratava-se, porém, do máximo que um paciente muito doente poderia esperar»([87]).

Contudo, até que ponto tinha a questão da nacionalidade tornado a Áustria-Hungria desesperadamente doente, por volta de 1914? É indubitável que havia verdadeiros fundamentos para o desespero: o obstrucionismo no *Reichsrat*, após a crise de Badeni; a incapacidade da reforma eleitoral de 1906 de alterar a situação; a crise na Hungria durante quase uma década após 1898; e o revivalismo nacionalista entre as nacionalidades. Com efeito, muita gente já desesperara da monarquia. O futuro imperador alemão, Guilherme II, por exemplo, exprimira com bastante pouco tacto precisamente esta opinião em 1887, quando o arquiduque Rodolfo apresentou o seguinte relatório: «[...] ele observou que tudo estava a correr bem apenas na Prússia: na Áustria, todo o Estado estava corrompido, próximo da dissolução, iria desagregar-se, as províncias germânicas tombariam como frutos maduros para o colo da Alemanha, a [Áustria] qual insignificante ducado, tornar-se-ia ainda mais independente da Prússia do que era a Baviera»([88]). Guilherme prosseguira: «O imperador da Áustria pode, se desejar, viver até ao fim da sua vida como um monarca insignificante na Hungria. A Prússia nada fará para provocar isso rapidamente, acontecerá de qualquer modo por si próprio». Por muito surpreendente que possa parecer, os próprios Habsburgos até podem ter partilhado esta opinião. Francisco José escrevera à sua mãe, em 1866: «Temos de resistir enquanto for possível, cumprir o nosso dever até ao termo e, por fim, perecer com honra»([89]). Tinha apenas trinta e três anos na altura. Ao longo dos anos, porém, não se tornara mais optimista. No seu testamento, tomou disposições para o caso de «a coroa já não permanecer na nossa Casa» e aconselhou a filha, Gisela, a reivindicar a sua fortuna após a morte do pai, uma vez que «estaria mais segura na Alemanha do que em Viena»([90]). Do mesmo modo, o arquiduque Rodolfo, antes de cometer suicídio em Mayerling, escreveu à irmã Maria Valerie, aconselhando-a a deixar a Áustria «quando o pai morrer» uma vez que, como colocou a questão, «só eu sei o que se passará então»([91]). Na própria Alemanha, entretanto, os pangermânicos defendiam abertamente a anexação das regiões germânicas – por vezes também das não germânicas – da monarquia como colónias germânicas. Por exemplo, uma obra publicada em 1899 e intitulada *Osterreich's Zusammenbruch and Wiederaufbau* (Colapso e Reedificação da Áustria) sugeria que «o litoral austríaco juntamente com a parte sul da Dalmácia, Ragusa e Cattaro, Trieste e Pola deveriam constituir, tal como a Alsácia-Lorena, uma *Reichsland* [...] que serviria de base à potência marítima da Alemanha no Adriático e no Mediterrâneo»([92]). A obra muito lida de R. Tannenberg, *Grossdeutschland* (Grande Alemanha) publicada em 1911 ia ainda mais longe, defendendo a divisão da monarquia entre a Prússia, Baden, Baviera e Saxónia, e alegando: «Cada insulto feito a um estudante alemão em Praga, cada revolta popular em Laibach, constitui uma afronta à honra alemã e suficiente [...] motivo para que ocupemos os territórios em questão»([93]). No entanto, não eram, de modo algum, apenas os comentadores, políticos ou dinastas alemães que esperavam que os Habsburgos perdessem o seu império. Um dos trabalhos mais influentes acerca deste tema foi *L'Europe et la question d'Autriche au seuil du XXe siècle* (A Europa e a Questão Austríaca no limiar do Século XX), de A. Chéradame, publicado em Paris em 1901.

O pessimismo a respeito do futuro da monarquia a partir da década de 1890 em diante pode ligar-se talvez à grande efervescência cultural que ocorria ali ao mesmo tempo. Tratava-se, afinal, da época de Schnitzler e von Hofmannsthal na literatura; Freud, na psicanálise; Mahler e Schoenberg na música; Klimt e Schiele na pintura; e Kraus na sátira. Carl Schorske sugeriu que se pode encontrar uma ligação numa fuga para a arte e a estética como reacção contra a esterilidade política da época([94]), enquanto outros salientaram o lado mais negro deste próprio clímax cultural: a obsessão com o ego; com a sensualidade; com a ideologia; e com a morte. Recorde-se que o estudo de William Johnson *The Austrian Mind* (A Mentalidade Austríaca), tem capítulos intitulados *A Morte como Baluarte contra a Mudança, A Morte como Efemeridade*, e *A Morte como Refúgio: Suicídio de Intelectuais Austríacos*([95]). Karl Kraus, deve recordar-se, considerava o fermento intelectual da sua época um sinal de decadência cultural ou histeria mental num império que condenava como «laboratório de investigação para a destruição do mundo». Contudo, não é necessário aceitar nada disto. Poderá alegar-se com igual plausibilidade que os desenvolvimentos culturais da época tinham menos a ver com a política local do que com um ambiente basicamente saudável criado pelo cosmopolitismo vienense, a liberdade cultural e a emancipação judaica.

Mais uma vez, o pessimismo a respeito da questão da nacionalidade deve ser também posto em perspectiva. Assim, embora Berthold Sutter, por exemplo, saliente que na Áustria, após a crise de Badeni, nenhum governo podia tomar como certo que os Alemães na monarquia identificariam automaticamente os seus interesses com os do Estado, que, de facto, estes «não reconheciam o Estado que os rejeitara»([96]), escreve também que «na última década antes da Guerra Mundial iniciara-se um regresso à Áustria entre os alemães comuns»([97]), ainda que fosse fortemente influenciado pelo *Wacht am Rhein* [canção patriótica alemã]. No que se refere às outras nacionalidades na monarquia e à sua lealdade para com a dinastia, já constatámos que na maioria dos casos, apesar dos ressentimento políticos e culturais, não havia qualquer desejo de destruir a monarquia ou de separação da dinastia. De facto, já se haviam estabelecido alguns tipos de compromissos na Morávia, Bucovina e Galícia antes de 1914. O historiador húngaro, István Diószegi, escreveu, pois: «O nacionalismo não trabalhava para a destruição da monarquia. Das nações dentro do Império Habsburgo, apenas os Italianos tentavam incondicionalmente separar-se; os outros, por considerações de ordem económica política e política externa eram levados, e não desmotivados, a considerar a monarquia a área adequada para cumprir os seus objectivos nacionais»([98]). Barbara Jelavich salienta o mesmo: «[...] as lideranças nacionais tinham de se concentrar nas questões imediatas da altura. A maioria destas referia-se a questões práticas, tais como o direito de voto e a língua de administração e educação. Assim, apesar do facto de haver realmente muita insatisfação com o governo de Habsburgo, as nacionalidades dirigiam a sua atenção principalmente para as questões que afectavam directamente o seu quotidiano. Nenhum líder ou partido importante exigia a destruição da monarquia»([99]). No que se refere às nacionalidades da Hungria em particular, realça: «Constitui um grande obstáculo à compreensão dos desenvolvimentos nacionais que no reino húngaro a maioria dos habitantes estivesse excluída do processo político pelo direito de voto restrito. O porta-voz para todos os movimentos nacionais e, evidentemente, para o governo húngaro, provinha de uma pequena percentagem da população. Afirmavam falar pela "nação" e pelo "povo", mas na realidade era frequente estarem pessoalmente tão separados dos camponeses da sua própria nacionalidade como de outros provenientes de etnias diferentes. O que o povo pensava realmente não pôde ser determinado senão depois da guerra, quando os partidos camponeses subiram pela primeira vez ao poder»([100]). É muito importante, pois, não permitir que a nossa opinião fique obscurecida por uma percepção tardia, não presumir que, pelo facto de a monarquia de Habsburgo não ter sobrevivido à Primeira Guerra Mundial, estava destinada a não sobreviver, fosse como fosse. Mais uma vez, é igualmente errado presumir que, porque não subsistiu, já se encontrava em declínio e que esse declínio fora progressivo. Em nenhum momento entre 1867 e 1914 a monarquia enfrentou, mesmo que vagamente, o tipo de desafio à sua existência que enfrentou em 1848-49. A verdade é que não havia qualquer pressão interna entre 1867 e 1914 para a desagregação da monarquia; não havia qualquer repúdio da dinastia; e em algumas áreas, os problemas estavam de facto a ser resolvidos ou alcançavam-se compromissos. Ao mesmo tempo, o desenvolvimento económico prosseguia e a monarquia tornava-se cada vez mais integrada em termos de padrões de vida, infra-estruturas e finanças. De facto, como sugeriram os observadores contemporâneos, havia um sentimento, especialmente após 1906, ou por aí, de que tudo estava nitidamente a melhorar. Daí que, por exemplo, Louis Eisenmann, o grande observador francês da monarquia, estivesse em condições de escrever em 1910: «A 2 de Dezembro de 1908, Francisco José I celebrou o sexagésimo aniversário da sua ascensão ao trono. Por ocasião do seu Jubileu [Dezembro de 1898], a Europa considerara com receio e desconfiança o futuro da monarquia, que parecia inevitavelmente condenada à dissolução com a morte de Francisco José. Mas dez anos passaram desde então e os prognósticos são totalmente diferentes. A crise acentuada foi dissipada apenas pelas forças internas da monarquia [...] Trava-se ainda o violento combate entre as nacionalidades, mas a solução inevitável está à vista [...] Parece que todas as questões austríacas, húngaras e austro-húngaras podem ser resolvidas a partir do interior. É nisto que consiste o progresso; aqui reside a grande segurança para o futuro [...] cinquenta anos de vida nacional e constitucional dotaram os povos da monarquia com a força para aplicar os seus desejos em comunhão com os do seu soberano, e, se necessário, em desacordo com este. São adultos e podem controlar os seus destinos se assim o desejarem, desde que concordem entre si. Acabaram por compreender o interesse comum que os mantém unidos na monarquia e a seu tempo tomarão maior consciência da força por meio da qual a podem governar, de acordo com os seus próprios interesses. A monarquia já não assenta apenas sobre o poder do laço dinástico, mas também sobre o seu desejo consciente de união. Aqui reside a sua extraordinária nova força; eis o grande, o enorme resultado do reino de Francisco José»([101]). Vinda do autor de um relato crítico do Compromisso publicado em 1904 e a que mais tarde A. J. P. Taylor chamaria «um trabalho de génio excepcional» – «nenhum trabalho de história tão bom foi escrito neste século»([102]) – a opinião revista de Eisenmann acerca das perspectivas da monarquia merece ser tratada com respeito, apesar dos seus exageros. Os seus fundamentos para o optimismo foram a introdução do sufrágio universal na Áustria («o alvorecer de uma nova Áustria – uma Áustria mais forte do que a antiga, e bastante determinada a viver»([103])), a sua crença de que este seria igualmente introduzido na Hungria («o rei certamente não renunciará ao sufrágio universal»([104])); e a celebração de um novo compromisso económico entre a Áustria e a Hungria em 1907. Considerava isto, sobretudo, como um acto de habilidade política com implicações muito positivas para o futuro.

A Monarquia Dual

Escreveu acerca do assunto: «[...] nesta ocasião, nenhum país beneficiou às custas de outro, estando o Compromisso em conformidade com os interesses de ambos os países, como estes haviam concebido. Este Compromisso, ao contrário dos que o precederam, não originou amargura nem malícia. Foi adoptado por ambos os Estados antes do final de 1907. A 1 de Janeiro de 1908, o interregno constitucional que durara dez anos, terminou»[105]. O que sucedera era que os Austríacos haviam trocado vantagens económicas por concessões políticas aos Húngaros. A maioria das divergências económicas entre os dois países – excepto o problema da Banca que ficara reservado para futuras negociações – estava agora resolvida. A Áustria obteve a declaração e a confirmação do princípio de liberdade comercial entre os dois países e da igualdade dos seus respectivos súbditos perante as leis fiscais; a instituição da arbitragem para resolver quaisquer divergências que pudessem surgir a respeito do compromisso económico (pedira isto em vão durante quarenta anos); a recuperação da sua liberdade na questão das tarifas dos caminhos-de-ferro que nos últimos dez anos haviam sido restringidas a favor da Hungria; e por fim, um acordo favorável sobre a Quota, ou a contribuição proporcional para as despesas comuns, que daí por diante seria estabelecida em 36,4% para a Hungria e 63,6% para a Áustria. (Em 1867, as percentagens tinham sido de 37%, respectivamente.) A Hungria, por seu turno, foi recompensada com um tratado internacional em vez de um tratado de união, com uma garantia de que, nos futuros acordos comerciais com países estrangeiros, a sua independência e soberania seriam mais claramente evidenciadas e, por último, que o mercado austríaco estaria aberto sem restrição aos seus empréstimos[106]. Eisenmann sentiu-se, por fim, impressionado pelo resultado da crise bósnia que achou ter dado a ambas as partes da monarquia um interesse comum: «[...] a anexação é irrevogável. A Áustria e a Hungria estão unidas no seu desejo de a manter»[107].

Toda a questão da política externa, com efeito, contribuiu muito para convencer os observadores exteriores de que a monarquia se manteria unida. O presidente da Universidade de Harvard, A. Lawrence Lowell, por exemplo, escreveu um estudo em 1896 sobre *Governments and Parties in Continental Europe*, e grande parte do segundo volume deste foi dedicado à monarquia. A sua conclusão foi que: «[...] as forças que fizeram o sistema dual funcionar harmoniosamente no passado provavelmente produzirão o mesmo resultado no futuro»([108]). Exactamente quão harmoniosamente tinham funcionado antes de meados de 1890 é discutível e, como constataremos, Lowell não as exagerou realmente, mas a questão a ter em conta é que a principal força a que este se referia para explicar a «estranha ligação» entre a Áustria e a Hungria era a necessidade de uma política externa comum: «A explicação para tão estranha ligação», escreveu, «encontra-se no facto de os dois países não se manterem unidos interiormente por qualquer afeição ou lealdade para com uma Pátria comum, mas serem forçados a unir-se por uma pressão exterior que torna a união uma necessidade internacional e militar. A Áustria, por um lado, não seria suficientemente grande sozinha para constituir uma aliada realmente preciosa para a Alemanha e a Itália; e se não fosse aliada, provavelmente tornar-se-ia uma presa, pois tem regiões que estas de bom grado absorveriam. Além disso, haveria o perigo iminente de alguns dos seus diversos povos iniciarem uma revolta aberta se o imperador não tivesse as tropas húngaras a seu comando. Por outro lado, os Magiares sem a Áustria não seriam suficientemente fortes para refrear as ambições da Rússia, ou resistir à maré do pan-eslavismo. Não só teriam pouca influência fora dos seus domínios, como correriam o grave risco de uma interferência externa a favor dos Eslavos na Hungria. A união é, por conseguinte, inevitável, e é pouco mais próxima do que o absolutamente necessário para realizar os objectivos para os quais existe»([109]).

6

O Caminho para o Desastre

Convém agora analisar a política externa da monarquia sob o sistema dual. Mais uma vez, não há lugar para recorrer à narrativa; teremos de a analisar antes à luz da constituição dual e à luz dos argumentos apresentados por Paul W. Schroeder a respeito do papel da Áustria-Hungria nas questões internacionais antes da Primeira Guerra Mundial. Na realidade, existem muito poucas controvérsias à volta da política externa dos Habsburgos na era dual, mas as obras de Schroeder obrigam-nos a considerar a questão sobre se a Áustria-Hungria constituía basicamente uma força de paz ou uma força de guerra entre 1867 e 1914.

Aspectos internos da política externa dos Habsburgos

Comecemos pelos factores internos que colidiam com as questões externas. No que à opinião pública diz respeito, István Diószegi, o principal historiador húngaro da política externa da monarquia, resumiu os pontos de vista das várias nacionalidades envolvidas do seguinte modo: os Alemães concentravam-se na questão germânica e eram indiferentes a outros problemas, incluindo os Balcãs[1]. Se eram liberais, não gostavam da Rússia, no entanto, não desejavam tomar medidas contra ela. Os Húngaros eram contrários a uma ênfase ocidental na política; partilhavam a amizade dos Alemães pela Alemanha, embora com uma reserva maior, e desejavam tornar as relações austro-germânicas dependentes do desenvolvimento das germano-russas; desejavam uma política anti-Rússia activa e consideravam o Leste como principal campo da política externa; observavam o nacionalismo nos Balcãs com interesse e estavam dispostos a apoiá-lo contra a Rússia. Os Checos, por outro lado, tinham opiniões opostas às dos Alemães e dos Húngaros. Eram antigermânicos e pró-russos e desejavam a colaboração austro-russa nos Balcãs. Os Sérvios e Romenos assemelhavam-se aos Checos nas suas opiniões a respeito da Rússia e dos Balcãs, mas não eram antigermânicos. Os polacos eram antigermânicos e anti-russos. Estas divergências de perspectiva nem sempre constituíam uma fonte de debilidade para os diplomatas do império – podiam frequentemente ser exploradas como pretexto para a inacção. «Contudo», escreve Diószegi, «no nacionalismo dos povos da Áustria predominava frequentemente uma indiferença em relação aos interesses imperiais, ou até em relação à política externa, o que teve consequências profundamente negativas»([2]). Por outro lado, a opinião húngara, como constataremos, nunca demorava em afirmar-se.

Isto leva-nos à segunda dimensão da política interna que deve ser explorada, nomeadamente, as disposições institucionais a respeito da política externa que foram estabelecidas em 1867. Segundo a maioria das opiniões, incluindo a de Diószegi, estas deixavam ao imperador um controlo bastante firme, no entanto, um estudo de János Décsy sobre o *Primeiro Ministro Gyula Andrássy na Política Externa dos Habsburgos Durante a Guerra Franco-Prussiana 1870-1871*([3]) força-nos a reconsiderar este ponto de vista. Décsy alega de modo bastante persuasivo na sua obra que: «O Compromisso de 1867, sobretudo a poderosa posição que a Hungria obteve na parceria austro-húngara, afectou profundamente a política externa da monarquia dualista. Em resultado disso, Andrássy que avaliava a segurança da Hungria e da monarquia dualista em termos de política externa, pôde impor com êxito as suas opiniões no governo comum. O objectivo básico da política externa de Andrássy era evitar desenvolvimentos contrários aos interesses nacionais específicos da Hungria [...] assim, desde o início da sua função como primeiro-ministro, Andrássy esforçou-se para o conseguir.

Entre 1867 e 1870, com a sua energia bem planeada, determinada e agressiva, Andrássy conseguiu estabelecer o direito húngaro à paridade nos assuntos internos e a uma influência decisiva nos assuntos externos da monarquia dual»([4]).

Para compreender de que modo Andrássy conseguia impor a sua vontade, torna-se necessário que nos recordemos do modo como o mecanismo estabelecido em 1867 para o exercício da política externa funcionava, de facto. O artigo 8.º da Lei do Compromisso húngaro previa um ministro dos Negócios Estrangeiros comum que seria responsável perante o rei e as delegações. Controlaria o serviço diplomático e as delegações comerciais, e negociaria acordos internacionais. No entanto, o artigo 8.º também estipulava que este deveria realizar tais deveres «de acordo com os ministérios das duas partes [da monarquia] e com o seu consentimento». Isto impunha-lhe, pois, a obrigação de consultar e chegar a acordos prévios com ambos os primeiros-ministros acerca da política externa. Além disso, devido à natureza ténue do controlo exercido pelas delegações, adquiriria grande importância. Permitia que os primeiros-ministros húngaros manifestassem as suas opiniões sobre todas as questões essenciais da política externa. Também permitia que estas fossem postas em causa no parlamento húngaro. Apenas por este motivo, tendiam a tomar parte activa nos debates sobre a política externa, quando estes surgiam no Conselho da Coroa. Nas palavras de Décsy: «Sem a sua colaboração, não se podia dar um único passo importante»([5]). Burián, um dos ministros dos Negócios Estrangeiros da monarquia durante a Primeira Guerra Mundial, escreveria mais tarde: «Os primeiros-ministros [...] tinham voz considerável na política externa, pois ajudavam não só a determinar as suas linhas gerais mas eram também os líderes dos dois parlamentos ou delegações [...] e forneciam ao ministro dos Negócios Estrangeiros [...] a necessária maioria. Se este último não conseguisse chegar a acordo com qualquer um dos primeiros-ministros, a posição do ministro conjunto tornava-se insustentável. Um bom entendimento com os dois primeiros-ministros era, pois, de importância primordial para a condução dos assuntos externos»([6]). Segundo Décsy, fora uma proeza de Andrássy ter tornado a influência dos primeiros-ministros húngaros nos assuntos externos efectiva logo desde o início. Na sua opinião, o momento decisivo surgiu durante a Guerra Franco-Prussiana, em que Andrássy forçou o Conselho da Coroa a aceitar uma política de neutralidade declarada, contra os desejos de Beust, o chanceler e ministro dos Negócios Estrangeiros, que teria preferido ter liberdade caso fosse possível intervir contra a Prússia mais tarde.

Segundo os velhos manuais escolares, Beust, o ex-ministro dos Negócios Estrangeiros da Saxónia, fora nomeado por Francisco José após Königgratz para seguir uma política de vingança contra a Prússia. Diószegi e outros, porém, demonstraram que isso não era verdade. A sua política era antes afirmar a liderança austríaca sobre os Estados germânicos do Sul de modo a manter uma divisão tripartida da Alemanha. Sabia que nem os liberais na Áustria nem os Húngaros apoiariam uma guerra de vingança contra a Prússia, uma vez que ambos temiam que uma vitória imperial restaurasse o absolutismo. Em 1870, além disso, era impossível esperar um apoio austro-germânico a favor de uma França que se encontrava em guerra com toda a Alemanha. Ainda assim, o imperador e o arquiduque Alberto, inspector-geral do exército, desejavam ambos a guerra, e o ministro da Guerra, por sua vez, também exigia uma intervenção. Nestas circunstâncias, as opiniões de Beust aproximaram-se das de Andrássy, mas não coincidiram. O primeiro desejava uma mobilização total do exército imperial para permitir uma possível intervenção futura. O segundo, por outro lado, excluiu qualquer intervenção em apoio da França, não fossem os Russos intervir a favor da Prússia, e pedia uma política de neutralidade declarada, bem como uma mobilização parcial no sentido de desencorajar a Rússia, a potência que considerava ser o verdadeiro inimigo da monarquia. Não tinha o mínimo desejo de vingar 1866 e declarou ao parlamento húngaro a 28 de Julho de 1870: «Não há qualquer intenção, quer da parte do governo, quer da parte dos círculos decisores, de recuperar a posição abandonada em 1866, que seria, na minha opinião, prejudicial para o reino»([7]). No entanto, como constatámos, isto não era totalmente verdade. Antes da eclosão da guerra Andrássy prevenira Paris para que não depositasse falsas esperanças na intervenção austro-húngara, assegurara Berlim de que não haveria essa intervenção e, em 1869, durante as negociações entre a França, a Áustria e a Itália, vetara um projecto de uma aliança contratual antiprussiana. Décsy coloca, pois, Andrássy num patamar muito elevado – «inquestionavelmente um dos estadistas excepcionais do século XIX» – e atribui o seu êxito em 1870 à sua autoconfiança e lucidez. «Por essa altura, Andrássy emergira como o político mais poderoso da monarquia dualista»([8]). Contudo, Décsy tem a sensatez de não ignorar dois ou três factores de grande importância. Em primeiro lugar, Andrássy era poderoso porque em 1870 as suas opiniões eram apoiadas pela opinião pública em ambas as partes da monarquia; em segundo lugar, os Franceses sucumbiram tão rapidamente que a intervenção se tornou irrealizável – afinal, no Conselho da Coroa Francisco José decidira-se por uma política apenas de «neutralidade, por agora»; por fim, o imperador conseguira aperceber-se de que as políticas de Andrássy haviam sido boas para a monarquia – a derrota em 1870 teria significado quase certamente o seu fim. Daí as suas opiniões terem prevalecido por motivos que não eram, no fim de contas, nem constitucionais nem pessoais. Haviam prevalecido porque Francisco José acreditava que eram correctas. O próprio Beust, além disso, após a derrota francesa e à renúncia da Rússia às cláusulas do mar Negro em 1871, aconselhou o imperador a aceitar a nova situação na Europa e seguir uma política de reconciliação com a Alemanha e a Rússia.

A ocupação da Bósnia-Herzegovina

A reputação de Andrássy, porém, não assenta simplesmente no papel que desempenhou em 1870. Permanece elevada porque ele foi um dos principais arquitectos do Compromisso; e porque enquanto ministro dos Negócios Estrangeiros entre 1871 e 1879 negociou a Liga dos Três Imperadores (1873), contribuiu para anular o Tratado de San Stefano no Congresso de Berlim (1878), e negociou a Aliança Dual de 1879 com Bismarck em termos favoráveis para a Áustria – ou seja, a Alemanha prometera vir em auxílio da Áustria se esta fosse atacada pela Rússia, mas a Áustria não era obrigada a apoiar a Alemanha, se esta fosse atacada por França. Foi ainda responsável pela ocupação da Bósnia-Herzegovina pela Áustria-Hungria, de acordo com o Tratado de Berlim. Por detrás da diplomacia de Andrássy, contudo, residia uma perspectiva particularmente húngara da política externa, segundo a qual o principal inimigo da monarquia era a Rússia, cujo apoio do pan-eslavismo na monarquia e nos Balcãs tinha de ser contrariado a todo o custo. O cônsul prussiano em Peste disse de Andrássy que «a Rússia está dia e noite na sua mente»([9]). Um deputado húngaro queixou-se mesmo que a Questão Oriental era um «absurdo fascínio» dele([10]). No entanto, tratava-se de um fenómeno nacional entre as classes dirigentes húngaras e, sobretudo após 1878, tornou-se também imperial. A monarquia simplesmente não tinha outra esfera senão a dos Balcãs para tentar exercer a hegemonia.

A obsessão da monarquia pelos Balcãs – e pela influência russa sobre estes, sem excluir o território imperial – foi cimentada pelo aparente triunfo de Andrássy em Berlim, quando ele assegurou o acordo das grandes potências para a ocupação da monarquia da Bósnia-Herzegovina. Na realidade, tratou-se de um triunfo bastante impopular. No seio da monarquia, praticamente ninguém desejava esses territórios, uma vez que os mesmos ameaçavam perturbar o delicado equilíbrio erigido pelo dualismo. Ou seja, se estes fossem integrados em qualquer das partes da monarquia, dariam aos eslavos dessa parte uma esmagadora preponderância. Tratar-se-ia de um problema recorrente, e por fim insolúvel para a monarquia, considerando a determinação férrea dos Húngaros em nunca alterar o sistema dual. O que sucederia se a Sérvia chegasse a ser conquistada? Ou a Polónia? Ou a Roménia? Como poderiam estas nações não germânicas e não magiares ser absorvidas pela monarquia sem perturbar o sistema dual? Grande parte da diplomacia do império durante a Primeira Guerra Mundial seria dedicada a este enigma. Em 1878, porém, a solução encontrada para o problema da Bósnia-Herzegovina foi colocar as províncias sob o governo do ministro das Finanças comum. Tratou-se, pois, de uma anomalia, realçada pelo facto de que mesmo após a anexação em 1908 os novos súbditos do imperador não poderem adquirir cidadania austríaca nem húngara. O próprio Francisco José, por outro lado, sentia-se suficientemente satisfeito por adquirir novos territórios; por muito pobres que fossem, em certa medida, pelo menos, contribuíam para compensar aqueles que já havia perdido. O seu ressentimento, por conseguinte, foi o facto de Andrássy não ter conseguido assegurar uma anexação imediata das províncias. Ao invés disso, o ministro dos Negócios Estrangeiros escrevera um memorando a sugerir que um dia estas pudessem ser devolvidas ao sultão.

Qual era então o objectivo de tomar as províncias? Para Andrássy e os militares, havia o simples argumento da segurança militar. O controlo das províncias protegeria os territórios habsburgos da Croácia-Eslavónia e da Dalmácia do ataque dos Sérvios, Russos ou pan-eslavos e ajudaria a monarquia a dominar o resto da península dos Balcãs.

Não havia planos, por outro lado, de marchar sobre Salonica, apesar da propaganda russa. Com efeito, isso nunca se tornou sequer um objectivo austríaco. Poderá a cartada ser interpretada mesmo assim como parte da história contemporânea do imperialismo? Segundo Robert A. Kann, trata-se de algo «extremamente problemático»([11]). E alega: «É um facto que o imperialismo, embora não predominante, não se encontrava certamente ausente nas políticas austro-húngaras dos Balcãs em relação à Bósnia. Mas este era no geral tão ineficaz e seguido tão ao acaso que se torna difícil identificá-lo com o tipo de imperialismo que edificou impérios coloniais ultramarinos. Assim, a acusação de colonialismo ou pseudocolonialismo simplesmente não é sustentável»([12]). E baseia a sua argumentação numa série de fundamentos, em primeiro lugar financeiros: «Num sentido financeiro, a aquisição era considerada não só não lucrativa como uma perda definitiva, uma previsão que podia ser provada de modo convincente ao longo de toda a história da era da anexação e ocupação. A ocupação era considerada como o menor de dois males. Significaria um mau negócio em termos económicos mas poderia oferecer algum alívio contra a ameaça do nacionalismo dos Balcãs e do pan-eslavismo inspirado pela Rússia»([13]). Andrássy, segundo Kann, não era um imperialista: apenas pensava que com os Balcãs fora de controlo entre 1875 e 1878, seria melhor ocupar as províncias para obter alguma segurança. Considerando a oposição interna germânica e magiar, a desconfiança russa, o nacionalismo sérvio, a insatisfação turca e a aceitação de uma ocupação provavelmente apenas temporária quando facilmente se obteria a anexação, «torna-se difícil», escreve Kann, «falar de uma política colonial»([14]). Por outro lado, não tenta defender a anexação de 1908. O *modus procedendi* adoptado então, reconhece, envolvia a violação do Tratado de Berlim e contribuiu para empurrar a Europa para mais perto da guerra.

Kann analisa ainda as opiniões dos principais especialistas em relação ao desenvolvimento económico das províncias entre 1878 e 1914. Um destes, Peter F. Sugar, observa que os Austríacos concederam às províncias trinta e seis anos de paz, mantiveram a lei e a ordem, construíram uma rede de estradas, construíram edifícios públicos, e deixaram atrás de si alguns caminhos-de-ferro e fábricas; tentaram igualmente elevar os níveis de vida. De um modo geral, reconhece, o progresso foi limitado, mas isso devia-se em grande parte aos Húngaros, que impediam a construção de ligações de caminhos-de-ferro extremamente necessárias com a Dalmácia, a Croácia Ocidental e a Áustria. Impediam também a ligação da linha ferroviária das províncias às da Turquia ou da Sérvia – e tudo para proteger a política de tarifas dos caminhos-de-ferro do Estado húngaro e o único porto marítimo húngaro de Fiume. Por fim, os Húngaros refreavam todas as tentativas de reforma rural nas províncias, não fosse dar-se o caso de se abrir um precedente para reformas semelhantes no seio da própria Hungria»([15]). Kurt Wessely é mais crítico: também ele salienta a falta de qualquer reforma rural e sobretudo o facto de não se ter conseguido emancipar os *kmets* ou camponeses súbditos dos proprietários muçulmanos. Segundo Wessely, porém, o motivo era político, uma vez que a maioria dos *kmets* era sérvia e, por isso, considerada desleal, enquanto os proprietários tendiam a favorecer o regime. Houve algumas tentativas, como reconhece, para melhorar a economia, mas a recusa de introduzir reformas rurais significava que estas provavelmente não fariam qualquer diferença([16]). O Ministério dos Negócios Estrangeiros britânico, segundo Kann, pensava que o regime austríaco fora bastante progressivo, mas julgava que havia pouco a esperar dada a falta de capital nativo e a dependência das colheitas. Kann conclui, pois, que «as tendências coloniais não tinham lugar na história da administração de 1878 a 1914, a menos que se considere o Império Habsburgo no seu todo como um resíduo da época da administração colonial»([17]). Não será necessário ir tão longe para discordar; mas é possível salientar que os impostos aumentaram cinco vezes mais sob a administração austríaca e que a burocracia que abrangera apenas cento e vinte homens sob os Turcos subiu para 9533 em 1908. Além disso, nos termos do Estatuto das Terras introduzido para dar às províncias uma espécie de estrutura constitucional após 1908, a dieta, eleita sob um sufrágio extremamente limitado, apenas possuía poderes limitados. O Ministério das Finanças comum podia vetar qualquer legislação que não lhe agradasse. Por fim, a administração punha os Croatas contra os Sérvios e incentivava os Croatas e muçulmanos a colaborar. Se tudo isto não representava o imperialismo, será difícil saber o que representava. Considerando a resistência armada da população à tomada de posse austríaca, considerando a presença militar em larga escala daí por diante, considerando a falta de uma verdadeira representação popular, o limitado progresso económico e social, a deslealdade dos Sérvios – 42% da população em 1910, por contraste com 21% de croatas e 34% de muçulmanos –, a vasta burocracia e projectos de lei fiscal, trata-se quase de um caso clássico de imperialismo. Kann contesta-o, provavelmente por não estar informado sobre a investigação actual sobre o assunto. Daí o seu argumento de que as províncias não podiam ser consideradas dependências coloniais, uma vez que não pagavam por si, não obtinham lucros e tinham uma espécie de representação. No entanto, o Império Britânico possuía muitas colónias que se encaixavam precisamente nesse padrão. A governação austríaca, podemos concluir, talvez não tenha sido totalmente ignorante pelos padrões da época, mas equivalia ao imperialismo fosse como fosse.

A Áustria-Hungria como elemento de paz ou de guerra na Europa

Regressaremos em breve aos Balcãs e à Bósnia-Herzegovina, mas fá-lo-emos no contexto de mais outro argumento a respeito da posição internacional da Áustria no período que conduziu a 1914, nomeadamente a teoria de Paul Schroeder de que, no geral, graças à Grã-Bretanha, a posição da Áustria como centro do equilíbrio de poder europeu estava minada, o que a forçara a provocar a guerra contra a Sérvia em 1914, que se tornou numa guerra mundial. Isto, por sua vez, deixou um vazio na Europa Central, que Hitler pôde preencher. Se a monarquia não tivesse desaparecido por essa altura, sugere Schroeder, a tragédia da Segunda Guerra Mundial poderia nunca ter ocorrido. Esta teoria tem sido desenvolvida por Schroeder numa série de artigos e com a sua habitual verve e genialidade, mas, como constataremos, acaba por não convencer.

As seguintes citações fornecerão uma ideia sobre os argumentos de Schroeder. Escreve ele: «A ameaça à existência da Áustria [...] era sobretudo de carácter mais internacional que interno, em grande parte um produto da política da Entente [...] evidentemente que não havia nenhuma grande conspiração antiaustríaca. Os Britânicos não pensavam na Áustria como sua inimiga; tentavam nem sequer pensar nela. Não se preocupavam – como nunca se haviam preocupado no início do século XIX – com a questão sobre se as concessões e derrotas impostas à Áustria antes da guerra, e os sacrifícios territoriais que lhe seriam impostos durante e depois da guerra a deixariam viável. A Grã-Bretanha minou a posição da Áustria antes da guerra – de facto, ao longo de todo o século XIX – e contribuiu para a sua destruição durante a mesma, num acesso de distracção [...]»([18]). Culpável era a concepção errónea da Grã-Bretanha acerca do papel da Europa Central no equilíbrio de poder europeu. Este baseava-se em: «[...] o conceito da Europa Central como útil sobretudo para controlar a França e a Rússia; o conceito do equilíbrio de poder como essencialmente mecânico e funcionando mais ou menos automaticamente, devido ao desejo natural de todos os Estados por independência, fossem quais fossem as disposições territoriais ou políticas específicas da Europa Central; e a crença de que a Grã-Bretanha tinha apenas um interesse limitado e contingente na Europa Central»([19]). O resultado foi que quando por fim Hitler entrou em cena, já não existia um equilíbrio de poder e sobretudo «um sistema específico de contenção do poder germânico *no seio* da Europa Central [...] A *Áustria-Hungria fora mais importante para a Grã--Bretanha e a Europa por controlar a Alemanha do que por refrear a França e a Rússia* [itálicos do autor] [...] o que funcionara com algum êxito antes de 1914 fora a existência de uma grande potência na zona. A Áustria-Hungria, que simplesmente não conseguiria sobreviver ao triunfo do pangermanismo ou do pan-eslavismo e tinha de se opor a ambas as ideologias»([20]).

Schroeder parece crer, assim, que para suster o equilíbrio de poder europeu, a Grã-Bretanha tinha a obrigação de defender os interesses da Áustria, porque a Áustria fornecia um controlo da Alemanha na Europa Central. Quando a Grã-Bretanha não o fez, a Áustria-Hungria desapareceu e a Grã-Bretanha teve de enfrentar as consequências sob a forma da Alemanha nazi: o resultado foi Munique, a conciliação e por fim a Segunda Guerra Mundial. Trata-se de uma interessante especulação mas também de uma especulação fantasiosa. A resposta a Schroeder é que, em relação ao período de Hitler, ele não coloca Munique e a conciliação nos seus devidos contextos – o equilíbrio de poder mundial. A principal preocupação da Grã-Bretanha durante a década de 30 era a de se envolver numa guerra de três frentes contra a Alemanha, o Japão e a Itália, que, considerando a sua posição económica e militar, não podia esperar vencer, especialmente se, como seria provável, não pudesse contar com o apoio da América, da Rússia e talvez nem dos seus Domínios. A existência da Áustria-Hungria neste contexto dificilmente teria servido para muito. Mas regressemos ao século XIX. Aqui a teoria de Schroeder falha a uma série de níveis. Para começar, recusa-se a reconhecer que a Grã-Bretanha possuía interesses diferentes da monarquia de Habsburgo e que não havia motivos para colocar os da monarquia em primeiro lugar se e quando estes entrassem em conflito. Era tarefa da monarquia proteger os seus próprios interesses e, como constataremos, esta simplesmente não conseguiu analisá-los devidamente e tratou os seus assuntos externos de forma incompetente. Isto, na realidade, fez *dela* uma das principais ameaças, se não mesmo *a* principal ameaça ao equilíbrio de poder europeu antes de 1914 – uma ameaça muito maior, de facto, do que o pangermanismo ou o pan-eslavismo. A própria monarquia, porém, ignorava os problemas que provocava e presumia alegremente que a sua posição geográfica a tornava uma necessidade europeia. Este facto, por sua vez, incentivava-a a crer que as outras potências viriam sempre em seu auxílio. Na realidade, estas suposições estavam desactualizadas após 1870 – a monarquia já não era uma necessidade europeia – e Schroeder está enganado ao ressuscitá-las. De qualquer modo, Schroeder também sobrestima a extensão da capacidade da Grã-Bretanha em suster um equilíbrio de poder na Europa continental. A Grã-Bretanha só podia actuar realmente através do poder marítimo. Eis o motivo por que nunca fora realmente capaz de influenciar os acontecimentos na Europa Central, e esta debilidade tornou-se ainda mais evidente após 1893, quando o Ministério da Marinha concluiu que a Marinha Real já não se podia impor nos Estreitos. A partir de então, de pouco servia a Áustria-Hungria confiar no auxílio britânico. O seu verdadeiro interesse residia em chegar a um *modus vivendi* com a Rússia, contra a qual a Grã-Bretanha não podia oferecer qualquer auxílio. De resto, se fosse necessário algum auxílio, a sua principal aliada teria de ser claramente a Alemanha. Aqui, com efeito, chegamos ao fulcro do debate acerca da teoria de Schroeder. Ao analisarmos os indícios, imediatamente se torna claro que, longe de ter de refrear a Alemanha, eram a Prússia ou a Alemanha no século XIX que tinham de refrear constantemente a Áustria. Foram a Prússia ou a Alemanha, afinal, que tiveram de refrear a Áustria em 1830, 1854, 1878, 1887 e durante as Guerras dos Balcãs de 1912-13. Mais uma vez, foi a Áustria que emitiu o ultimato de 1859 à Sardenha, procurou o apoio alemão pela sua quebra do Tratado de Berlim, em 1908, e para o seu ultimato à Sérvia em 1914, que fora deliberadamente concebido para iniciar uma guerra, e provavelmente uma guerra mundial. Foi Bismarck que declarou: «Enquanto for ministro, não darei o meu consentimento a um ataque profiláctico contra a Rússia, e estou longe de aconselhar a Áustria a fazer tal ataque [...]»([21]). Foi Bülow que disse: «Não repitam o caso da Bósnia»([22]). Foi o *Kaiser* que declarou à Áustria que esta seria louca em envolver-se nas Guerras dos Balcãs, mas foi a esposa de Berchtold que mais tarde disse: «O pobre Leopoldo não conseguiu dormir no dia em que escreveu o seu ultimato aos Sérvios, por estar tão preocupado que estes o aceitassem. Por várias vezes durante a noite se levantou e alterou ou acrescentou alguma cláusula, de modo a diminuir esse risco»([23]). Poder-se-á assim perdoar que desconfiemos que, se a monarquia tivesse sobrevivido à Primeira Guerra Mundial, muito provavelmente teria apoiado Hitler em vez de o refrear. Não tinha, afinal, um historial muito bom a respeito dos Eslavos ou da paz. E de qualquer modo, o próprio Hitler era um produto habsburgo.

Por que motivo não se revelou possível chegar a um *modus vivendi* com a Rússia? Porque não se esforçaram mais os Alemães para refrear a Áustria-Hungria? Eis as duas questões que ressaltam imediatamente da crítica prévia à teoria de Schroeder. Em relação à primeira, deve salientar-se que existia de facto bastante colaboração entre as duas potências antes de 1914. Durante crise oriental de 1875-78, por exemplo, houvera os acordos de Reichstadt de Julho de 1876 e a Convenção de Janeiro de 1877. Nos termos dos primeiros, as duas potências concordaram que se a Turquia vencesse a guerra contra a Sérvia e o Montenegro que decorria na altura, as duas insistiriam na restauração do *status quo ante* e na introdução de reformas na Bósnia-Herzegovina. Se a Turquia perdesse, acordaram na divisão do Império Turco: formar-se-iam um Estado búlgaro e um rumélio; a Grécia receberia o Epiro e a Tessália; Constantinopla poderia tornar-se uma cidade livre; a Rússia adquiriria o Batum e as terras bessarábias do Sul que perdera em 1856; e a Áustria-Hungria receberia parte, se não toda a Bósnia-Herzegovina. Mais tarde houve uma disputa acerca da última parte dos acordos (estes não haviam sido escritos). O que se torna claro, porém, é o facto de a Áustria-Hungria não estar disposta a manter a Turquia a qualquer preço, política que Schroeder afirma que a Grã-Bretanha deveria ter seguido mais tarde. Preferiu, em vez disso, em nome do equilíbrio europeu, evidentemente, dividir a Turquia. Segundo Barbara Jelavich: «Neste acordo, o governo de Habsburgo inverteu a sua política anterior de conservação do império e em vez disso aliou-se à Rússia num programa para a sua destruição»([24]). Andrássy, pelo menos, não pode assim ser considerado como um metternichiano.

Apesar destes acordos, porém, tudo correu mal. A Rússia entrou em guerra com a Turquia e, em transgressão da Convenção de Budapeste, criou um enorme estado-cliente na Bulgária, pelo Tratado de San Stefano. Incentivado pela política britânica, Andrássy insistia agora na guerra contra a Rússia. A 24 de Fevereiro apresentou uma proposta de guerra definida na reunião do gabinete comum, alegando que chegara a última oportunidade de a monarquia resolver as suas divergências com os Eslavos, com o auxílio da Europa. Afirmou ainda que tal guerra seria popular entre os povos da monarquia. No entanto, só o primeiro-ministro húngaro Kálmán Tisza o apoiou. Nas palavras de Diószegi: «[...] a política nacional húngara expressa em sentimentos anti-russos não era apoiada por nenhum dos povos da monarquia, excepto os Polacos. Os Checos e os eslavos do Sul eram manifestamente pró-russos, e os austro-germânicos permaneciam basicamente indiferentes. O representante do Partido Liberal Austríaco que se encontrava presente na reunião do executivo comum exprimiu as suas dúvidas acerca da inevitabilidade de um conflito austro-eslavo. Do mesmo modo, os círculos da corte acrescentaram numerosos argumentos militares e diplomáticos, e em tais circunstâncias o seu ponto de vista prevaleceu. A moção de guerra de Andrássy foi rejeitada»([25]). Assim, foi a oposição interna a responsável, em primeiro lugar, por impedir Andrássy de iniciar uma guerra contra a Rússia em 1878. Esta foi reforçada, contudo, pela diplomacia de Bismarck e pela sua oferta de ser um «mediador imparcial» no Congresso de Berlim. A sua solução para a Questão Oriental era simplesmente a de fazer com que a Rússia e a Áustria dividissem os Balcãs em esferas de influência.

Durante grande parte do *Bismarckzeit*, isso quase se revelou possível. A Liga dos Três Imperadores de 1873 e a sua renovação em 1881 significavam uma maior colaboração entre ambas as potências. Em 1881, por exemplo, o ministro dos Negócios Estrangeiros austríaco, Kálnocky, recusou totalmente uma proposta turca para uma aliança contra a Rússia. Os seus compromissos nos termos da Liga significavam que ele prometera neutralidade no caso de uma guerra russo-turca. (A Rússia prometera celebrar acordos separados com os outros parceiros antes da eclosão de uma guerra semelhante.) No entanto, outra crise oriental surgiu em 1885-88 por causa da Bulgária, que mais uma vez pôs fim às boas relações. A história é bem conhecida e não é necessário estar aqui a repeti-la, excepto para salientar que foi a pressão húngara no seio da monarquia que precipitou a ruptura entre os dois países. Em Setembro de 1886, a Rússia enviou um comissário à Bulgária e ameaçou ocupá-la. Nem Kálnocky nem Bismarck levantaram qualquer objecção. Contudo, o primeiro-ministro húngaro, Kálmán Tisza, fez um discurso no parlamento húngaro declarando a sua oposição, algo que Kálnocky não podia ignorar. Em Outubro de 1886, por conseguinte, emitiu uma declaração apoiando publicamente a independência da Bulgária e, nas palavras de Diószegi, «isso equivalia a uma ruptura com a esfera austro-russa de política de interesses que fora seguida em conjunto durante cinco anos»[26]. Por volta de Janeiro de 1888, Tisza defendia novamente a guerra contra a Rússia, tal como fizera em 1878, queixando-se desta vez ao executivo comum dos «meios artificiais» que tinham sido utilizados para preservar a paz. Segundo Diószegi: «Todo o Partido Liberal Húngaro apoiava a política de guerra de Kálmán Tisza, e o lado dos que defendiam a guerra foi extraordinariamente reforçado pelo apoio do antigo ministro dos Negócios Estrangeiros, Gyula Andrássy. Ao contrário da situação de há dez anos, a posição belicosa dos liberais húngaros já não constituía um fenómeno isolado»[27]. Os líderes militares da Áustria também defendiam a guerra; e também o príncipe herdeiro. A maior parte dos círculos da corte, porém, era contra a guerra, tal como Taaffe, o primeiro-ministro austríaco, e o próprio Kálnocky. Este salientou que tudo dependeria da Alemanha e que nos termos da Aliança Dual de 1879, a Alemanha estava obrigada a vir em auxílio da Áustria apenas se a Rússia a atacasse primeiro. Bismarck, contudo, não desejava uma guerra com a Rússia, embora tivesse concordado em publicar os termos da Aliança Dual em Fevereiro de 1888 como aviso à Rússia. Mas ficou a um passo da guerra e assim terminou o debate no seio da monarquia; ninguém propôs entrar em guerra com a Alemanha. Deste modo, a crise acabou por passar tranquilamente devido à moderação alemã.

A atitude da Alemanha em relação à Rússia modificou-se após a queda de Bismarck do poder; por exemplo, o Tratado de Resseguro não foi renovado. Contudo, ainda não havia qualquer apoio para um conflito armado com a Rússia, algo que em Berlim era «considerado tão indesejável como anteriormente, e as recomendações e alusões de

Kálnocky a esse respeito foram totalmente recusadas»([28]). Uma política activa contra a Rússia nos Balcãs, além disso, também não poderia contar com o apoio interno no seio da Áustria-Hungria: «Embora a base do sentimento anti-russo continuasse a ser bastante vasta, o grupo dos que advogavam a expansão dos Balcãs permanecia pequeno e dificilmente se estenderia para além dos círculos da corte»([29]).

A década de 1890 revelou mais uma vez que a colaboração com a Rússia era possível. Para começar, tal não parecia ser necessário. Nos Balcãs, a Bulgária era anti-russa, e a Sérvia, no reinado de Milan, tornara-se um satélite austríaco. Nos termos de um tratado de 1881, ele concordara em reprimir todas as conspirações antiaustríacas no seu reino e também resolvera apenas assinar tratados que tivessem recebido a prévia aprovação da Áustria. Um tratado assinado com a Roménia em 1883 fornecera ainda mais segurança para a monarquia. Criara uma aliança defensiva dos dois Estados contra a Rússia e foi renovado regularmente até 1916. Também fornecia uma espécie de garantia de que a Roménia desistiria da propaganda irredentista sobre a Transilvânia. Ainda mais importante para as boas relações com a Rússia era o facto de esta última potência estar distraída pelas questões do Extremo Oriente, o que também retirou a pressão da posição da Áustria nos Balcãs. Por fim, havia sido estabelecido um sistema de Acordos Mediterrânicos entre a Áustria, a Grã-Bretanha, a Itália e Espanha para preservar o *status quo* no Mediterrâneo Oriental. Foi então que, em 1896, o primeiro-ministro britânico, Lord Salisbury, desconhecedor da política italiana e pouco disposto a fazer acordos mais firmes com a Áustria sobre a defesa de Constantinopla, permitiu que os Acordos Mediterrânicos expirassem. O resultado foi que, com o apoio de Berlim, a Áustria se voltou para a Rússia. Em 1897 chegou-se a um acordo para «deixar os Balcãs para melhor oportunidade», o que significava que ambas as potências concordaram em manter ali o *status quo* ou alterá-lo apenas após prévio acordo. Durante quase onze anos, por conseguinte, os Balcãs permaneceram fora da esfera de conflito das grandes potências. Em 1903, com efeito, em Mürzsteg, as duas potências puderam delinear um programa de reformas para a Macedónia, enquanto no ano seguinte concordaram em permanecer neutras se qualquer das potências entrasse em guerra com uma terceira – desde que não fosse num Estado dos Balcãs. Isto dava à Áustria segurança contra a Itália – teoricamente uma aliada, mas de quem se desconfiava – e à

Rússia segurança contra o Japão. A difícil posição interna da monarquia também contribuiu, evidentemente, para ditar uma política externa pacífica – sobretudo a disputa com a Hungria acerca do tamanho e posição constitucional do exército. De qualquer modo, o resultado de todos estes factores e medidas foi que entre 1897 e 1908 a Rússia e a Áustria conseguiram coexistir bastante pacificamente. De facto, em 1906, Aerenthal, pouco antes de se tornar ministro dos Negócios Estrangeiros, até estava em condições de propor o restabelecimento do *Dreikaiserbund* entre a Áustria-Hungria, a Alemanha e a Rússia.

Durante a primeira década do século xx, por outro lado, os acontecimentos contrariam a continuação da colaboração. Em 1903, a dinastia de Obrenovič foi derrubada na Sérvia e substituída por outra mais independente. Em 1905, a Rússia perdeu a guerra com o Japão; em 1907, assinou um pacto com a Grã-Bretanha acerca do Médio Oriente. Por isso, inevitavelmente, a sua atenção voltou-se para a Europa. Ainda assim, os resultados não tinham de ser necessariamente perigosos. Aerenthal, que estivera na Rússia em 1905, acreditava que o Império Czarista ainda se encontrava debilitado: o seu programa ferroviário para os Balcãs demonstrava que ele pouco receava a Rússia. Por outro lado, a guerra comercial com a Sérvia em 1906 – conhecida como «Guerra dos Porcos», dado que 80% das exportações da Sérvia consistiam em gado – constituía um desenvolvimento inquietante que ia contra não só as classes instruídas, mas também as camponesas na Sérvia da monarquia. A perspectiva, de qualquer modo, era de uma maior colaboração. Em 1908, ocorreram conversações entre Aerenthal e o ministro dos Negócios Estrangeiros russo, o ministro Izvolsky, em Buchlau, acerca de um acordo pelo qual a Áustria poderia anexar a Bósnia-Herzegovina em troca de uma convenção revista dos Estreitos. Estas conversações foram um êxito, mas enquanto Izvolsky percorria as capitais europeias em busca de apoio para a sua convenção, a Áustria, receosa de que os Jovens Turcos estivessem prestes a proclamar uma constituição no Império Otomano, anexou a Bósnia-Herzegovina subitamente e sem qualquer aviso prévio. Este golpe tornou-se mais grave para os Russos pelo facto de a Grã-Bretanha e a França rejeitarem as suas propostas de uma convenção revista sobre os Estreitos. No entanto, a Áustria, em desafio ao Tratado de Berlim, recusou-se a discutir as suas acções numa conferência internacional. Ao invés disso, foi enviado um ultimato à Sérvia quando esta protestou, e a Rússia recebeu um tratamento semelhante da aliada da Áustria, a Alemanha. Ambos os Estados foram de facto humilhados: a Rússia, uma vez que se encontrava demasiado debilitada para combater, e a Sérvia porque foi obrigada a prometer um bom comportamento de futuro. Além disso, não recebeu nenhuma da compensação financeira oferecida ao Montenegro. Ainda assim, a crise bósnia ainda deixava espaço para uma colaboração entre as potências. Nos anos que se seguiram a 1909, Aerenthal, apesar de uma grande pressão do chefe do Estado-Maior austríaco, Conrad von Hötzendorf, recusou-se a atacar a Sérvia, uma vez que não via lugar para o território sérvio no seio da monarquia. A sua política, em vez disso, tornou-se uma política de consolidação da Turquia e manutenção do *status quo* nos Balcãs. Se isso não pudesse resultar, então tentaria estabelecer um novo Estado independente da Albânia e evitar que a Sérvia e o Montenegro obtivessem acesso ao mar. O imperador aprovou esta política e em 1911 demitiu Conrad do seu cargo, por ele continuar a atacar o seu ministro dos Negócios Estrangeiros. Aerenthal estava sem dúvida correcto ao não pressionar uma política prematura. Nem os Austríacos, nem os Polacos, nem os Checos, no seio da monarquia, se haviam identificado com a anexação, e quanto aos Húngaros, mesmo estes mostravam-se pouco entusiasmados: «Era pertinente que a principal preocupação da delegação húngara que se reuniu na altura da crise fosse como aumentar a percentagem húngara no corpo diplomático»([30]). De qualquer modo, os Russos depois de passada a crise e de Izvolsky ter sido substituído por Sazanov, mais uma vez voltaram à colaboração. Sempre tinham calculado que a monarquia anexaria as províncias um dia. Foram, pois, os habitantes eslavos dos Balcãs, e não os Russos que se recusaram a perdoar à Áustria pelas suas acções de 1908. Pior ainda, foram estes que, contra o conselho da Rússia, em 1912 se aproveitaram do ataque italiano à Líbia para lançar um ataque seu à Turquia europeia. Assim, mais uma vez a Áustria foi forçada a decidir se devia ou não intervir. Mais uma vez, os militares insistiram na acção – Conrad foi até convocado novamente –, porém, mais uma vez não ocorreu qualquer intervenção e Berchtold, o sucessor de Aerenthal, prosseguiu a sua política. A crença na solidariedade monárquica e a debilidade militar russa contribuíram para tal. De qualquer modo, Berlim não mostrou quaisquer sinais de querer envolver-se.

As guerras dos Balcãs mostraram mais uma vez que havia espaço para uma colaboração com a Rússia. São Petersburgo demonstrou estar bastante consciente dos interesses dos Habsburgos e disposta a considerar o programa da Áustria para a criação de um Estado albanês. Ao mesmo tempo, contudo, exigia um porto adriático para a Sérvia, algo a que os Austríacos se opunham. Isto levou a reforços nas fronteiras e mobilizações de instrução em 1912, mas a embaixada de Hohenlohe à Rússia assegurou um compromisso: a Sérvia obteria mais território albanês em vez do acesso ao mar. No entanto, esta ressurreição temporária das boas relações com os Russos soçobrou quando a Áustria, utilizando um canhão para matar um pardal, nas palavras do rei do Montenegro, enviou um esquadrão naval para obstruir Scutari e expulsar os ocupantes montenegrinos. A Segunda Guerra dos Balcãs – que mais uma vez se realizou apesar dos avisos da Rússia e da Áustria – trouxe novos dilemas à Áustria. Novamente esta se decidiu contra uma intervenção – Tisza, o primeiro-ministro húngaro, o imperador e Francisco Fernando estavam todos contra isso – mas mais uma vez recorreu às armas para aplicar o acordo territorial. As tropas sérvias ativeram-se ao território albanês para construir um corredor até ao mar, e foi necessário um ultimato austríaco para assegurar a sua retirada. Por outro lado, a satisfação que isto pudesse causar fora eclipsada pelos resultados do Tratado de Bucareste que terminou com a guerra. A Sérvia e a Roménia emergiram com substanciais aumentos de território, exércitos aguerridos pelo combate e um moral inflamado. A reacção da monarquia tornou-se cada vez mais irracional.

A Áustria-Hungria dava a impressão de um desespero crescente após 1913 em relação à sua posição nos Balcãs. Tornou-se evidente nos círculos militares que se teria de lidar com a Sérvia mais cedo ou mais tarde. A recordação de Scutari e do ultimato a Belgrado mais do que aguçavam o apetite pela utilização da força. Tratava-se da única linguagem, dizia-se, que os Sérvios conseguiriam compreender. A ruptura com a Rússia também era agora considerada irreparável, apesar do facto de os Russos nada terem feito para iniciar as Guerras dos Balcãs, terem concordado com a criação da Albânia e desistido do seu apoio a um porto marítimo sérvio no Adriático. Tão-pouco poderia a Áustria pretender ser uma maior defensora do equilíbrio de poder e do *status quo*, uma vez que, por seu lado, nada fizera para auxiliar a Turquia contra a sua aliada, a Itália.

Apesar disto, os líderes da monarquia manifestavam ansiedade acerca da sua posição. Uma reconciliação entre a Roménia e a Rússia em 1914 foi considerada extremamente ameaçadora, mas mais preocupante ainda era o facto de a atitude da Alemanha ter aparentemente mudado, desde 1909. Esta parecia agora ter esquecido a Aliança Dual, tendo-se tornado, na realidade a principal concorrente económica da monarquia na Turquia e nos Balcãs. Também não prestou o seu apoio na diplomacia das guerras. Ao invés, aconselhara contra a intervenção e recusara-se a apoiar a Bulgária após a Primeira Guerra dos Balcãs como a Áustria fizera. Recusara igualmente assumir qualquer responsabilidade pela aplicação dos acordos territoriais a que se tinha chegado. Por volta de Julho de 1914, por conseguinte, o Ministério dos Negócios Estrangeiros austríaco preparava uma lista de queixas a enviar para Berlim com a ameaça implícita de que se a Alemanha não mudasse de atitude, a Aliança Dual não seria renovada. Antes de o memorando poder ser enviado, porém, ocorreu nova crise, o assassínio do herdeiro do trono, o arquiduque Francisco Fernando, e sua esposa, em Sarajevo, capital da Bósnia.

O assassínio em si não foi algo que perturbasse o imperador austríaco: Francisco José não gostava do casal imperial e não chorou pela sua morte. No entanto, uma vez que se considerava que os estudantes bósnios que os haviam assassinado tinham sido agentes de Belgrado, o crime oferecia um pretexto para uma declaração de guerra contra a Sérvia. Contra isto está o facto de não existirem indícios de que a Sérvia estivesse envolvida. Tão-pouco os Austríacos chegariam a descobrir qualquer prova. Na realidade, o primeiro-ministro sérvio, que soubera da conspiração – fora organizada pelos seus inimigos políticos no exército –, tentara prevenir Viena para tomar precauções. A sua mensagem, porém, não conseguira passar – ele esquecera-se que sob o dualismo o Ministério das Finanças governava a Bósnia – de modo que a visita fora por diante. Havia, evidentemente, outros motivos para manter a calma. Para começar, uma guerra não resolveria nada. A Sérvia não poderia ser integrada na monarquia sem perturbar o Compromisso e, além disso, uma guerra com a Sérvia envolveria, muito provavelmente, guerra com a Rússia. Isso significava que também seria necessário assegurar o apoio alemão. Mas mesmo com o apoio alemão, as hostilidades propagar-se-iam: a aliada da Rússia, a França, seria envolvida e provavelmente a Grã-Bretanha também. Entretanto, as outras aliadas da Áustria, a Roménia e a Itália, não eram nada dignas de confiança. Para cúmulo da situação, nem as finanças da Áustria nem o seu exército se encontravam em condições de suportar uma guerra de alguma duração, especialmente se outras grandes potências estivessem envolvidas. A decisão de provocar uma guerra não pode, pois, ser de facto considerada racional.

Que poderá ser dito em defesa da decisão? Em primeiro lugar, os assassínios forneciam à Áustria uma vantagem moral. No entanto, o mês que passou antes de ser declarada a guerra e a falta de indícios rapidamente prejudicaram esta posição. Havia também uma certa esperança de restringir a guerra, porém mais uma vez o adiamento tornou isso improvável. O verdadeiro motivo para decidir pela guerra foi o facto de os Alemães terem oferecido o seu apoio. Tratava-se de algo que se pensara poder não ocorrer nunca mais, no que se referia aos Balcãs. Na realidade, estava envolvida uma curiosa simetria. Também a Alemanha receava o isolamento; temia ainda que se não aproveitasse a oportunidade para esmagar os seus rivais, também ela perderia a sua liberdade de acção militar na Europa assim que o programa de rearmamento russo atingisse o seu auge em 1917. Em certo sentido, portanto, a posição sentida pela Áustria nos Balcãs era a mesma que a da Alemanha na Europa como um todo. Assim, confrontadas com inimigos que cresciam em força, ambas as potências decidiram a favor da guerra enquanto ainda estavam em posição de poder fazê-lo. Deve acrescentar-se que o facto de ambas se verem reduzidas a esta estratégia era, em grande parte, resultado da sua própria incompetência diplomática.

Regressemos, porém, à Áustria-Hungria. Tal como Fritz Fischer sugeriu que a Alemanha entrou em guerra por causa do *Primat der Innenpolitik*, presume-se frequentemente que a Áustria o fez pelo mesmo motivo. No entanto, trata-se de algo difícil de aceitar. Como já constatámos, nenhum grande partido nem político era a favor da destruição da monarquia, a questão da nacionalidade não ameaçava a sua existência e, quando muito, a situação estava a melhorar a nível interno antes de 1914. Por esse motivo, Roy Bridge está correcto ao escrever: «A opinião de que a monarquia dual estava, por volta de 1914, em estado crítico, próximo da dissolução, o que tornava uma acção externa imperativa, como diversão ou solução, não deixa de ter alguma plausibilidade»; porém, era a sua posição como grande potência que estava em jogo e «neste caso, a situação interna, económica e militar na monarquia dificilmente poderia ter qualquer efeito determinante na decisão do governo para qualquer direcção»([31]). A afirmação de Bridge deve, contudo, ser modificada nos seguintes moldes. Em primeiro lugar, devemos recordar que a ameaça sentida em Viena ao estatuto de grande potência da monarquia nos Balcãs foi extraordinariamente exagerada. Em segundo lugar, a guerra dificilmente seria a única solução. O que fazia com que assim parecesse era a necessidade de manter o prestígio, juntamente com o receio de que um relativo declínio militar impossibilitasse quaisquer opções no futuro. Esta combinação de uma necessidade de prestígio e do receio do futuro significava que era possível que prevalecesse uma perspectiva basicamente irracional dos interesses da monarquia. O elemento que serviu para obscurecer tal irracionalidade foi a honra dinástica. Segundo os valores contemporâneos, um império só poderia defender os seus interesses honrosamente através da força das armas; comprometer-se ou ceder sem um combate era convidar à desonra. A guerra não passava, afinal, de um «duelo das nações» e se ainda se esperava que os cavalheiros preservassem a sua honra e a da sua classe desafiando os adversários, o mesmo era verdade em relação a soberanos e Estados. Recusar um desafio seria desistir da categoria de grande potência. Daí as guerras austríacas pela Alemanha e a Itália, e a decisão da guerra pela Bósnia. No entanto, até esta explicação leva os valores contemporâneos ao limite. Se todas as potências tivessem sempre agido de acordo com tais valores, nunca teria sido possível qualquer acordo diplomático sem recurso à guerra. Contudo, isso era algo que sucedia com bastante regularidade entre as potências da Europa. Talvez se deva, pois, atribuir maior peso à crítica mais racional apresentada por István Diószegi, escreve que: «A situação após as Guerras dos Balcãs revelava grande semelhança com a transformação que ocorrera na Itália e na Alemanha. A monarquia também foi expulsa desta zona de interesses. Conservou apenas os restos da sua influência, mas a sua integridade territorial não foi afectada pelas mudanças. A Sérvia estabeleceu como seu objectivo a unificação do grupo étnico como um todo e a população eslava do Sul da Áustria também gravitava na órbita deste Estado nacional fortalecido. No entanto, esta atracção não era mais forte do que a dos austro-germânicos por uma Alemanha nacional emergente, porém, estava muito longe desta em relação à importância para a monarquia, no geral. Embora a Sérvia mantivesse viva a ideia da unidade nacional dos eslavos do

Sul, não podia pensar em concretizar os seus planos sem auxílio, sem um auxílio exterior. A esperança oferecida por uma Grande Potência, nomeadamente a guerra da Rússia contra a Áustria para a promoção dos interesses sérvios, não contou como contingência racional. O consentimento na transformação dos Balcãs provavelmente não teria tido piores consequências do que o reconhecimento do *fait accompli* italiano e alemão, na altura»([32]). Os homens que recusavam esta alternativa eram pouco numerosos: o imperador, o ministro da Guerra, o ministro das Finanças, o chefe do Estado-Maior, e os primeiros-ministros da Áustria e da Hungria. Francisco Fernando, que na realidade fora o líder do partido da paz em Viena, estava agora morto. Porém, apenas Tisza, o primeiro-ministro húngaro, hesitou. Reafirmou o velho argumento de que a Sérvia não poderia ser integrada na monarquia porque isso poderia perturbar o Compromisso. Mas também ele em breve se pôs de acordo com os restantes, graças a uma série de motivos: o receio de que o apoio alemão não estivesse disponível, no futuro; a decisão de enviar um ultimato antes de declarar guerra; as notícias de que a Roménia não entraria na guerra, pelo menos imediatamente; o acordo de não integrar território sérvio no seio da monarquia; e saber que Francisco José estava decidido à guerra. Bilinski, o ministro das Finanças comum, na realidade disse ao imperador que uma guerra com a Sérvia significaria uma guerra europeia. A resposta de Francisco José foi: «Certamente que a Rússia não poderá aceitar de modo algum esta mensagem»([33]). Um historiador húngaro alegou que Tisza julgava que a resposta sérvia seria negociável. Aparentemente, Berchtold não lhe deu motivos para pensar outra coisa. Contudo, Berchtold esforçara-se bastante para assegurar que o ultimato seria rejeitado. E só para assegurar que haveria guerra, ordenou especificamente ao seu embaixador em Belgrado que exigisse uma aceitação «pura e simples»([34]). Entre todas as questões referentes à eclosão da Primeira Guerra Mundial, esta, pelo menos, é totalmente incontroversa: o ultimato austro-húngaro à Sérvia foi deliberadamente concebido para provocar a guerra. Não começou por acaso.

A Áustria-Hungria
e a Primeira Guerra Mundial

Ironicamente, talvez, quase toda a investigação sobre a actuação da monarquia durante a própria guerra praticamente não deixa espaço para controvérsias. O curso dos acontecimentos foi dominado por alguns factores extremamente fundamentais. Em primeiro lugar, a guerra foi combatida do ponto de vista austríaco para preservar a monarquia. O resultado foi que não se podia fazer concessões a Estados como a Itália ou a Roménia para os manter de fora. Isso constituía um grande aborrecimento para os Alemães, que tinham os seus próprios motivos para terem entrado na guerra, mas que descobriram após 1916 que haviam ganho dois novos inimigos devido à intransigência austríaca. No entanto, a posição austríaca era lógica: de pouco adiantava combater para manter os seus súbditos eslavos do Sul, apenas para entregar os súbditos transilvanos ou italianos. O segundo factor a recordar é o facto de que do ponto de vista húngaro só valeria a pena preservar a monarquia se esta permanecesse uma monarquia dual; qualquer mudança na constituição imperial, por conseguinte, estava fora de questão. Isto aborreceu muitos democratas durante a guerra, bem como o sucessor de Francisco José, o último imperador habsburgo, Carlos, que teria gostado de federalizar a monarquia. Mas os Húngaros eram insistentes, sobretudo Tisza. Não poderia haver federalismo nem reforma do direito de voto na Hungria, ponto final. Isto limitava gravemente a flexibilidade política necessária durante os tempos de guerra, especialmente após 1916, quando a solidariedade das nacionalidades começou a ficar abalada. O terceiro factor a observar é o facto de que quase metade do exército regular foi liquidado nas campanhas de 1914. Conrad tinha atrapalhado a mobilização e não recebera o apoio da Alemanha que julgava lhe havia sido prometido. A partir do início de 1915, portanto, o exército era mais ou menos uma milícia. Mesmo antes disso, estivera mal equipado, escassamente financiado, tecnologicamente atrasado, mas magnificamente uniformizado. A partir de então, porém, estaria dependente da Alemanha. Mesmo na frente italiana, considerada pelos Austríacos como particularmente sua, seria necessário o auxílio alemão para vencer a campanha de Caporetto. A frente italiana, contudo, era a mais fácil de defender: os Italianos tinham sido enviados para a guerra contra a sua vontade; os Austríacos estavam instalados no cume dos Alpes a disparar sobre eles; e existia a tradição de derrotar os Italianos. Noutras regiões – na Polónia e na Roménia – a vitória dependia inteiramente dos Alemães. Por fim, a monarquia dependia tanto da Alemanha em relação à alimentação e ao dinheiro vivo como às tropas. O resultado foi também a dependência diplomática: a Alemanha reivindicava o direito de decidir o futuro da Polónia e da Roménia, apesar de os Austríacos presumirem que estes países ficariam futuramente associados aos Habsburgos. Os Alemães criaram ainda, através do Tratado de Brest-Litovsk, no início de 1918, um Estado ucraniano que foi reconhecido pelos Austríacos na (vã) esperança de poderem requisitar as suas provisões de cereais. (Os cereais romenos já se haviam revelado esquivos.) O único resultado foi que os Polacos do império acusaram os Habsburgos de os traírem. Não eram os únicos nisso, além do mais, porque na Primavera de 1918, mesmo os Alemães desconfiavam da dinastia: Clemenceau revelou num surpreendente documento de diplomacia familiar (o caso Sisto), que o imperador Carlos reconhecera o direito da França à Alsácia-Lorena e se oferecera para terminar a guerra, compensando os Alemães com a Galícia. Era o último exemplo europeu de diplomacia puramente dinástica, e fracassou, como estava destinado, ao excluir os Hohenzollerns. Daí em diante, para provar a sua boa-fé, Carlos foi obrigado a agir como o cãozinho da Alemanha; a monarquia concordou então em participar em planos para a *Mitteleuropa*, uma União Aduaneira da Europa Central. Os pormenores, na verdade, seriam resolvidos mais tarde, mas o significado do acordo era óbvio. A monarquia, já um apêndice do Império Germânico, tornar-se-ia seu apêndice económico também; na realidade, já quase o era. Em 1918, portanto, a monarquia de Habsburgo tinha pouco futuro como Estado independente, mesmo que a Alemanha vencesse a guerra; a vitória alemã, por outro lado, asseguraria mesmo assim que esta deixaria a guerra incólume.

Porém, até mesmo os Aliados apoiaram a integridade territorial da monarquia até quase ao fim do combate. Os Catorze Pontos de Janeiro de 1918 do presidente Wilson apenas exigiam a sua reorganização de acordo com os princípios federais, não o seu desaparecimento. O Décimo Ponto dizia: «Deverá ser concedida aos povos da Áustria-Hungria, cujo lugar entre as nações desejamos ver salvaguardado e assegurado, a maior oportunidade para um desenvolvimento autónomo.» Os Britânicos, nesta altura, ainda consideravam uma monarquia, alargada com território polaco, como contrapeso à Alemanha e à recém-criada União Soviética. Com o fracasso da missão de Sisto, contudo, a submissão de Carlos aos Alemães em Spa e a decisão dos Austríacos de apostar todas as suas esperanças numa vitória alemã, a opinião dos Aliados voltou-se para o reconhecimento dos comités nacionais dos exilados checos e jugoslavos. Ainda assim, só em Setembro de 1918 se reconheceu ao Comité Nacional checoslovaco o estatuto de um governo beligerante no exílio. Esta decisão, todavia, foi fundamental, pois era incompatível não só com o Dualismo, mas também com a integridade territorial da monarquia.

Os desenvolvimentos internos, entretanto, apontavam na mesma direcção: por volta da Primavera de 1918, a maioria da população encontrava-se esgotada pela guerra e esfomeada; a monarquia era agitada por greves; os Checos, Polacos e eslavos do Sul no seio do império exigiam a sua dissolução. Francisco José falecera (21 de Novembro de 1916) e embora o seu sucessor fosse estimado, a velha monarquia parecia ter morrido com o velho imperador. Além disso, a Revolução Russa demonstrara não só que as dinastias podiam ser derrubadas como também que o mapa territorial da Europa Oriental seria certamente redesenhado. Pior ainda, devolvera à Áustria milhares de prisioneiros de guerra, sobretudo checos, que desejavam voltar a desenhá-lo. O parlamento austríaco, em Maio de 1917, encontrava-se novamente reunido, mas isso só por si não resolvia nada. A vida parlamentar na Áustria caíra em descrédito há já muito tempo, e durante os primeiros três anos da guerra o edifício do parlamento fora utilizado como hospital. Francisco José não vira necessidade de consultar os representantes do povo. O resultado disso, foi que em Outubro de 1916 Friedrich Adler, um deputado socialista, disparou contra o primeiro-ministro austríaco numa tentativa de chamar a atenção para aquele estranho estado de coisas. O seu julgamento, na realidade, tornou-se um julgamento do governo. O último imperador, Carlos, tivera, pois, um incentivo para voltar a convocar o parlamento. Nas condições dos tempos de guerra, porém, com o exército – frequentemente o exército alemão – a governar grande parte da monarquia, o seu papel tinha forçosamente de ser limitado; os seus poderes constitucionais, de qualquer modo, não tinham sido alargados. Na Hungria, entretanto, o dualismo era rigorosamente mantido. O direito de voto permanecia restrito e a burocracia húngara assegurava que as reservas de cereais húngaras proviam em primeiro lugar as necessidades húngaras. O governo austríaco, em resultado disto, tornou-se ainda mais dependente da Alemanha para alimentar uma população cada vez mais esfomeada. Tratava-se de uma situação que minava a sua autoridade nas negociações diplomáticas (Polónia, Roménia, *Mitteleuropa*) e na estratégia militar, de modo que Conrad, que saudara a eclosão das hostilidades na esperança de que «se a guerra terminar em vitória, a Áustria-Hungria sairá tão reforçada que conseguirá enfrentar a Alemanha como sua igual»([35]), rapidamente se viu reduzido a referir-se à Alemanha como «o inimigo secreto»([36]). No entanto, era desta – como sucedera desde 1915 – que tudo dependia. O destino da monarquia ficou assim determinado pelo fracasso das ofensivas alemã e austro-húngara na Primavera e início do Verão de 1918. Em Setembro, a Bulgária abandonou a guerra, enquanto em Outubro, a Alemanha, a Turquia e a monarquia iniciavam um processo de paz com base nos Catorze Pontos. A 16 de Outubro, o imperador emitiu um manifesto concebido para reestruturar a monarquia como Estado federal. A iniciativa revelou-se irrelevante e a 27 de Outubro um novo executivo prestou juramento para presidir à dissolução do império. Por esta altura, todos declaravam a sua independência – Checos, Jugoslavos, Húngaros e Polacos – e a 11 de Novembro o imperador abdicou, finalmente. As suas tropas, porém, haviam lutado até ao fim e quando os Italianos aceitaram a rendição de cerca de trezentos e cinquenta mil a quatrocentos mil destes a 3 e 4 de Novembro, descobriram que apenas cerca de um terço dos mesmos eram austríacos germânicos. O resto incluía 83 000 Checos e Eslovacos, 61 000 eslavos do Sul, 40 000 Polacos, 32 000 Rutenos, 25 000 Romenos e até 7000 Italianos. Nas palavras de István Deák: «Eis a derradeira ironia: as últimas forças combatentes da monarquia de Habsburgo eram em larga medida eslavos, romenos e italianos, todos teoricamente aliados dos exércitos da Entente»([37]). Os Húngaros haviam escapado quase por completo à captura.

O exército habsburgo actuara bem em certos aspectos. Todos os especialistas estão de acordo em que este permaneceu uma máquina de combate eficaz e digna de louvor até ao Verão de 1918, até com os eslavos do Sul a combater na sua maioria até ao fim. Assim, não foi esmagado pela questão da nacionalidade. Sobreviveu também a enormes baixas, pois quando se fez o registo final dos oito milhões de homens mobilizados ao longo da guerra, descobriu-se que tinham morrido

1 106 200, cerca de metade dos quais em combate, os restantes de ferimentos, doença ou fome. O pequeno corpo oficial regular perdera 13,5% em combate, enquanto as fileiras alistadas haviam sofrido 9,8% de baixas de guerra. Os Alemães e Húngaros, talvez apropriadamente, haviam perdido mais homens por milhar do que qualquer outra das nações a combater pelo império. Consideradas no seu conjunto, as perdas tinham, nas palavras de Gunther Rothenberg, sido «iguais em dimensão às de qualquer dos principais combatentes na guerra. Demonstram claramente que o exército habsburgo sabia como combater e resistir»[38]. O seu registo foi tanto mais admirável se considerarmos as dificuldades sob as quais entrara na guerra. Em 1914, a monarquia estava atrás de todas as grandes potências em termos militares. Após o início da recessão económica de 1873, as suas forças armadas «foram tratadas como órfãos»[39]. Segundo A. J. P. Taylor, a monarquia, em 1914, «embora estando apenas atrás da Rússia e da Alemanha em população [...] gastava menos que qualquer Grande Potência [em defesa] – um quarto das despesas russas ou alemãs, um terço das britânicas ou francesas, e ainda menos do que os Italianos»[40]. Roy Bridge salientou que «por volta de 1913, os súbditos de Francisco José gastavam três vezes mais dinheiro em cerveja, vinho e tabaco do que em todas as forças armadas da monarquia dual»[41], enquanto Norman Stone observou o baixo nível de efectivos alistados: «Antes de 1914 a monarquia treinava 0,29% da sua população por ano, a França 0,75%, a Rússia 0,35%, a Itália 0,37%. Em 1914 a força de combate do exército austro-húngaro era de 2 265 000 soldados, sendo a do exército francês, que se baseava numa população de 10 000 000 de habitantes mais baixa, de quase 4 000 000»[42]. Tecnologicamente, o exército também estava atrasado: permanecia esmagadoramente uma força de infantaria; a sua artilharia tornara-se rapidamente obsoleta; a infantaria estava mal equipada de metralhadoras, em comparação com as divisões russas ou italianas; Francisco José desprezava os carros blindados como não tendo valor militar, porque assustavam os cavalos – na administração civil, também desprezava, de igual modo, as máquinas de escrever, os telefones e elevadores; e havia até uma escassez de uniformes. Citando mais uma vez Norman Stone, fora com razão que Conrad se opusera à participação da monarquia na conferência de desarmamento de Haia, com o fundamento de que «a presente situação do nosso exército já tem uma aparência de limitação de arma-

mento permanente»([43]). Francisco Fernando vira talvez o seu verdadeiro papel, ao declarar em 1896 que «[a sua] principal tarefa não é a defesa da pátria contra um inimigo externo, mas a protecção e preservação da dinastia contra todos os inimigos internos»([44]). Em termos internacionais, estava apto apenas para combater a Sérvia.

Como foi, então, que sobreviveu tanto tempo? Certamente que nada ficou mais fácil. Quase metade do exército fora exterminada por volta de fins de 1914, com o resultado de ter de ser reconstituído e reorganizado. Foi então que em 1915 e 1916 novos inimigos, a Itália e a Roménia, entraram na guerra. As baixas permaneceram extraordinariamente elevadas e praticamente cada batalha travada sem o auxílio dos Alemães era perdida. Mesmo quando vencia, o preço a pagar era a subordinação à sua aliada. Internamente, nada corria melhor. Havia uma fricção crescente entre a Áustria e a Hungria e entre as várias nacionalidades. «Um ponto particularmente sensível era a distribuição desigual social e étnica das baixas de combate. Não era segredo que certas classes sociais, sobretudo os camponeses, que constituíam o grosso da infantaria, eram obrigadas a pagar um tributo extremamente elevado em sangue. Do mesmo modo, certas nacionalidades, especialmente as austríacas-germânicas, húngaras, eslovenas e croatas perdiam muito mais homens do que as outras»([45]). É verdade que a produção industrial recuperara de um início difícil, mas em 1917 encontrava-se em declínio, devido à escassez de matérias-primas, mão-de-obra e material circulante. Na realidade, o transporte tem sido descrito como «o calcanhar de Aquiles» da monarquia durante a guerra([46]). Contudo, as dificuldades não ficavam por aqui. A população rural sofria da requisição violenta, a população urbana da fome, que em 1917 começara a afectar também as tropas: «Antes da guerra, o consumo *per capita* de farinha era de 380 gramas por dia. Em Abril de 1918, a provisão era de 165 gramas por dia para os Austríacos e 220 gramas para os Húngaros sem quaisquer recursos de alimentação privados. O consumo diário de carne *per capita*, cerca de 82 gramas antes da guerra, era em 1918 de cerca de 17 gramas na Áustria e 34 gramas na Hungria»([47]). Toda a população sofria igualmente com a inflação, sobretudo as classes operárias. Considerando o índice do custo de vida em 1914 como cem, o número para a população geral atingira 1082 em Junho de 1918; para os trabalhadores, chegara aos 1560. Portanto, em 1917, o exército descobria que milhares de jovens fugiam para os bosques ou escondiam-se nas cidades, em vez de combater na guerra. Preferiam arriscar os esquadrões de execução do que combater nas trincheiras por um regime que cada vez desprezavam mais. Duas questões, porém, impediam o exército de se desagregar: «Em primeiro lugar, apesar de todas as suas dificuldades, o exército permanecia uma máquina de combate notável, claramente superior aos italianos muito mais bem equipados e alimentados. Em segundo lugar, e é aqui que se encontra o verdadeiro paradoxo, parecia, na Primavera de 1918, que as Potências Centrais tinham vencido a guerra. Deve ter sido este o principal motivo por que o exército não se desintegrou simplesmente. No que à Áustria-Hungria se referia, praticamente todos os seus objectivos de guerra haviam sido alcançados: a Sérvia e a Roménia tinham sido punidas e ocupadas, a Rússia encontrava-se prostrada, até a Itália fora humilhada e as suas tropas forçadas a retirar para uma linha perigosamente próxima de Veneza»[48]. O mesmo autor, István Deák, acrescenta: «No Verão de 1918, o exército habsburgo enfrentava o inimigo em apenas duas estreitas zonas: um pequeno sector da frente dos Balcãs – o resto era detido pelos Búlgaros e os Alemães – e o Norte da Itália. As vastas e sangrentas frentes russa e sérvia haviam desaparecido. As baixas começavam a baixar desde o final de 1916: no quarto ano da guerra, equivaliam apenas a metade do que haviam sido no primeiro ano [...] havia agora bastante menos soldados na frente. De facto, por volta de 1918, a grande maioria de soldados austro-húngaros já não estava envolvida em combate: ou estava em casa ou, se junto dos exércitos em campanha, longe das frentes de batalha»[49].

Apesar de todos os problemas associados à guerra, portanto, o exército imperial conseguiu sobreviver até ao fim. As ofensivas da Primavera de 1918, porém, não produziram os resultados desejados. Em vez da vitória final, surgiu a sombra da derrota. Ao espalhar-se, a monarquia desintegrou-se. A sua dissolução não foi provocada pelos Aliados, que esperaram até quase ao fim que esta pudesse resistir. Em vez disso, os povos da monarquia exigiam, finalmente, os seus direitos: democracia e independência tornaram-se os seus arautos e estabeleceram as suas marcas nacionais muito antes de as tropas aliadas surgirem em cena. Os tratados de paz, em muitos casos, limitavam-se assim a aprovar os seus *faits accomplis*. Mais tarde, após novas catástrofes, tornar-se-ia moda em certos círculos lamentar o que se fizera, e sem dúvida que havia fundamentos suficientes para sentir nostalgia pela monarquia. No entanto, na altura do seu desaparecimento, a maioria dos seus habitantes esperava algo de melhor.

Conclusões

É tempo de concluir. Muitos pontos emergiram deste estudo. Em primeiro lugar, falar de *declínio e queda* a respeito da monarquia é simplesmente enganador: a monarquia caiu porque perdeu uma guerra importante. No entanto, quase até ao final dessa guerra não havia dúvida de que esta ia sobreviver, mesmo que não conseguisse assegurar a vitória. Uma vitória para a Alemanha, por outro lado, teria certamente assegurado a sua sobrevivência, de uma ou outra forma. Em segundo lugar, não é de modo algum óbvio que o problema da nacionalidade fosse o motivo para a sua queda. A maioria das nacionalidades combateu por ela durante a Primeira Guerra Mundial mesmo até ao fim. Antes de 1914, quando muito, o problema da nacionalidade parecia estar a diminuir. As suas verdadeiras debilidades eram, então, militares e financeiras, e fora esse, de facto, o caso ao longo do século XIX. Se estas tivessem sido remediadas, a história de Habsburgo teria sido muito diferente. Isso leva-nos a um terceiro ponto: por que motivo havia tal necessidade de entrar em tantas guerras? Citar o aparecimento do nacionalismo na Europa não é resposta para o problema. A verdadeira questão consiste em saber a razão por que os Habsburgos não conseguiram resolver o desafio colocado pelo nacionalismo? E assim chegamos ao fulcro da questão, que acaba por se revelar a própria natureza da monarquia. O Império Habsburgo era, antes de mais, um poder dinástico, uma *Hausmacht*. A sua *raison d'être* era fornecer uma base de poder para as ambições políticas de fosse qual fosse o imperador habsburgo que o herdasse. Era seu dever assegurar que não se perderia nenhum território – pelo menos sem haver uma compensação; combater para manter os que herdara; e, se possível, aumentar o património imperial. Uma vez que os territórios envolvidos eram tantos e tão variados, era também seu dever não se identificar com qualquer grupo dos seus súbditos. Como o arquiduque Alberto declarara em certa ocasião: «Num império poliglota, habitado por tantas raças e povos, a dinastia não se pode permitir estar atribuída apenas a um destes. Tal como uma boa mãe, tem de demonstrar igual afeição por todos os seus filhos e não permanecer estranha a nenhum. Nisto reside a justificação para a sua existência»([50]). A melhor forma de corresponder a este ideal era ser o imperador a dirigir o espectáculo. O ideal imperial era, pois, sempre o estabelecimento ou restabelecimento de um Estado centralizado, unificado governado pelo soberano em colaboração com o exército e a burocracia. Era este o ideal de Francisco I, Metternich e Kolowrat, Schwarzenberg e Francisco José.

Não era possível, porém, após 1859 e 1866, permanecer agarrado a este ideal; ao invés disso, Francisco José teve de se adaptar ao dualismo. Uma vez que este o deixava encarregado dos assuntos externos e do exército, e ainda lhe permitia ter enorme influência nos assuntos internos, o imperador conseguiu fazê-lo bastante facilmente. No entanto, havia um preço a pagar. Internamente, os Magiares insistiam que não poderia haver uma alteração do sistema, o que significava que não podia haver um desenvolvimento político interno. Externamente, o preço era uma postura cada vez mais anti-russa. Os preconceitos nacionais da Hungria inquinavam agora o poço da diplomacia dos Habsburgos. Talvez isto seja um exagero: após 1866, a monarquia teria de prestar mais atenção aos Balcãs, uma vez que não havia outra saída para as suas ambições dinásticas; além disso, um conflito final com a Rússia não era, de modo algum, inevitável. De facto, até 1914 havia grande cooperação entre as duas potências. Com o assassínio do arquiduque Francisco Fernando, porém, a monarquia insistiu na guerra, uma decisão irracional mas possível de explicar.

Entre alguns historiadores, tem havido uma tendência para adoptar esta ou aquela atitude para explicar o suposto declínio da monarquia. Ou seja, responsabiliza-se ou a sua política externa ou o problema da nacionalidade, ao mesmo tempo que se ignora a inter-relação entre ambos. No entanto, os dois estavam estreitamente relacionados, e é precisamente esta inter-relação que confere à história dos Habsburgos a sua estrutura. Por exemplo, a *Gesamteintritt* tornou-se inevitavelmente parte da política germânica de Schwarzenberg, dado o seu compromisso anterior para com a constituição de Stadion com a sua ênfase num império unido. Francisco José, do mesmo modo, só pôde retomar a sua batalha pela coroa germânica no início da década de 1860, quando o constitucionalismo foi reintroduzido na monarquia. Porém, seriam as consequências da política externa do *Ausgleich* que mais ameaçariam a monarquia, uma vez que os preconceitos anti-russos da Hungria asseguravam agora uma voz na elaboração da política externa do império. Andrássy criou a tradição, mas esta foi prosseguida por Kálnocky e outros. Como já salientámos, isto não teria de ser fatal: a opinião pública da monarquia não se interessava pelos Balcãs; além disso, havia bastante possibilidade para a cooperação com a Rússia. No entanto, tratava-se de um factor que não podia ser ignorado. Por fim, embora se possa realmente afirmar que o problema da nacionalidade estava a diminuir antes de 1914, e que as nacionalidades combateram pela monarquia durante a maior parte da Primeira Guerra Mundial, não se pode negar que a posição das nacionalidades influenciou o pensamento austríaco sobre os Balcãs de modo perigoso e contribuiu para, em 1918, provocar a desagregação da monarquia. Se o Império Habsburgo tivesse desfrutado de uma população homogénea, não existem motivos para pensar que não teria saído da guerra incólume.

A chave para a ligação entre a política externa e interna era, evidentemente, o próprio monarca, ou, durante curtos períodos, os que agiam em seu nome, pessoas como Metternich e Schwarzenberg. Eram estes que *estabeleciam* pessoalmente as ligações entre política interna e externa. Durante a maior parte do período em análise nesta obra, porém, o homem ao comando foi Francisco José e é sobre os seus pontos de vista que nos devemos agora debruçar.

Em termos de política interna, é evidente que o ideal de Francisco José era uma monarquia centralizada, unificada e germanizada. Foi o que resolveu estabelecer assim que pôde minar a constituição de Stadion. Nos assuntos externos, desejava que a monarquia fosse uma potência dominante a nível da França, Grã-Bretanha ou Rússia. E por ter ascendido ao trono numa época de êxito militar habsburgo, acreditava ser o seu objectivo prático. A humilhação da Prússia por parte de Schwarzenberg apenas reforçou essa ilusão. Daí a sua vontade em 1854, de enfrentar os Russos. «É difícil», escreveu à sua mãe, «ter de enfrentar antigos amigos, mas não há alternativa na política, e no Leste, a Rússia é sempre o nosso inimigo natural»([51]). Com a derrota da Rússia, estava disposto a negociar uma aliança permanente com as potências ocidentais: «Pensava que a Rússia quereria mal à Áustria durante muito tempo, pelo partido que esta tomara e desejava unir-se por um tratado às Potências Marítimas, tendo em vista um sistema político permanente»([52]). Tomava absolutamente como certo, evidentemente, que a Prússia o seguiria. Seriam assim necessárias não só as guerras italiana e prussiana, mas também a Guerra Franco-Prussiana, para livrar Francisco José das suas ilusões acerca da posição da Áustria. A partir de então, porém, seguiu um padrão de apoio ao dualismo na monarquia e à aliança alemã, no exterior desta. Durante longos períodos de tempo, houve também uma cooperação nos negócios estrangeiros com a Rússia. No entanto, não poderia haver aqui um *modus vivendi* permanente, uma vez que, como afirmava, a Rússia era o «inimigo natural» da Áustria no Leste.

O verdadeiro problema residia nos Balcãs. Uma vez que Francisco José estava sempre disposto a agarrar-se ao espírito e significado do dualismo, não possuía meio de reconciliar os seus súbditos eslavos do Sul com os Magiares. Na realidade, não se importava muito com eles, uma vez que o dualismo lhe permitia manter o controlo sobre a defesa e a política externa do seu império. Perante isso, a necessidade de remediar os ressentimentos locais dos seus súbditos sérvios e croatas pouco peso tinha, especialmente porque estes mesmos sérvios e croatas podiam facilmente ser atirados uns contra os outros. Contudo, o imperador não escapava ao receio de que a sua insatisfação pudesse um dia convertê-los ao pan-eslavismo, receio esse que aumentou naturalmente após a ocupação e anexação da Bósnia-Herzegovina. Desde que a Sérvia estivesse controlada, porém, tudo parecia estar bem. Como Kálnocky colocou a questão em 1881: «Se a Sérvia for, seja por que meio for, submetida à nossa influência, ou melhor ainda, se formos senhores da Sérvia, poderemos então estar descansados a respeito do nosso domínio da Bósnia e seus apêndices, e da nossa posição no Baixo Danúbio e na Roménia. Só então o nosso poder nos Balcãs assentará sobre uma base firme que esteja de acordo com os importantes interesses da monarquia»([53]). Mas com a queda da dinastia de Obrenović em Belgrado em 1903, a eclosão da Guerra dos Porcos em 1906, a anexação da Bósnia-Herzegovina em 1908 e a humilhação da Sérvia e da Rússia no seu seguimento, a monarquia já não se encontrava claramente em tal posição. Considerando esta situação, os militares, sobretudo na pessoa de Conrad, insistiram numa guerra preventiva, uma política a que Francisco José e Francisco Fernando se opuseram. De facto, Francisco José tornou absolutamente claro para Conrad que a política de paz, identificada com o seu ministro dos Negócios Estrangeiros, Aerenthal, era, na realidade a sua. Disse ele: «[...] Faço esta política, é a minha política. A minha política é a política da paz. Todos se devem adaptar a esta política»([54]). No entanto, em 1914, Francisco José mudou de opinião e teremos de indagar porquê.

Certamente que teve a ver com a honra e o prestígio imperiais, que podem ter sido fundamentais. Igualmente importantes eram as recordações e os receios gerados pelas Guerras dos Balcãs e os seus resultados: a actuação do exército sérvio; o grande aumento de território da Sérvia; a sua ligação a uma Rússia em rápido rearmamento; o sentimento de que depois da Turquia, a Áustria-Hungria seria inevitavelmente a próxima vítima da agressão nacionalista nos Balcãs; não menos importante era a lição que deveria ter sido aprendida em 1912 e 1913 – que a ameaça da força produzia bons resultados. Por fim, havia a certeza do apoio alemão que faltara em 1912-13. Foi o conjunto de todos estes factores que fez Francisco José aceitar a guerra em 1914. O preço pago foi horrível; de facto, considerando as debilidades financeiras e militares da monarquia, tratou-se de uma decisão mais ou menos suicida. No entanto, não era inevitável. Se Francisco José se tivesse mostrado disposto a incomodar-se acerca da questão da nacionalidade, se tivesse mantido o seu sentido das proporções em relação à Sérvia, se tivesse dado ouvidos a Tisza, se estivesse preparado para se comprometer, poderia ainda ter reforçado a sua posição nos Balcãs sem recorrer à guerra. Além disso, a Sérvia nunca estaria em posição de desafiar a monarquia sem o apoio da Rússia, apoio esse que era improvável de que dispusesse. A guerra era, pois, desnecessária e foi provocada por uma política irracional. Segundo as palavras do conde Polzer Hoditz, chefe de gabinete do imperador Carlos: «Ninguém pensava em rever a nossa política nos Balcãs, pois isso teria implicado igualmente uma mudança total na política interna. A compreensão de que o ódio da Sérvia e da Roménia era provocado por nós próprios, pela nossa política aduaneira, que os eslavos do Sul não desejavam senão unir-se e obter uma saída para o mar, que pela nossa infeliz política albanesa tapámos a última válvula de escape e que por isso a explosão se tornou inevitável, esta compreensão nunca foi alcançada pelos elementos dirigentes»([55]).

A destruição, mesmo com o início da guerra, não era, contudo, inevitável. A monarquia dependera frequentemente de ser salva por outros e, considerando o seu estatuto de necessidade europeia, tratava-se de uma estratégia que muitas vezes resultara. Desta vez os Alemães eram considerados como salvadores, mas infelizmente, também eles cometeram erros evitáveis. Especificamente, como salientou Lothar Höbelt, invadiram a Bélgica em 1914 e declararam guerra submarina total três anos mais tarde. O resultado destas duas decisões foi arrastar as potências anglo-saxónicas, a Grã-Bretanha e os Estados Unidos, para o conflito. E segundo Höbelt, foi a intervenção das potências anglo-saxónicas que fez pender a balança do que de outro modo poderia ter sido um impasse continental entre a França e a Rússia, por um lado, e a Áustria-Hungria e a Alemanha pelo outro. Do seu ponto de vista, portanto, a destruição da monarquia deve ser atribuída aos estrategas militares alemães([56]). Há, sem dúvida, alguma verdade nisto, no entanto, se a guerra não tivesse começado, em primeiro lugar, a tomada de decisões militares alemã não poderia ter causado danos e a Áustria-Hungria não teria perdido o controlo do seu próprio destino. Assim, Höbelt, tal como muitos historiadores americanos cujas perspectivas foram debatidas – *e. g.* Schroeder, Austensen, Elrod, Haas, Viereck e János – cai na armadilha de arranjar desculpas para a monarquia: era bem-intencionada; não era particularmente opressiva; as reformas quase ocorreram, os potenciais salvadores eram negligentes ou faleceram; outras potências não vieram em seu auxílio ou tomavam as decisões erradas quando o faziam. Grande parte disto equivale a sentimentalismo baseado no sentimento de que os regimes sucessores, especialmente os criados após 1945, ainda tinham menos êxito na resolução dos problemas da Europa Central e Oriental do que a própria monarquia. Não se trata certamente de uma coincidência que muitas das obras sobre a monarquia provenham de pessoas que sofreram, ou dos seus filhos, às mãos desses regimes([57]). Não se deve permitir, porém, que esta amálgama de retrospectiva e subjectividade oculte o facto de que a monarquia iniciou deliberadamente uma guerra mundial, ao invés de chegar a um acordo, a nível interno ou externo, sobre a questão dos eslavos do Sul. Tão-pouco se deverá ignorar que iniciar ou estar disposto a iniciar guerras se tornara um hábito habsburgo no século XIX. No entanto, era provavelmente desnecessário: a reconciliação com os Italianos poderia ter-se dado antes de 1848; a dos Prussianos antes de 1866; a dos eslavos do Sul e outros após 1867. O que fracassou foi a arte de governar dos Habsburgos, que presumiam que o *status quo* era eterno e que o dever de todos e de qualquer potência era apoiá-lo. Melhor dizendo, como escreveu Francisco José em 1866 e em que evidentemente ainda acreditava desde então: «Apenas temos de resistir enquanto for possível, cumprir o nosso dever até ao fim, e por fim perecer com honra»([58]). Tudo isto era muito bonito, e talvez até ligeiramente romântico, mas assim como ele permitira que dezenas de milhares de pessoas morressem desnecessariamente pela sua honra em Itália em 1866, também em 1914 ignorou o facto de que os milhões que iriam morrer agora no que muito provavelmente sabia que seria uma guerra mundial, também não seriam consultados. Dentro do mesmo espírito, o último imperador habsburgo deixaria o seu trono sem mesmo emitir uma proclamação de gratidão oficial às suas tropas. A velha expressão *os agradecimentos da Casa de Habsburgo* conservaria assim a sua ironia.

7
Reflexões sobre o Declínio
e a Queda do Império Habsburgo

Seleccionar um ponto de partida para o declínio e a queda do Império Habsburgo pode, aparentemente, constituir um exercício intelectual bastante compensador. C. A. Macartney escolheu um único dia, 28 de Janeiro de 1790, o dia em que José II revogou muitas das suas mais importantes reformas([1]). Contudo, mais recentemente, Charles Ingrao, o historiador americano, escreveu:

> «Depois de ter ultrapassado a turbulência provocada pela oposição a José II, a monarquia de Habsburgo tinha menos problemas por resolver do que em qualquer outra época – do seu passado ou do seu futuro. Em resultado disso, estava bem preparada para enfrentar os extraordinários desafios militares, económicos e culturais da geração seguinte. Graças à infra-estrutura industrial na *Erblande*, Lombardia e Bélgica, era economicamente comparável aos outros grandes Estados do continente e estava à beira de entrar na revolução industrial. A sua vida intelectual reunira-se pela primeira vez desde o advento da Contra-Reforma à corrente dominante da Europa Ocidental. Os seus sistemas de educação e justiça constituíam modelos para o resto do continente. Embora o seu sistema político e administrativo ainda não se aproximasse do ideal concebido por José II, era muito mais eficiente, honesto e receptivo do que a maioria do de outros governos europeus. Tornara-se também um

forte veículo para obter grandes quantias de rendimento. Os 87 500 000 de florins que entraram nos cofres da *Hofkammer* em 1788 constituíam quase o dobro do valor do seu rival prussiano e eram quase equivalentes aos 12 000 000 de libras recolhidas pelo tesouro público britânico no auge da Guerra da Independência americana. Se o governo ainda se encontrava atolado em dívidas, já não era por causa de um sistema administrativo incompetente, mas antes devido ao talento do *Hofkriegsrat* para aumentar a dimensão militar para além da capacidade de pagamento da *Hofkammer*. Com uma força militar em tempo de guerra de aproximadamente 400 000 homens, possuía agora o maior exército regular que a Europa vira desde a época de Luís XIV. Em relação aos outros Estados e sociedades do continente, a monarquia de Habsburgo não era débil, nem atrasada, nem estava em declínio. Mas, por outro lado, o mundo em seu redor estava prestes a mudar»([2]).

Ingrao, a propósito, crê que, apesar da revolta da Bélgica e da Hungria, o josefinismo também não provocou nenhum problema de nacionalidade à monarquia. Pelo contrário: «A evolução de uma cultura de elite comum que se apoiava fortemente na Alemanha não impediu o desenvolvimento paralelo de outras culturas nacionais. De facto, o modo como o governo promoveu a educação pública em vernáculo contribuiu para abrir caminho a vários "despertares nacionais", sobretudo entre os Magiares e os Checos. No entanto, estes movimentos actuavam principalmente a um nível ascético que não minava a sua lealdade para com a dinastia e o estado que esta criara»([3]). Por conseguinte, na opinião do professor Ingrao, Macartney estava enganado e a monarquia não se encontrou em declínio até 1794. Na minha opinião pessoal, a monarquia não se encontrava em declínio em 1914([4]). Contudo, o ponto de vista de que a monarquia entrou em declínio nunca se desvanecerá e haverá sempre argumentos de que em alguma fase entre o período de meados do século XVIII a 1918, o declínio teve início. O principal motivo para tal, evidentemente, é o facto de a monarquia ter desaparecido em 1918. E as pessoas desconfiarão sempre de que deve ter havido causas para o seu desaparecimento a longo prazo.

No entanto, existe um motivo semelhante para que se debata o seu declínio, nomeadamente, o facto de que durante este período, sobretudo em resultado das guerras, a monarquia tinha de se reinventar constantemente. Assim, temos as reformas teresinas/josefinistas, o sistema de Metternich, o de Bach e o dual. Os historiadores recebem, pois, a tarefa inevitável de avaliar todos estes sistemas e reformas no interior da estrutura mais vasta do declínio.

De um modo geral, o período josefinista tem recebido uma boa crítica. Também o sistema de Bach é geralmente considerado como inerentemente progressista. Até mesmo o Dualismo tem sido recentemente avaliado de modo positivo, no seu conjunto([5]). O período, porém, que tende a receber as piores críticas é a época de Metternich. Ingrao escreve: «Apenas a derrota de 1809 e o advento do sistema de Metternich puseram fim a qualquer hipótese de regressar ao condomínio de Leopoldo de políticas populistas e instituições comuns»([6]). Tendo em conta o seu efusivo louvor à monarquia em 1794, alguns leitores poderão considerar este juízo bastante severo. Mas não é ele o único a ter tal perspectiva sobre essa época. Robert Evans, por exemplo, num ensaio sobre a monarquia de Habsburgo e a guerra de 1914, escreve acerca de Francisco Fernando: «Era típico do arquiduque planear governar como Francisco II, revivendo assim voluntariamente *o período mais obscurantista da história austríaca*»([7]). *Obscurantista* não indica falta de interesse por parte dos historiadores, porém, abarca um juízo de valores sobre o próprio período. Somos levados a pensar, deste modo, que Evans partilha a velha opinião acerca da monarquia entre 1815 e 1848, como voltada para o passado, isolada, reaccionária e despótica. É este o ponto de vista tradicional da historiografia alemã liberal e *kleindeutsche* que tem de tal modo dominado a nossa imagem do período de Metternich que, já em 1956, Georg Franz, no seu estudo sobre o movimento liberal alemão nos domínios habsburgos, preveniu que este difamara a época, o que levara a que os pontos fortes do período quase desaparecessem([8]). Os historiadores tinham, pois, aceitado grande parte da crítica contemporânea a Metternich, muita da qual publicada em Leipzig, «o refúgio e centro intelectual da emigração austríaca»([9]), que apenas os relatos dos observadores ingleses, pensava Franz, poderiam restabelecer o equilíbrio. Ele próprio indicou os dois volumes da *Áustria* de Turnbull publicados em 1840 e, de facto, o professor Herbert Matis, o principal historiador económico da Áustria, declarou ao autor, quando este último era estudante em Viena, que Turnbull constituía realmente a melhor fonte para o período de Metternich([10]). No entanto, existe pelo menos um volume do período, publicado precisamente em Leipzig, que tenta descrever a

Áustria de Francisco I de modo positivo, nomeadamente, a obra de Hermann Meynert de 1834, intitulada *Franz I, Kaiser von Osterreich, and sein Zeitalter* [Francisco I, Imperador da Áustria, e a sua Era]. Na minha opinião, tanto Turnbull como Meynert podem ser utilizados para consolidar toda a investigação recente([11]) que mina totalmente a perspectiva de que a Áustria de Francisco I e de Metternich representou um período de estagnação ou reacção. A primeira parte destas reflexões, por conseguinte, concentrar-se-á na época de Metternich.

A Áustria de Metternich como Estado Josefinista

De facto, em oposição directa às opiniões de Ingrao, de Evans e de outros, e de acordo com o que escrevi nos primeiros dois capítulos desta obra, gostaria agora de afirmar que o período de Metternich pode ser considerado mais utilmente como uma segunda era josefinista do que uma era de obscurantismo. Não quero dizer com isto que se tratou de uma época liberal uma vez que, evidentemente, José II não era liberal. Segundo Franz: «Seria enganador crer que Maria Teresa e José II tinham tendências liberais no sentido constitucional do século XIX. Pelo contrário! Todas as medidas de tipo progressista serviam para aumentar o poder absoluto do Estado»([12]). Contudo, os liberais austríacos fariam remontar, apesar de tudo, as suas raízes ao josefinismo, o qual não constituía, afinal, um sistema político-ideológico claramente definido, mas incluía perspectivas que conduziam a diferentes direcções e que tinham pontos de partida diferentes. Estes pontos de vista poderiam realçar o febronianismo, princípios fisiocráticos ou princípios de direito natural, uma vez que o liberalismo e o absolutismo austríacos após o final do século XVIII provinham das doutrinas do *Aufklärung* alemão. Citando novamente Franz:

> «Assim, por exemplo, o *Kaiser* Franz era em certos aspectos um josefinista, uma vez que se agarrava firmemente à forma de governo absolutista autocrática do seu tio. Mas os opositores do seu sistema conservador eram também josefinistas, burocratas liberais da índole de Pillersdorff, Kübeck e Wessenberg, burgueses liberais como Grillparzer, Alexander Bach, Hye, Endlichen e Frankl, bem como representantes dos partidos

das câmaras de deputados liberais como Doblhoff, Auersperg e Schmerling, que apoiavam precisamente a parte do programa josefinista que o *Kaiser* Franz rejeitava, nomeadamente, as reformas. E o ministério reformador Schwarzenberg-Stadion-Bach era também josefinista, uma vez que prosseguiu e completou muitas das reformas de José II de um modo centralizado»([13]).

Em suma, tanto absolutistas como liberais podiam ser josefinistas.

Ao avaliar quão josefinista a Áustria de Francisco I e Metternich viria a ser, a definição de josefinismo aqui utilizada e a ser considerada será a que vê a sua essência como uma tentativa de criar uma monarquia centralizada, na qual a ligação entre o governante absolutista, por um lado, e um povo materialmente satisfeito, e intelectual e espiritualmente controlado, por outro, era uma burocracia bem treinada e instruída, e não, como fora anteriormente, uma nobreza feudal e uma Igreja poderosa. Tal sistema seria baseado, porém, em princípios de direito natural sob a orientação de um monarca paternal e esclarecido.

Alguns historiadores – Ingrao, por exemplo – crêem que a Revolução Francesa destruiu para sempre a possibilidade de um tal sistema sobreviver, ao minar a fé popular na monarquia absoluta([14]). Na minha opinião, pelo contrário, esta fé na Áustria sobreviveu durante bastante tempo. Tão-pouco o resultado final foi o obscurantismo, que se encontraria antes nos Estados *não austríacos* da Itália, em Espanha, Portugal e noutros locais. Além disso, enquanto a Europa Ocidental – incluindo a Grã-Bretanha – era inundada por ameaças de revolução e agitação após 1815, a monarquia de Habsburgo permaneceu notavelmente tranquila – não por estar mergulhada num torpor absolutista, mas porque os seus problemas económicos foram enfrentados com algum vigor, por estar a passar por um arranque económico de crescimento sustentado, porque o governo cuidava dos seus cidadãos em termos de educação e bem-estar, e porque havia igualdade perante a lei. O Estado, evidentemente, à verdadeira moda josefinista, também controlava o bem-estar religioso e político dos seus cidadãos. Contudo, não era despótico.

E é tudo acerca do meu tema geral. Segue-se agora uma análise de várias questões em mais pormenor. Uma vez que já tratei da economia da época de Metternich, o papel da polícia secreta e a moderação da – sempre escrupulosamente leal – oposição nos dois primeiros capítulos desta obra, as seguintes reflexões incidirão sobre a Igreja Católica, o Estado de direito, e aquilo a que se poderá chamar o Estado-Providência de Habsburgo. Foram estes os grandes temas da era josefinista e que persistiram no período de Metternich. No entanto, gostaria também de dizer algo acerca do próprio Francisco I.

A Igreja Católica na Áustria durante a Época de Metternich[15]

Quando Leopoldo II assumiu o governo da monarquia de Habsburgo em 1790, os bispos do império queixaram-se à Comissão do Tribunal para os Assuntos Espirituais acerca dos seguintes pontos: as regulamentações pormenorizadas para a missa que José II estipulara, incluindo até o número de velas a serem utilizadas; a abolição de devoções, ordens, procissões, etc.; a utilização do púlpito para anunciar decretos governamentais; o veto sobre a comunicação directa com Roma; o veto sobre a publicação das bulas papais; os novos seminários; a jurisdição civil sobre os padres; a carta patente do casamento civil de 1783; o controlo do Estado sobre mosteiros e fundos religiosos; o controlo do Estado sobre as vidas; o controlo do Estado sobre os legados deixados à Igreja; novas demarcações para as paróquias e dioceses; baixo pagamento ao clero; a separação das ordens dos seus superiores; e a abolição dos mosteiros. Todas estas queixas demonstravam, evidentemente, que a Igreja na Áustria se tornara estatal. Leopoldo, porém, apoiado pela Comissão da Corte, rejeitou estas queixas como interferência injustificada nos assuntos do governo secular e apenas concedeu a abolição dos seminários gerais e um pouco mais de autoridade aos bispos em questões menores. Foi prometido que o casamento civil poderia ser reconsiderado mais tarde, mas o controlo imperial sobre as nomeações, a abolição dos mosteiros, as novas demarcações paroquiais e diocesanas, as regras para a missa, etc., etc., permaneceu e prosseguiu também nas primeiras décadas do reinado de Francisco. Por volta dessa altura, contudo, surgiu um novo problema. Os principais problemas da Áustria diziam agora respeito a Napoleão e em 1801 Napoleão celebrou uma Concordata com a Igreja, que teve efeitos noutros locais. Sugeriu-se que a Áustria deveria seguir o seu exemplo e após 1815 Metternich acalentou a ideia de uma Concordata entre a Confederação Germânica e a Santa Sé, nem que fosse como meio de ampliar a influência austríaca na Alemanha. Conforme as suas palavras: «A Alemanha deveria ser incentivada a adoptar uma constituição e princípios religiosos, iguais aos nossos, sem que parecesse que nós desejamos forçar os nossos princípios sobre a Alemanha»([16]). No entanto, esses princípios eram josefinistas e Metternich delineara tal plano em consulta com o arquijosefinista Lorenz. Opunha-se também a que as negociações se realizassem em Frankfurt, uma vez que estava convencido de que o rei de Württemberg concedia demasiada autoridade ao papa.

Entretanto, na Áustria, o josefinismo adquirira tal influência que não se punha em questão se os seus princípios deveriam ser introduzidos nos novos territórios adquiridos em 1815. Na Lombardia-Véneto ultramontana, evidentemente, isto suscitou a fúria clerical, especialmente porque os bispos do Véneto já não podiam visitar Roma, ainda que excepcionalmente pudessem continuar a corresponder-se com a cidade. O secretário de Estado pontifício, o cardeal Consalvi, pensou que uma Concordata seria a solução, partindo evidentemente do princípio que a Áustria chegaria a um acordo. O Império Habsburgo, disse a Metternich, não possuía maior amigo que o papa e um pacto entre Roma e Viena silenciaria os seus inimigos comuns([17]).

Metternich via as vantagens de uma aliança entre trono e altar, mas limitou-se a aconselhar Francisco a criar uma comissão para rever a política da Igreja e aludiu à ideia da Concordata sem referir Consalvi. O imperador, todavia, não se deixou impressionar. Criou uma comissão, mas recheou-a de josefinistas e indicou-lhe que os direitos do seu soberano tinham de ser preservados. Como seria de prever, não foi recomendada qualquer Concordata. Quando Metternich, em 1817 delineou as instruções a um novo embaixador para Roma, estas incluíam uma de não referir qualquer Concordata. Mais tarde, Metternich sugeriria que começara a sentir-se mais piedosamente católico após 1815, mas existem poucos indícios contemporâneos acerca disso. Em 1816, ele manifestava apoio às ideias de uma Igreja Nacional Alemã de Wessenberg, vigário geral em Constança, e em 1817 gabou-se a Nesselrode que «nenhum país católico mantivera tanta independência de Roma como a Áustria»([18]). Provavelmente, nunca abandonou as suas dúvidas acerca dos jesuítas e mesmo em 1830 ordenava aos editores do

Jahrbücher, publicado em Viena, para defender o catolicismo apenas até a um ponto que não criasse controvérsias.

Existiam, contudo, pressões para a mudança. Especialmente após as revoluções de 1830 e o terceiro casamento de Metternich em 1831 com a jovem e devota princesa Melanie Zichy, foi possível detectar uma clara mudança de atitude do chanceler. Foi então que, após o falecimento de Gentz em 1832, Karl Ernst Jarcke, um alemão do Norte convertido ao catolicismo e fundador do jornal *Historisch-politischen Blätter*, se tornou secretário de Metternich([19]). Suscitara a atenção do chanceler através de um panfleto sobre a Revolução de Julho e pertencia à parte do movimento restaurador católico que incluía Hofbauer e Széchenyi e que desejava ver a Igreja envolvida na política. Considerava – como Consalvi – a Igreja e o Estado unidos formando uma falange contra o inimigo comum da revolução ímpia. Em suma, defendia a aliança entre trono e altar. Metternich, após 1830, tornou-se um apoiante convicto destes pontos de vista e influenciou o imperador nessa direcção. Este último, entretanto, especialmente após uma visita pessoal a Roma em 1819, sentia-se ligeiramente mais disposto a escutar a Igreja. Além disso, a sua quarta esposa (desde 1816), a imperatriz Carolina Augusta, era o centro de um partido piedoso na corte e a porta-voz da aliança entre trono e altar.

No entanto, apesar das sugestões de Metternich e do papa Gregório XVI em 1833-1834, nenhuma verdadeira mudança foi introduzida durante o reinado de Francisco. Foi só no seu leito de morte que obrigou Metternich – e por escrito – a chegar a um acordo com Roma. O seu chamado «testamento acerca da política de Igreja», datado de 28 de Fevereiro de 1835, dirigido ao seu filho e sucessor Fernando, dizia:

> «Estando determinado a viver e a morrer como um filho verdadeiramente devoto da minha mãe, a Igreja Católica, espero do teu reconhecido amor filial por mim que completes de modo agradável ao Santo Padre, quando possível, a correcção e modificação das leis, princípios e tratamentos dos assuntos de Igreja que foram introduzidos nos meus domínios em 1780 e que em menor ou maior grau impeçam a livre actuação ou outros direitos da Igreja e que não se encontrem de acordo com o ensinamento, a constituição e a disciplina da Igreja, sobretudo o que ficou expresso no Concílio de Trento da Santa Igreja. Farás bem, meu

estimado Fernando, em seguir, quanto a esta questão, os conselhos do príncipe Metternich e do bispo Wagner»[20].

Seria o testamento autêntico? Afinal, considera-se que foi falsificado por Metternich um testamento semelhante aconselhando Fernando a seguir os seus conselhos em questões políticas. Mas, provavelmente, não foi este o caso do testamento religioso delineado por Wagner, que era padre da corte e confessor de Francisco. Como tal, seguia a filosofia da Restauração Católica que Wagner também defendia e reflectia as ideias conservadoras e românticas católicas do publicista Adam Müller, que alegava que na Áustria uma Igreja livre seria mais preciosa para o Estado do que uma Igreja controlada, uma vez que um Estado policial absolutista desacreditava, aos olhos de muitos, os seus aliados. Metternich, que após 1835 se sentia desejoso de reforçar a sua posição com o apoio da Igreja, estava disposto a aceitar isto. Provavelmente nos seus últimos anos de vida, Francisco I também o fizera.

A questão agora era, porém, se Metternich conseguiria persuadir o arquiduque Luís e Kolowrat a introduzir mudanças – uma vez que o novo imperador era mentalmente incapaz de governar por si próprio. Infelizmente, Luís não gostava de mudar nada, e Kolowrat simplesmente não estava interessado numa reconciliação com a Igreja. De facto, era popularmente considerado um inimigo dos jesuítas.

Metternich, para dizer a verdade, já assegurara algumas pequenas mudanças após visita de Francisco a Roma em 1819. Duas questões haviam estado constantemente em qualquer lista de prioridades para uma reconciliação com a Igreja. Em primeiro lugar, o ensino dos princípios febronianos ou josefinistas nas escolas e universidades, através do *Manual de Direito Eclesiástico Austríaco* de Rechberger e, em segundo, a questão dos casamentos civis. O manual de Rechberg foi abandonado em 1832 e iniciaram-se também negociações acerca do problema dos casamentos. Aqui, a principal questão era o casamento misto: as crianças deveriam ser educadas como católicas? A Igreja afirmava que sim, o Estado afirmava que não. O Código de Direito Civil de 1811 permitia os casamentos mistos sem qualquer garantia para a Igreja.

Wagner iniciou as negociações com Roma, mas em 1834 foi substituído por Joseph Othmar von Rauscher, abade titular de Komorn e director do Instituto Oriental, um homem devoto do trono e do altar[21].

Em 1836 apresentou um pedido de reconciliação total entre a Igreja e o Estado. O seu fundamento para tal era o argumento de que assim como o Estado protegia a Igreja, a Igreja protegia o Estado. Embora fosse verdade que nada era pior que a anarquia e que nenhuma opressão vinda de cima podia causar maior mal do que a tentativa de subverter uma ordem civil por baixo, muitas pessoas recusavam-se a ver a necessidade de uma ordem civil. E nesta situação, era a Igreja que mantinha o equilíbrio, ensinando aos simples mortais que a vida deveria ser considerada apenas como um período de preparação e análise. Deste modo, acalmava espíritos inflamados e esclarecia o dever da obediência cívica. Assim, por seu lado, o trono também assentava sobre o altar. Metternich adoptou estes argumentos e concedeu o seu apoio a Rauscher, cuja energia era ilimitada. De facto, o chanceler copiava frequentemente os seus memorandos palavra por palavra quando se tratava de assuntos religiosos, e encarregou-o não apenas de negociações acerca das leis do casamento, mas também das que se referiam à posição legal dos jesuítas, a quem fora permitido regressar à monarquia. Entretanto, a disputa da Igreja de Colónia na Prússia pareceu tornar uma resolução acerca da questão do casamento mais premente e Rauscher conseguiu que Metternich o fizesse chefe de uma nova comissão de inquérito da corte sobre a questão. Esta encontrava-se, porém, recheada de josefinistas do *Staatsrat*; Rauscher poucos progressos conseguiu obter e em breve tudo terminou. Então, para exercer uma pressão indirecta sobre a Prússia, em 1839 Roma pediu novamente uma Concordata. Lützow, o embaixador austríaco, ficou encarregado das negociações, ajudado pelo bispo Lonovics de Csanád, mas o próprio Jarcke reuniu-se-lhes em Roma para que o assunto ficasse sob o controlo de Metternich. Na realidade, a Cúria não seria tão conciliadora como Metternich esperara. Recusou-se a reconhecer casamentos não católicos como absolutamente válidos fora da Hungria e levou Metternich a manifestar desgosto nas suas cartas a Jarcke. Era, escreveu o chanceler, uma pena que o centro da Igreja fosse em Itália e a maioria dos cardeais italiana. Se pelo menos a Igreja aceitasse os casamentos civis, poderia ver-se fora de toda a espécie de dificuldades. A resolução final de 30 de Abril de 1841, contudo, apenas confirmou o reconhecimento papal absoluto – como válido mas ainda ilícito – dos casamentos mistos na Hungria. No que se referia aos territórios da Confederação Germânica, um decreto papal de 22 de Maio de 1841 reconhecia os casamentos efectuados por padres não católicos, mas com garantias a respeito da educação das crianças, dependente da assistência passiva dos padres católicos. Esta norma não correspondia às intenções de Metternich e Jarcke. No entanto, em todo o caso, após anos de contendas, o Estado chegara a um acordo com Roma sobre algo e por esse motivo Metternich decidiu que se poderia servir destes regulamentos como pretexto para levantar o tema das relações entre a Igreja e o Estado mais uma vez, na Staatskonferenz. Fê-lo referindo o testamento de Francisco I e a posição interna da Áustria. A França e a Sardenha tinham obtido o apoio da Cúria; a Baviera liderava o partido católico na Alemanha; a Áustria, por outro lado, que deveria ser a potência católica dominante, encontrava-se paralisada pelas suas leis josefinistas. E o josefinismo era o resultado de ideias confusas. Se as pessoas desejavam libertar a Igreja das grilhetas dos erros anteriores, deveriam fazê-lo a partir do princípio de «coordenação dos dois poderes existentes». Para tal, seriam necessárias reformas, e por isso ele desejava que fosse criada uma nova comissão. Foi estabelecida uma nova comissão, constituída por Wagner e dois josefinistas. Como seria de prever, não chegou a lado nenhum.

Foi então que, em 1846, Pio IX foi eleito. Também ele pressionou Metternich para um novo entendimento, ou seja, a abolição do josefinismo, mas as suas próprias políticas reformadoras – amnistias, um conselho de ministros e uma guarda nacional, para não falar do apoio do movimento nacionalista italiano – não conduziram a um acordo, mas quase a uma guerra[22]. Em 1847, Radetzky «ocupou» a cidade pontifícia de Ferrara e em 1848 o general pontifício Durando atacava o exército austríaco na Lombardia-Véneto. O único sinal de esperança para as relações entre a Igreja e o Estado fora que em 1844 Rausch se tornara tutor do arquiduque Francisco José.

Durante o período de Metternich, portanto, o sistema josefinista permaneceu firmemente no seu posto, no que às relações entre Igreja e Estado dizia respeito. Metternich, provavelmente, não se preocupou demasiado, uma vez que o Papado dependeu sempre dele para apoio militar. Podia assim servir-se disso para condenar as sociedades secretas e pessoas perigosas que lhe desagradavam. Lützow, por exemplo, escreveu a Metternich a 14 de Agosto de 1830 acerca do cardeal secretário de Estado: «Sua Eminência acrescentou que assim como o papa contava com o auxílio da Áustria, também desejava seguir os conselhos, as opiniões e o exemplo que esta oferecia»[23].

A este respeito, convém recordar que, já desde 1963, o académico francês Jean-René Derré publicava os documentos dos arquivos austríacos referentes à perseguição de Lamennais por parte de Metternich, o francês ultramontano cujas opiniões se opunham totalmente às dos josefinistas[24]. Lamennais, tal como estes, acreditava que a religião era socialmente útil, mas pensava que só a Igreja podia interpretar os princípios do Evangelho para o mundo e que para o fazer necessitava de se libertar de todo e qualquer controlo do Estado, de modo a estabelecer uma aliança com o povo. Previu a queda dos Bourbons em França e o seu jornal no país, *L'Avenir*, tinha o seu lema: *Dieu et la liberté*. Metternich queixava-se: «Este jornal é totalmente político; defende a desordem tanto como os que apresentam o mais puro radicalismo [...] [e] confunde igualdade social com igualdade evangélica; defende teorias bastante subversivas da ordem social com a mesma paixão que defende a hierarquia da Igreja»[25]. Lamennais, por seu lado, denunciava a Santa Aliança como ímpia, denunciava a habitual abertura da correspondência de outras pessoas como infame e vergonhosa e descrevia Metternich como despótico e afastado da religião. Deste modo, Lamennais tinha de ser, claramente, condenado pela Igreja. Assim, quando visitou Roma, em 1831, foi seguido de perto pela polícia secreta austríaca e as suas obras foram subsequentemente condenadas, embora indirectamente, pela encíclica *Mirari Vos* de 1832, que censurava as seitas e chamava aos soberanos da Europa «os filhos bem-amados de Jesus Cristo». Pouco tempo depois, porém, o próprio Lamennais rompeu com a Igreja após a publicação do seu *Paroles d'un croyant* que condenava o papa e a hierarquia eclesiástica «porque o poder é o filho do Inferno e os padres não passam de meros lacaios dos reis»[26]. Apponyi, o embaixador austríaco em Paris ficou chocado, escrevendo a Metternich: «Esta obra tem tendência a refundar a religião no sans--culottismo e a pregar o mais vergonhoso republicanismo, ou seja, a revolução e o regicídio»[27]. Como seria de prever, o papa condenou-a numa nova encíclica de 1834 intitulada *Singulari Nos*. O sistema de Metternich conseguia, pois, obter o tipo de apoio papal que realmente desejava sempre que queria, até à eleição de Pio IX, sem ter de se preocupar demasiado com o seu legado josefinista. Metternich podia ser desprezado pelos liberais, mas não por ser subserviente a papas reaccionários.

Francisco I
e o Estado de direito

O segundo aspecto de relevo do josefinismo que caracterizou o período de Metternich foi o Estado de direito. Francisco foi sempre escrupuloso em mantê-lo e, de facto, foi durante o seu reinado que nasceu aquilo a que Georg Franz chamou «o produto intelectual mais importante do josefinismo» – o Código de Direito Civil de 1811 delineado por Zeiller[28]. No entanto, mesmo antes disso, Francisco demonstrara a sua devoção para com o conceito de um *Rechtstaat*. Os julgamentos jacobinos de 1794 haviam levantado a questão de como se deveriam tratar os réus. A polícia pretendia evitar um julgamento de acordo com os habituais procedimentos legais e estabelecer uma comissão secreta especial para escutar as provas. Deste modo, seria negado aos réus o direito de recurso e tudo poderia ser mantido em segredo. Além disso, como ninguém era executado na Áustria desde 1784, poderia revelar-se mais fácil, deste modo, dar a estas pessoas a sua justa punição. Francisco enviou à polícia recomendações para o Supremo Tribunal para obter o seu conselho e por um feliz acaso a questão foi tratada pelo seu chefe-adjunto, o famoso josefinista Martini. Num longo memorando de 15 de Outubro de 1794, este insistiu que mesmo numa emergência a lei devia ser cumprida. «É absolutamente correcto», escreveu, «que o supremo legislador possa e deva fazer excepções à lei em casos de emergência; porém, tal ruptura baseia-se no bem comum, e não se pode estender de modo a que, em tempos difíceis, qualquer pessoa possa vir a ser privada dos seus direitos»[29]. O bem comum significava a prossecução da lei, enquanto limitar a sua aplicação normal criaria uma má impressão duradoura. Além disso, três membros da comissão que o ministro-adjunto da Polícia, o conde Saurau, propusera, não possuíam as qualificações prescritas pela lei para juízes em casos criminais; seria recusado aos réus o direito de recorrer a supremos tribunais; e esta recusa equivalia à incapacidade de exercer o devido controlo sobre os tribunais de primeira instância. O documento, em resumo, era um apelo a que não se substituísse o procedimento administrativo pelo curso normal da lei[30]. O protesto de Martini obteve um êxito total e foi aprovado pelo *Staatsrat*. Francisco escreveu então ao presidente do Supremo Tribunal, o conde Clary:

«Para não dar aos meus súbditos motivos de ansiedade, e para reforçar a reputação de que a justiça austríaca já desfruta no estrangeiro, decidi [...] que as pessoas investigadas por Alta Traição pelo conde Saurau deverão ser enviadas para o Tribunal Criminal de Viena juntamente com todos os documentos, registos e declarações relevantes. Deverão ser julgadas tão rapidamente quanto possível, mas de acordo com as formalidades prescritas pela lei. A sentença será submetida ao Tribunal de Recurso em conformidade com o procedimento habitual e daí para o Supremo Tribunal. O sigilo essencial em casos deste género terá de ser totalmente observado. Saberá que medidas tomar para executar esta ordem»([31]).

As sentenças infligidas aos líderes dos jacobinos austríacos foram pesadas, mas infligidas por um tribunal normal e apenas um dos réus austríacos, um oficial do exército, foi condenado à morte e executado. Por outro lado, num estilo talvez tipicamente josefinista, o professor Wollstein, director da Escola Veterinária de Viena, foi libertado ao fim de cinco meses de prisão, uma vez que «o Estado seria o principal perdedor se este fosse afastado do seu cargo, especialmente porque havia sido feita uma grande despesa para a sua formação»([32]).

O Código de Direito Civil de 1811, que seria aplicado na Áustria até 1918 e seria depois adoptado pela República, constituía o culminar de quase cinquenta anos de trabalho. Como fora delineado por Zeiller, baseava-se na filosofia kantiana e foi aceite por Francisco. Zeiller esboçara os seus princípios básicos no seu segundo grande relatório de 14 de Janeiro de 1808. Embora, escreveu, todos os súbditos devessem reconhecer o direito do monarca a decidir o que era correcto e o que era errado, um legislador justo e sensato reconheceria que os princípios da lei não dependiam da sua interpretação arbitrária dos mesmos. Os direitos devidos a cada homem, na medida em que fosse um ser racional, haviam-lhe sido revelados pelo criador da natureza através da razão e de um sentido natural do bem e do mal. A justiça tinha de ser a base do direito positivo do Estado se o governo não pretendesse degenerar numa governação arbitrária. A administração da justiça pelo Estado consistia nisto: a natural desigualdade dos homens deveria ser compensada pela protecção concedida aos mais fracos pela lei.

Zeiller, porém, teve o cuidado de impedir uma interpretação errada da declaração dos princípios de justiça sob a forma da doutrina revolucionária da igualdade dos homens como base da ordem política e social e numa passagem mais adiante desse relatório fazia-se referência específica à «notável declaração dos direitos humanos em França»([33]). Zeiller fazia assim a distinção entre o direito civil, por um lado, que dizia respeito às relações entre os próprios cidadãos e que assentava portanto na base da igualdade total, e o direito público e a administração política, por outro lado, em que a verdadeira diversidade de posto e ocupação excluía o estabelecimento da igualdade de direitos e deveres.

Tendo aceite o código, Francisco obedecia-lhe sempre escrupulosamente. Com efeito, Turnbull escreveria: «Nos tribunais imperiais [a Áustria] presta justiça igual para todos. Onde os tribunais feudais ainda existem, a sua interferência forçada na pessoa dos fiscais da coroa, torna-os formalmente nulos, ou essencialmente justos; e leva os "súbditos" das casas senhoriais a recorrer geralmente à coroa, como sua derradeira e melhor protectora»([34]). Aqui, Turnbull alude ao facto de em 1871 José II ter concedido aos camponeses austríacos o direito, por carta patente imperial, a uma assistência jurídica gratuita em qualquer litígio contra os seus senhores. Estes últimos tinham de pagar as suas próprias despesas – e as dos camponeses – se perdessem o caso. Do mesmo modo, os proprietários rurais não podiam presidir a tribunais senhoriais a menos que possuíssem as devidas qualificações legais e não estivessem eles próprios envolvidos. Assim, noutra altura, Turnbull escreve: «Sempre que o sujeito é queixoso contra o senhor, recorre ao procurador imperial da província que prossegue o processo por ele nos tribunais da coroa a muito poucas expensas; e de facto, o falecido imperador Francisco, ao falar dos seus domínios privados, costumava proferir frequentemente uma queixa meio séria sobre a sua incapacidade de obter dos camponeses nos seus domínios privados a justiça a que tinha direito pela lei comum»([35]). Meynert, que era um grande admirador de Francisco, e que escreveu sobre a sua extraordinária memória, o seu domínio das línguas, o seu conhecimento geográfico do império, a sua modéstia, afabilidade e sentido de humor, a sua edificante vida familiar, os seus interesses pelas artes e pelas ciências, já para não falar da agricultura, salientou particularmente a crença do imperador no Estado de direito: «A grande consideração do imperador pela lei, quer em questões importantes, quer em questões insignificantes, é o que melhor representa a força interior sobre a qual a monarquia austríaca assenta. Mal aprova uma nova lei, ninguém se submete mais a esta do que ele; não vincula mais outro homem que ele. Constituirá uma obrigação ainda mais sacrossanta para o súbdito se o seu criador não aprovar a mínima infracção à mesma. A lei e a justiça constituem o núcleo do seu governo»([36]). Nas suas audiências, Francisco estava, pois, sempre disposto a auxiliar toda a gente, mas as petições «nunca podiam implicar uma infracção à lei»([37]). Declarava às pessoas: «Aquilo que eu puder fazer, *sem infringir a lei*, será feito com prazer.» O imperador, segundo Meynert, «submetia-se e ao seu governo à sacrossanta inviolabilidade da lei», algo que se tornou tão fundamental para todo o edifício da monarquia como a própria pessoa do imperador. Nas palavras de Meynert: «O imperador dedicava a sua maior atenção à simplificação e ao aceleramento da administração da justiça e, na medida em que era possível consegui-lo, trabalhava com exemplar diligência». E declara: «Cuidar e apoiar a Igreja, a escola e a lei constituiu a tarefa constante do seu trabalho e da sua vida como governante.»

Os funcionários públicos, com efeito, podiam frequentemente reforçar o seu caso em relatórios dirigidos a Viena através de um recurso à lei. Assim, por exemplo, o conde Hartig, mais tarde governador da Lombardia, e daí por diante um colaborador próximo de Metternich, enquanto governador de Graz em 1826, utilizou um recurso à lei para o auxiliar nas suas disputas com o recentemente nomeado arcebispo de Seckau e Leoben, o redentorista Roman Sebastian Zängerle. Os pormenores destas disputas sobre os direitos dos protestantes locais são menos importantes do que o facto de ao responder às queixas de Zängerle ao imperador, Hartig deixou implícito que se o imperador desejasse abandonar as políticas eclesiásticas de José II, fá-lo-ia abertamente e não esperaria que os burocratas ignorassem a legislação que tinham jurado defender. Eis as suas próprias palavras:

> «De acordo com o meu dever, farei com que seja sempre da minha conta prestar atenção à observância das supracitadas regulamentações e leis, uma vez que estou firmemente convencido de que a correcta administração das leis existentes constitui o melhor meio para manter a lei e a ordem entre os seguidores de diversas fés. A consciência da protecção legal e do tratamento imparcial acalmará as pessoas, ainda que a lei se oponha aos seus desejos, uma vez que lhes concede a garantia de que os seus desejos serão cumpridos quando estiverem de acordo com a lei.

Uma tão forte imparcialidade é-me imposta pelo juramento do cargo que recebi das mãos de Sua Majestade e não sinto que se justifique afastar-me desse juramento, pela amizade ou pela inimizade, boa vontade ou má vontade, ou para abrir uma excepção por respeito pelos meus colegas católicos se tiver de tomar uma decisão entre estes e não católicos. Se esta imparcialidade provocar a reprovação de um ou outro dos meus companheiros de fé, de facto, se tal censura fosse deposta nos degraus do trono de Sua Majestade, eu encontraria consolo e tranquilidade na convicção de que a mais alta fonte de justiça não me poderia reprovar devido à administração das regulamentações que a suprema sabedoria de Sua Majestade fizera emitir ou continuar em vigor. A este respeito, junto o mais obediente relatório com o pedido de que a minha defesa seja levada à atenção de Sua Majestade»[38].

Inútil será dizer que a carreira de Hartig não sofreu qualquer revés. As próprias sucessivas declarações de Francisco da crença no Estado de direito eram geralmente feitas, como já dei a entender, nas audiências gerais que concedia aos seus súbditos, duas vezes por semana. Podia aparecer toda e qualquer pessoa e apresentar pedidos ou colocar questões. Se ocorressem em Viena, o imperador conduzi-las-ia normalmente no dialecto local. Francisco adorava claramente misturar-se com os seus súbditos e passeava entre eles regularmente, apenas acompanhado pela imperatriz. Falava com qualquer pessoa e era claramente amado pelo seu povo, em resultado disso. Segundo Turnbull:

«Na época de Francisco, qualquer agricultor ou pequeno proprietário ou lojista a centenas de milhas ao redor de Viena que tivesse uma queixa a apresentar contra qualquer funcionário do governo, costumava pegar na carroça e dirigir-se à capital para contar a sua história ao "*Kaiser* Franz" [...] – se vítima de injustiça, normalmente obtinha reparação – [...] A Baixa e Alta Áustria e a Estíria encontram-se repletas de histórias de homens ingénuos que, nas suas dificuldades domésticas, nas suas disputas uns com os outros, nas suas dúvidas quanto ao casamento das filhas ou aos seus próprios testamentos, costumavam tentar obter uma consulta amigável com o imperador, e estavam certos de receber deste um conselho simples, franco e sensato»[39].

Meynert confirma esta imagem com uma série de exemplos sobre aquilo que se crê que Francisco fez ou disse([40]). Em certa ocasião, em Praga, em 1833, foi visitado por uma pobre velhinha que costumava ganhar a vida a tocar um realejo, que agora se quebrara e cujo conserto de cinco florins ela não podia pagar. Pediu-lhe, pois, um emprego para poder ganhar esse dinheiro. O imperador, porém, ofereceu-lhe dez florins. Quando se apercebeu disso, a senhora voltou para devolver cinco florins, mas Francisco disse-lhe para ficar com os dez, pois o seu realejo poderia quebrar-se novamente e ele poderia não estar por perto para lhe acudir. Também em Praga foi visitado por um velho soldado que conseguira não morrer esfomeado com a sua pensão de quatro coroas por dia e que desejava apenas dinheiro suficiente para «um dia agradável» antes de morrer. Francisco desembolsou vinte coroas e o homem voltou-se para sair. «Será suficiente?», perguntou o imperador. E o homem concordou que seria. E então Francisco disse: «Só queria acrescentar que a partir de agora, ireis receber vinte coroas por dia.» Na sua primeira visita ao Tirol, havia tantas pessoas sentadas na rua, ainda à espera para o ver às vinte e duas horas, que ele declarou: «Se ainda há pessoas sentadas, eu terei de permanecer de pé.» Todas estas histórias dão dele uma excelente imagem. Quando um velho camponês o conheceu, e Francisco lhe perguntou o que desejava, este replicou: «Desejava apenas ver-vos, estimado *Kaiser*». «Vede, então», foi a resposta. Noutra ocasião, ordenou a um funcionário da corte que enviasse a um velho soldado 5000 florins. O funcionário mais tarde questionou a ordem e perguntou se o imperador não tencionara escrever 500 florins. Fora de facto esse o caso, mas Francisco limitou-se a rir e disse ao funcionário para enviar os 4500 florins suplementares à família do homem.

Existem, evidentemente, histórias em que Francisco se revelou menos generoso, mas mesmo essas dão dele uma boa imagem. Uma delas apresenta-o a oferecer um presente a um calígrafo especialista, dizendo: «Tomai. Sois um excelente artista. Se não fosseis tão bajulador, ter-vos-ia recompensado muito melhor.» Há ainda a história de um jovem nobre que apresentou ao imperador uma petição para um cargo diplomático, queixando-se de que os seus superiores tinham preconceitos em relação a ele. No entanto, quando Francisco lhe replicou, primeiro em latim, depois em italiano, e depois em francês, o jovem ficou boquiaberto. «É possível», declarou Francisco, «que neste momento não tenhais as qualidades necessárias. Esforçai-vos, apresentai uma petição numa das línguas que eu utilizei e falarei novamente convosco.» Mais tarde, abordou novamente o jovem, mas ele continuava incapaz de falar com Francisco em qualquer uma daquelas línguas, nitidamente por não saber nenhuma delas. Francisco, desta vez foi mais brusco. «Desaparecei», declarou, «e não volteis a mostrar o vosso rosto por aqui.» Quase todas as histórias, porém, revelam a preocupação do imperador pelos seus súbditos. Terminarei esta parte, portanto, com mais duas. A primeira apresenta-o a visitar uma casa de correcção feminina em Linz. O imperador notou imediatamente entre o vestuário disposto para inspecção um vestido de corte e qualidade acima da média, e pediu que lhe indicassem a que mulher pertencia. Em seguida, mudou de opinião, declarando: «Não, não o façais. Ela poderia notar e ficar morta de preocupação.» A história final apresenta-o de férias em Baden, quando depara com o caixão de um pobre homem a ser conduzido para o enterro. Não havia acompanhantes. Francisco declarou então que o acompanharia, de modo que toda a gente em Baden se sentiu obrigada a seguir o seu exemplo. Quando uma enorme multidão chegou ao cemitério, o imperador tirou o chapéu e orou pela alma do falecido.

Tudo isto poderá parecer um disparate nostálgico, mas tais histórias – juntamente com factos como a recusa de Francisco em trocar Viena por Salzburgo durante a epidemia de cólera de 1831, em que fez de facto visitas a hospitais – demonstram por que motivo *não havia republicanismo nos territórios de Habsburgo*. O facto de Francisco não ser considerado um tirano – muito pelo contrário! – também se insere muito bem no terceiro aspecto do período de Metternich que gostaria de debater agora, o qual, para salientar o facto de Metternich e Francisco não desejarem oprimir as pessoas comuns, como o mito histórico descreve, se intitula o Estado-Providência Habsburgo.

O Estado-Providência Habsburgo[41]

Se tivermos de explicar porque houve tão poucas revoltas ou tão poucas convulsões na monarquia, até mesmo ao fim do período de Metternich, não poderemos simplesmente indicar a «espantosamente rápida» recuperação das provações das guerras napoleónicas, para a construção de estradas, a construção de canais, as obras de recuperação, a expansão da marinha mercantil, os tratados de comércio, o fardo relativamente leve da tributação ou dos trabalhos forçados, a conversão da dívida pública, a retirada do papel-moeda inflacionado, ou mesmo o desenvolvimento económico que significava um arranque para o desenvolvimento sustentado[42]. Afinal de contas, uma vez que o josefinismo se baseava numa aliança burocrática entre o governante absoluto e o povo contra a aristocracia feudal, a preocupação pelo bem-estar material das pessoas deveria classificar-se a um nível tão elevado entre os objectivos do governo como o controlo da Igreja ou a santidade do Estado de direito. Como Metternich frequentemente colocava a questão: «Tudo pelo povo, nada através do povo»[43].

Como Estado josefinista, o Império Austríaco durante a época de Metternich assentava num princípio monárquico e não aristocrático. Nas palavras de Turnbull: «A política da coroa aponta firmemente nesta direcção. A sua tendência é invariavelmente diminuir a demarcação feudal e privilégios de qualquer tipo; mas a segurança e a sensatez exigem que o seu progresso, embora firme, seja gradual e prudente, e daí que a lei reconheça as demarcações e fideicomissos de todo o tipo»[44]. E ainda acerca da política do governo: «Os seus esforços firmes e perseverantes alargaram-se de modo a elevar e igualar a condição das classes baixa e média sem criar qualquer alarme perigoso nos espíritos dos nobres poderosos e de alta posição, e o seu progresso mais ou menos bem-sucedido nesta redução de privilégios feudais proporciona actualmente uma grande variedade de direito de propriedade»[45]. Os resultados desta política antifeudal seriam observados não apenas na igualdade de tributação a que a nobreza da Áustria se encontrava sujeita – embora, depois de o ter declarado, Turnbull calculasse que o imposto médio por ano para 1840 fosse de 7s.6d., enquanto o príncipe Lichtenstein tinha de pagar 15 000 libras –, na redução a nada das câmaras de deputados provinciais, no sistema de assistência jurídica com que o governo munia os camponeses, no preconceito contra a nobreza na emissão de passaportes e no modo como os nobres eram utilizados como cobradores de impostos e magistrados locais, mas apenas sob o mais severo controlo imperial. Os funcionários de governo regionais podiam também prevalecer sobre o veto dos senhores locais sobre os presidentes da câmara ou juízes municipais e enquanto os senhores tinham de apresentar motivos para exercer o veto, os funcionários imperiais não necessitavam de apresentá-lo[46]. De facto, é surpreendente que não houvesse uma oposição muito maior aos Habsburgos da parte da sua nobreza do que foi realmente o caso durante grande parte da época de Metternich. Na realidade, essa oposição apenas se tornou evidente na década de 1840. Contudo, a revolta dos camponeses na Galícia em 1846 contra os seus senhorios nobres, deu ao regime uma falsa confiança no grau de apoio geral que tinha noutros locais, confiança essa que por sua vez teria graves consequências para a nobreza italiana após a sua revolta em 1848-49[47].

O Estado-Providência habsburgo constituía a outra face desta moeda específica. O sistema de assistência jurídica considerável para os camponeses contra os seus senhorios já foi referido. A assistência social, no entanto, incluía também consideráveis cuidados caridosos para com os doentes e os idosos, as viúvas e os órfãos, sistemas de pensão abrangentes, considerável apoio aos estudantes universitários pobres, um bom sistema de ensino e até auxílio caridoso nos seguros contra incêndios. Segundo Turnbull: «Provavelmente não há nenhuma região da Europa que mais abunde em doações caridosas do que as abastadas províncias do Império Austríaco»[48]. Estas eram complementadas por um sistema do Estado de socorro à pobreza que era pago através de doações, caixas dos pobres, impostos locais, multas e, mensalmente, colectas voluntárias de porta a porta. Este socorro à pobreza era administrado em todas as paróquias por um sacerdote religioso e um chamado «pai dos pobres». Foram criados hospícios por todas as vilas e cidades, a fim de diminuir a vadiagem e a ociosidade. Os asilos e enfermarias eram muito numerosos, tais como as instituições de caridade para nobres na miséria. Cada província possuía um médico de clínica geral, cada distrito pessoal em abundância para controlar todas as instituições de saúde pública. Segundo Turnbull, todos os hospitais eram excelentemente administrados e sem abusos.

Geralmente, padres e pastores tinham de aprovar a ajuda, mas esta encontrava-se aberta a todas as confissões. O padre local e pai dos pobres que administrava os fundos locais tinham de apresentar relatórios regulares às autoridades imperiais, assim como todos os hospitais. As finanças de todos os socorros aos pobres eram publicadas. Turnbull conclui: «[...] todos os que voltaram a sua atenção para o assunto terão admirado a ordem e regularidade, a satisfação de espírito, a ausência de mendicidade ou penúria visível, a evidente suficiência de meios materiais e a abundância de prazer físico que parece predominar grandemente nas províncias germânicas do império»([49]). Noutras regiões, evidentemente, os padrões eram mais baixos. Na Lombardia-Véneto, um reino rico, mais próspero, mais liberal e progressista e muito menos obscurantista que qualquer outra região da Itália, não era este o caso, mas na Hungria ou na Galícia, em que os nobres feudais ainda dominavam, o iluminismo josefinista fora refreado.

Em todo o trabalho caritativo que caracterizou a monarquia, evidentemente, a família imperial desempenhou um papel notável. Meynert enumera uma dúzia das fundações mais proeminentes, incluindo: a Fundação Leopoldo de 1793 que se baseava nos 145 000 florins oferecidos pela Boémia a Leopoldo II como presente de coroação; o Instituto Geral para Viúvas e Órfãos de 1817 com o seu fundo de 769 032 florins; o Instituto de Pensões para Funcionários Públicos em Linz, fundado em 1794; o Instituto para Viúvas e Órfãos de Professores de Escola Primária, de 1794; o Gabinete de Providência para viúvas e órfãos de funcionários públicos húngaros fundado em Ofen em 1794; o Fundo de Pensões de todos os antigos funcionários públicos do reino de Itália de que Francisco tomou conta em 1821; o Instituto de Pensões Gerais para Viúvas e Órfãos aberto em Viena em 1823; o Instituto de Pensões da Galícia de 1823, aprovado por Francisco na condição expressa de que não provocasse uma diminuição da pensão do Estado; a Casa de Acolhimento de 1811 para esposas de soldados pobres que desejavam voltar a formar-se como empregadas; fundações para apoiar as famílias daqueles que haviam falecido na guerra contra Napoleão ou que simplesmente haviam participado na guerra; por fim, o Instituto para os Cuidados aos Pobres Inválidos([50]). O próprio Francisco sentia-se muito interessado pelos cuidados aos inválidos e ordenou em 1817 que quando possível lhes fosse dado um emprego público ou privado.

Havia ainda a provisão para a educação e as pensões. A educação baseava-se em dois princípios: o primeiro era que o Estado devia ser o único a orientar a educação de todos os seus súbditos em todas as classes da sociedade – mesmo o ensino privado tinha de ser controlado; o segundo era que devia haver uma ligação à religião – fosse de que fé fosse, católica, protestante, judaica ou ortodoxa([51]). Todo o sistema, desde as *Volks-schulen* às universidades era dirigido pela Comissão de Ensino da Corte em Viena, através de funcionários e bispos regionais. O bispo nomeava um inspector para cada distrito. A educação era livre, mas não obrigatória. Era paga por um fundo religioso e dinheiro do tesouro episcopal, mas cada província possuía um fundo de educação.

O Estado fazia todos os possíveis para incentivar as pessoas a receberem educação e praticamente toda a gente deveria contribuir a nível local. Com efeito, os senhorios tinham de ceder terrenos e materiais para as escolas gratuitamente. As pessoas locais tinham de fornecer trabalho grátis para a construção de escolas. Esperava-se ainda que o senhor local tratasse da manutenção da escola, embora o Estado a controlasse. Nas palavras de Turnbull: «Abstendo-se de uma coacção absoluta, o principal incentivo que [o Estado] oferece para que todas as classes aceitem as vantagens da instrução é a sua promulgação de que sem certificados de educação apropriada de acordo com o seu posto, ninguém poderá exercer uma profissão ou ser aceite como trabalhador comum; ninguém pode ser empregue pelo Estado; nem sequer pode casar»[52]. (Esta última condição, no entanto, era difícil de aplicar.) As entidades patronais que admitissem trabalhadores sem instrução eram multadas; os senhores que resistiam à construção de escolas, na prática passavam a pagar pelos pobres e indolentes locais. Em todo o império, com excepção da Hungria, Transilvânia e a fronteira militar, 1 536 104 crianças (do sexo masculino e feminino) capazes de ir à escola frequentavam-na realmente, dentro de um possível total de 2 529 171, ou seja, quase 60%[53].

Nos liceus e universidades, embora toda a educação fosse supostamente grátis, todos os que não possuíam um atestado de pobreza contribuíam com uma pequena quantia anual –12 florins na escola, 18 a 30 florins na universidade – para apoiar os «estudantes pobres». Assim, Viena possuía 74 estudantes pobres em 2000; Praga 62 em 1700; Pavia 26; Lemberg 33; Graz 81; Innsbrück 45; Olmütz 112 e Pádua nenhum. O Instituto Protestante em Viena possuía 30 estudantes pobres em 49[54].

Todo o sistema educativo estava inter-relacionado. Os estudantes podiam avançar para a fase seguinte apenas com a aprovação dos directores do seu instituto anterior. Todos os cursos e todos os manuais tinham de ser, evidentemente, aprovados pelo Estado. O resultado era a uniformidade, na opinião de Turnbull, os Austríacos eram «pacientes, dóceis e obedientes [...] súbditos, soldados e servos leais»; felizes e bem formados nas coisas práticas, produziam poucos «críticos competentes ou profundos eruditos». E acrescentou: «A sua brandura de temperamento produz em certos aspectos uma moralidade de certo modo vaga e indulgente, e a respeito do génio original e ousado, é raro encontrar uma obra literária, artística ou cientifica procedente de um austríaco»[55]. Talvez os devesse ter simplesmente rotulado de *gemütlich*.

Muitas destas pessoas teriam entrado para o funcionalismo público austríaco, que Turnbull calculou perfazer, em 1840, quase 120 000 funcionários. (Segundo Turnbull, isto não era excepcionalmente burocrático. A Grã-Bretanha em 1813-14 possuíra um serviço público de cerca de 130 000 funcionários, embora o Reino Unido não tivesse funcionários alfandegários internos nem monopólios reais, como o tabaco, com que se preocupar!) De qualquer modo, este funcionalismo público constituía o grande esteio do Estado josefinista[56]. Todos os seus membros haviam lido os mesmos livros – talvez mais nenhuns livros; todos defendiam a estabilidade do governo para bem do seu sustento diário e das suas famílias; de facto, talvez em certa medida para bem de todas as famílias do império; cada qual desejava provavelmente um destino semelhante para os seus filhos. No entanto, o poder do governo sobre estas pessoas não terminava aqui. Turnbull salientou o seguinte ponto: «O governo não abandona os seus funcionários na sua velhice, nem as suas famílias depois de eles terem partido»[57]. E considerando que cada funcionário civil tinha de subir muito lentamente uma longa escada com um salário muito pequeno, havia poucas esperanças de adquirir uma pensão razoável, excepto seguindo este rumo de carreira estipulado pelo Estado sem pressas. Contudo, nem a penúria de receitas nem proclamações de economia forçaram alguma vez o governo austríaco a abandonar os seus pensionistas. Assim, em 1840, Turnbull estava em condições de analisar uma lista oficial de 10 793 funcionários públicos aposentados, 13 224 viúvas e 9498 órfãos de funcionários públicos, «além dos quais existem mais 10 531 funcionários públicos reformados, 13 069 viúvas destes, e 8120 órfãos que podem ser considerados quase à mesma luz»[58]. O primeiro grupo custava ao Estado 605 966 florins por ano; o segundo grupo, 1 060 3455 florins. Assim, o Estado-Providência habsburgo possuía nitidamente um serviço estatístico excelente no seu comando, como de facto os funcionários superiores da Áustria se gabavam de ter.

Turnbull observou: «Que alguém considere com justeza o que deveria ser o resultado desta união da educação, afeições e interesses no espírito nacional e não terá ocasião para imaginar o auxílio da coerção militar ou civil para apoiar o governo»[59]. A sua principal conclusão parece incontestável se tentarmos julgar o período de Metternich de uma perspectiva anterior ao início da crise económica dos finais da década de 1840 (ou, aliás, anterior à eleição de Pio IX):

> «Enquanto a Europa imaginara que a Áustria estivera mergulhada numa apatia entorpecida, porque da Áustria não provinham ruídos de uma agitação tempestuosa, a mesma estivera ocupada na elaboração de instituições, firme mas silenciosamente, das quais dependiam principalmente o bem-estar da humanidade. O reinado de Francisco foi um período de dificuldades invulgares – assaltado pela fúria de guerras estrangeiras e o embaraço da penúria financeira; no entanto, sob a sua política activa e judiciosa, a prosperidade geral foi restabelecida; o crédito público criado; e as grandes organizações de justiça civil e criminal, disciplina eclesiástica, ordem financeira e educação pública sistematizadas e amadurecidas, através de cujo estudo e contemplação, somente, se pode compreender e apreciar a verdadeira natureza do seu governo»[60].

Meynert teria concordado, uma vez que a sua própria obra enumerou estatísticas intermináveis sobre aquilo a que os Americanos da época se teriam referido como «melhorias internas»[61].

A minha própria conclusão, por conseguinte, é a de que a Áustria de Francisco I e Metternich correspondeu à reputação da Áustria de José II, apesar da sua tradicional reputação de buraco negro da reacção, ou, segundo a expressão de Bob Evans, «o período mais obscurantista da história austríaca». Na realidade, foi uma continuação do josefinismo tal como o Sistema de Bach foi mais tarde considerado. E apesar da sua oposição à democracia, tratava-se de um Estado progressista para os padrões contemporâneos. Em resumo, não se encontrava em estado de declínio.

Os Impérios Europeus

E é tudo quanto ao período de Metternich. Na primeira edição da obra[62], propus também a perspectiva de que a monarquia não se encontrara em declínio antes de 1914 e que o seu desaparecimento fora consequência da Primeira Guerra Mundial. Até então, aleguei, fora uma estrutura política viável, sem quaisquer políticos realmente a exigirem a sua dissolução, enquanto mesmo os que desejavam reformas queriam que estas se realizassem no seio da estrutura do governo habsburgo. Não tentei subestimar a contestação dos nacionalismos locais, mas não encontrei indícios de que estes constituíssem, fosse como fosse, uma ameaça vital por volta de 1914. É muito possível que, se a monarquia tivesse sido poupada à guerra, estes tivessem acabado por se tornar mais graves, mas é igualmente provável que a monarquia pudesse ter feito mais para resolver os seus problemas internos e consolidar a sua posição nos assuntos internacionais. Toda a história recente do Império Habsburgo, afinal, se caracterizara por uma série de altos e baixos com várias tentativas de reinvenção por parte da dinastia, como já foi referido: a era josefinista, o Sistema de Metternich, o Sistema de Bach e o Dualismo.

Num recente artigo, porém, numa colecção de jornais referente à queda dos impérios, o historiador americano, Solomon Wank, atacou a simples ideia de que o declínio do Império Habsburgo pudesse ser questionado. E escreve:

> «Evidentemente que há historiadores que ridicularizam toda a noção do "declínio e queda do Império Habsburgo", quanto mais a sua inevitabilidade. Por exemplo, Alan Sked rejeita todo esse paleio como sendo um "determinismo inadequado" [...] em vez de um longo processo de declínio que conduziu à dissolução do império, Sked e outros observam uma trajectória histórica bastante diferente. Após quase se ter desagregado na revolução de 1848, o Império Habsburgo reanimou-se e reergueu-se, em vez de declinar. Na véspera da Primeira Guerra Mundial, o império encontrava-se, segundo Sked, mais estável e próspero do que em qualquer outra época da sua história moderna, e a questão da nacionalidade diminuíra»[63].

Wank está preparado para aceitar a prosperidade económica do império antes de 1914, mas nega a sua estabilidade. Afinal, as dietas da

Ístria, da Croácia e da Boémia haviam sido encerradas em 1910, 1912 e 1913, respectivamente, e em Março de 1914 o mesmo sucedeu ao parlamento austríaco. Wank também se sente confuso com o título da minha obra, que, como se sabe, se chama *Declínio e Queda do Império Habsburgo*, e com algumas declarações no seu texto de que, embora o império tivesse caído por ter perdido uma importante guerra, teria sobrevivido e até aumentado se tivesse vencido a guerra, embora, considerando a diplomacia alemã, pudesse ter acabado por se tornar um satélite do Império Germânico. Por fim, sou acusado de «evitar a questão sobre por que motivo perder a guerra teria de ter como consequência o total desmantelamento do Império Habsburgo»([64]). Por seu lado, Wank defende a teoria de que o império se encontrava em inevitável declínio, citando uns quantos funcionários que manifestavam o seu pessimismo em relação a este, e recorrendo à sabedoria de cientistas políticos, nomeadamente Alexander J. Motyl, que insiste que os impérios entram em decadência ou declínio quando os imperadores absolutistas já não conseguem exercer domínio sobre o povo de outras nacionalidades ou regiões da periferia imperial([65]). Motyl sugere, com efeito, que quaisquer tentativas de reforma desencadeiam quase automaticamente reacções entre as elites periféricas que minam ainda mais os impérios. Por esse motivo, todos os impérios acabam por desaparecer. Wank crê que o Império Habsburgo já se encontrava, pois, em declínio antes de 1914 e só foi salvo pela benevolência das grandes potências e o sistema internacional.

Regressarei a Motyl em breve. Tratarei rapidamente de Wank, em primeiro lugar. Não faço ideia do motivo por que a minha obra o confunde. O seu título foi escolhido pelos editores e assim que comecei a escrevê-la, as provas de académicos tão diversos como Barbara Jelavich, István Deák e István Diószegi convenceram-me de que em 1914 ninguém na monarquia de Habsburgo, com excepção de alguns estudantes muito exaltados que não tinham apoio popular, era a favor de a minar ou desmantelar. Certamente que havia pessoas insatisfeitas – as partes da minha obra que tratam do problema da nacionalidade dificilmente tentam ocultar o facto, no entanto, os seus planos de reforma baseavam-se uniformemente na sobrevivência da monarquia e preocupavam-se sobretudo em como a reorganizar. (Se as dietas eram ocasionalmente encerradas, a responsabilidade por tal recaía nos políticos em disputa e não na dinastia.) Embora nunca se descobrissem soluções perfeitas e houvesse altos e baixos, em muitas regiões da monarquia faziam-se tentativas positivas de negociar melhorias – sobretudo na Morávia, Galícia e Bucovina. Um dos resultados foi que embora alguns observadores estivessem desejosos de destruir a monarquia, outros – Louis Eisenmann em França ou o presidente de Harvard nos EUA, por exemplo – louvavam Francisco José como monarca reformador.

Por que motivo, então, deveria esta ter-se desagregado após a Primeira Guerra Mundial, ou ter-se tornado um satélite da Alemanha? A resposta é evidente: por causa da Primeira Guerra Mundial, claro. Tudo mudara: as derrotas militares e a política dos tempos de guerra significavam que as circunstâncias internas e externas da monarquia tornavam a sua dissolução inevitável – mas mesmo assim, apenas por volta do Verão de 1918. Repito: o império caiu porque perdeu uma guerra importante. Antes disso, era economicamente próspero e as mais recentes investigações revelam um índice de crescimento industrial na Bósnia-Herzegovina[67] no valor de 12,4% durante o período de 1881--1913, reforçando assim o trabalho de David F. Good[68] e outros sobre a integração económica da monarquia, bem como o seu desenvolvimento. E como já disse, estavam a ser feitos progressos em relação à questão da nacionalidade embora também houvesse reveses. O objectivo da minha obra não foi afirmar que o problema da nacionalidade fora resolvido ou que não tinha importância – qualquer pessoa que a leia vê isso. O meu ponto de vista sobre a questão da nacionalidade é que, embora esta pudesse ter levado, com o tempo, à queda da monarquia, tal não sucedeu até 1914. Além disso, não há motivos para crer que se a guerra não tivesse eclodido, não tivesse sido possível progredir mais na solução do problema após essa data.

Regressemos por momentos à teoria de Alexander J. Motyl. Poderá ser muito fácil um analista político afirmar que os impérios implicam um controlo despótico sobre os povos submissos, e que as reformas conduzem necessariamente ao fim dos mesmos – um processo de declínio e queda. Aplicada à história dos impérios europeus anteriores a 1914, por exemplo – Áustria-Hungria, Alemanha e Rússia – esta teoria não só conduz a um falso determinismo, como oculta o facto de estes impérios não constituírem apenas construções políticas de algum tipo, sujeitas a experiências políticas, mas serem Estados e sociedades em transformação, que enfrentavam uma variedade de problemas e os tentavam resolver. Tão-pouco eram muito diferentes dos Estados «democráticos» ocidentais da época – a Grã-Bretanha, por exemplo, que enfrentava «a estranha morte da Inglaterra liberal» – utilizando o título da famosa obra de George Dangerfield –, ou a França, dividida pelo Caso Dreyfus, a separação da Igreja e do Estado, e a agitação laboral, ou a Itália, à beira de um golpe militar nos finais da década de 1890, depois salva por Giolitti, mas considerada, todavia, por alguns historiadores, como vegetando num estado de protofascismo. Parece-me que em vez de prosseguir com a velha historiografia liberal que separa os impérios europeus das democracias em desenvolvimento da Europa Ocidental, deveríamos reconhecer que, ao invés de Estados militaristas despóticos e em declínio, estes impérios partilhavam muitos dos problemas dos Estados da Europa Ocidental e, à semelhança destes últimos, faziam progressos mistos, mas definitivos. Por volta de 1914, os imperadores em questão eram todos obrigados a actuar em estruturas constitucionais e legais, que se iam tornando cada vez mais definidas. Na prática, nenhum deles desfrutava de um poder puramente pessoal ou arbitrário. As eleições haviam-se tornado norma da legitimidade política. As reivindicações dos trabalhadores e camponeses, e até das mulheres, de melhores condições de vida, de protecção contra acidentes, doenças e desemprego e de maiores oportunidades de educação eram reconhecidas. A liberdade de imprensa era mais ampla do que em qualquer outra época anterior da história. As artes floresciam como nunca e os partidos políticos, mesmo os da extrema-esquerda, eram legais em todo o lado. Tratou-se também de um período de uma economia internacional em expansão com enormes progressos económicos registados nos três impérios. Torna-se difícil crer, assim, que estes Estados estivessem condenados à destruição, ou que não se pudessem ter desenvolvido como outros Estados da Europa – muitos dos quais enfrentavam problemas semelhantes para democracias amadurecidas, monarquias constitucionais e Estados-providência.

O conceito de declínio linear ou inevitável é muito perigoso. Após a Segunda Guerra Mundial, por exemplo, muitos observadores britânicos simularam opiniões extremamente superiores acerca dos Franceses. Haviam sido derrotados pelos Prussianos em 1871; a Frente Ocidental, durante a Primeira Guerra Mundial, combatera em grande parte em solo francês; a Segunda Guerra Mundial trouxera as humilhações da derrota e Vichy; após 1945, o país perdera primeiro uma guerra no Vietname e em seguida outra na Argélia, tendo esta última provocado a queda da IV República Francesa. Os «acontecimentos» de 1968 ainda estavam por vir. No entanto, a França recuperou a sua posição nas questões europeias e os Britânicos, por sua vez, tornaram-se obcecados pelo seu próprio «declínio», apesar do facto de a Grã-Bretanha possuir actualmente a quarta ou quinta maior economia do mundo, as forças de combate mais profissionais da Europa, a terceira maior marinha do mundo, as colónias mais duradouras e tenha assistido à transformação pacífica do império na Commonwealth. O declínio britânico, contudo, segundo a bibliografia[69], terá tido o seu início por volta de 1870, quando o país era a maior potência mundial, e terá prosseguido ao longo do século em que ajudou a vencer duas guerras mundiais. Como escreveu David Edgerton, na sua magnífica contribuição para o debate: «As comparações internacionais que os historiadores declinistas fornecem são extremamente enganadoras. Geralmente procuram explicar aquilo que não sucedeu com explicações que não resultam»[70]. Não se poderá dizer o mesmo em relação aos debates acerca dos impérios europeus anteriores a 1914? Por que motivo será tão difícil compreender que o que realmente correu mal na Europa foi a Primeira Guerra Mundial, que, mais uma vez, não era inevitável, mas cujas consequências, tão inerentemente imprevisíveis como as de qualquer outra guerra, foram desastrosas para a Europa?

Evidentemente que se torna difícil para muitas pessoas educadas na velha historiografia liberal ou socialista pensarem deste modo. Fomos levados a crer, durante muitos anos, que a Revolução Russa, por exemplo, foi necessária, benévola e popular, que todos os impérios europeus eram organizações militares despóticas, nas quais, ao contrário do que sucedia na Europa Ocidental, ninguém tinha quaisquer direitos. Torna-se difícil crer, pois que, por exemplo, nas décadas de 1820, 1830 e 1840 houvesse maior descontentamento político na Europa Ocidental do que na Áustria de Metternich, em que as pessoas pobres talvez tivessem mais direitos. Torna-se difícil crer que há talvez mais indícios de um Estado policial na Grã-Bretanha em 1848 do que na Áustria[71].

É extremamente significativo, sem dúvida, que os organizadores de conferências recentes sobre o declínio dos impérios europeus não encontrassem espaço nas suas agendas para estudos sobre a Alemanha imperial([72]). E, no entanto, a Alemanha era o mais importante de todos os impérios europeus. Também possuía minorias nacionais – polacos, dinamarqueses e franceses, um imperador autocrático, uma corte muito dispendiosa e uma instituição militar de considerável importância politica. A sua ausência, por conseguinte, faz recordar bastante o cão que não ladrava na história de Sherlock Holmes. A explicação para a sua ausência encontra-se, evidentemente, no facto de, em 1914, ninguém pensar que ela estava em declínio. E isso apesar do facto de também ter desaparecido em 1918. Seja como for, os historiadores liberais sempre se sentiram satisfeitos em condená-la – iniciou a guerra e era demasiado militarista. (Os Habsburgos, pelo contrário, realmente, nunca tiveram de carregar com as culpas da guerra na demonologia liberal, uma vez que eram considerados militaristas incompetentes e de um modo geral demasiado *gemütlich*.) Isto apenas realça os dois presos e as duas medidas liberais em todo este debate. O desejo liberal é alegar que os impérios em declínio provocaram a guerra que merecidamente os destruiu. A objecção de que o maior império do grupo, que foi o mais responsável por transformar um conflito nos Balcãs numa guerra mundial, não se encontrar em declínio é ignorada ou então não reconhecida intelectualmente – ou, como suspeito, será rejeitada com o fundamento de que o Império Germânico, não era, por definição, independentemente da realidade histórica, um império. Qualquer historiador que se preocupe com os factos, porém, terá simplesmente de reanalisar todos os velhos pressupostos liberais acerca de os impérios europeus serem política e moralmente diferentes. De facto, eis o que eu gostaria de tentar fazer agora.

A repressão política nos impérios europeus

Naturalmente, de pouco serviria negar que os impérios da Europa Oriental possuíam um carácter repressivo. Por exemplo, quando se pensa nos problemas das nacionalidades, não se pensa apenas na monarquia de Habsburgo, mas também na política prussiana na Alsácia--Lorena e em Posen; e da política russa na Polónia e na Finlândia. Mais uma vez, ao considerar o problema da repressão, temos a *Kulturkampf* de Bismarck e as suas Leis Anti-Socialistas, embora em 1914 Bismarck já tivesse passado à história e as suas leis tivessem sido repelidas. A Rússia, no entanto, manteve, mesmo até 1914 a sua reputação de «Estado extremamente reaccionário e repressivo»([73]). Sob Alexandre III mais de vinte pessoas foram judicialmente executadas e bem mais de 2000 dissidentes condenados à prisão ou ao exílio. Sob Nicolau II, a agitação nacionalista na Finlândia levou ao governo ditatorial do general Bobrikov, governador-geral do Estado desde 1898 até ao seu assassínio em 1904. Pior ainda, a revolução eclodiu na própria Rússia em 1905 e teve de ser violentamente reprimida: «De um modo geral, estima-se que o regime matou 15 000 pessoas e prendeu outras 70 000 cerca de Abril de 1906»([74]). Outras 4000 foram condenadas à morte em julgamentos sumários entre 1906 e 1908, enquanto «na Polónia, mais de 40 000 pessoas passaram pelas prisões de Varsóvia só entre Fevereiro de 1905 e Junho de 1907, entre as quais 258 foram condenadas à morte»([75]). A grande vitória constitucional da revolução – a criação da Duma, a Câmara Baixa do parlamento russo – foi também minada quando em 1907, através de um verdadeiro *coup d'état*, Stolypin, em violação das Leis Fundamentais do império, voltou a esboçar as leis eleitorais de modo a criar uma Duma que o governo pudesse controlar. Entretanto, a Dieta finlandesa era dissolvida anualmente, a maioria dos domínios de legislação retirados da sua competência e os Finlandeses nacionalistas foram presos, eliminados e exilados. A partir de 1911, as condições abrandaram e em 1913 foi concedida uma amnistia aos infractores «literário-políticos» para celebrar o tricentenário da dinastia Romanov. Contudo, o massacre de 1912 na região aurífera de Lena (200 mortos e aproximadamente o mesmo número de feridos) levou a uma onda de greve maciça que ainda envolvia a Rússia em Julho de 1914.

Nada disto significava, porém, que o Império Russo estivesse condenado à dissolução. Se, por exemplo, recorrera a medidas severas quando a revolução eclodiu em 1905, em consequência da guerra, assim o fizera também a França em 1871 quando confrontada com a Comuna de Paris. Nessa altura, foram mortos cerca de 900 soldados e mais de 25.000 parisienses, a grande maioria destes últimos chacinada a sangue-frio. A partir de então, cerca de 40 000-50 000 pessoas foram presas, e milhares receberam longas condenações e outros milhares foram deportados para o inferno da Nova Caledónia([76]). (De modo semelhante, o Caso Dreyfus demonstraria que não fora só a

Alemanha a sofrer de anti-semitismo, erros judiciários no que dizia respeito aos militares, nem, de facto do próprio militarismo.)

Na Rússia, de qualquer modo, será justo observar que, apesar da repressão, havia, felizmente outro lado da história. Para começar, a sinistra reputação da sua «polícia secreta» sempre foi muito exagerada. Assim, mesmo sob Nicolau I, o famoso Terceiro Ministério da Chancelaria Imperial, a polícia política criada em 1826, fora na realidade «constituída por homens que eram sem dúvida bem-intencionados. Tentavam proteger os servos dos seus senhorios e dos funcionários locais, aconselhavam vivamente a melhoria das condições dos operários industriais e a abolição de punições brutais no exército, e revelavam alguma consciência da necessidade urgente de desenvolvimento económico na Rússia»([77]). A polícia de segurança em Moscovo consistia em seis agentes com um orçamento de 5000 libras para toda a província, e nas palavras de Norman Stone: «Mesmo em 1900, não se expandira muito; na realidade, nessa altura quase não havia prisioneiros políticos. A enorme província de Penza tinha três agentes de polícia e vinte e um polícias, embora se juntassem mais uns poucos na década de 1880»([78]). Richard Pipes concorda: «Os poderes concedidos à polícia política eram totalmente desproporcionados em relação aos resultados obtidos. Observámos algumas estatísticas acerca das infracções políticas: o pequeno número de pessoas sob vigilância ou no exílio e a insignificante proporção de obras interceptadas pela censura. Na década de 1880, houve apenas dezassete pessoas executadas por crimes políticos, todas elas autoras de assassínios ou tentativas de assassínio»([79]). Ele apresenta três motivos pelos quais seria impossível fazer da Rússia um Estado policial: respeito pela propriedade privada; o direito de viajar para o estrangeiro; e o pavor de serem considerados «asiáticos»([80]). Graças ao primeiro factor, Alexander Herzen, por exemplo, pôde viver dos seus rendimentos enquanto publicava material subversivo no estrangeiro; do mesmo modo, a mãe de Lenine pôde continuar a receber a sua pensão do Estado, embora um dos seus filhos tivesse sido executado por tentativa de assassínio do czar e dois dos seus outros filhos tivessem sido presos devido a actividades revolucionárias. Pessoas particulares ou até organizações governamentais locais podiam fornecer emprego a dissidentes. No que se referia às viagens para o estrangeiro, 200 000 russos passavam em média oitenta dias no estrangeiro em 1900. O receio de serem considerados asiáticos significava, por fim, que os Russos rejeitavam tudo o que fizesse recordar a crueldade ou o despotismo oriental. Assim, o exílio, em resultado disso, constituía uma experiência relativamente civilizada – a Lenine, geralmente, chamavam «Sir»; entre 22% a 86% das pessoas envolvidas em qualquer ano seriam registadas como «ausente sem licença»; enquanto a tortura era rara.

Um especialista concluiu que, de facto, na Rússia se desenvolvera um sistema legal adequado por volta da passagem do século. Por essa altura, diz: «Os tribunais com juízes nomeados para toda a vida realizavam julgamentos públicos com júri ao abrigo de um código judicial que fornecia instâncias superiores para recursos e direitos processuais aos réus. Os juízes revogavam frequentemente ordens e acções da administração executiva com fundamento na sua ilegalidade, e os administradores tinham, geralmente, de acatar as decisões dos juízes. Para aqueles que viviam dentro da legalidade, as normas legais formavam uma espécie de base sobre a qual um cidadão podia prever o comportamento dos seus compatriotas e fiar-se nas suas previsões»[81]. Segundo o mesmo especialista: «A maioria dos observadores contemporâneos classificava o sistema judicial russo ao nível dos seus homólogos europeus»[82]. O sistema desenvolveu-se à medida que o tempo foi passando e segundo um historiador jurídico expandiu-se nas décadas após o reinado de Alexandre II, cobrindo a Ucrânia Ocidental, as províncias do Báltico, a Sibéria e o Cáucaso. E acrescenta: «O número de funcionários nos novos tribunais aumentou para o triplo de 1870 a 1900 e continuou a subir nos primeiros anos do século XX. O orçamento do ministério também aumentou, subindo para cerca do triplo de 1869 a 1894 e quase para o dobro novamente, por volta de 1914»[83]. Por fim, convém observar que o governo na Rússia era geralmente muito mais burocrático por alturas do século XX, no sentido em que não reflectia apenas as influências dos tribunais: «Em 1905, as organizações ministeriais eram entidades reconhecidas. Tinham responsabilidades relativamente definidas que eram cumpridas ou não, sendo relativamente difícil inventar êxitos ou esconder fracassos recorrendo à oratória ou a amigos no poder»[84]. Assim, a Rússia estava a aproximar-se do estatuto de um *Rechtstaat* [Estado de direito], por volta de 1914. Se, ao contrário da Alemanha[85], ou da Áustria-Hungria, ainda não chegara exactamente a esse ponto, tal devia-se a uma série de obstáculos que permaneciam no seu caminho. Um dos principais era o facto de o sistema legal não conseguir penetrar no campo, embora a elevada proporção de nobres em nomeações judiciais e a persistência entre muitos letrados e outras personalidades de atitude tradicional de que toda a lei emanava da vontade do czar constituíssem também factores de grande importância. Apesar de tudo, torna-se difícil resistir à conclusão de que a Rússia antes de 1914 estava a fazer extraordinários progressos constitucionais a nível jurídico e que a sua reputação de Estado policial reaccionário era muito exagerada, se não mesmo totalmente infundada.

Se a reputação tradicional da Rússia como Estado policial antes de 1914 deve ser revista, a reputação da Alemanha imperial como militarista merece igualmente uma revisão. É realmente verdade, evidentemente, que o exército se mantinha fora do controlo parlamentar. Nos termos do artigo 63.º da Constituição, o imperador decidia a sua força, estrutura e distribuição em tempos de paz. O seu Gabinete Militar controlava o pessoal e o *Immediat-System* conferia aos comandantes militares acesso directo ao imperador ou aos seus funcionários. Entre 1871 e 1883, os poderes do ministro da Guerra foram reduzidos e os do Gabinete Militar e do chefe do Estado-Maior aumentaram de tal modo que se tornaram organizações independentes responsáveis perante o rei-imperador. O conde Waldersee tentou equiparar o chefe do Estado-Maior ao chanceler, mas as tentativas de utilizar adidos militares numa política externa independente fracassaram. O Plano Schlieffen, por outro lado, impunha restrições à elaboração da política externa alemã.

A maioria destas questões fora aceite pelo *Reichstag* por volta de 1890 e as velhas exigências liberais de orçamentos militares anuais e uma responsabilidade total foram abandonadas. As críticas concentraram-se, em vez disso, como salientou Geoff Ely[86], em questões como tribunais militares separados, duelos, violência, anti-semitismo e discriminação nos corpos de oficiais. As questões fundamentais eram agora o profissionalismo e a eficiência destes últimos, e implícita no debate estava a necessidade de modernizar o exército, ao invés de o liberalizar. Numa época de crescente tensão internacional, a sua principal tarefa era considerada a sua capacidade para vencer guerras; daí as velhas críticas terem desaparecido. No final da década de 1890, o Partido do Centro apoiava as despesas militares e até o SPD reconhecia a necessidade de defesa nacional. Este último tendia a centrar as suas críticas no papel social das forças armadas – «nobres arrogantes de uniforme», etc. –, embora por volta de 1914 se gabasse de que um terço das tropas era constituído por sociais-democratas, e tivesse aprovado créditos de guerra no *Reichstag*.

De qualquer modo, como salienta Ely[87], o exército alemão por esta altura já não era o herdeiro de Frederico, *o Grande*. Em 1911, tinha 800 000 homens e só podia funcionar graças à organização burocrática posta em funcionamento pelo Estado-Maior de Moltke. Foi isso e os caminhos-de-ferro, os explosivos, as armas de cano estriado, os telégrafos e a artilharia pesada que conferiram à Alemanha o seu poder – e não qualquer tradição militar feudal. E neste aspecto, pelo menos, a Alemanha ou o exército alemão não era diferente de qualquer outra potência ou exército europeu. Além disso, em 1914, o corpo de oficiais já não era constituído por nobres. Em 1867, estava uniformemente dividido com a burguesia. Em 1913, os oficiais burgueses eram 70% do corpo de oficiais. Apenas os regimentos de guardas eram exclusivamente aristocráticos. Por volta de 1913, 50% do Estado-Maior era burguês e entre 1890 e 1912, a percentagem de oficiais com o *Abitur* (exame final do secundário), subiu de 35% para 65%. Por fim, no período de 1888-1913, apenas 10% de candidatos à Academia Militar eram filhos de proprietários; 35% provinham de famílias de funcionários públicos; e 15% eram originários da indústria e do comércio[88]. Por outro lado, evidentemente, predominava um espírito aristocrático e os códigos e regulamentações militares continuavam a reflectir isso mesmo. A sociedade também se regia por esta atitude, como o demonstram as aventuras de Wilhelm Voigt em Kopenick em 1906. No entanto, a homogeneidade social desaparecera, como já sucedera no exército habsburgo. Outro sinal de que o exército estava a mudar foi a reforma dos procedimentos dos tribunais marciais, que ocorreu na década de 1890, algo a que se opôs resistência tanto na Áustria-Hungria como na França.

Em relação à reivindicação que por vezes se faz de que o aumento das despesas militares e da influência militar antes de 1914 constituiu um fenómeno peculiarmente alemão, trata-se de algo difícil de aceitar. As despesas militares aumentavam em todo o lado. Na Grã-Bretanha, por exemplo, as despesas com a marinha quadruplicaram entre 1870 e 1911, enquanto as despesas com o exército duplicaram durante o mesmo período. A França e a Rússia, como é evidente, também estavam envolvidas numa corrida ao armamento. Assim, embora a Alemanha gastasse mais dinheiro em armamentos do que qualquer outra potência em termos globais em 1914 (o que não se verificara em 1900 nem em 1910), proporcionalmente, dedicava apenas 4,6% das suas receitas nacionais a esta causa em 1914, enquanto os números para a Grã-Bretanha, a Rússia, a França e a Áustria-Hungria eram de 3,4%, 6,3%, 4,8% e 6,1%, respectivamente[89]. Tão-pouco faltavam os homólogos dos seus líderes militares noutros locais. Um historiador americano perguntou: «Seria Tirpitz realmente muito pior do que Jackie Fisher? Seriam Henry Wilson, Ferdinand Foch ou V. A. Sukhomlikov mais virtuosos que Ludendorff [Ele refere-se à versão pré-guerra!]([90])? Reflectindo sobre a questão, torna-se extremamente difícil responder que «sim».

Outro estudioso americano salientou que o papel do exército alemão nesta época foi positivo em muitos aspectos: integrava pessoas e regiões no novo *Reich*; constituía um repositório de memórias positivas sobre as guerras da unificação; as suas guarnições e manobras contribuíam para estimular a economia de cidades e aldeias de média dimensão; oferecia cada vez mais uma carreira aberta ao talento (daí o prestígio do estatuto de oficial de reserva); em termos sociopsicológicos, proporcionava um ritual de passagem aos homens; e por último, mas não menos importante, para muitos alemães menos abastados, fornecia um nível de vida melhor([91]). Segundo este historiador, o exército na Alemanha imperial constituía «algo mais do que um grupo de recrutas maldispostos a contar o tempo para a sua dispensa [...] muitos soldados julgavam as suas vidas nas fileiras uma melhoria em relação às suas vidas como civis»([92]). E conclui:

> «O Exército Imperial Alemão entre 1871 e 1914 era um instrumento militar eficaz que contribuiu de modo significativo para a integração estrutural positiva do *Reich*. Isto não o torna um órgão profissional exemplar nem uma instituição social exemplar. Em certo sentido, o exército foi punido pelo seu próprio êxito, primeiro no campo de batalha, em seguida no tratamento dos problemas de integração militar – trabalho efectivo, instrução, treino de armas – que se seguiu à unificação política formal. Os profissionais faziam aquilo que estavam preparados para fazer. Fizeram-no tão bem que se tornaram competentes por definição. Num Estado cujas forças e instituições centrípetas eram maioritaria-

mente novas e dificilmente livres de fricção, pelo menos o exército podia ser considerado algo que funcionava devidamente»([93]).

E é tudo em relação ao Estado policial russo e ao Estado militarista alemão. No entanto, permita-se que o tom positivo em que a última parte terminou subsista enquanto se analisam os factores positivos evidentes que caracterizaram todos os impérios europeus antes de 1914 – o seu desenvolvimento económico, a sua inauguração das políticas de bem-estar e a sua vitalidade intelectual.

Desenvolvimento económico e assistência social

O desenvolvimento económico da monarquia de Habsburgo já foi referido([94]). Todas as investigações mais recentes demonstram um desenvolvimento económico bastante estável desde a década de 1830 até à Primeira Guerra Mundial. Houve algumas interrupções, devido sobretudo a guerras, mas a história é de constante progresso a um nível razoável. Os pontos de vista debatidos na primeira edição da minha obra foram reforçados recentemente pelas investigações do historiador alemão Max-Stephan Schulze acerca da indústria de construção de máquinas na Áustria-Hungria durante o final do século XIX([95]). «Em geral, não se reconhece», salienta ele, «que na véspera da Primeira Guerra Mundial, o Império Habsburgo se classificava entre os produtores de maquinaria líderes do mundo, ultrapassado apenas pelos Estados Unidos, a Grã-Bretanha e a Alemanha»([96]). De facto, em 1911, empregava 109 000 operários por contraste com os 33 000 de 1870. Na sua investigação acerca da indústria de engenharia mecânica, Schulze não só mostra a sua importância como «uma das duas fontes principais de desenvolvimento económico na economia»([97]), como demonstra, além, disso, que no período após 1873, Komlos tinha razão em indicar que o escoamento do capital austríaco beneficiava a Hungria:

«Quando se removeu capital da Áustria após 1873, o desenvolvimento industrial declinou e a procura de fábricas e equipamento caiu. Na Hungria, por outro lado, o afluxo desses fundos permitiu um aumento substancial no investimento industrial que estimulou o desenvolvimento da indústria de construção de máquinas do país. A repatriação do capital austríaco no início da década de 1890, por seu turno, coincidiu com um aumento na actividade de investimento e numa aceleração no desenvolvimento da produção de maquinaria. Na Hungria, porém, a remoção do capital austríaco conduziu a um abrandamento na procura de investimentos para maquinaria»([98]).

É pouco provável, no entanto, que Schulze aprovasse a perspectiva de Komlos acerca das relações económicas entre as duas partes da monarquia como tendo funcionado para um resultado nulo. Escreve ele:

«Avaliada entre todo o período de 1870 a 1913, a produção de maquinaria aumentou mais rapidamente na Hungria do que na parte ocidental do império durante a maior parte dos ciclos. Contudo, o aumento na produtividade total dos factores e na produção por trabalhador na engenharia mecânica parece ter-se reflectido na queda de preços de produção a longo prazo. Isto sugere que a indústria de construção de máquinas forneceu um contributo significativo para o aumento da produtividade na economia global. Quer na Áustria, quer na Hungria, a maioria do aumento da produtividade laboral na maquinaria era obtida a partir de fornecedores internos e em ambas as partes do império a produção por trabalhador na engenharia mecânica aumentou consideravelmente mais depressa do que na economia no seu todo»([99]).

Além de Schulze, houve outros estudos acerca de grandes negócios na monarquia de Habsburgo nas décadas anteriores a 1914. A maioria, infelizmente, sofre de imperfeições metodológicas([100]). No entanto, na perspectiva de Schulze, alguns factores-chave emergiram daí: primeiro, três quartos das grandes empresas da Áustria foram fundadas antes de 1914; segundo, mais de metade dos fundadores de empresas provinham inicialmente do estrangeiro, confirmando conclusões anteriores sobre o importante papel dos empresários estrangeiros na economia de Habsburgo; e por fim, os bancos desempenharam apenas um pequeno papel na fundação inicial de grandes empresas industriais durante o século XIX – uma perspectiva a que se opõe a muita sabedoria corrente sobre esta questão. A maioria dos proprietários manteve um interesse controlador pelas suas firmas até cerca de 1914, independentemente de estas serem ou não sociedades anónimas, e as fusões só se tornaram comuns depois da passagem do século. Havia pouco interesse na capacidade de produção no estrangeiro, sendo as empresas geralmente mais pequenas e com uma organização menos complicada do que as suas homólogas nos EUA. A expansão externa, ou seja, a aquisição de outras firmas do mesmo sector, apenas interessava às indústrias, cuja localização dependia da sua base de matéria-prima: produção mineira, do ferro e do aço, do vidro e de materiais de construção. Os lucros subiram sempre após a década de 1890. Assim, o índice médio de lucros de capital empregue de 1896 a 1913 foi cerca de 12% mais elevado do que no período de 1880-95. A actividade de investimento aumentou também acentuadamente após 1895, altura em que o índice médio do investimento líquido em capital totalmente reprodutível quase duplicou. Assim, embora ainda seja necessário investigar bastante a história económica da economia austro-húngara durante o Dualismo, todos os indícios parecem sugerir que «a perspectiva durante muito tempo mantida acerca do desenvolvimento económico da Áustria-Hungria como essencialmente um fracasso já não pode ser sustentada»([101]).

A este respeito, poder-se-ia acrescentar ainda que acontecimentos recentes na Bósnia conduziram a mais investigações acerca da sua história entre 1878 e 1914([102]), investigações essas que têm uma relevância directa para as perspectivas de Wank e Motyl([103]). A reavaliação bastante radical de Michael Palairet, da Universidade de Edimburgo, acerca do desenvolvimento económico bósnio durante este período, por exemplo, é extremamente positiva([104]). O desenvolvimento económico médio sob o regime de Kallay, afirma Palairet, atingiu uma média de 12,9% ao ano entre 1882 e 1903. Na década de 1890 chegou aos 15%. Verificou-se um declínio após 1900, mas por volta de 1910 a economia sofria nova recuperação com o volume de transporte ferroviário a aumentar em cerca de 8,3% ao ano. Grande parte deste desenvolvimento centrava-se na indústria da madeira, mas a construção de caminhos-de-ferro era igualmente importante, como também a disposição de Kallay para utilizar o Estado para obter resultados. Assim, o sal e o tabaco tornaram-se monopólios do Estado, com a criação de grandes fábricas de tabaco dirigidas pelo Estado em Sarajevo e Mostar. O papel da empresa privada era rigidamente controlado por processos de concessão e a aquisição pelas autoridades de grandes participações em acções conferia a grande parte do sector privado na exploração mineira e na indústria uma qualidade «para-estatal». Com efeito, por volta de 1907, o sector estatal era responsável por 32,7% da grande indústria, em termos de valor de salários.

Embora existissem áreas da vida, segundo Palairet, em que a administração austríaca fracassou – a educação e a saúde pública destacam-se entre estas – a sua conclusão global é de que sob o governo habsburgo – por muito imperialista que tenha sido – (refere o objectivo de Kallay ou «missão civilizadora» como sendo de inculcar nos Bósnios «um sentimento de que estes perten[ciam] a uma grande e poderosa nação»):

> «A Bósnia-Herzegovina permaneceu pouco dinâmica a nível da agricultura, iletrada e subfinanciada sob o governo habsburgo, mas de um modo geral, as autoridades alcançaram os seus objectivos no domínio económico. De acordo com os padrões dos Balcãs, a sua população usufruía de um alto nível de transportes e comunicações, e a sua vida económica estava profundamente impregnada de relações de intercâmbio. A indústria pesada desenvolvera-se extraordinariamente. A Bósnia-Herzegovina, com 21% da população da Bósnia, da Sérvia e da Bulgária, possuía cerca de 54% da indústria pesada da região, a maioria da qual fora desenvolvida durante a época austríaca. Também pagava melhores salários do que a Bulgária ou a Sérvia. Embora a agricultura não estivesse em evidente progresso, o rendimento *per capita* saíu dos níveis característicos dos Balcãs para níveis que se aproximavam dos da Europa Central»[105].

(546 dólares *per capita* – valor de 1970 – em 1910, para o PNB, ou Produto Nacional Bruto – era comparável a 462 na Sérvia, 455 na Grécia, 398 na Rússia, 542 na Croácia, 542 na Transilvânia, 684 na Hungria, 802 na Áustria, 819 nos Territórios Checos e 958 na Alemanha). A investigação de Palairet reforça, assim, investigações anteriores, não apenas acerca do desenvolvimento económico da economia de Habsburgo, mas também acerca do grau de integração regional económica que aí existia.

A Alemanha imperial, por seu lado, testemunharia uma rápida alteração económica e social durante a era guilhermina[106]. Entre 1870 e 1913 a capacidade produtiva da Alemanha aumentou oito vezes, enquanto a da Grã-Bretanha apenas duplicou e a da França triplicou.

Em 1913, a produção de aço alemã ultrapassara a britânica; por volta de 1910, as exportações de ferro e aço alemãs ultrapassavam as britânicas. Nas indústrias mais recentes, sobretudo no fabrico de produtos químicos, eléctricos e ópticos, a Alemanha não se limitou a alcançar uma supremacia na Europa, alcançando também a liderança global. Na viragem do século, a Alemanha fornecia 90% das exportações mundiais de corantes, mais de um terço da produção mundial de electricidade, e mais exportações de produtos eléctricos do que a Grã-Bretanha e os Estados Unidos juntos. O aparecimento destas indústrias baseava-se no excelente ensino técnico alemão e na capacidade do país em transformar o fruto das investigações em utilização prática como em nenhuma outra parte do mundo.

No entanto, tudo isto constituía apenas uma parte da história. A crescente procura de trabalho industrial e a incapacidade da agricultura em absorver a população florescente produziu alterações demográficas radicais. Entre 1882 e 1907, a população das cidades aumentou em 8 500 000, enquanto o número de habitantes rurais diminuiu em 400 000 em 1890, 26 cidades possuíam populações de mais de 100 000 habitantes; por volta de 1910, 48 já haviam ultrapassado esse número. Este desvio para a cidade estimulou o progresso económico (a única zona comparável de tão intensa urbanização nesta época era o Midwest americano). A indústria de construção expandia-se continuamente. Daí a industrialização e a urbanização andarem de mãos dadas. Em 1914, cerca de 9 500 000 em 68 000 000 de Alemães eram operários industriais, constituindo entre 30% a 40% da população. A expansão económica constituía em parte o motivo para – e em parte o resultado de – a diminuição do número de emigrantes alemães. No século XIX, nenhum país excepto a Irlanda sofrera uma tal êxodo de população. Em 1881, por exemplo, 220 902 Alemães, ou 4,86% da população abandonara o país. Após 1893, contudo, este número decaiu rapidamente e nos dez anos seguintes raramente se elevou acima dos 30 000. Após 1905, diminuiu tanto que se tornou praticamente insignificante. Era, pois, evidente que o grosso dos Alemães se estava a tornar – literalmente – mais afeiçoado ao seu país.

Muitos dos novos trabalhadores eram empregados em enormes empresas e as maiores companhias alemãs normalmente juntavam-se em cartéis. Não se tratava de fusões de companhias anteriormente independentes – ou até de *trusts* segundo o modelo americano, ou seja, interligando participações de acções. Eram apenas associações de fabricantes que chegavam a um acordo contratual a respeito do nível de produção e da escala de preços. Como tal, podiam adquirir um controlo monopolizador sobre as mercadorias essenciais. Por exemplo, os dois gigantes electrotécnicos, a AEG e a Siemens, chegaram a um acordo de fixação de preços efectivo, e o Rheinisch-Westphalisches Kohlensyndicat controlava a produção de carvão e coque de cerca de metade da Alemanha. Alguns historiadores têm considerado estes cartéis como o equivalente industrial da unificação política. Os industriais alegavam que traziam a estabilidade. O factor preocupante era que a dependência dos cartéis (e as tarifas – o legado de Bismarck após 1879) fazia subir os preços e provocava agitação industrial. Em 1912, o SPD era, no fim de contas, o maior partido do *Reichstag*. Além disso, embora os salários aumentassem 30% entre 1900 e 1914, os rendimentos dos trabalhadores não eram elevados e 60% do que recebiam gastavam-no em alimentação. O resultado foi que Bismarck e os seus sucessores introduziram uma legislação de assistência social para obviar à ameaça socialista. Como Bismarck disse ao seu colaborador de longa data, o Dr. Moritz Busch: «A satisfação das classes sem propriedades merece bem a despesa envolvida [...] trata-se de um bom investimento para nós, também. Permite-nos frustrar a revolução»([107]). A 9 de Maio de 1884, declarou ao *Reichstag*:

> «Dai ao trabalhador o direito a trabalhar, desde que ele ainda seja saudável. Dai-lhe trabalho enquanto for saudável. Cuidai dele quando estiver doente. Cuidai dele quando for velho. Se o fizerdes e não fugirdes dos sacrifícios inerentes ou gritardes acerca do socialismo de Estado assim que alguém menciona "cuidai dos idosos" ou quando o Estado demonstra um pouco de caridade cristã para com o trabalhador, creio que então os partidários [do SPD] lançarão as suas ideias em vão, que os números que indicam diminuirão, assim que os trabalhadores virem que os governos do império e os estados federais e as suas legislaturas estão verdadeiramente preocupados com o seu bem-estar»([108]).

O resultado foi que a Alemanha imperial lançou os alicerces do moderno Estado-Providência.

Os planos de assistência social de Bismarck, surpreendentemente, talvez, inseriam-se muito bem noutros aspectos da vida pública alemã.

Os proprietários rurais e os fabricantes eram protegidos por tarifas, os armadores eram subsidiados pelo tesouro imperial. Por que motivo não deveriam os trabalhadores ser também protegidos? A legislação social que surgiu incluía seguros contra doença, acidentes, velhice e desemprego. Os primeiros três faziam parte do estatuto imperial e estiveram em funcionamento ao longo de todo o *Reich*; o último apenas fora tema de legislação imperial em 1914, porém, havia sido deixado às autoridades municipais e locais e aos filantropos particulares. Em 1911, por outro lado, não só toda a legislação acerca da segurança social fora consolidada no *Reichsversicherungsordnung*, com os seus 1085 artigos (sem incluir os 104 artigos no «direito introdutório»), como também os subsídios foram alargados às viúvas e aos órfãos e praticamente a todos os trabalhadores anteriormente não abrangidos. O mesmo ano assistiu ainda ao *Versicherungsgesetzt für Angestellte*. Este entrou em vigor em 1913 e abrangeu mais de 2 000 000 de pessoas (420 000 das quais eram mulheres) para além dos 14 000 000 já cobertos por seguros de doença, para não falar dos 16 500 000 que recebiam pensões de velhice ou invalidez e dos 25 000 000 que usufruíam dos seguros de acidentes.

Idealmente, o trabalhador faria parte de um sistema de protecção «nacional» ou «humana». Era preparado para se tornar num bom mecânico; recebia um seguro contra acidentes, doença e velhice; recebia protecção contra o seu patrão negligente; e era cuidado de muitas maneiras. Quando os tempos difíceis ou a depressão industrial o deixavam sem trabalho, era-lhe providenciado um emprego, se possível através de intercâmbios laborais. Ao procurar emprego noutras cidades, era-lhe oferecido alojamento, para evitar que se tornasse vadio. Quando adoecia, era tratado em lares de convalescença, hospitais de tuberculose e colónias agrícolas. E quando a idade avançada o afastava da fábrica, aguardava-o uma pensão, como marca de apreço da sociedade, que retirara do seu trabalho tudo o que a sua vida tinha para oferecer, e apenas lhe retribuíra com uma mera subsistência.

A mesma política de «protecção nacional» já era patente no sistema de ensino público. Todos os cidadãos alemães em todos os estados, na cidade e no campo, tinham direito à educação nas escolas públicas a expensas do Estado. De facto, eram obrigados a recebê-la, uma vez que a frequência da escola se tornara obrigatória para rapazes e raparigas entre os seis e os catorze anos de idade. Além disso, a educação primária não significava apenas instrução nos rudimentos dos temas académicos, implicava também preparação física obrigatória em ginásios escolares, tanques de natação e parques de recreio. Realizavam-se ainda excursões frequentes, mesmo durante as férias, sob o controlo dos professores e a expensas do Estado. Todas as crianças que entravam para a escola eram examinadas por um médico e caso se descobrisse algum problema os pais eram devidamente aconselhados quanto ao tratamento. Após deixarem a escola primária, rapazes e raparigas tinham de passar alguns anos em escolas «de continuação» grátis, nas quais os temas de estudo eram sobretudo práticos. Acima disso, ficavam os *Gymnasien*, as escolas comerciais, escolas de arte e outras, cuja frequência era opcional e nem sempre gratuita, mas que mesmo assim ainda atraíam muitos alunos. Em todas as escolas de frequência obrigatória, eram fornecidos livros de graça aos alunos que não podiam comprá-los. Forneciam-se igualmente pequenos-almoços gratuitos, pois era ponto assente que todas as crianças de escola deveriam ser alimentadas a expensas públicas. Assim, o Estado alemão, segundo os padrões contemporâneos, fazia bastante para cuidar do bem-estar dos seus cidadãos comuns.

Tais esforços não devem ser subestimados, uma vez que representaram os primórdios do Estado-Providência que ainda hoje se considera a marca de todas as sociedades civilizadas. Tão-pouco teve consequências imediatas insignificantes. Segundo Gerhard Ritter: «Os subsídios reais distribuídos sob o sistema de segurança social foram substanciais. Os pagamentos totais – não incluindo as caixas de previdência dos mineiros – equivaliam a 850 000 000 de marcos em 1912 numa época em que o orçamento do governo central era de cerca de 2 000 000 000 de marcos»([109]). A segurança social contribuía também para outro tipo de tratamentos de doenças – especialmente os casos de tuberculose, que foram reduzidos para metade entre 1876 e 1910. Muitas pessoas pobres recebiam tratamento médico adequado pela primeira vez na vida. Verificou-se igualmente uma grande expansão do equipamento médico. Citando mais uma vez Ritter: «Se consideramos o aumento do número de médicos, de 35 para 51 por cada 100 000 membros da população entre 1885 e 1913, o aumento de camas hospitalares *per capita* para quase mais duas vezes e meia entre 1882 e 1913, os cuidados mais intensivos aos pacientes por parte dos hospitais, já não considerados com terror como se fossem apenas outra espécie de hospício, e o rápido desenvolvimento da odontologia – o número de dentistas na Prússia subiu 20 vezes entre 1887 e 1913 de 548 para 11 213 – verificamos que tudo isto teria sido impossível sem a segurança social»([110]). Outros subsídios incluíam o desenvolvimento intensivo da pediatria, a melhoria da higiene social – graças a todos os dados estatísticos disponíveis –, maior respeito pelos idosos, cujas pensões podiam agora contribuir para os apertados orçamentos familiares, um aumento significativo do número de pessoas a viver de poupanças e pensões – um aumento triplo entre 1882 e 1907 –, uma redução na pressão do orçamento para socorro aos pobres, o desenvolvimento da sociologia e outras investigações académicas, a criação de planos de pensão privados, para não falar de importantes efeitos macroeconómicos. Citando Ritter, pela última vez:

> «A acumulação de poupanças de capital, especialmente no caso de pensões de seguros, levou a que uma quantidade substancial fosse destinada a medidas políticas sociais "preventivas". Em 1913, por exemplo, a segurança social do Estado possuía reservas equivalentes a mais de 3 000 000 000 de marcos à sua disposição. Além de poder satisfazer a necessidade agrícola de crédito, o dinheiro foi utilizado para construir termas, lares para os cegos e escolas infantis, novos sistemas de abastecimento de água para as cidades e sistemas de esgotos e saneamento. O dinheiro foi ainda utilizado para providenciar a construção de modestas habitações para os trabalhadores através de juros relativamente baixos a cooperativas de empresas de construção. Parece que até à Primeira Guerra Mundial, os departamentos de segurança regionais responsáveis pelos seguros de invalidez contribuíram para financiar a construção de cerca de 300 000 a 400 000 habitações, número que representava um e meio a dois anos de procura de um novo alojamento no Império Germânico. Isto contribuiu para mitigar a desesperante escassez de habitações existente, especialmente nas grandes cidades»([111]).

Como se sabe, o sistema alemão foi largamente copiado na Europa. Na Áustria, por exemplo, uma Lei de Seguros contra Acidentes foi aprovada em 1887 e no ano seguinte uma outra que providenciava seguros contra a doença([112]). Por volta de 1906, o número de pessoas abrangidas por seguros contra acidentes era de quase 3 000 000, 21,1% das quais eram mulheres. Na mesma data, havia 2917 companhias de seguros contra doenças, segurando quase o mesmo número de pessoas, 22,6% das quais eram mulheres. (Embora estes números pareçam baixos, deve recordar-se que a Áustria estava menos industrializada que a Alemanha.) A Áustria foi, com efeito, o primeiro Estado da Europa a adoptar um sistema de seguros para empregados assalariados (Dezembro de 1906; a lei tornou-se efectiva a partir de Janeiro de 1909). Estes cobriam-nos contra a invalidez e a velhice, o que não se encontrava à disposição dos trabalhadores comuns. Todo o tema da segurança social, contudo, foi muito debatido na Áustria antes de 1914 e, a 9 de Dezembro de 1904, o governo apresentou ao parlamento um Programa para a Reforma e o Desenvolvimento de Seguros para Trabalhadores, abrangendo uma série de medidas que se propunha substituir por várias leis em vigor na época. Não ficou nenhum estatuto final de consolidação preparado, porém, antes da eclosão da guerra, as reformas já acordadas incluíam um alargamento do seguro contra a doença, de modo a cobrir 5 200 000 pessoas, disposições estas que tornariam os seguros contra acidentes mais eficazes nas indústrias sujeitas a maiores riscos, especialmente a exploração mineira, e a criação pela primeira vez de um plano abrangente dos seguros de velhice e invalidez, de acordo com o modelo da Alemanha. Também a Áustria se encontrava preparada para investir nos seus cidadãos, numa tentativa de conquistar as suas lealdades. Assim, a monarquia de Habsburgo, embora em menor grau que o Império Germânico, podia contar com o desenvolvimento económico e a criação de planos de bem-estar social como factores que promoviam a estabilidade.

E o que se passava no Império Russo, que se desenvolvia com enorme rapidez a nível económico antes da Primeira Guerra Mundial, embora ainda fosse nitidamente um país predominantemente rural? Tanto no domínio industrial como no agrícola a ênfase era na mudança. Entre 1885 e 1913, a produção industrial aumentou por ano na Grã-Bretanha 2,1%, na Alemanha 4,5% e nos EUA 5,2%. O número na Rússia foi de 5,7%. Por volta de 1914, a produção de aço russa ultrapassara a da França. Um professor americano escrevendo em 1916, observou:

> «Até 1900, a Rússia, excepto em círculos muito restritos, era considerada como um império conglomerado vasto e subdesenvolvido, cujo governo era irremediavelmente autocrático e corrupto, e cujo povo era

ignorante, intolerante, improdutivo, selvagem, não europeu e extraordinariamente incapaz de progresso. Por volta de 1914, o império era considerado um dos grandes e prometedores Estados da Europa, o seu sistema político baseava-se na tolerância e de modo algum pouco esclarecido, sendo o seu povo diligente, ambicioso, sério e possuidor de muita cultura real e latente [...] a alteração desta opinião foi atribuída principalmente [...] ao facto de que aos olhos do mundo contemporâneo, o governo e a organização económica e social dos territórios russos sofreram reajustamentos que os tinham aproximado mais do que nunca das ideias e costumes dos povos ocidentais. A Rússia de 1914 não era a Rússia de Alexandre I, nem sequer [a] dos primeiros anos de Nicolau II»([113]).

Grande parte da impressionante expansão industrial russa deveu-se ao investimento estrangeiro. Em 1914, havia 327 empresas estrangeiras na Rússia com um capital global de 1 343 000 000 de rublos, representando aproximadamente um terço de todo o capital investido na indústria russa. O grosso deste investimento provinha de França (33%), da Grã-Bretanha (33%), da Alemanha (20%), da Bélgica (14%), e dos EUA (5%). Esta enorme quantidade de investimento estrangeiro reflectia a perspectiva de observadores estrangeiros de que a Rússia estava em ascensão – não em declínio. O embaixador britânico em São Petersburgo, por exemplo, aconselhou o Ministério dos Negócios Estrangeiros em Abril de 1914: «A Rússia em breve será tão poderosa que convém conservar a sua amizade a todo o custo»([114]).

A Rússia, de qualquer modo, já empreendera reformas que faziam o seu futuro a longo prazo parecer mais seguro. Para começar, Witte, durante a década de 1890, estabilizara a moeda, primeiro desvalorizando-a em dois terços e depois fixando-a permanentemente ao ouro. Fê-lo de um modo tão hábil que, com excepção das pessoas tecnicamente envolvidas em operações de divisas, a reforma passou quase despercebida. As vantagens evidentes desta operação foram sustentadas pelo facto de que ao longo de todo esse período o governo foi capaz de financiar as suas dívidas – cujas despesas de crédito representavam 13,7% das despesas totais em 1913 – e equilibrar o orçamento. Entre 1892 e 1914 – com excepção do período de 1904-1906, os anos da guerra e da revolução – havia geralmente um *superavit* orçamental. As feridas infligidas em 1904-1906 foram, em todo o caso, curadas com rapidez e aparente facilidade. «Além disso», citando Michael

Reflexões sobre o Declínio e a Queda do Império Habsburgo

T. Florinsky, «apesar do controlo limitado exercido pelas câmaras legislativas sobre as finanças públicas, o orçamento já não constituía uma prerrogativa bem guardada da burocracia. O discurso orçamental do ministro das Finanças era ocasião para um debate minucioso na Duma e no Conselho de Estado, sendo largamente discutido pela imprensa»([115]). Uma peculiaridade era evidentemente o facto de o monopólio de vodca estatal ser responsável por 28% das receitas do Estado (899 000 000 de um total de 3 417 000 000 de rublos em 1913), o principal artigo das receitas orçamentais.

Convém salientar que o desenvolvimento bancário se manteve a par da expansão da indústria. Em 1914, existiam 47 bancos comerciais com 743 sucursais; 1108 sociedades de crédito mútuo com 643 000 membros com capital global e contas correntes de 160 a 595 rublos; 319 bancos municipais com um capital global de 60 000 000 de rublos, cujos depósitos equivaliam a 198 000 000 de rublos e os empréstimos e descontos a 232 000 000 de rublos. Cerca de 1912, havia mais de 8000 caixas de poupança estatais com contas que totalizavam 1 595 000 000 de rublos. Finalmente, por volta de 1914, existiam 3479 associações de poupança e empréstimo e 9536 associações de crédito. As suas acções conjuntas em 1914 equivaliam a 614 000 000 de rublos. O Banco do Estado controlava os outros e era o banco emissor: «A sua política liberal de intervenção e de empréstimos durante a depressão de 1900 e novamente em 1904-1906 salvou muitos bancos comerciais da catástrofe»([116]).

As principais reformas realizadas antes de 1914 foram evidentemente as reformas agrícolas de Stolypin. O seu plano, implementado através de estatutos em 1906 e 1911, consistia em permitir aos camponeses, presos às comunas das aldeias desde a emancipação de 1861, que possuíssem as suas próprias terras e que consolidassem as suas faixas de terreno. Ser-lhes-ia ainda fornecido auxílio através créditos e instrução técnica, enquanto na Sibéria se abririam terras virgens para a emigração e colonização dos camponeses. Por volta de 1915, segundo Hugh Seton-Watson([117]), os resultados eram bastante impressionantes com mais de sete milhões de habitações convertidas em foros privados, ou seja, «cerca de metade das habitações de camponeses da Rússia». Considerando outras modificações na posse de terras, os camponeses em 1914 possuíam mais do quádruplo das terras que a nobreza. As técnicas agrícolas também se aperfeiçoaram – existiam cerca de dez mil agrónomos em 1914 dando cursos em mais de dois mil centros em mais de cinquenta províncias a centenas de milhares de camponeses que se encontravam entre os milhões que depois pediriam empréstimos a instituições de crédito e empréstimos locais para comprarem maquinaria e fertilizantes. Entretanto, entre 1896 e 1914 cerca de 3 400 000 de camponeses emigraram para a Sibéria, cerca de dois milhões dos quais durante o auge dos anos de 1907-09.

Nem tudo corria bem, evidentemente. A população de camponeses aumentou em trinta milhões entre 1896 e 1914. Os níveis de produtividade na indústria e na agricultura permaneciam muito abaixo dos do Ocidente (em 1914, ainda havia 6,5 milhões de arados em uso). Stolypin foi assassinado em 1911. Por outro lado, a agricultura formava a base da posição económica internacional da Rússia antes de 1914. As suas principais exportações eram o trigo, a aveia, a cevada, o centeio, sementes oleaginosas, ovos, linho, cânhamo, madeira e beterraba-açucareira. Em 1912, o valor total das exportações era de 734 922 000 dólares, e o das importações totalizava 532 768 000 dólares.

Houvera também uma tentativa de copiar as iniciativas sociais de Bismarck. Assim, uma lei de 2 de Junho de 1903 estabelecia a responsabilidade financeira da entidade empregadora em casos de acidentes industriais que resultassem na invalidez ou morte de um trabalhador. Um trabalhador totalmente inválido tinha direito a uma pensão de dois terços do seu salário normal, uma viúva a uma pensão de um terço do salário do seu marido. Havia subsídios para as hospitalizações, os cuidados médicos e as despesas de funerais, embora não houvesse nenhum direito de indemnização se o acidente fosse provocado por negligência grosseira do trabalhador. Os direitos de indemnização poderiam ser acordados fora dos tribunais, evidentemente. Através de uma lei de 23 de Junho de 1912 estabeleceu-se um fundo subsidiário para as doenças, com o resultado de que em 1914 existiam perto de 2800 destes fundos que abrangiam mais de dois milhões de pessoas. Estes fundos eram financiados por trabalhadores e patrões e o trabalhador tomava parte activa na sua administração. Outra lei de 1912 tratava dos seguros contra acidentes, fornecendo assistência e socorro médico durante a doença provocada por acidentes industriais, pensões em caso de invalidez e pensões para a família do trabalhador em caso de falecimento deste. Esta lei constituiu um progresso relativamente à de 1903, no sentido em que simplificava o processo de recebimento dos subsídios de invalidez e tapava uma série de lacunas que, ao abrigo da lei anterior, permitiam que a entidade empregadora escapasse à responsabilidade: «O custo total do seguro contra acidentes era suportado pela entidade empregadora, uma característica do plano que colocava a Rússia imperial entre os pioneiros pelo menos num domínio da legislação social»([118]).

Vitalidade intelectual

O último factor a considerar em qualquer revisão acerca da viabilidade dos impérios pré-guerra consiste na sua vitalidade intelectual. Esse facto verificou-se em todos eles. Por exemplo, um historiador escreveu: «Para usar uma expressão mais recente, São Petersburgo em 1914 era uma cidade da moda. Nas artes, a Rússia já não se encontrava atrasada, já não estava tantas décadas atrás do Ocidente. No teatro, na poesia, na música e na pintura encontrava-se na vanguarda, ainda que as suas inovações possuíssem raízes no Ocidente»([119]). Eis uma verdade inegável. As peças de Chekhov constituíam já obras-primas do mundo teatral; encenadas por Stanislavsky no Teatro Artístico de Moscovo, revelavam todo um novo estilo de representação, que evitava o melodrama, conferia maior liberdade aos actores e salientava a naturalidade. Máximo Gorki era já famoso como romancista do realismo proletário e Bunin, que ele influenciou, tornar-se-ia o primeiro russo a receber o Prémio Nobel da Literatura. O realismo era alvo de ataque de uma variedade de fontes, incluindo o Grupo Vekhi, os Simbolistas (Merezhkovsky, Blok, Belyi, Andreyev) e os Futuristas (Mayakovsky). Na pintura, realistas como Repin estavam também a ser ultrapassados. Impressionistas como Vrubel e Serov deixavam a sua marca e em 1898 foi fundado o periódico *Mir Iskusstva* («Mundo da Arte») por artistas consagrados à «arte pelo amor da arte». Este grupo conseguia misturar as mais recentes tendências europeias com a pintura russa tradicional, incluindo os ícones. Tratou-se de um grupo que influenciou os Futuristas e contribuiu para fazer de São Petersburgo a capital mundial da arte progressista em 1914. Kadinsky foi considerado o primeiro verdadeiro pintor abstracto; surgiu assim toda uma série de escolas – o Raionismo, o Suprematismo, o Construtivismo, etc.

Também no mundo da música a Rússia se destacou. Os compositores veteranos Balakirev, Cui e Rimsky-Korsakov ainda compunham nesta época. Mussorgsky foi redescoberto e em 1904 *Boris Godunov* foi readmitido no repertório da Ópera Imperial em São Petersburgo. O seu reconhecimento tardio surgiu na mesma altura em que emergiam dois novos talentos musicais – Scriabin e Stravinsky. Este último é frequentemente considerado o maior compositor do século xx. Destacavam-se igualmente cantores de renome mundial, maestros e solistas (Heifetz e Horowitz estavam prestes a iniciar as suas carreiras); havia teatros de ópera em abundância (quatro só em Petersburgo); e o *ballet* encontrava-se em desenvolvimento. Neste campo, a influência de Petipas começava a declinar e a de Foukine a ascender. As suas produções incluiriam *As Sílfides* e *O Espectro da Rosa*. Acima de tudo, eram famosas as partituras inovadoras de Stravinsky, incluindo *O Pássaro de Fogo*, *Petrushka* e *A Sagração da Primavera*. A dança beneficiou ainda de fatos de grande originalidade e cor e do virtuosismo de bailarinos como Pavlova e Nijinsky. Em 1909, foi revelado ao mundo o novo «*ballet* russo» através de Diaghilev e, a partir de 1911, este actuou permanentemente no estrangeiro. Entretanto, a Rússia também liderava o mundo de muitas formas em termos de descobertas científicas com Markov (teoria dos números e probabilidade) e Bernstein (teoria das funções) na matemática, Mechnikov e Pavlov na biologia e na psicologia (ambos ganharam Prémios Nobel); Mendeleyev na química (desenvolvendo a Tabela Periódica dos Elementos e descobrindo vários novos elementos). No campo da aviação, verificaram-se também grandes progressos, tal como em vários domínios da tecnologia (Zhukovsky, Chaplygin, Tsiolkovsky e Sirkovsky). Por fim, o movimento feminista fizera grandes progressos – segundo Westwood, a situação das mulheres na Rússia era «pelo menos tão boa em 1913 como noutros locais»([120]) –, enquanto segundo Florinsky «o estatuto da imprensa em 1906-1914, mesmo após uma concessão pela arbitrariedade do regime da censura, era o mais aproximado de um estatuto de liberdade que a Rússia alguma vez experimentara»([121]), com os 2167 periódicos publicados em 1912 em 246 cidades russas a reflectir toda a espécie de opiniões da extrema-direita à extrema-esquerda. Eram ainda publicados em nada menos que trinta e três línguas.

Certamente que não há qualquer necessidade de demonstrar a vitalidade intelectual da Viena fim-de-século ou mesmo a da Alemanha de Guilherme, que é cada vez mais apreciada([122]). (Recorda-nos a expressão de Wolf Jobst Siedler, «die Modernität des Wilhelmnismus([123])). A única conclusão a retirar, por conseguinte, é que a Áustria-Hungria a Alemanha imperial e a Rússia imperial, em 1914, constituíam estados totalmente viáveis, bastante semelhantes uns aos outros e não muito diferentes dos Estados da Europa Ocidental. Sem dúvida que enfrentavam muitos problemas, no entanto, a maioria das grandes questões estava a ser resolvida, enquanto os políticos nos países ocidentais descobriam que tinham problemas semelhantes para resolver – desigualdade social, agitação industrial, reforma eleitoral e constitucional. É de facto um «determinismo deslocado»([124]) que considera impossível que estes impérios se tivessem reformado com êxito se a paz se tivesse mantido em 1914. E para um historiador, trata-se de algo filosoficamente inadmissível. Além disso, colide com as evidências disponíveis.

Conclusão

Espero que os leitores me perdoem a minha cedência ao desejo de embarcar neste *tour d'horizon* histórico – uma incursão ainda mais longa foi incluída como primeiro capítulo na primeira edição alemã desta obra –, mas creio realmente que é necessário que os historiadores da Europa do século XIX observem o problema do «declínio e queda» dos impérios europeus a uma luz diferente. Em relação ao Império Habsburgo, embora tenha sido interessante investigar os seus problemas como se de um caso especial se tratasse, este também deve ser considerado como um de entre vários Estados europeus que enfrentava desafios políticos comuns. A esta luz, há também muito a aprender para proveito da sua reputação histórica.

1. Cronologia dos Eventos

1804	14 de Agosto	Proclamação do Império Austríaco
1806	6 de Agosto	Abdicação de Francisco (II) I como imperador do Sacro Império Romano
1809	8 de Outubro	Metternich nomeado ministro dos Negócios Estrangeiros
1814-15	Setembro-Junho	Congresso de Viena
1818	Setembro-Novembro	Congresso de Aix-la-Chapelle
1819	Agosto	Os Decretos de Karlsbad
1820	Julho-Agosto	Revoltas em Espanha, Nápoles e Portugal
1820	Outubro	Congresso de Troppau
1820	19 de Novembro	Protocolo de Troppau
1821	Janeiro-Maio	Congresso de Laibach
1821	Março	Revoltas no Piemonte e na Grécia
1821	28 de Maio	Metternich nomeado chanceler do Estado
1821	Outubro	Congresso de Verona
1827	20 de Outubro	Batalha de Navarino
1828-9	Maio de 1828 Setembro de 1829	Guerra Russo-Turca

1830	3 de Fevereiro	A Grécia torna-se independente
1830	Julho-Novembro	Revolução em França. Revoltas na Bélgica, Polónia, nos Estados Pontifícios e em regiões da Alemanha
1833	8 de Julho	Tratado de Unkiar Skelessi
1835	2 de Março	Morte de Francisco I da Áustria; ascensão de Fernando I
1839	19 de Abril	A Holanda aceita a independência belga
1840		Receio de guerra com a França devido à crise de Mehemet Ali
1841	13 de Julho	Convenção dos Estreitos
1846	10 de Outubro	Os Casamentos Espanhóis
1846	6 de Novembro	A Áustria anexa Cracóvia
1847	Novembro	Guerra de Sonderbund na Suíça
1848		Revoluções em Itália, França, Alemanha, na monarquia de Habsburgo e noutras regiões
	24 de Fevereiro	Abdicação de Luís Filipe em França
	13 de Março	Demissão de Metternich em Viena
	23 de Março	As tropas piemontesas invadem a Lombardia
	11 de Abril	Fernando aprova as Leis Húngaras, concedendo um governo húngaro separado
	1 de Maio	Congresso Eslavo tem início em Praga
	6 de Maio	Radetzky derrota os Piemonteses em Santa Lúcia
	18 de Maio	Assembleia de S. Paulo tem início em Frankfurt
	15 de Junho	Windischgraetz bombardeia Praga
	10 de Julho	O Reichstag tem início em Viena
	25 de Julho	Radetzky derrota os Piemonteses em Custozza
	6 de Agosto	Radetzky entra novamente em Milão

	11 de Setembro	Jellačić invade a Hungria
	6 de Outubro	Insurreição em Viena
	28 de Outubro-1 de Novembro	Windischgraetz toma Viena de assalto; Jellačić derrota os Húngaros em Schwechat, no exterior de Viena
	21 de Novembro	Schwarzenberg nomeado primeiro-ministro
	22 de Novembro	O *Reichstag* reúne-se em Kremsier
	2 de Dezembro	Fernando abdica a favor de Francisco José
	16 de Dezembro	Windischgraetz invade a Hungria
1849		Triunfo da contra-revolução
	Março	Dissolução do *Reichstag* de Kremsier; constituição de Stadion promulgada; o Piemonte retoma a guerra contra a Áustria e é definitivamente derrotado em Novara
	28 de Março	Assembleia de Frankfurt vota a entrega da Coroa Germânica à Prússia
	3 de Abril	O rei da Prússia rejeita a oferta da assembleia
	14 de Abril	Kossuth depõe os Habsburgos na Hungria
	14 de Abril	Windischgraetz destituído do comando das tropas imperiais
	1 de Maio	Francisco José pede auxílio a Nicolau I, que concorda em auxiliar a Áustria contra a Hungria
	Agosto	Görgei rende-se aos Russos em Világos; Veneza rende-se a Radetzky
1850	Dezembro	*Punktation* de Olmütz; início da Conferência de Dresden sobre o futuro da Alemanha
1851	Maio	A Conferência de Dresden não consegue alterar as questões germânicas; regresso às antigas disposições da Confederação Germânica

1851	31 de Dezembro	A Carta Patente Sylvester restaura o absolutismo na Áustria
1852		Metternich regressa a Viena; morte de Schwarzenberg
1854		A Grã-Bretanha e a França entram na Guerra da Crimeia; Francisco José emite um ultimato ao czar para que este se renuncie aos Principados
1856	Fevereiro-Março	Congresso de Paris
1859	Abril-Junho	Guerra Piemontesa austro-franca. A Áustria perde a Lombardia
1860	20 de Outubro	Diploma de Outubro
1861	26 de Fevereiro	Carta Patente de Fevereiro
1863	14 de Agosto	Francisco José convoca uma reunião dos príncipes germânicos em Frankfurt. O rei da Prússia recusa-se a comparecer
1864	Fevereiro-Outubro	Guerra Dinamarquesa
1865	20 de Agosto	Convenção de Gastein
1866	Junho Agosto	Guerra Austro-Prussiana; a Áustria é expulsa da Alemanha e perde o Véneto a favor da Itália
1867		Compromisso Austro-Húngaro; Andrássy torna-se o primeiro primeiro-ministro húngaro; Francisco José coroado em Budapeste
1878	Junho-Julho	Congresso de Berlim; ocupação da Bósnia-Herzegovina
1879	7 de Outubro	Aliança dual da Áustria-Hungria e da Alemanha
1897	Abril-Novembro	Crise de Badeni
1905-6		Crise húngara
1907	26 de Janeiro	Sufrágio universal na Áustria
1908	5 de Outubro	Anexação da Bósnia-Herzegovina
1913	18 de Outubro	A Áustria-Hungria envia um ultimato à Sérvia acerca da Albânia

1914	28 de Junho	Assassínio do Arquiduque Francisco Fernando e sua esposa em Sarajevo
1914-18		Primeira Guerra Mundial
1915	23 de Maio	A Itália declara guerra à Áustria-Hungria
1916	21 de Novembro	Morte de Francisco José; ascensão do imperador Carlos, o último imperador habsburgo
1918	3 de Março	Paz de Brest-Litovsk
1918	11 de Novembro	Renúncia aos poderes executivos do imperador; proclamação da República austríaca; desagregação da monarquia

2. Ministros dos Negócios Estrangeiros da Dinastia Habsburgo, 1809-1918

Clemens Wenzel Lothar von Metternich	8 de Out. de 1809-13 de Março de 1848
Karl Ludwig Ficquelmont	20 de Março-4 de Maio de 1848
Johann von Wessenberg	8 de Maio-21 de Novembro de 1848
Felix zu Schwarzenberg	21 de Nov. de 1848-5 de Abril de 1852
Karl Ferdinand von Buol-Schauenstein	11 de Abril de 1852-17 de Maio de 1859
Johann Bernhard von Rechberg	17 de Maio de 1859-10 de Out. de 1864
Alexander von Mensdorff-Pouilly	27 de Out. de 1864-30 de Out. de 1866
Frederick Ferdinand von Beust	30 de Out. de 1866-8 de Nov. de 1871
Julius Andrássy	8 de Nov. de 1871-8 de Out. de 1879
Heinrich von Haymerle	8 de Out. de 1879-10 de Out. de 1881
Gustav Kálnoky	20 de Nov. de 1881-2 de Maio de 1895
Agenor von Goluchowsky	16 de Maio de 1895-24 de Out. de 1906
Alois Lexa von Aehrenthal	24 de Out. de 1906-17 de Fev. de 1912
Leopold Berchtold	17 de Fev. de 1912-13 de Jan. de 1915
Stefan Burián	13 de Jan. de 1915-22 de Julho de 1916
Ottokar Czernin	22 de Julho de 1916-16 de Abril de 1918
Stefan Burián	16 de Abril-24 de Out. de 1918
Julius Andrássy (filho)	24 de Out.-2 de Nov. de 1918
Ludwig von Flotow	2 de Nov.-11 de Novembro de 1918

3. População e Nacionalidades no Império, 1843-1910

O Império em 1843 (milhões)

Eslavos	15,5
Alemães	7,0
Magiares	5,3
Romenos	1,0
Italianos	0,3
Total	29,1

(*Fonte*: F. Schuselka (1843) *Ist Osterreich Deutsch?* Leipzig)

O Império em 1910 (milhões)

Alemães	12,0
Magiares	10,1
Checos	6,6
Polacos	5,0
Rutenos	4,0
Croatas	3,2
Romenos	2,9
Eslovacos	2,0
Sérvios	2,0
Eslovenos	1,3
Italianos	0,7
Total	50,8

(*Fonte*: Censo de 1910)

O IMPÉRIO EM 1880-1910 (PERCENTAGENS)

	1880	1910
Áustria Cisleitânia:		
Alemães	36,8	35,6
Checos (incl. Eslovacos)	23,8	23,0
Polacos	14,9	17,8
Rutenos	12,8	12,6
Servo-Croatas	2,6	2,7
Romenos	0,9	1,0
Domínios da Coroa Húngara (incl. Croácia-Eslavónia)		
Magiares	41,2	48,1
Romenos	15,4	14,1
Alemães	12,5	9,8
Eslovacos	11,9	9,4
Croatas	9,0*	8,8
Sérvios	6,1*	5,3
Rutenos	2,3	2,3
Bósnia-Herzegovina		
Croatas	-	21
Sérvios	-	42
Maometanos	-	34

*Números para 1890
(*Fonte*: Estatísticas Nacionais Oficiais)

Mapas

Mapa geral do Império

Conquistas e Perdas no Império

MAPAS

Nacionalidades no Império

Notas e Referências

Introdução

1. István Diószegi (1983), *Hungarians in the Ballhausplatz, Studies on the Austro-Hungarian Common Foreign Policy*. Budapeste, p. 9.
2. Para mais informações acerca deste tema, consultar Alan Sked (1981), «Historians, the nationality question and the downfall of the Habsburg Empire», *Transactions of the Royal Historical Society*, 5.ª série, vol. 31, pp. 175-93.
3. George Kennan (1979), *The Decline of Bismarck's European Order. Franco-Russian Relations, 1875-1890*. Princeton, p. 423.
4. Segundo Robert A. Kann (1950), *The Multinational Empire, 1848-1918*, 2 vols. Nova Iorque. Mas consultar a crítica devastadora de A. J. P. Taylor (1967), «The failure of the Habsburg Monarchy», no seu *Europe: Grandeur and Decline*. Harmondsworth, pp. 127-32.
5. Taylor, *op. cit.*, p. 132.
6. Consultar o debate em Sked, *op. cit.*, pp. 184-5.
7. C. A. Macartney (1978), *The House of Austria: The Later Phase, 1790-1918*. Edimburgo, p. 1.
8. C. A. Macartney (1968), *The Habsburg Empire, 1790-1918*. Londres, p. 1.
9. *Ibid.*
10. A. Wandruszka (1968), «Finis Austriae? Reformpläne und Untergangsahnungen in der Habsburger Monarchie», in *Der österreichische Ausgleich von 1867. Seine Grundlagen und Auswirkungen*, Buchreihe der Südostdeutschen Historischen Kommission, vol. 20. Munique.
11. *Ibid.*

12. B. Sutter (1963), «Erzherzog Johanns Kritik an Österreich», *Mitteilungen des Oesterreichischen Staatsarchivs*, vol. 16, p. 165 e ss.

1. Metternich e o seu Sistema, 1815-48

1. *Tablettes Autrichiennes, contenant des faits, des anecdotes et des observations sur les moeurs, les usages des autrichiens et la Chronique Secrete des cours d'Allemagne, par un temoin secret.* Bruxelas, 1830, p. 191.
2. Citado em É. Andics (1973), *Metternich und die Frage Ungarns*. Budapeste, p. 274.
3. Elizabeth Herzog (1968), *Graf Franz Anton Kolowrat-Liebsteinsky: Seine politische Tätigkeit in Wien, 1826-1848*. Tese de doutoramento não publicada, Viena, pp. 62-63.
4. P. W. Schroeder (1962), *Metternich's Diplomacy at its Zenith, 1820-23*, Texas.
5. A. J. P. Taylor (1967), *Europe: Grandeur and Decline*. Harmondsworth, p. 23.
6. Ver *inter alia*: Sir Charles Webster (1963), *The Foreign Policy of Castlereagh, 1812-1822, Britain, Austria and the European Alliance*, 2 vols. Londres; Sir Charles Webster (1969), *The Foreign Policy of Palmerston, Britain, the Liberal Movement and the Eastern Question*, 2 vols. Londres; Harold Temperley (1979), *The Foreign Policy of Canning, 1822-1827, England, the Holy Alliance and the New World*, e Alan Sked (org.) (1979), *Europe's Balance of Power, 1815-1848*. Londres e Basingstoke.
7. Para uma perspectiva acerca de Nicolau, ver W. Bruce Lincoln (1978), *Nicholas I, Emperor and Autocrat of All the Russias*. Londres, p. 147; sobre Nesselrode, ver Constantin de Grunwald (1945), *Trois Siècles de Diplomatie Russe*. Paris, p. 188; sobre Canning, consultar Ian C. Hannah (1938), *A History of British Foreign Policy*. Londres, p. 102; quanto aos restantes, consultar Viktor Bibl (1936), *Metternich, Der Damon Osterreichs*. Leipzig e Viena, p. 34.
8. E. Radvany (1971), *Metternich's Projects for Reform in Austria*. Haia, p. 15.
9. *Ibid.*, p. 136.
10. *Ibid.*, pp. 14-15.
11. *Ibid.*, p. 14.
12. Antonio Schmidt-Brentano (1975), *Die Armee in Österreich: Militär, Staat und Gesellschaft, 1848-1867*. Boppard am Rhein, p. 106.
13. C. A. Haillot (1846), *Statistique militaire et recherches sur l'organisation des armées étrangères*, vol. I. Paris, p. 12.
14. Bibl, *op. cit.*, p. 208.
15. *Ibid.*, p. 230.
16. Johann Springer (1840), *Statistik des österreichischen Kaiserstaates*, 2 vols. Viena, vol. II, p. 254.

17. J. H. Blumenthal (1963), «Vom Wiener Kongress zum Ersten Weltkrieg», in *Unser Heer, 300 Jahre osterreichischen Soldatentum im Krieg und Frieden*. Viena, Munique e Zurique, p. 216.
18. Alan Sked (1979), *The Survival of the Habsburg Empire: Radetzky, the Imperial Army and the Class War, 1848*. Londres e Nova Iorque, nota 47, p. 264.
19. Lincoln, *op. cit.*, pp. 285-86.
20. Sked, *The Survival of the Habsburg Empire*, p. 55.
21. *Ibid.*
22. Peço desculpa! Sempre associei esta expressão a Alexandre I, mas segundo A. J. P. Taylor, foi de facto empregue por Nicolau em 1833. Ver o seu (1964), *The Habsburg Monarchy, 1809-1918, A History of the Austrian Empire and Austria-Hungary*. Londres, p. 43.
23. Lincoln, *op. cit.*, p. 147.
24. Schroeder, *op. cit.*
25. Webster, *The Foreign Policy of Palmerston*, vol I., p. 224.
26. Lincoln, *op. cit.*, p. 145.
27. *Ibid*, p. 144.
28. Roy F. Bridge (1979), «Allied diplomacy in peacetime: the failure of the «"Congress System"», 1815-23, *in* Alan Sked (org.), *Europe's Balance of Power, 1815-1848*, pp. 34-53, 45-46.
29. Bibl, *op. cit.*, p. 204.
30. *Ibid.*
31. G. A. Sandeman (1911), *Metternich*. Londres, pp. 239-40.
32. Friedrich Engel-Janosi (1963), *Geschichte auf dem Ballhausplatz. Essays zur österreichischen Aussenpolitik, 1830-1945*. Graz, Viena e Colónia, pp. 45-46, 66.
33. Norman Rich (1985), *Why the Crimean War? A Cautionary Tale*. Hanôver e Londres, p. 15.
34. Grunwald, *op. cit.*, p. 191, nota 1.
35. Alan Sked, *The Survival of the Habsburg Empire*, pp. 96-99.
36. Alan Sked (1979), «The Metternich System», 1815-48, *in* Alan Sked (org.), *Europe's Balance of Power, 1815-1848*, pp. 98-121, 108-11.
37. *Ibid.*, p. 118.
38. *Ibid.*
39. *Ibid.*
40. Engel-Jánosi, *op. cit.*, pp. 66-67.
41. Webster, *op. cit.*, p. 226. Para a Suíça, ver Alan Sked, *The Survival of the Habsburg Empire*, pp. 119-21, e Roger Bullen (1971), «Guizot and the Sonderbund Crisis», *English Historical Review*, vol. LXXXVI, Julho, n.º CCCXL, pp. 497-526.
42. Aberdeen MSS, Museu Britânico 43, 211(1), Sir Robert Gordon a Lord Aberdeen, Viena, 13 de Dezembro de 1842.

43. G. de Berthier de Sauvigny (1962), *Metternich and His Times,* Londres, pp. 29-30.
44. «[...] sabendo como me aborrecer, sou igualmente capaz de matar um adversário pelo simples peso do aborrecimento». Citado por Berthier de Sauvigny, *op. cit.*, p. 26.
45. Citado em Alan Sked, *Europe's Balance of Power*, p. 9.
46. Consultar Radvany, *op. cit.*, p. 136.
47. Peter Viereck (1951), «New views on Metternich», *Review of Politics*, XIII, p. 225.
48. Wiesbaden.
49. Arthur G. Haas (1958), «Kaiser Franz, Metternich und die Stellung Illyriens», *Mitteilungen des Osterreichischen Staatsarchivs*, XI, pp. 373-98, e (1968), «Metternich und die Slaven», *Gedenkschrift Martin Gohrung*. Wiesbaden, pp. 146-61.
50. Haas, Kaiser Franz etc., p. 379.
51. In *Revue d'Histoire*, vol. 12 (1965), p. 72.
52. Erzsébet Andics (1973), *Metternich und die Frage Ungarns*. Budapeste, pp. 24-25.
53. «Metternich and the federalist myth», *in* Alan Sked e Chris Cook (orgs.) (1976), *Crisis and Controversy, Essays in Honour of A. J. P. Taylor*. Londres e Basingstoke, pp. 1-22.
54. Alan Sked, *Metternich and the Federalist Myth*, p. 20.
55. Consultar Radvany, *op. cit.*
56. Herzog, *op. cit.*
57. Radvany, *op. cit.*, p. 110.
58. *Ibid.*
59. Alan Sked, *The Metternich System*, p. 109.
60. *Ibid.*
61. *Ibid.*
62. *Ibid.*, p. 110.
63. A. J. P. Taylor (1934), *The Italian Question in European Diplomacy, 1847--49*. Manchester.
64. Alan Sked, *The Metternich System*, p. 110.
65. *Ibid.*
66. *Ibid.*
67. *Ibid.*, p. 111.
68. *Ibid.*
69. *Ibid.*
70. Alan Sked, *Metternich and the Federalist Myth*, p. 11.
71. Andics, *op. cit.*, p. 81.
72. *Ibid.*, p. 31.
73. *Ibid.*, p. 116.

74. Metternich a Lützow, Viena, 10 de Outubro, 1847, *in* Richard von e Klinkowström, Alfons von Metternich (orgs.) (1880-84), *Aus Metternichs Nachgelassenen Papieren*, 8 vols. Viena, vol. 7, pp. 424-25.

2. 1848: As Causas

1. Conde F. A. Gualterio (1852), *Gli Ultimi Rivolgimenti Italiani, Memorie Storiche con Documenti Inediti*, 4. vols. Florença, vol. 2, pp. 286-87.
2. Alan Sked (1979),*The Survival of the Habsburg Empire: Radetzky, the Imperial Army and the Class War, 1848*. Londres e Nova Iorque, p. 43.
3. Howard A. Marraro (1946-47), «An American diplomat views the dawn of liberalism in Piedmont (1834-48)», *Journal of Central European Affairs*, 6, pp. 75-76.
4. J. R. Rath (1963-64), «The Carbonari: their origins, initiations, rites and aims», *American Historical Review*, LXIX.
5. P. Savigear (1969), «Carbonarism and the French Army 1815-24», *History*, LIV.
6. Alguns, referentes ao período de 1815-48, encontram-se no Haus-Hof und Staatsarchiv em Viena, sob *Provinzen, Lombardei-Venezien*.
7. Stuart Woolf (1979), *A History of Italy 1700-1860. The Social Constraints of Political Change*. Londres, pp. 307-08.
8. R. J. Goldstein (1983), *Political Repression in 19th Century Europe*. Londres e Camberra, pp. 69-70.
9. *Ibid.*, pp.70-71.
10. *Ibid.*, p. 71.
11. *Ibid.*
12. Donald E. Emerson (1968), *Metternich and the Political Police. Security and Subversion in the Habsburg Monarchy, 1815-1830*. Haia, p. 189.
13. *Ibid.*
14. Além de Emerson, *op. cit.*, consultar Josef Karl Mayr (1935), «Metternichs geheimer Briefdienst. Postlogen und Postkurse», *Inventare österreichischer staatlichen Archive, V: Inventare des Wiener Haus, Hof und Staatsarchivs 3*. Viena; Anna Hedwa Benna (1942), *Die Polizeihofstelle. Ein Beitrag zur Geschichte der österreichischen Zentralverwaltung*, tese não publicada. Viena; Harald Hubatschke (1975), «Die ämtliche Organisation der geheimen Briefüberwachung und der diplomatischen Chiffrendienst in Osterreich (Von den Anfangen bis etwa 1870)», *Mitteilungen des Instituts fur Ostereichische Geschichtsforschung*, vol. LXXXIII, pp. 352-413; Julius Marx (1959), *Die Osterreichische Zensur im Vormärz*. Munique e Viktor Bibl (1927), *Die Wiener Polizei, Eine kulturhistorische Studie*. Leipzig, Viena e Nova Iorque.

15. Emerson, *op. cit.*, p. 38.
16. *Ibid.*, p. 38.
17. *Ibid.*, p. 138.
18. *Ibid.*, p. 154.
19. *Ibid.*, p. 179.
20. *Ibid.*, pp. 61-62. Note-se, porém, a observação feita por Peter J. Katzenstein no seu livro (1976), *Disjoined Partners, Austria and Germany since 1815*. Berkeley, pp. 61-62, nomeadamente: «[...] este sistema de vigilância, por muito impressionante que possa ter parecido na época, ainda era pequeno em comparação com a dimensão da população total ou das possíveis contra-elites liberais e democráticas. Em 1848, por exemplo, um total de apenas 15 000 cartas foi aberto por censores austríacos, aproximadamente 0,50% da correspondência externa da Áustria e apenas 0,08% do correio interno. Isto é pouco, quando comparado com os 96 000 000 a 120 000 000 de cartas e postais inspeccionados por ano por censores austríacos entre 1916 e 1918, aproximadamente 25% do correio externo e cerca de 10% do correio interno da Áustria. Por outras palavras, neste domínio, a capacidade de controlo político aumentou numa proporção de 50 para 100 entre 1850 e os anos 1916-18, embora o governo de guerra austríaco não fosse de modo algum um modelo de eficiência burocrática ou controlo totalitário.»
21. Citado em R. John Rath (1957), *The Viennese Revolution of 1848*. Austin, pp. 10-11.
22. Conde Hartig (1853), «Genesis or details of the late Austrian Revolution by an Officer of State», traduzido como vol. 4 de *Continuation*, da *History of the House of Austria*, do Arcediago Coxe. Londres, pp. 38-39.
23. Rath, *op. cit.*, p. 45.
24. *Ibid.*, pp. 45-46.
25. *Ibid.*, p. 31, nota 53. No contexto da polícia secreta da Áustria de Metternich, observe-se os comentários de um observador britânico, publicados em 1840, nomeadamente: «Se não fosse a ordem e a segurança predominantes em todo o lado, um estranho mal poderia supor, para além das muralhas das cidades, que existisse qualquer polícia, excepto nas fronteiras. Nunca viajei por nenhum país continental em que, excepto nas capitais provinciais, se veja ou sinta tão pouca [...] no meu espírito lamento profundamente as pessoas cuja imaginação crédula se alarma, imaginando agentes disfarçados, seguindo constantemente os seus passos e vigiando o seu comportamento. Em relação aos próprios nativos – limito-me, como sempre, às províncias germânicas –, nenhum país europeu provavelmente tem tão pouca necessidade de uma polícia secreta paga como a Áustria». O consenso público defendia, era o verdadeiro segredo da ordem. O mesmo observador notou também que os livreiros podiam importar e vender os

Notas e Referências

livros que desejassem, embora houvesse ligeiras restrições policiais sobre o modo como podiam anunciar ou expor obras críticas do regime. Essencialmente, escreve: «Que toda a instituição policial do império não seja considerável, pode inferir-se a partir do facto de que as suas despesas totais são de apenas 1 643 500 florins ou 164 350 libras esterlinas por ano; embora nesta quantia se incluam todas as despesas de equipamentos e apoio dos dois regimentos italianos; das forças armadas nos estados germânicos; todos os salários desde os 15 000 florins pagos ao seu chefe em Viena, até ao do empregado mais subalterno; e todas as pensões a funcionários reformados, viúvas e órfãos neste ramo do serviço». Consultar Peter Evan Turnbull (1840), *Austria*, 2 vols. Londres, vol. 2, pp. 255-61, 253.

26. Marx, *op. cit.*, pp. 44-53.
27. Rath, *op. cit.*, capítulo 2.
28. C. A. Macartney (1965), «The Austrian Monarchy, 1792-1847», *in* C. A. Crawley (org.), «War and Peace in an age of Upheaval, 1793-1830». *The New Cambridge Modern History*, Cambridge, vol. IX, capítulo XIV, pp. 395-411, p. 402.
29. Rath, *op. cit.*, p. 27.
30. *Ibid.*, p. 35.
31. Hans Sturmberger (1962), *Der Weg zum Verfassungsstaat. Die Politische Entwicklung in Oberösterreich von 1792 –1861*. Viena.
32. *Ibid.*, p. 45.
33. Macartney, *op. cit.*, p. 410.
34. J. Polisensky (1980), *Aristocrats and the Crowd in the Revolutionary Year 1848. A Contribution to the History of Revolution and Counter-revolution in Austria*. Albany.
35. P. Ginsborg (1979), *Daniele Manin and the Venetian Revolution of 1848-1849*. Cambridge.
36. Citado em Alan Sked, *op. cit.*, p. 167.
37. Hartig, *op. cit.*, p. 70.
38. Citado em Alan Sked (1976), «Metternich and the federalist myth», *in* Alan Sked e Chris Cool (orgs.), *Crisis and Controversy, Essays in Honour of A. J. P. Taylor*. Londres e Basingstoke, p. 4.
39. István Deák (1979), *The Lawful Revolution: Louis Kossuth and the Hungarians, 1848-49*. Nova Iorque.
40. E. Heller (1933), *Fürst Felix zu Schwarzenberg, Mitteleuropa's Vorkämpfer*. Viena, p. 265.
41. Kent Roberts Greenfield (1965), *Economics and Liberalism in the Risorgimento. A Study of Nationalism in Lombardy, 1818-48*, edição revista com uma introdução de R. Romeo. Baltimore, pp. xvii e xii.
42. Carlo Cattaneo (1848), *L'Insurrection de Milan en 1848*. Paris, p. 12.
43. *Ibid.*, p. 16.

44. *Ibid.*
45. Luigi Torrelli (1846), *Pensieri sull'Italia di un Anonimo Lombardo*. Paris.
46. Ver Alan Sked, *The Survival of the Habsburg Empire*, tomo III.
47. *Ibid.*, p. 174.
48. *Ibid.*
49. *Ibid.*, p. 175.
50. *Ibid.*, p. 168.
51. *Ibid.*, p. 174.
52. Para a proclamação, ver N. Bianchi Giovini (1854), *L'Autriche en Italie*, 2 vols. Paris, vol. I, pp. 277-79.
53. Alan Sked, *The Survival of the Habsburg Empire*, p. 110.
54. *Ibid.*, pp. 165-67.
55. *Ibid.*, p. 165.
56. *Ibid.*, p. 272, nota 17.
57. *Ibid.*, p. 167.
58. *Ibid.*
59. *Ibid.*, p. 184.
60. *Ibid.*, p. 185.
61. *Ibid.*
62. *Ibid.*, p. 186.
63. *Ibid.*
64. *Ibid.*
65. *Ibid.*
66. *Ibid.*
67. David F. Good (1984), *The Economic Rise of the Habsburg Empire, 1750--1914*. Berkeley e Los Angeles, p. 39.
68. Citado em *ibid.*, p. 42.
69. *Ibid.*
70. *Ibid.*, p. 45.
71. *Ibid.*, pp. 4-8.
72. *Ibid.*, p. 48.
73. *Ibid.*
74. Richard Rudolph (1983), «Economic revolution in Austria? The meaning of 1848 in Austrian economic history», *in* John Komlos (org.), *Economic Development in the Habsburg Monarchy in the Nineteenth Century. Essays*, pp. 165-82, p. 168.
75. *Ibid.*, pp. 171-72.
76. Wolfgang Häusler (1979), *Von der Massenarmut zur Arbeiterbewegung. Demokratie und Soziale Frage in der Wiener Revolution von 1848*. Viena, p. 24.
77. Nachum Gross, «Austria-Hungary in the World Econom», *in* Komlos (org.), *op. cit.*, pp. 1-45, p. 9.

NOTAS E REFERÊNCIAS

78. *Ibid.*, p. 14.
79. *Ibid.*, p. 68.
80. *Ibid.*, p. 67.
81. *Ibid.*
82. *Ibid.*, p. 68.
83. *Ibid.*
84. Turnbull, *op. cit.*, vol. 2, pp. 323-24.
85. *Ibid.*, Vol.2, p. 324.
86. Antonio Schmidt-Brentano (1975), *Die Armee in Osterreich: Militär, Staat und Gesellschaft, 1848-1867.* Boppard am Rhein, p. 109.
87. *Ibid.*
88. Robert Enderes (1947), *Revolution in Osterreich*, 1848. Viena, p. 38.
89. Conde Corti (1928), *The Reign of the House of Rothschild.* Londres, p. 258. Metternich encontrou-se com Solomon Rothschild em Novembro de 1847 e Janeiro de 1848 para conseguir o empréstimo. A citação provém, na realidade, do encontro de Janeiro.
90. *Ibid.*, pp. 254-55.
91. Julius Marx (1965), «Die wirtschäftlichen Ursachen der Revolution von 1848 in Osterreich», *Veröffentlichungen der Komission für Neure Geschichte Osterreichs*, vol. 51. Graz e Colónia, pp. 254-55, 94.
92. *Ibid.*, p. 99.
93. Turnbull, *op. cit.*, vol. 2, pp. 21-22, 340, 344.
94. Marx, *op. cit.*, p. 99.
95. Estes números provêm de *ibid.*, pp. 123-67 e Häusler.
96. Good, *op. cit.*, pp. 72-73.
97. Turnbull, *op. cit.*, vol. 2, p. 455.
98. *Ibid.*, vol. 2, p. 33.
99. *Ibid.*, vol. 2, p. 54.
100. Häusler, *op. cit.*, p. 57.
101. Turnbull, *op. cit.*, pp. 10-2.
102. *Ibid.*, p. 150.
103. Rath, *op. cit.*, pp. 14-15. Ver também Marx, *op. cit.*, p. 80: «De modo algum, porém, podem os problemas materiais por si só ser vistos como a força motriz por detrás da revolução; as massas proletárias e os trabalhadores manuais eram ainda política e nacionalmente indiferentes, muito pouco conscientes das ideias socialistas, os seus números como percentagem da população ainda pequenos. O seu descontentamento levou, quando muito, a revoltas locais, tais como as que ocorreram com os camponeses devido à dízima e ao trabalho forçado.»
104. Rath, *op. cit.*, p. 15, nota 35.
105. Turnbull, *op. cit.*, vol. 2, pp. 238-39.
106. Marx, *op. cit.*, p. 142.

107. Turnbull, *op. cit.*, vol. 2, pp. 219-20.
108. William L. Langer (1966), «The pattern of urban revolution, 1848», *in* E. M. Ancomb e M. L. Brown (orgs.), *French Society and Culture since the Old Regime*. Nova Iorque, pp. 90-108. Utilizei a tradução alemã, «Das Muster der städtischen Revolutionen von 1848», *in* H. Stuke e W. Foestmann (org.) (1979), «Die europaische Revolutionen von 1848», *Neue Wissenschaftliche Bibliothek*, vol. 103. Regensburg, pp. 46-69.
109. Häusler, *op. cit.*, p. 150.

3. O Fracasso das Revoluções de 1848

1. Gunther E. Rothenberg (1976), *The Army of Francis Joseph*. West Lafayette, p. 35.
2. *Ibid.*, p. 34.
3. György Szabad (1984), «Hungary's recognition of Croatia's self-determination in 1848 and its immediate antecedents», *in* Béla Király (org.), *East Central European Society and War in the Era of Revolutions, 1775-1856, War and Society in East Central Europe*, vol. 4. Brooklyn College Studies on Society and Change, n.° 13, Nova Iorque, pp. 599-6099, p. 593.
4. *Ibid.*, p. 594.
5. *Ibid.*, p. 595.
6. *Ibid.*, p. 600.
7. *Ibid.*, p. 603.
8. Zoltán I. Tóth (1954), «The nationality problem in Hungary in 1848-69», *in Acta Historica*, pp. 23-27, p. 27.
9. *Ibid.*, p. 243.
10. *Ibid.*
11. *Ibid.*, p. 256.
12. *Ibid.*, p. 244.
13. István Deák (1979), *The lawful Revolution: Louis Kossuth and the Hungarians, 1848-49*. Nova Iorque, p. 127; mas cf. Toth, *op. cit.*, p. 268.
14. István Bartha (1975), «Towards bourgeois transformation, revolution and war of independence (1790-1849)», *in* E. Pamlényi (org.), *A History of Hungary*. Londres e Wellingborough, pp. 207-84, p. 261.
15. Deák, *op. cit.*, pp. 117-18.
16. *Ibid.*, p. 280.
17. László Pusztaszéri (1984), «General Görgey's military and political role: civil-military relations during the Hungarian Revolution», *in* Kiraly (org.) *op. cit.*, pp. 473-518, pp. 479-80.
18. Deák, *op. cit.*, p. 305.
19. *Ibid.*

NOTAS E REFERÊNCIAS

20. *Ibid.*
21. *Ibid.*, p. 329.
22. *Ibid.*, p. 268.
23. *Ibid.*, pp. 183-84.
24. *Ibid.*, p. 62.
25. Aladár Urbán (1984), «One army and two ministers of war: the armed forces of the Habsburg Empire between Emperor and King», *in* Király (org.) *op. cit.*, pp. 419-38, p. 431.
26. Citado em K. Bourne (1970), *The Foreign Policy of Victorian England*. Oxford, p. 296.
27. Deák, *op. cit.*, mas ver pp. 187-201, e Joseph M. Borus (1984), «The military industry in the War of Independence», *in* Király (ed.), *op. cit.*, pp. 519-37.
28. Alan Sked (1979), *The Survival of the Habsburg Empire: Radetzky, the Imperial Army and the Class War*, 1848. Londres e Nova Iorque, p. 125.
29. *Ibid.*
30. *Ibid.*, p. 128.
31. *Ibid.*, p. 127.
32. *Ibid.*, p. 129.
33. *Ibid.*, p. 55.
34. *Ibid.*, p. 51.
35. *Ibid.*, p. 55.
36. *Ibid.*, p. 56.
37. *Ibid.*, p. 72.
38. *Ibid.*, p. 73.
39. *Ibid.*, pp. 71-72.
40. *Ibid.*, p. 73.
41. *Ibid.*, pp. 73-74.
42. *Ibid.*, p. 133.
43. *Ibid.*, p. 135.
44. *Ibid.*, pp. 161-62.
45. *Ibid.*, p. 137.
46. *Ibid.*, p. 140.
47. *Ibid.*, p. 141.
48. *Ibid.*, p. 142.
49. Frano della Peruta (1953), «I contadini nella rivoluzione lombarda del 1848», *Movimento Operaio*, pp. 562-65.
50. Sked, *op. cit.*, p. 145.
51. *Ibid.*, p. 146.
52. *Ibid.*, p. 144.
53. *Ibid.*, p. 140.
54. *Ibid.*

55. Paul Müller (1934), *Feldmarschall Fürst Windischgraetz, Revolution und Gegenrevolution in Osterreich*. Viena e Leipzig, p. 95.
56. Lawrence D. Orton (1978), «The Prague Slav Congress of 1848», *East European Monographs*, n.º XLXI. Nova Iorque, p. 102.
57. Müller, *op. cit.*, p. 109.
58. Friedrich Prinz, «Prag und Wien, 1848», *Veröffentlichungen des Collegium Carolinium*, vol. 21, p. 92.
59. Sked, *op. cit.*, p. 145-46.
60. *Ibid*.
61. Friedrich Walter (1964), «Die Osterreichische Zentralverwaltung, Pt III, Von den Märzrevolution 1848 Bis Zur Dezembervesfassung 1867, Vol. I, Die Geschichte der Ministerien Kolowrat, Ficquelmont, Pillersdorf, Wessenberg-Doblhoff und Schwarzenberg», *Veröffentlichungen der Komisson fur Neure Geschichte Osterreichs*, vol. 49, p. 192 (para ambas as citações).
62. Gunther E. Rothenberg (1965), Jellačić, the Croatian Military Borde rand the intervention against Hungary in 1848», *Austrian History Yearbook*, pp. 42-73, p. 58.
63. M. Hartley (1912), *The Man Who Saved Austria, Baron Jellačić*. Londres, p. 230.
64. *Ibid.*, p. 233.
65. Michaela Geisler (1968) *Joseph Freiherr von Jellačić de Buzim, Banus von Kroatien*, tese não publicada. Viena, p. 38.
66. Rothenberg, *Jellačić, the Croatian Border etc.*, p. 59.
67. *Ibid*.
68. Geisler, *op. cit.*, p. 57. Na realidade, o Ministério em Viena estava dividido quanto ao que fazer acerca de Jellačić. Segundo Deák, *op. cit.*, capítulo 4, nota 4 e pp. 363-64, o arquiduque Francisco Carlos, o chefe actuante da família imperial era definitivamente contra apoiá-lo, uma política favorecida apenas por Latour e Kulmer, o representante croata na corte. Contudo, nem mesmo Latour desejava prestar apoio oficial a Jellačić.
69. Jellačić a Latour, Zagrebe, 5 de Agosto de 1848, *Viena, Kriegsarchiv*, MK (1848) 4014.
70. Jellačić a Latour, Zagrebe, 8 de Agosto de 1848, *Viena, Kriegsarchiv*, MK (1848) 4123.
71. Jellačić a Latour, Zagrebe, 8 de Julho de 1848, *Viena, Kriegsarchiv*, MK (1848) 3421 e 3547.
72. Latour a Esterházy, Viena, 12 de Julho de 1848, *Viena, Kriegsarchiv*, MK (1848) 3421 e 3547.
73. Latour a Jellačić, Viena, 14 de Agosto de 1848, *Viena, Kriegsarchiv*, MK (1848) 4123.
74. Latour a Esterházy, Viena, 27 de Agosto de 1848, *Viena, Kriegsarchiv*, MK (1848) 4526 e 4527.

NOTAS E REFERÊNCIAS

75. Hartley, *op. cit.*, p. 251.
76. Walter, *op. cit.*, pp. 190-91.
77. *Ibid.*
78. Sked, *op. cit.*, p. 158.
79. *Ibid.*, p. 160.
80. *Ibid.*, p. 159.
81. *Ibid.*, p. 160.
82. *Ibid.*, p. 161.
83. *Ibid.*
84. *Ibid.*, p. 198.
85. *Ibid.*, p. 190.
86. *Ibid.*, p. 193.
87. *Ibid.*, pp. 202-03.
88. E. Heller, (1933), *Fürst Felix zu Schwarzenberg, Mitteleuropa's Vorkämpfer*. Viena, pp. 265-66.
89. Hartley, *op. cit.*
90. Citado em *Ibid.*, p. 251.

4. Da Contra-Revolução ao Compromisso

1. Acerca destas citações, ver Kenneth W. Rock (1975), «Felix Schwarzenberg, military diplomat», *Austrian History Yearbook*, vol. XI, pp. 85-109, pp. 86-87.
2. Rudolf Kiszling (1952), *Fürst Felix zu Schwarzenberg. Der politische Lehrmeister Kaiser Franz Josephs*. Graz e Colónia, p. 37.
3. *Ibid.*, p. 52.
4. C. A. Macartney, *The Habsburg Empire, 1790-1918*. Londres, p. 407.
5. Kiszling, *op. cit.*, p. 55.
6. Friedrich Walter (1965), «Fürst Felix Schwarzenberg im Lichte seiner Innenpolitik», in *Virtute Fideque, Festschrift für Otto von Habsburg zum fünfzigsten Geburtstag*, pp. 180-89, p. 180.
7. *Ibid.*
8. *Ibid.*
9. *Ibid.*, pp. 180-81.
10. *Ibid.*, p 183.
11. *Ibid.*
12. *Ibid.*, p. 184.
13. *Ibid.*
14. *Ibid.*
15. *Ibid.*

16. *Ibid.*
17. Macartney, *op. cit.*, p. 417.
18. *Ibid.*, p. 422.
19. *Ibid.*, p. 418.
20. A opinião de Redlich é sublinhada por A. Murad (1968), *Franz Joseph and His Empire*. Nova Iorque, p. 130.
21. Por exemplo, Robert A. Kann (1974), *A History of the Habsburg Empire, 1526-1918*. Londres, p. 321: «A reacção destruíra uma grande oportunidade».
22. Macartney, *op. cit.*, p. 418.
23. *Ibid.*, p. 425.
24. Walter, *op. cit.*, p. 186.
25. *Ibid.*
26. Macartney, *op. cit.*, p. 453.
27. *Ibid.*, p. 451.
28. *Ibid.*, p. 456.
29. Ver, sobretudo, Roy A. Austensen (1977), «Felix Schwarzenberg, "Realpolitiker" or "Metternichian"? The evidence of the Dresden Conference», in *Mitteilungen des Osterreichischen Staatsarchivs*, Vol. 30, pp. 97-118; mas também (1973-74), «Count Buol and the Metternich tradition», *Austrian History Yearbook*, vols. 9/10, pp. 173-93; e (1980), «Austria and the "Struggle for Supremacy in Germany", 1848-64», *Journal of Modern History*, vol. 52, pp. 195-225.
30. Austensen, Felix Schwarzenberg etc., pp. 106-07.
31. Adolph Schwarzenberg (1946), *Prince Felix Schwarzenberg, Prime Minister of Austria, 1848-52*. Nova Iorque, p. 167.
32. *Ibid.*, pp. 167-68.
33. H. Böhme (1971), *The Foundation of the German Empire*. Oxford, pp. 69-70.
34. *Ibid.*, p. 70.
35. Schwarzenberg, *op. cit.*, p. 69.
36. Thomas Francis Huertas (1977), *Economic Growth and Economic Policy in a Multinational Setting. The Habsburg Monarchy, 1841-1865*. Chicago, p. 30.
37. *Ibid.*, p. 34-35.
38. *Ibid.*, p. 35.
39. *Ibid.*
40. C. A. Macartney (1978), *The House of Austria: The Later Phase, 1790-1918*. Edimburgo, p. 131.
41. Huertas, *op. cit.*, pp. 26-28.
42. Macartney, *The House of Austria*, p. 131.
43. David F. Good (1984), *The Economic Rise of the Habsburg Empire, 1750--1914*. Berkeley e Los Angeles, p. 78.

Notas e Referências

44. *Ibid.*, p. 92-93.
45. John Komlos (1983), *The Habsburg Monarchy as a Customs Union, Economic Development in Austria-Hungary in the Nineteenth Century*. Guildford, p. 49.
46. *Ibid.*, pp. 50-51.
47. *Ibid.*, pp. 39-40.
48. Huertas, *op. cit.*, p. 19.
49. *Ibid.*, p. 20.
50. *Ibid.*, pp. 24-25.
51. Good, *op. cit.*, p. 81.
52. *Ibid.*, p. 82.
53. Citado em *ibid.*, p. 85.
54. László Katus (1983), «Transport revolution and economic growth in Hungary», *in* Komlos (org.), *Economic Development etc.*, pp. 183-204.
55. Richard Rudolph (1983), «Economic revolution in Austria? The meaning of 1848 in Austrian economic history», *in* John Komlos (org.), *Economic Development in the Habsburg Monarchy in the Nineteenth Century Essays*, p. 169.
56. Good, *op. cit.*, p. 84.
57. *Ibid.*, p. 85.
58. *Ibid.*, p. 86. e ss.
59. *Ibid.*, pp. 87-88.
60. Huertas, *op. cit.*, p. 36.
61. *Ibid.*, p. 40.
62. *Ibid.*, p. 45.
63. *Ibid.*
64. *Ibid.*, p. 48.
65. A. Milward e S. B. Saul (1977), *The Development of the Economies of Continental Europe, 1850-1914*. Londres, p. 296.
66. Huertas, *op. cit.*, p. 46. A evidente interacção entre a política económica e externa durante o período de 1854-70 é também salientada por Peter Katzenstein (1976), *Disjoined Partners. Austria and Germany since 1815*. Berkeley, pp. 87-88, em que escreve: «Entre 1848 e 1866 a dívida nacional triplicou e a maior parte foi contraída em mercados monetários estrangeiros [...] Para financiar uma política de neutralidade armada durante a Guerra da Crimeia, o governo austríaco foi forçado a vender todo o sistema ferroviário austríaco a preços desvantajosos a banqueiros estrangeiros, na sua maioria franceses. As finanças do Estado faliram por completo quando o governo tentou angariar fundos para a guerra com o Piemonte em 1859. Apenas meio empréstimo obrigacionista de guerra foi subscrito e mesmo essa pequena fracção apenas com um desconto substancial. Aos olhos dos financeiros e burguesia estrangeiros, o governo já não entrara em

falência [...] a elite política da Áustria no fim considerava a política externa como um jogo de roleta». Katzenstein salienta que, entre 1858 e 1859, as despesas militares diminuíram em 12%, entre 1860 e 1863, em 34%. Em consequência disso, a Áustria tornou-se tecnologicamente atrasada em termos militares, sendo incapaz de poder obter armas modernas. Para mais pormenores, consultar H. H. Brandt (1978), *Der österreichische Neoabsolutismus. Staatsfinanzen und Politik, 1848-1860*, 2 vols. Göttingen e Zurique. Outra observação interessante que Katzenstein fez é a seguinte (p. 89): «Mas o problema austríaco não era apenas de debilidade financeira. A ineficiência do governo também desempenhou um papel importante. Em 1854, o exército da Áustria constituía cerca de 1,37% da sua população, enquanto o índice correspondente para a Prússia era de apenas 0,77%. Por outro lado, a Prússia gastava quase duas vezes mais do que a Áustria com cada homem de armas, 209 táleres em comparação com os 109 da Áustria. Contudo, ao mesmo tempo a Prússia conseguia mobilizar uma proporção muito maior da sua população total. O seu exército de guerra possuía 428 000 homens, ou 2,59% da população total, e dispunha de reservas suplementares treinadas que teriam aumentado esse número para cerca de 800 000. Em comparação com a Prússia, a Áustria estava a utilizar uma maior proporção dos seus recursos para fins militares em tempo de paz, mas conseguia mobilizar uma proporção menor em caso de guerra.»

67. Paul W. Schroeder (1972), *Austria, Great Britain and the Crimean War. The Destruction of the European Concert*. Ithica e Londres, p. 413.
68. *Ibid.*, p. 415.
69. *Ibid.*, p. 416.
70. *Ibid.*, p. 418.
71. Austensen, conde Buol, etc., p. 193.
72. Citado em G. B. Henderson (1975), «Crimean War diplomacy and other historical essays», *Glasgow University Publications, LXVIII*. Nova Iorque, p. 187.
73. Norman Rich (1985), *Why the Crimean War? A Cautionary Tale*. Hanôver e Londres, p. 120.
74. *Ibid.*, p. 123.
75. *Ibid.*, p. 13. Deve notar-se que Metternich também condenara a política germânica de Schwarzenberg na altura, outra dificuldade em aceitar os metternichianos de Austensen como reais.
76. Henderson, *op. cit.*, p. 187.
77. Schroeder, *op. cit.*, p. 395, nota.
78. Bernhard Unckel (1969), «Osterreich und der Krimkrieg, Studien zur Politik der Donaumonarchie in den Jahren 1852-1856», *Historische Studien*, 410. Lübeck e Hamburgo.

79. William A. Jenks (1978), *Francis Joseph and the Italians, 1849-1859*. Charlottesville, p. 145.
80. *Ibid.*, p. 146.
81. Unckel, *op. cit.*, p. 282.
82. *Ibid.*, p. 140.
83. Citado em Murad, *op. cit.*, p. 14.
84. István Deák (1984), «Defeat at Solferino: the nationality question and the Habsburg Army in the War of 1859», *in* B. K. Király (org.), «The crucial decade: east central European society and national defense, 1859-70», *War and Society in East Central Europe*, Vol. XIV, pp. 496-515.
85. *Ibid.*, p. 511.
86. *Ibid.*, p. 497.
87. «Austensen, Austria and the "Struggle for Supremacy" in Germany», etc., p. 224.
88. Citado em Franco Valsecchi (1966), «European diplomacy and the Expedition of the Thousand: the conservative powers», *in* Martin Gilbert (org.), *A Century of Conflict, 1850-1950, Essays in Honour of A. J. P. Taylor*. Londres, pp. 60-61.
89. *Ibid.*
90. Richard B. Elrod (1984), «Bernhard von Rechberg and the Metternichian tradition: the dilemma of conservative statescraft», *Journal of Modern History*, vol. 56, pp. 430-55, p. 44.
91. *Ibid.*
92. *Ibid.*, pp. 40-41.
93. *Ibid.*, p. 449 (Elrod fornece a citação em alemão).
94. M. Derndarsky (1982), «Das Klischée von "Ces messieurs de Vienne [...]" Der österreichisch-französische Geheimvertrag von 12 Juni 1866 – Symtom für die Unfahigkeit der österreichischen Aussenpolitik?», in *Historische Zeitschrift*, vol. 235, pp. 289-353.
95. Citado em Elrod, *op. cit.*, p. 452, n. 82.
96. Richard B. Elrod (1981-2), «Realpolitik or Concert diplomacy: the debate over Austrian foreign policy in the 1860s with comments by M. Derndarsky», *Austrian History Yearbook*, vols. 17/18, pp. 84-103, pp. 95-96.
97. Comentários de Derndarsky em Elrod, *Realpolitik or Concert Diplomacy*, p. 103.

5. A Monarquia Dual

1. György Szabad (1977), *Hungarian Political Trends between the Revolution and the Compromise (1849-1867)*. Budapeste, pp. 166-67.

2. Lászlo Péter (1984), «The dualist character of the 1867 Hungarian Settlement», *in* György Ránki (ed.), «Hungarian history – world history», *Indiana Studies on History*. Budapeste, pp. 85-164, p. 118.
3. Citado em B. Sutter (1968), «Die Ausgleichverhandlungen zwischen Osterreich und Ungarn, 1867-1918», *Osterreichisch-ungarische Ausgleich von 1867 etc.*, pp. 71-111, p. 90.
4. A declaração é apócrifa.
5. C. A. Macartney (1970), «The Compromise of 1867», *in* R. H. Hatton e M. S. Anderson (org.), *Studies in Diplomatic History; Essays in memory of David Bayne Horn*. Londres, pp. 287-300, p. 229.
6. A. Murad (1968), *Franz Joseph and His Empire*. Nova Iorque, p. 176.
7. Sutter, *op. cit.*, p. 81.
8. *Ibid.*, pp. 92-93.
9. *Ibid.*, p. 106.
10. P. Hanák (1967), «Die Stellung Ungarns in der Monarchie», *in* F. Engel-Jánosi e H. Rumpler (orgs.), *Probleme der Franzisco-Josephischen Zeit, 1848-1916*. Viena, pp. 79-93, p. 88.
11. Péter, *op. cit.*, p. 147.
12. *Ibid.*, pp. 147-48.
13. *Ibid.*, p. 151.
14. *Ibid.*, p. 150.
15. *Ibid.*, p. 151.
16. *Ibid.*, pp. 151-52.
17. *Ibid.*, p. 152.
18. Zoltán Szász (1984), «The founding of the Honvédség and the Hungarian Ministry of Defence, 1867-70», *in* B. K. Király (org.), «The Crucial Decade: east central European society and national defense, 1859-70», *War and Society in East Central Europe*, vol. XIV, pp. 533-39, p. 533.
19. János Décsy (1984), «Gyula Andrássy and the founding of the Honvédség», *in* Király, *op. cit.*, pp. 540-50, p. 540.
20. Gábor Vermes (1983), «Hungary and the common army in the Austro-Hungarian Monarchy», *in* S. B. Vardy e A. H. Vardy (orgs.), *Society in Change, Studies in Honour of Bela K. Kiraly*. Nova Iorque, pp. 89-101, p. 95.
21. Szász, *op. cit.*, p. 358.
22. Gunther E. Rothenberg, «The Military Compromise of 1868 and Hungary», *in* Király, *op. cit.*, pp. 519-32, p. 526.
23. *Ibid.*, p. 259.
24. *Ibid.*
25. László Péter, *The Army Question in Hungarian Politics, 1867-1914*, p. 24. Dissertação não publicada, uma cópia da qual foi gentilmente cedida ao autor.
26. Norman Stone (1966), «Army and society in the Habsburg Monarchy, 1900-1914», *Past and Present*, vol. 33, pp. 965-111, p. 106.

27. *Ibid.*, pp. 104, 106.
28. Oscar Jászi (1961), *The Dissolution of the Habsburg Monarchy*. Chicago e Londres, p. 206.
29. David F. Good (1984), *The Economic Rise of the Habsburg Empire, 1750--1914*. Berkeley e Los Angeles, p. 104.
30. *Ibid.*, p. 124.
31. *Ibid.*, p. 240.
32. *Ibid.*
33. *Ibid.*, p. 241.
34. John Komlos (1983), *The Habsburg Monarchy as a Customs Union, Economic Development in Austria-Hungary in the Nineteenth Century*. Guildford.
35. *Ibid.*, p. 218.
36. *Ibid.*, pp. 219-20.
37. *Ibid.*, p. 218.
38. *Ibid.*, p. 218.
39. Peter Hanák (1984), «Hungary's contribution to the Monarchy», *in* G. Ránki (org.), *op. cit.*, pp. 165-80.
40. *Ibid.*, p. 169.
41. *Ibid.*, p. 166.
42. *Ibid.*
43. *Ibid.*, p. 169.
44. Scott M. Eddie (1984), «On Hungary's economic contributions to the Monarchy», *in* Ránki, *op. cit.*, pp. 191-207.
45. *Ibid.*, p. 195.
46. Ver, quer o seu ensaio (1971), «The decline of oligarchy: bureaucratic and mass politics in the Age of Dualism (1867-1918)», *in* A. C. János e W. B. Slottman (orgs.), *Revolution in Perspective. Essays on the Hungarian Soviet Republic*. Berkeley, pp. 1-60; quer o seu (1982), *The Politics of Backwardness in Hungary, 1825-1945*. Princeton.
47. János, *The Politics of Backwardness etc.*, p. xxi.
48. *Ibid.*, p. 314.
49. Alexander Gerschenkron (1965), *Economic Backwardness in Historical Perspective*. Nova Iorque.
50. Good, *op. cit.*, p. 192.
51. Eugen Weber (1976), *Peasants into Frenchmen, Rural France, 1870-1918*. Londres.
52. Para um breve estudo, ver Alan Sked (1987), *Britain's Decline, Problems and Perspectives*. Oxford.
53. Acerca das obras e carreira de Seton-Watson, ver a obra dos seus filhos, H. e C. Seton-Watson (1981), *The Making of a New Europe*. Londres.
54. C. A. Macartney, *The Habsburg Empire, 1790-1918*. Londres, p. 558.
55. *Ibid.*, p. 165.
56. *Ibid.*

57. Para um excelente resumo do problema da nacionalidade sob o Dualismo, consultar Barbara Jelavich (1983), *History of the Balkans, vol. II, Twentieth Century*. Cambridge, capítulo II. O mais completo e actualizado relato em alemão encontra-se nos dois volumes relevantes e maciços do estudo da Academia Austríaca sobre a monarquia, nomeadamente A. Wandruszka e P. Urbanitsch (orgs.) (1980), *Die Habsburger Monarchie, 1848-1918*, vol. III, tomos I e II, *Die Völker des Reiches*. Viena.
58. János, «The decline of oligarchy», etc., pp. 18-19.
59. *Ibid.*, p. 43.
60. Horst Haselsteiner (1984), «Das Nationalitätenproblem in den Ländern der ungarischer Krone», *in* E. Zöllner e H. Mocker (orgs.), «Volk, Land und Staat, Landesbewusstsein, Staatsidee und nationale Fragen in der Geschichte Osterreichs», *Schriften des Institutes für Österreichkunde*, 43, pp. 118-37, p. 132.
61. *Ibid.*, p. 133.
62. *Ibid.*, p. 132, notas 36 e 37.
63. Jelavich, *op. cit.*, p. 76.
64. Jozo Tomasevich, citado por Jelavich, *op. cit.*, pp. 55-56.
65. Jelavich, *op. cit.*, p. 55.
66. *Ibid.*, p. 57.
67. *Ibid.*, p. 66.
68. *Ibid.*, p. 68.
69. A. J. P. Taylor (1964), *The Habsburg Monarchy, 1809-1918, A History of the Austrian Empire and Austria-Hungary*. Londres, pp. 240-41.
70. V. S. Mamatey (1973), «The establishment of the republic», *in* V. S. Mamatey e R. Luža (orgs.), *A History of the Czechoslovak Republic, 1918-1948*. Princeton, pp. 3-38, p. 7.
71. *Ibid.*, p. 8.
72. Suzanne G. Kornish (1949), «Constitutional aspects of the struggle between Germans and Czechs in the Austro-Hungarian Monarchy», *Journal of Modern History*, vol. 21, pp. 231-61, p. 239.
73. Tema principal da sua última obra, *i.e.*, A. Gerschenkron (1977), *An Economic Spurt That Failed*. Princeton.
74. Kornish, *op. cit.*, p. 261.
75. Mamatey, *op. cit.*, p. 5.
76. *Ibid.*
77. *Ibid.*, p. 5.
78. *Ibid.*
79. Jelavich, *op. cit.*, p. 58.
80. Alfred Alexander (1977), *The Hanging of Wilhelm Oberdank*. Londres.
81. Hans Kohn (1975), «The viability of the Habsburg Monarchy», *in* Peter N. Stearns (org.), *A Century For Debate, 1789-1914, Problems in the Interpretation of European History*. Nova Iorque e Toronto, pp. 466-71, p. 469.

82. *Militär und Zivil. Zeitgemässe Betrachtungen von einem Österreicher*. Viena e Leipzig, 1904, p. 15, nota.
83. *Ibid.*
84. «Wer ein Jude ist bestimme ich». Ver Menachem Z. Rosenhaft (1976), «Jews and Antisemites in Austria at the end of the nineteenth century», *Leo Baeck Institute Yearbook*, pp. 51-86, p. 83. Ver também Peter G. J. Pulzer (1964), *The Rise of Political Antisemitism in Germany and Austria*. Londres.
85. Hans Mommsen (1979), *Arbeiterbewegung und Nationale Frage, Ausgewählte Ausfsätze*. Göttingen, p. 216.
86. *Ibid.*, pp. 216-17.
87. R. A. Kann (1974), *A History of the Habsburg Empire, 1526-1918*. Londres, pp. 442-43. Ver também Arthur G. Kogan (1949), «The Social Democrats and the conflict of nationalities in the Habsburg Monarchy», *Journal of Modern History*, vol. 21, pp. 204-17.
88. Citado em Georg Markus (1984), *Der Fall Redl*. Viena, p. 109.
89. A. Wandruszka (1968), «*Finis Austriae?* Reformpläne und Untergangsahnungen in der Habsburger Monarchie», in *Der österreichische Ausgleich von 1867. Seine Grundlagen und Auswirkungen*, Buchreihe der Südost-deutschen Historischen Kommission, vol. 20, Munique, p. 119.
90. *Ibid.*
91. *Ibid.*
92. Citado em W. W. Gottlieb (1957), *Studies in Secret Diplomacy During the First World War*. Londres, p. 261.
93. *Ibid.*
94. Carl E. Schorske (1981), *Fin de Siècle Vienna, Politics and Culture*. Nova Iorque.
95. W. Johnson (1972), *The Austrian Mind: an Intellectual and Social History, 1848-1938*. Berkeley.
96. B. Sutter (1980), «Die politische und rechtliche Stellung der Deutschen in Osterreich, 1848-1918», *in* A. Wandruszka e P. Urbanitsch (orgs.), *op. cit.*, tomo I, pp. 154-239, p. 239.
97. *Ibid.*, p. 304.
98. István Diószegi (1985), *Die Aussenpolitik der Österreichisch-Ungarischen Monarchie, 1871-1877*. Viena, Graz e Colónia, p. 10.
99. Jelavich, *op. cit.*, p. 77.
100. *Ibid.*, p. 78.
101. Louis Eisenmann (1910), «Austria-Hungary, in The Latest Age», *The Cambridge Modern History*, vol. XII, pp. 174-212.
102. A. J. P. Taylor, *op. cit.*, p. 292.
103. Eisenmann, *op. cit.*, p. 208.
104. *Ibid.*, p. 210.
105. *Ibid.*, p. 211.

106. *Ibid.*, pp. 210-11.
107. *Ibid.*, p. 212.
108. A. Lawrence Lowell (1896), *Governments and Parties in Continental Europe*, 2 vols. Londres, vol. 2, pp. 70-179, p. 179.
109. *Ibid.*, vol. 2, p. 177.

6. O Caminho para o Desastre

1. István Diószegi, *Die Aussenpolitik der Osterreichisch-Ungarischen Monarchie, 1871-1877*. Viena, Graz e Colónia, p. 10.
2. *Ibid.*
3. Nova Iorque, 1979, «East European Monographs 11», *Studies on Society in Change*, n.º 8.
4. *Ibid.*, p. 113.
5. *Ibid.*, p. 114.
6. *Ibid.*
7. *Ibid.*, p. 102.
8. *Ibid.*, p. 115.
9. *Ibid.*, p. 32.
10. *Ibid.*
11. Robert A. Kann (1977), «Trends Towards Colonialism in The Habsburg Empire, 1878-1918, the case of Bosnia-Hercegovina, 1878-1914», *in* D. K. Rowney e G. E. Orchard (orgs.), *Russian and Slavonic History*. Nova Iorque, pp. 164-80.
12. *Ibid.*, pp. 166-67.
13. *Ibid.*, p. 168.
14. *Ibid.*, p. 170.
15. *Ibid.*, pp. 171-72.
16. *Ibid.*, pp. 172-73.
17. *Ibid.*, p. 178.
18. Paul W. Schroeder (1972), «World War I as Galloping Gertie: a reply to Joachim Remak», *Journal of Modern History*, vol. 44, pp. 319-45, pp. 341-42.
19. Paul W. Schroeder (1976), «Munich and the British tradition», *The Historical Journal*, vol. 19, pp. 223-43, p. 237.
20. *Ibid.*, p. 240.
21. A. J. P. Taylor (1965), *The Struggle for Mastery in Europe*. Londres, p. 322.
22. *Ibid.*, p. 456.
23. C. A. Macartney, *The Habsburg Empire, 1790-1918*. Londres, p. 808, nota 1.
24. Barbara Jelavich (1975), *The Habsburg Empire in European Affairs, 1814-1918*. Nova Iorque, p. 117.

25. István Diószegi (1983), *Hungarians in the Ballhausplatz, Studies on the Austro-Hungarian Common Foreign Policy*. Budapeste, p. 55.
26. *Ibid.*, p. 82.
27. *Ibid.*, p. 84.
28. *Ibid.*, p. 88.
29. *Ibid.*
30. *Ibid.*, p. 210.
31. Roy F. Bridge (1972), *From Sadowa to Sarajevo: the Foreign Policy of Austria Hungary, 1866-1914*, Londres, p. 370.
32. Diószegi, *Hungarians in the Ballhausplatz*, pp. 228-29.
33. Robert A. Kann (1973), «Kaiser Franz Joseph und der Ausbruch des Weltkrieges», *Micllungen des Osterreichischen Staatsarchivs*, XXVI, pp. 448--55, pp. 449-50. O imperador também preferira a guerra em 1913 sobre Scutari, segundo Bilinski.
34. Acerca de Tisza, ver Gábor Vermes (1985), «István Tisza, the Liberal Vision and Conservative Statecraft of a Magyar Nationalist», *East European Monographs CLXXXIV*, Nova Iorque, capítulo IX. Acerca da determinação da Áustria-Hungria em ir para a guerra, ver sobretudo William Jannen Jr. (1983), «The Austrian Decision for War in July 1914», *in* S. R. Williamson Jr. e P. Pastor (orgs.), «Essays on World War I: Origins and Prisoners of War», *War and Society in East Central Europe*, vol. V, Nova Iorque, pp. 55-81. Na página 58, escreve: «Mesmo no Conselho de Ministros de 19 de Julho [...] não se debateu as possíveis consequências da intervenção russa». Cf. p. 60: «Os líderes da monarquia parecem não ter prestado praticamente nenhuma atenção à provável reacção das outras potências.» Ver ainda o artigo de Sam Williamson na mesma colecção, que estabelece conclusões semelhantes.
35. W. W. Gottlieb (1957), *Studies in Secret Diplomacy During the First World War*. Londres, p. 263.
36. Título do estudo mais recente e abrangente das relações austro-germânicas durante a guerra, nomeadamente, Gary W. Shanafelt (1985), «The secret enemy: Austria-Hungary and the German Alliance, 1914-1918», *East European Monographs*, CLXXXVII. Nova Iorque.
37. István Deák (1985), «The Habsburg army in the first and last days of World War I: a comparative analysis», *in* B. K. Király e N. F. Dreisiger (eds.), «East Central European society in World War I», *War and Society in East Central Europe, Vol. XIX, East European Monographs*, CXCVI. Nova Iorque, pp. 301-12, p. 310.
38. Gunther E. Rothenberg (1985), «The Habsburg army in the First World War: 1914-1918», *in* B. K. Király e N. F. Dreisiger, *op. cit.*, pp. 289-300, p. 297.
39. János Décsy (1985), «The Habsburg army on the threshold of total war», *in* B. K. Király e N. F. Dreisiger, *op. cit.*, pp. 280-88, p. 281.

40. A. J. P. Taylor (1964), *The Habsburg Monarchy, 1809-1918, A History of the Austrian Empire and Austria-Hungary*. Londres, p. 247.
41. Bridge, *op. cit.*, p. 23.
42. Norman Stone (1966), «Army and society in the Habsburg Monarchy, 1900-1914», *Past and Present*, vol. 33, p. 107.
43. *Ibid.*
44. Gunther E. Rothenberg (1976), *The Army of Francis Joseph*. West Lafayette, p. 129.
45. Deák, *op. cit.*, p. 307.
46. J. Robert Wegs (1977), «Transportation: the Achilles heel of the Habsburg war effort», *in* R. A. Kann, B. K. Király e P. S. Fichtner (orgs.), «The Habsburg Empire In World War I, essays on the intellectual, military, political and economic aspects of the Habsburg war effort», *Studies on Society and Change*, 2, East European Monographs, XXIII, pp. 121-34.
47. Richard Georg Plaschka (1985), «The Army and Internal Conflict in the Austro-Hungarian Empire, 1918», *in* B. Király e N. F. Dreisiger (orgs.), *op. cit.*, pp. 338-53.
48. Deák, *op. cit.*, pp. 307-08.
49. *Ibid.*, p. 308.
50. Citado em Brigitte Hamann (1982), «Die Habsburger und die Deutsche Frage im 19 Jahrhundert», *in* H. Lutz e H. Rumpler (orgs.), *Osterreich und die Deutsche Frage in 19 und 20 Jahrhundert, Probleme der politisch-staatlichen und sozio-kulturellen Differenzierung im deutschen Mitteleuropa*. Munique, p. 222.
51. G. B. Henderson (1975), «Crimean War diplomacy and other historical essays», *Glasgow University Publication, LXVIII*. Nova Iorque, p. 21: «Es ist hart gegen frühere Freunde auftreten zu müssen, allein in der Politik ist dies nicht anders möglich, und im Orient ist Russland jederzeit unser natürlicher Feind» [É difícil ter de falar contra antigos aliados, mas na política não há outra coisa a fazer, e a Oriente encontra-se a Rússia, o nosso inimigo de sempre].
52. *Ibid.*, pp. 53-54.
53. Citado em Solomon Wank (1967), «Foreign policy and the nationality problem in Austria-Hungary, 1867-1914», *Austrian History Yearbook*, vol. 3, pp. 33-56, p. 44.
54. E. C. Count Corti e H. Sokol (1955), *Der Alte Kaiser*. Graz, Viena e Colónia, p. 363.
55. Oscar Jászi (1961), *The Dissolution of the Habsburg Monarchy*. Chicago e Londres, p. 420.
56. Lothar Höbelt (1982), «Österreich-Ungarn und das Deutsche Reich als Zweibundpartner», *in* H. Lutz e H. Rumpler (orgs.), *op. cit.*, pp. 256-281, 278-79.

NOTAS E REFERÊNCIAS

57. Acerca deste tema, ver Alan Sked (1981), «Historians, the nationality question and the downfall of the Habsburg Empire», *Transactions of the Royal Historical Society*, 5.ª série, vol. 31.
58. A. Wandruszka (1968), «*Finis Austriae?* Reformpläne und Untergangsahnungen in der Habsburger Monarchie», in *Der österreichische Ausgleich von 1867. Seine Grundlagen und Auswirkungen*. Buchreihe der Südost-deutschen Historischen Kommission, vol. 20. Munique, p. 119.

7. Reflexões sobre o Declínio e a Queda do Império Habsburgo

1. Ver C. A. Macartney, *The House of Austria: The Later Phase, 1790-1918*, Londres, 1978, p. 1, e *The Habsburg Empire, 1790-1918*, Londres, 1968, p. 1. Ver atrás pp. 4-5.
2. Charles Ingrao, *The Habsburg Monarchy 1618-1815*, Cambridge, 1994, pp. 218-19.
3. Ingrao, *op. cit.*, p. 218.
4. Alan Sked, *The Decline and Fall of the Habsburg Empire, 1815-1918*, Londres, 1989. Ver atrás.
5. Para um debate acerca da historiografia mais recente, ver capítulo 5.
6. Ingrao, *op. cit.*, p. 241.
7. Robert Evans, «The Habsburg Monarchy and The Coming of War», pp. 33-55, p. 35, *in* Robert Evans e Hartmut Pogge von Strandmann (orgs.), *The Coming of the First World War*, Oxford, 1990 (itálicos do autor).
8. Georg Franz, *Liberalismus. Die deutschliberale Bewegung in der habsburgischen Monarchie*, Munique, 1956 (?), p. 40.
9. Franz, *op. cit.*, p. 36.
10. Ver Peter Evan Turnbull, *Austria*, 2 vols., Londres, 1840.
11. Esta investigação encontra-se resumida atrás, nos primeiros dois capítulos, especialmente no capítulo 2. Uma vez que não há espaço aqui para debater o tradicional caso «liberal» contra Metternich, só podemos realçar que a oposição austríaca era muito moderada e não muito mal tratada. Nenhum dos escritores da oposição anterior a 1848 exigia uma república ou uma revolução; nenhum exigia uma constituição escrita, uma Carta de Direitos, ou mesmo um parlamento «liberal». A família imperial era sempre referida em termos de obsequiosa lisonja. Quanto à polícia secreta, todas as obras banidas podiam ser lidas à vontade e apenas 0,5% da correspondência externa e 0,08% da correspondência interna era aberta. Durante a maior parte desta época, o império desfrutou de um desenvolvimento económico e passou de facto por uma revolução industrial conseguindo o arranque para o desenvolvimento da economia sustentada. Até à crise económica dos finais

da década de 1840, parecia haver muito pouca oposição para preocupar o governo. O mais irónico é o facto de, apesar da sua reputação de repressão, o regime quase não dispor de polícia ou tropas para defender Viena em 1848 (Berlim ainda se encontrava em pior situação. Eram as capitais liberais e constitucionais, Londres e Paris, que se encontravam armadas até aos dentes de polícias, guardas nacionais ou agentes especiais e tropas).

12. Franz, *op. cit.*, p. 11.
13. *Ibid.*, p. 13.
14. Ingrao, *op. cit.*, p. 220.
15. O melhor debate acerca deste assunto encontra-se em Erika Weinzerl-Fischer, *Die österreichische Konkordaten von 1855 und 1933*, Viena, 1960, em que se baseia grande parte deste trecho.
16. Citado em Weinzerl-Fischer, *op. cit.*, p. 13.
17. Acerca das relações entre Metternich e Consalvi, ver Charles Van Duerm (org.), *Correspondence du Cardinal Hercule Consalvi avec le Prince Clément de Metternich, 1815-1823*, Liège-Bruxelas, 1899.
18. Citado em Weinzerl-Fischer, *op. cit.*, p. 17.
19. Acerca de Jarcke, ver Otto Weinberger, «Karl Ernst Jarcke», *Historisches Jahrbuch*, vol. 46, 1926.
20. Citado em Weinzerl-Fischer, *op. cit.*, p. 18. O documento original perdeu-se durante a Segunda Guerra Mundial. Existe apenas um exemplar completo publicado conhecido do mesmo, que foi utilizado por Weinzerl-Fischer. Acerca de toda a questão da sucessão em 1835, ver Fritz von Reinöhl, «Das politische Vermächtnis Kaiser Franz», *Historische Blätter*, vol. 7, 1937.
21. Acerca de Rauscher, ver Coelestin Wolfsgrubers, *Joseph Othmar, Cardinal Rauscher, Fürsterzbischof von Wien*, Freiburg i. Br., 1888.
22. Ver Alan Sked, *The Survival of the Habsburg Empire. Radetzky, The Imperial Army and the Class War, 1848*, Londres e Nova Iorque, 1979. Ver também Friedrich Engel-Janosi, *Österreich und der Vatikan, 1846-1918*, vol. I, Graz, Colónia, Viena, 1958.
23. Citado em Jean-René Derré (org.), *Metternich et Lamennais d'après les documents conservés aux Archives de Vienne*, Paris, 1963, p. 29.
24. Derré, *op. cit.*
25. *Ibid.*, p. 36.
26. Citado em J. Derek Holmes e Bernard W. Bickers, *A Short History of the Catholic Church*, Tunbridge Wells, 1983, p. 237 [*História da Igreja Católica*, Lisboa, Edições 70, 2006].
27. Citado em Derré, *op. cit.*, p. 54.
28. Franz, *op. cit.*, p. 14.
29. Citado em Heinrich Strakosch, *Privatrechtskodifikation und Staatsbildung in Österreich (1753-1811)*, Viena, 1976, p. 74.

30. Henry E. Strakosch, *State Absolutism and the Rule of Law. The Struggle for the Codification of Civil Law in Austria 1753-1811*, Sydney, 1967, p. 184.
31. *Ibid.*
32. Strakosch, *State Absolutism*, p. 185, nota 11.
33. Citado em Strakosch, *Privatrechtskodifikation*, p. 84.
34. Turnbull, *op. cit.*, vol. 2, p. 389.
35. *Ibid.*, p. 54.
36. Meynert, *op. cit.*, p. 27.
37. Acerca das citações utilizadas neste parágrafo, ver Meynert, *op. cit.*, pp. 27-28 e pp. 283-86.
38. Citado em Ronald E. Coons, «Reflections of a Josephinist. Two Addenda to Count Franz Hartig's "Genesis der Revolution in Oesterreich im Jahre 1848"», *Mitteilungen des österreichischen Staatsarchivs*, vol. 36, 1983, pp. 204-36, p. 208.
39. Turnbull, *op. cit.*, vol. 2, pp. 238-39.
40. Acerca das histórias que se seguem, ver Meynert, *op. cit.*, pp. 14-18 e a nota da p. 310.
41. Este trecho não trata da investigação actual acerca do êxito económico da Áustria durante o período em questão. Já debati a literatura sobre o desenvolvimento económico da Áustria durante o período de Metternich no capítulo 2.
42. O vol. 2 de Turnbull e a segunda parte de Meynert conferem avaliações muito positivas à economia austríaca contemporânea. Ver também o capítulo 2.
43. Citado por Ingrao, *op. cit.*, p. 237.
44. Turnbull, *op. cit.*, vol. 2, p. 33.
45. *Ibid.*, p. 39.
46. Ver *Ibid.*, pp. 1-8.
47. Ver Alan Sked, *The Survival of the Habsburg Empire. Radetzky, The Imperial Army and the Class War, 1848*, Londres e Nova Iorque, 1979. A parte III debate as atitudes de Metternich e dos seus colegas em relação à nobreza e a campanha económica de Radetzky contra a nobreza italiana.
48. Turnbull, *op. cit.*, vol. 2, p. 59.
49. *Ibid.*, p. 66.
50. Meynert, *op. cit*, pp. 311-13.
51. Ver Turnbull, *op. cit.*, vol. 2, pp. 125-56; Meynert, *op. cit*, pp. 302-10 demonstra o apoio de Francisco às artes e às ciências.
52. Turnbull, *op. cit.*, vol. 2, p. 142.
53. *Ibid.*, pp. 143-44.
54. *Ibid.*, pp. 150-51.
55. *Ibid.*, pp. 155-56.
56. *Ibid.*, pp. 241-43.
57. *Ibid.*, p. 242.

58. *Ibid.*, p. 243.
59. *Ibid.*
60. *Ibid.*, p. 244.
61. Meynert, *op. cit.*, segunda parte.
62. Londres e Nova Iorque, 1989.
63. Solomon Wank, «The Habsburg Empire», *in* Karen Barkey e Mark von Hagen (orgs.), *After Empire. Multiethnic Societies and Nation-Building. The Soviet Union and the Russian, Ottoman, and Habsburg Empires*, Oxford, 1997, pp. 45-57, pp. 45-46.
64. Wank, *op. cit.*, p. 46.
65. Alexander J. Motyl, «From Imperial Decay to Imperial Collapse: The Fall of the Soviet Empire in Comparative Perspective», *in* Richard L. Rudolph e David F. Good (eds.), *Nationalism and Empire. The Habsburg Monarchy and the Soviet Union*, Nova Iorque, 1992, pp. 15-43.
66. Ver, por exemplo, o artigo da colecção publicada por Rudolph e Good (nota 65) de Paul Robert Magocsi, *A Subordinate or Submerged People: The Ukrainians of Galicia under Habsburg and Soviet Rule*, pp. 95-107, que conclui (p. 100): «Apesar das críticas dirigidas por activistas políticos e cívicos contra certos aspectos do governo de Habsburgo, os ucranianos da Galícia permaneceriam, até ao momento final da existência do império, no fim de 1918, os seus leais "tiroleses do Leste"». Como muitos historiadores observaram, quase todas as nacionalidades combateram lealmente até ao fim, constituindo os Checos a única verdadeira excepção a esta regra (e mesmo assim, apenas uma minoria de checos desertou).
67. Michael Palairet, «The Habsburg Industrial Achievement in Bosnia-Herce-govina, 1878-1914: An Economic Spurt That Succeeded?», *Austrian History Yearbook*, vol. XXIV, pp. 133-52, p. 143. Cf. a Tabela 3 de Palairet na p. 151. O valor do produto nacional da Bósnia *per capita* em 1910 era de 546 dólares americanos comparado com 542 na Croácia, 684 na Hungria, 802 na Áustria e 958 na Alemanha.
68. David F. Good, *The Economic Rise of the Habsburg Empire, 1750-1914*, Berkeley, 1984.
69. Para um estudo e interpretação, ver Alan Sked, *An Intelligent Person's Guide to Post-War Britain*, Londres, 1997.
70. David Edgerton, «Myths of Decline», in *Prospect*, Londres, Agosto/Setembro de 1996, e *Science, Technology and the British Industrial «Decline», 1870-1970*, Cambridge, 1996.
71. Ver Alan Sked, «Britain and the Continental Revolutions of 1848», *in* A. Birke, M. Brechtken e A. Searle (orgs.), *An Anglo-German Dialogue: The Munich Lectures on the History of International Relations (Prince Albert Studies, vol. 17)*, Munique, 2000.
72. Ver as notas 63 e 65.

73. Robert Justin Goldstein, *Political Repression in 19th. Century Europe*, Beckenham, 1983, p. 278.
74. *Ibid.*, p. 284.
75. *Ibid.*, p. 285.
76. *Ibid.*, pp. 249-50.
77. M. S. Anderson, *The Ascendancy of Europe. Aspects of European History, 1815-1914*, Londres, 1972, p. 77.
78. Norman Stone, *Europe Transformed, 1878-1919*, Londres, 1983, p. 174.
79. Richard Pipes, *Russia Under the Old Regime*, Harmondsworth, 1977, pp. 315.
80. *Ibid.*, pp. 313-15.
81. George L. Yaney, *The Systematization of Russian Government, Social Evolution in the Domestic Administration of Imperial Russia, 1711-1905*, Urbana, Chicago, Londres, 1973, p. 389.
82. *Ibid.*
83. Richard S. Wortman, *The Development of a Russian Legal Consciousness*, Chicago e Londres, 1976, p. 287.
84. Yaney, *op. cit.*, p. 383.
85. Acerca de uma defesa incondicional da Alemanha como *Rechtstaat* em 1914, ver Manfred Rauh, «Die "deutsche Frage" vor 1914: Weltmachtstreben und Obrigkeitstaat?», *in* Josef Becker e Andreas Hillgruber (orgs.), «Die Deutsche Frage im 19 und 20 Jahrhundert», *Schriften der Philosophischen Fakultäten der Universität Augsburg*, Nr. 24, Munique, 1983, pp. 109-66.
86. Geoff Ely, «Army, State and Society: Revisiting the Problem of German Militarism», in *From Unification to Nazism, Reinterpreting the German Past*, Boston, Londres e Sydney, 1986, pp. 85-109.
87. *Ibid.*
88. *Ibid.*
89. Acerca de estatísticas, ver A. J. P. Taylor, *The Struggle for Mastery in Europe, 1848-1918*, Oxford, 1965, p. xxix.
90. Jack R. Dukes, «Militarism and Arms Policy Revisited: The Origins of the German Army Law of 1913», *in* Jack R. Dukes e Joachim Remak (orgs.), *Another Germany: A Reconsideration Of the Imperial Era*, Boulder e Londres, 1988, pp. 19-39, p. 36.
91. Dennis E. Showalter, «Army, State and Society in Germany, 1871-1914: An Interpretation», *in* Dukes e Remak, *op. cit.*, pp. 1-18.
92. Showalter, *op. cit.*, pp. 4-10.
93. *Ibid.*, p. 16.
94. Ver capítulo 5.
95. Max-Stephan Schulze, «Engineering and Economic Growth. The Development of Austria-Hungary's Machine-Building Industry in the late Nineteenth Century». *Forschungen zur Wirtschafts-Finanz-und Sozialegeschichte*, vol. 3, Frankfurt am Main, 1996. Consultar também Max-Stephan Schulze,

«The machine-building industry and Austria's great depression after 1873», *Economic History Review*, vol. L, 2 (1997), pp. 282-304.
96. Schulze, *Engineering and Economic Growth*, p. 2.
97. *Ibid.*, p. 164.
98. *Ibid.*, p. 162.
99. *Ibid.*, p. 164.
100. Max-Stephan Schulze, «Economic Development in the Nineteenth Century Habsburg Empire», *Austrian History Yearbook*, vol. XXXVIII (1997), pp. 293-307.
101. Schulze, *op. cit.*, p. 169.
102. Ver, por exemplo a excelente obra de Noel Malcom, *Bosnia, a Short History*, Londres, 1996, ou Aydin Babudna, *Die nationale Entwicklung der bosnischen Muslime, mit besonderer Berücksichtigung der österreichisch-ungarischen Periode*, Frankfurt am Main, 1996. Igualmente muito útil como ponto de vista sobre o período austro-húngaro, Ernest Bauer, *Zwischen Halbmond und Doppeladler, 40 Jahre österreichische Verwaltung in Bosnien-Herzegovina*, Viena, 1971.
103. Ver as notas 2 e 4.
104. Michael Palairet, «The Habsburg Industrial Achievement in Bosnia-Hercegovina, 1878-1914: An Economic Spurt That Succeeded?», *Austrian History Yearbook*, vol. XXIV (1993), pp. 133-52.
105. Palairet, *op. cit.*, p. 152.
106. As estatísticas nas seguintes passagens referentes à Alemanha podem ser encontradas em todos os manuais de história económica relevantes. Baseei-me em Frederick Austin Ogg e Walter Rice Sharp, *Economic Development of modern Europe*. Nova Iorque, 2.ª edição, 1932. Contudo, a primeira edição foi publicada em 1916, antes da eclosão da Revolução Russa (a segunda cobre também os anos pós-guerra) e assim fornece uma imagem da Rússia não influenciada pela propaganda bolchevique. Ver adiante.
107. Citado em Gerhard Ritter, *Social Welfare in Germany and Britain, Origins and Development*, Leamington Spa e Nova Iorque, 1986, p. 34.
108. *Ibid.*, p. 47.
109. *Ibid.*, pp. 104-05.
110. *Ibid.*, pp. 112-13.
111. *Ibid.*, pp. 126-27.
112. Retirei este relato do relevante subcapítulo *in* Ogg e Sharp, *op. cit.* Todo o tema parece ter sido relativamente ignorado pelos modernos historiadores da Áustria. Ver, porém, Margarete Grandner, «Staatliche Sozialpolitik in Cisleithanien, 1867-1918», *in* Helmut Rumpler (org.), «Innere Staatsbildung und gesellschaftliche Modernisierung in Osterreich und Deutschland 1867-1914», *Historikergespräch Österreich-Bundesrepublik Deutschland 1989*, Viena e Munique, 1991.

113. Frederick Austin Ogg, *in* Ogg e Sharp, *op. cit.*, p. 302. (A primeira edição foi escrita sem Sharp em 1916.)
114. Citado em Rauh, *op. cit.*, p. 158, nota 123.
115. Michael T. Florinsky, *Russia, A History And An Interpretation*, 2 vols., Nova Iorque, 1965, vol. 2, pp. 1209-10.
116. Florinsky, *op. cit.*, p. 1227.
117. Hugh Seton-Watson, *The Russian Empire*, Oxford, 1967, p. 652.
118. Florinsky, *op. cit.*, p. 1229.
119. J. N. Westwood, *Endurance and Endeavour. Russian History 1812-1971*, Oxford, 1973, p. 199.
120. Westwood, *op. cit.*, p. 176.
121. Florinsky, *op. cit.*, p. 1239.
122. Ver *inter alia*, Gerhard Masur, *Imperial Berlin*, Londres, 1971, e os artigos de Lees e McClelland in Dukes e Remak, *op. cit.*
123. Título do seu artigo em *Die Zeit* de 11.9.1981.
124. Ver nota 63.

Índices

Índice Remissivo

A Questão Alemã (germânica), 168, 179, 201, 265
A Questão da Nacionalidade 10, 110, 126, 199, 200, 222, 234, 240, 247, 253, 254, 257, 258, 260, 284, 290, 294-296, 298, 326, 327, 328n
Absolutismo, 15, 23, 28, 52, 155, 166, 167, 181, 210, 268, 304, 305, 309
Acordo de Berlim (1833), 20
Acordo de Munique (1938), 274
Acordo de Reichstadt (1876), 276
Acordo de Viena, 31
Acordos de Münchengraetz (1833), 20, 30
Acordos Mediterrânicos, 279
Acre, cerco de, 1840, 102
Acta Final de Viena (1820), 34
Aerenthal, Conde Alois von, 280, 281, 297
África do Sul, 233
África Oriental, 233
Agram, ver Zagreb
Albânia, 281, 282, 360
Alberto, Arquiduque, 103, 106, 168, 219, 268, 294
Alemães, 12, 33-35, 87, 140, 212, 215, 239, 247-252, 254, 255, 260, 265, 266, 276, 284, 287, 291-293, 298, 342, 244
Alemanha, 11, 16, 22, 23, 27, 31, 33-36, 38, 60, 84, 87, 88, 100, 108, 110, 157, 160, 171-173, 177, 178, 180, 190-192, 199, 201-204, 206, 207, 209, 223, 225, 229, 230, 252, 259, 264, 266, 268, 269, 274, 275, 278, 280, 281, 283-285, 287-291, 294, 299, 302, 307, 311, 328, 331, 335-338, 341-343, 347, 348, 352, 353
Alexandre I, Imperador da Rússia, 28, 29, 38, 348, 375n
Aliança Dualista, 278, 360
Alpes, 49, 88, 288
Alsácia-Lorena, 259, 288, 331
Alta Áustria, Arquiducado da, 11, 72, 96, 101, 249, 317
Alta Lusácia, 12
Alta Silésia, Ducado da, 11
Alvoroço bancário (1848), 101
ancien régime ver Antigo Regime
Andics, Erzsébet, 41
Andrássy, Conde Gyula, 214, 218-220, 250, 26-271, 277, 278, 296, 360
Andrian-Werburg, Barão Victor von, 69
Antigo Regime, 32, 38, 101

ÍNDICE REMISSIVO

Apponyi, Conde, 29, 312
aristocratas (aristocracia), 47, 51, 53, 59, 70, 74-78, 80, 86, 9, 97, 151, 154, 165, 187, 209, 216, 233, 320
Arménios, 2, 254
Arsenal (Veneza), 130
Artigos de Guerra (do Exército Austríaco), 57
Aspern, batalha de, 102
Augsburger Allgemeine Zeitung, 63, 82
Augustenburg, Duque de, 204
Ausgleich, ver Compromisso de 1867
Austensen, Roy A., 176-179, 192, 193, 195, 201, 202, 299
Áustria, ver monarquia de Habsburgo
Áustria-Hungria, ver monarquia de Habsburgo
Autarkie, 88
autonomia pessoal, 254, 257, 258

Bach, Alexander, 143, 149, 160, 162, 169, 170, 238, 303, 304, 325, 326,
Baden, 259, 319
Badeni, Conde Casimir, 215, 251, 258, 260, 360
Baixa Áustria, Arquiducado da, 73, 86, 94, 96, 102, 105, 106, 247,
Baixa Lusácia, 12
Baixa Silésia, Ducado da, 11
Balcãs, 16, 30, 192, 193, 195, 202,203, 207, 209, 223, 224, 241, 265, 266, 269, 270, 271, 273, 275-277, 279-286, 293, 295-298, 331, 341
Banco de Inglaterra, 232
Banco Nacional Austríaco, 88, 189
Bancos, Austríacos, 89, 187, 339, 349
Bánffy, Barão Dezsó, 238
Bartha, István, 74
Batthyány, Conde Lájos, 113, 115, 123, 127
Bauer, Otto, 257
Baumgartner, A., 189
Baviera, 66, 68, 172, 259, 311
Beidtel, Karl, 69, 70, 106
Bélgica, 11, 21, 36, 87, 229, 299, 31, 302, 348, 358
Belgrado, 282, 283, 286, 297
Bem, General Joseph, 111, 116
beni comunali, 313

Berchtold, Conde Leopold, 276, 281, 286, 361
Bérend, Iván, 184
Bérgamo, 129
Berlim, 20, 36, 106, 159, 174, 176, 177, 204, 205, 234, 268-271, 275, 277-281, 283
Berlim Leste, 106
Berlim, Congresso de (1878), 269, 277, 360
Berlim, Tratado de (1878), 269, 271, 275, 280
Berthier de Sauvigny G. de, 37, 41, 376n
Beust, Friedrich F., Barão von, 268, 269, 361
Biegeleben, Hofrat von, 205
Bilinski, Leo, Ritter von, 289, 395n
Bismarck, Conde Otto von, 19, 52, 158, 176, 192, 201, 202, 204-206, 208, 269, 276-278, 331, 343, 350
Blackwell J. A., 123
Blum, Jerome, 96
Boémia, Reino da, 11, 43, 61, 73, 76, 84-87, 96, 104, 108, 109, 126, 139-142, 159, 208, 223, 247, 248, 250-252, 322, 327
Böhme, Helmut, 178
Bonapartistas, 58
Bósnia-Herzegovina, 195, 241-244, 269, 270, 273, 276, 280, 297, 328, 341, 360
Bourbons, 38, 312
Bréscia, 82, 109, 129
Brest-Litovsk, Tratado de (1918), 288, 361
Bretanha, ver Grã-Bretanha
Bridge, Roy F., 29, 284, 285, 291
Bright, John, 233
Bruck, Freiherr Kal von, 160, 167, 170, 176, 179, 180, 186, 189
Bucareste, 106
Buchlau, 280
Bucovina, Ducado de, 11, 96, 223, 225, 254, 255, 257, 260, 328
Buda, 108, 109, 112, 120, 127
Budapeste, 106, 116, 122, 126, 136, 144, 145, 149, 240, 243, 360

Bülow, Príncipe, 276
Bulgária, 224, 227, 278, 279, 283, 290, 341
Búlgaros, 12, 254, 293
Bund Alemã, ver Confederação Alemã
Bundestag, 175
Buol-Schauenstein, Conde Karl F., 361
Buonarotti, Filippo, 57
Burián, Conde István, 267, 362
Burocracia, 13, 17, 32, 43, 69, 72, 74, 78, 79, 81, 99, 107, 168, 232, 233, 247, 250, 252, 272, 273, 289, 295, 305, 349
Burschenchaften, 100

cabinets noirs, 51
Câmara dos Comuns, 49, 124, 214, 246
câmaras de deputados, ver dietas
Camarilha, 45, 110, 116, 138, 145, 150, 155
Cameron, Rondo, 188
caminhos-de-ferro, 85, 89, 181, 186, 187, 188, 227, 244, 250, 263, 271, 272, 336, 340
Camponeses, 70, 73, 81, 82, 84, 95-98, 111, 115-118, 121, 126, 128, 136, 146, 153, 154, 181-184, 232, 240, 256, 261, 272, 292, 315, 320, 321, 329, 349, 350, 381*n*
Canning, George, 22, 29
Caporetto, batalha de (1917), 287
Carbonária, 57, 58
Caríntia, Ducado de, 11, 96
Carlos Alberto, rei do Piemonte--Sardenha, 47, 79, 107, 110, 125, 129, 136-138, 155, 195
Carlos, Imperador da Áustria, 287-289, 298, 361
Carníola, Ducado de, 11, 241
Carnot, Lazare, 30
Caroline Augusta, 308
Carta da Boémia (1848), 40, 141
Carta Patente de Fevereiro (1861), 204, 209, 360
Carta Patente Sylvester (1851), 110, 170, 360
Cartistas, 103
Casamentos Espanhóis (1846), 36, 358
Casati, Conde Gabrio, 79

Castelli, Ignaz, F., 159
Colina do Castelo (Buda), 120
Castlereagh, Visconde Robert, 22, 29
Catolicismo, 62, 67, 308
Catorze Pontos, 288, 290
Cattaneo, Carlo, 77
Cattaro, 259
Cavalo Branco de Bronzell, 173
Cavour, Conde Camillio di, 52, 176, 199, 205, 206, 208
Censura, 34, 51, 59, 60-63, 66-68, 71, 333, 352
Chancelaria húngara, 49, 61
Charbonnerie, 58
Carlos, Arquiduque, 26, 45, 102
Checos, 12, 131, 140, 160, 169, 215, 246-254, 266, 277, 281, 289, 290, 302, 400*n*
Chéradame, André, 259
Chlopy, 221
Churchill, Winston, 38
Ciganos, 12
Cisleithania, 214, 241, 247, 250, 253--255, 257, 363
Clary, Conde, 313
Cláusulas do Mar Negro (1856), 269
Clube de Leitura Jurídico-Político, 67
Código de Direito Civil Austríaco, 170
Código de Direito Civil de 1811 de Zeill, Er, 309, 313, 314
Coligação Servo-Croata (Croácia), 242, 244, 245
Coligação Servo-Croata (Dalmácia), 242
comandos gerais, 122, 149
Comissão do Tribunal para os Assuntos Espirituais, 306
Compromisso Morávio (1905), 251
Condados húngaros, 50, 165, 236
Confederação Alemã, 12, 32-35, 110, 172-180, 192, 202-205, 255, 307, 310, 359
Conferência de Desarmamento de Haia, 291
Conferência de Dresden, 110, 171, 172, 174, 359
Conferência Ministerial de Viena (1834), 13, 43, 44, 50
Congregações Centrais da Lombárdia--Véneto, 73

Índice Remissivo

Congresso Eslavo (1848), 140, 358
Consalvi, Cardeal, 307, 308, 398
Conselho de Guerra, 130
Conspiração Jacobina de 1794-5, 15
Constituição de Kremsier (1849), 165
Constituição de Stadion (1849), 167
Contra-reforma, 301
Convenção de Budapeste (1877), 277
Coroa da Boémia, 11
Coroa de Sto. Estêvão, ver Coroa Húngara
Coroa Húngara, 11, 113, 167, 363
Cortes do Norte, 30
Cracóvia, 11, 20, 37, 80, 140, 253, 255, 358
Cristianismo, 229

Dalmácia, Reino da, 11, 241-244, 255, 259, 270, 272
Danilevsky, N., 16
Danton, George Jacques, 30
Danúbio, rio, 223, 297
Deák, Ferenc, 112, 113, 210, 212, 217--219, 235
Deák, István, 74, 75, 116-121, 126, 127, 200, 290, 293, 327
Décsy, János, 219, 266-269
Della Peruta, Franco, 136
Dembinski, General Conde Henrik, 120
democracia, 37, 81, 151, 154, 229, 238, 293, 325
Derndarsky, Michael, 6, 206, 208, 209, 420n
Derré, Jean-René, 312
Dessewffy, Conde Aurel, 50
Deutscher Sonderweg, 19
Dez Mandamentos, 81
Dezembristas, os, 59
Dieta da Alta Áustria, 249
Dieta da Baixa Áustria, 73, 102, 105, 106, 249
Dieta da Boémia, 200-252
Dieta da Transilvânia, 239, 240
Dieta galega, 253
Dieta Húngara, 9, 61
dietas (ver também sob títulos particulares), 36, 49, 50, 61, 70-74, 112, 140, 169, 233, 235, 239, 240, 250-253, 272, 332

Digby, Jane, Lady Ellenborough, 159
Dinamarca, 33, 173, 225
dinastia de Habsburgo, 11, 13, 28, 189, 255
dinastia de Obrenovic, 80, 297
Diószegi, István, 60, 265, 266, 268, 277, 278, 285, 327
Diploma de Outubro (1860), 204, 209
disputa da Igreja de Colónia, 310
Dissidentes, 56, 82, 211, 232, 332
Doblhoff, Anton, Freiherr von, 73, 76, 305
Domínios (britânicos), 274
Dravo, rio, 125, 146, 150
Dualismo (ver Capítulo 5)
Ducados (italianos), 31, 80
Ducados de Elba, ver Schleswig-Holstein
Dulles, John Foster, 40
Durando, General, 311

Eddie, Scott M., 228
Edgerton, David, 330
Eichenfelds, 65
Eisenmann, Louis, 155, 262, 263, 328
élozetes szentesítés (sanção preliminar), 216
Elrod, Richard B., 6, 201, 202, 206, 209, 299
Ely, Geoffrey, 335, 336
Embaixada de Hohenlohe (1912), 282
Embaixada Leiningen (1853), 195, 197
Emerson, Donald, 60
Enderes, Robert, 91
Engel-Janosi, Friedrich,
Engels, Friedrich, 30, 36
Eötvös, Barão J., 235, 236
Equilíbrio de Poder (Europeu), 14, 20, 28, 38, 123, 173, 176, 202, 236, 273-275
Erste Oesterreichische Sparkasse, 89
Eslavónia, Reino da, 11, 114, 167, 224, 242, 270, 363
Eslavos, 84, 131, 132, 209, 214, 234, 235, 241, 242, 244, 445, 247, 248, 252, 254, 255, 264, 270, 276, 277, 281, 287, 289, 290, 297-299
Eslavos do Sul (Jugoslavos), 84, 131, 132, 209, 235, 241, 244, 245, 277, 287, 289, 290, 297, 299

ÍNDICE REMISSIVO

Eslovacos, 12, 84, 115, 116, 222, 234, 237-240, 246, 290
Eslovenos, 12, 169, 241-243, 247, 250
Espanha, 11, 20, 22, 28, 36, 229, 279, 305, 357
Estados Pontifícios, 20, 32, 33, 58, 358
Estados Unidos, 224, 246, 299, 338, 342
Estatuto das Terras (Bosnia-Herzegovina), 272
Esterházy, Príncipe Paul, 123, 148, 149, 159
Estêvão, Arquiduque, 107
Estíria, Ducado de, 11, 96, 101, 126, 241, 317
Estreitos, os, 275, 280, 358
Eszék, 114
Europa, 7, 11, 12-16, 19-21, 23, 27-30, 32, 38-40, 51, 53, 56, 71, 85, 94, 103, 105, 119, 120, 124, 176, 186, 192-194, 196, 201-203, 227, 229-233, 262, 269, 271, 273-275, 277, 280, 284, 285, 294, 301, 302, 305, 312, 321, 325, 329-331, 342, 346, 353
Europa Central, 7, 12, 15, 19, 40, 78, 207, 236, 273, 274, 288, 299, 341
Europeu(s) Orientais, 13
Evans, Robert, 303, 304, 325

Federalismo, 15, 247, 287
Fernando II, Imperador do Sacro Império Romano, 11
Fernando, Imperador da Áustria, 31, 71, 72, 102, 103, 161, 181, 308, 309, 358, 359
Ferrara, «ocupação» de, (1847), 20, 33, 311
Ficquelmont, Conde Ludwig de, 48, 49, 76, 78-81, 107, 128, 133, 361
Ficquelmont, Condessa de, 78
Fischer, Fritz, 284
Fiume, 11, 113, 272
Florinsky, Michael T., 349, 352
França, 15, 16, 26, 29, 30, 34-39, 42, 49, 55, 58, 60, 66, 69, 70, 87-89, 101, 102, 105, 106, 136, 193-195, 197, 199, 202, 203, 205-208, 229, 230, 232, 268, 269, 274, 280, 283, 288, 291, 296, 299, 311, 312, 315, 329, 30, 332, 336, 337, 341, 347, 348, 358, 360

França, Banco de, 187
Francisco Carlos, Arquiduque, 76, 103, 141, 143, 384*n*
Francisco I, Imperador da Áustria, 15, 16, 23, 30, 31, 39, 41, 42, 44, 46, 61, 62, 64, 69, 101, 295, 304-306, 309, 311, 313, 325, 358
Francisco José, Imperador da Áustria, 11, 12, 17, 109, 110, 158, 161, 162, 165, 167-169, 171, 178, 180, 181, 195, 196, 198-200, 203, 204, 206, 209, 210, 212, 213, 216-221, 230, 233, 237, 240, 244, 247, 252, 259, 262, 268-270, 286, 287, 289, 291, 295-299, 311, 328, 359-361
Frank, Josip, 243
Frankfurt-am-Main, 255
Francisco Fernando, Arquiduque, 252, 282, 283, 286, 292, 295, 297, 303, 361
Franz, Georg, 303, 313
Frederico Guilherme IV, Rei da Prússia, 69, 172, 199
Frederico Guilherme III, Rei da Prússia, 30
Frente dos Balcãs, 293
frente Italiana, 287
frente russa, 293
frente sérvia, 293
Frederico, Arquiduque, 102
fronteira militar servo-húngara, 149, 167, 243
Fürstentag (1863), 204
Fundos da família Habsburgo-Lorena, 147
Fundos do Gabinete Secreto, 147

Gabinete de Cifras Secretas da Corte, 62
Galiza, Reino da, 11, 80, 81, 82, 84, 96, 153, 223, 225, 253, 255, 257, 260, 288, 321, 322, 328, 400*n*
Gazetta di Lugano, 63
Geitters, 65
Génova, 137
Gentz, Friedrich von, 29, 37, 60, 64, 308
Germanização, 40
Gershenkron, Alexander, 188

Índice Remissivo

Gesamteintritt, 174-179, 295
Gisela, Arquiduquesa, 259
Goldstein, Robert J., 59, 60
Gömbös Gyula, 230
Good, David F., 85, 88, 89, 96, 182, 183, 186, 188, 224-226, 231, 328
Gör, 148
Görgei, General Arthur, 110, 111, 119-121, 127
Gorízia, Condado de, 11, 241, 254
Grã-Bretanha, 22, 29, 30, 36, 39, 60, 88, 173, 192-194, 197, 229, 232, 273-276, 279, 280, 283, 296, 299, 305, 324, 329, 330, 336-338, 341, 342, 347, 348, 360
Gradisca, Condado de, 11, 241, 254
Graham, Sir James, 60
Grande Crise Oriental (1875-78), 276
Gratz, 100
Grécia, 22, 152, 276, 341, 357, 358
Greenfield, Kent Roberts, 77
Gregório XVI, Papa, 308
Gregos, 12, 30, 254
Grenzboten, die, 67-69
Grenzer, 124, 132, 133, 145, 147, 149
Grillparzer, Franz, 22, 66, 69, 103, 304
Gross, Nachum, 87
Gründerzeit, 188, 190
Grünne, Conde K. L., 200
Grundentlastung, 181, 182
Guardas de Semenovskii, 28
Guerra da Independência Americana, 302
Guerra da Independência Grega, 25
Guerra de Sonderbund (1847), 22
Guerra dos Porcos (1906), 280, 297
Guerra Franco-Prussiana (1870-71), 208, 266, 267, 297
Guerra Italiana de1859, 123, 124, 197, 204
Guerra Prussiana (Guerra austro--prussiana de 1866), 297, 360
Guerra Russo-Turca (1828-29), 26, 357
Guerras dos Balcãs, 275, 276, 281, 282, 285, 298
Guerras Napoleónicas, 16, 24, 99, 225, 319
Guilherme II, Imperador Alemão, 258
Guizot, François, 36, 38
Gyulai, Conde F., 200

Haas, Arthur G., 40, 41, 299
Habsburgo, 11-16, 19, 20, 28, 31, 39, 49, 51, 55, 61, 72, 74, 77, 79, 81, 88, 123, 124, 147, 153, 174, 180, 181, 184, 186, 189-191, 196, 203, 206, 211, 219, 221, 222, 224-226, 240, 253, 255, 258, 260-262, 272, 275, 276, 288, 290, 294, 296, 300-303, 305, 306, 319, 324, 326, 327, 331, 338, 339, 341, 347, 353o
Hanák, Péter, 184, 215, 216, 218, 227, 228
Hanover, 172
Hartig, Conde Franz, 67, 74, 130, 133--135, 137, 139, 316, 317
Haselsteiner, Horst, 239
Häusler, Wolfgang, 86, 98
Hausmacht (Áustria como), 14, 252, 294
Haynau, Freiherr Julius, 109, 118, 119, 127, 155, 233
Hereford, Duque de, 151
Herrengasse, 61, 103
Hess, Freiherr Heinrich, 153, 194, 200
Hetzendorf, 103
Highlands escocesas, 230
historiadores, historiografia, 14-17, 19, 20, 55, 58, 61, 73, 74, 77, 85, 86, 96, 97, 118, 150, 158, 171, 181, 182, 184, 186, 188, 202, 206, 208, 212, 214, 215, 218, 221, 223, 226-228, 254, 295, 299, 303, 305, 326, 329-331, 343, 353, 400n, 402n
Hitler, Adolfo, 38, 256, 273, 274, 276
Hlinka, Andrej, 237, 246
Höbelt, Lothar, 299
Hock, Freiherr von, 175, 176, 179
Hofburg, 71, 102, 103
Hofkammer, 302
Hofkriegsrat, ver Conselho de Guerra,
Hofmannsthal, Hugo von, 260
Hofstallburg, 65
Hofstellen, 42, 43, 46, 47, 170
Hohenwart, Conde Karl, 250
Hohenzollerns, 211, 288
Holanda, 11, 21, 33, 229, 358
Honra, 27, 130, 138, 151, 169, 192, 206, 208-210, 259, 285, 298, 300
honvéds(ég), 123, 125, 218

Horthy, Almirante Miklós, 230
Huertas, Thomas F., 180-182. 185, 189-191
Hummelauer, Hofrat K. von, 134
Hungria, Reino da, 11, 41, 46, 49-51, 53, 56, 61, 62, 64, 70, 73-77, 81, 84, 88, 91, 104, 105, 107-109, 111-117, 119-127, 132, 136, 144-150, 155, 157, 160, 163-165, 167-169, 172, 173, 181, 183-186, 194, 197, 209-236, 239-247, 251, 254, 258, 259, 261-266, 269, 272-276, 279, 280, 282, 284, 286-290, 292, 293, 295, 296, 298, 299, 302, 310, 322, 328, 334, 338-341, 353, 359, 360, 400n
hussardos de Bach, 169

Ideia Europeia, 13
ideologia Whig, 192
Igreja Ortodoxa Romena, 115
Igreja Ortodoxa Sérvia, 115
Iluminismo, 229, 322
imperialismo, 71-273
Império Britânico, 233, 273
Império Multinacional (Áustria como), 14
Império Otomano, ver Turquia
Imrédy, Béla, 230
Índia, 224
Inglaterra, ver Grã-Bretanha
Ingrao, Charles, 301, 305
Interim Germânico, 173
York, Duque de, 151
irmãos Pereire, 187
irmãos Stadion (Condes Philipp e Friedrich), 16, 25, 115, 151, 160, 161, 164, 166-168, 210, 214, 295, 296, 305, 359
Ístria, Margraviado da, 11, 241, 254
Itália, 11, 16, 23, 27, 31-33, 35, 38, 46-48, 53, 56, 58, 77-84, 92, 101, 102, 104-108, 110, 114, 124, 125, 127, 130-133, 137, 138, 142, 147, 152, 153, 159, 160, 172, 173, 189, 192, 194, 195, 197-203, 205-209, 224, 229, 230, 254, 264, 268, 274, 279, 282, 283, 285, 287, 291-293, 300, 305, 310, 322, 329, 358, 360, 361
Italia irredenta, 254

Italianos, 12, 32, 47, 56, 58, 59, 78-81, 83, 105, 107, 108, 110, 112, 124, 125, 128, 130-132, 134, 136, 137, 153, 154, 195, 198, 199, 205, 206, 241, 242, 247, 254, 255, 287, 288, 290, 291, 293, 299
Izvolsky, Conde Alexander, P., 280, 281

Janos, Andrew, 228
Japão, 224, 274, 280
Jarcke, Karl Ernst, 308, 310, 311, 398n
Jászi, Oszkár, 223
Jelavich, Barbara, 240, 243, 254, 261, 276, 327, 392n
Jellačić, Barão Josip, 76, 108-112, 114-116, 121, 122, 124, 125, 132, 133, 138, 139, 144-151, 155, 168, 359
Jerusalém, Reino de, 12
Jesuítas, 72, 307, 309, 310
Jockey Club (Milão), 79
João, Arquiduque, 16, 45, 130, 114, 115, 122
Johnson, William, 260
José II, Imperador do Sacro Império Romano, 15, 61, 230, 301, 304-306, 315, 316, 325
Josefinismo, 13, 83, 302, 304, 305, 307, 311, 313, 320, 325
José, Arquiduque, 50, 102
Jovem Itália, 57, 59
Jovens Checos, 251
Jovens Turcos, 280
Judeus, 12, 17, 61, 64, 86, 98, 101, 112, 231, 232-234, 254, 255
Jugoslávia, 11, 242
Jugoslavismo, 242, 244
Julgamento de Agram, 244
Julgamento de Friedjung, 244
Julgamentos Jacobinos de 1794, 313, 314

Kabinettsweg, 41, 43
Kaisertreue, 218
Kállay, Conde Miklós, 244, 340, 341
Kálnocky, Conde Gustáv, 277-279, 296, 297
Kann, Robert A., 258, 271-273
Katus, László, 184, 187
Kennan, George, 14

ÍNDICE REMISSIVO

Khuen-Héderváry, Conde Károly, 243, 244
királyhüség, 218
Klapka, General György, 168, 200
Klima, Arnost, 86
Klimt, Gustav, 260
Kmets, 272
Koerber, Ernst von, 251
Kolowrat-Liebsteinsky, Conde Anton, 43
Komárom, fortaleza de, 168
Komers, Hofrat, 142, 143
Komlos, John, 85, 96, 182, 183, 185, 188, 226-228, 338, 339
Königgraetz, ver Sadowa
Kossuth, Lájos, 20, 50, 74, 111-114, 116-118, 120, 121, 124, 126, 148, 184, 200, 359
Kotzebue, August F. F., 34
Kramár, Karl, 248, 252
Kraus, Karl, 260
Krauss, Freiherr Phillip von, 160, 162, 167, 169, 170
Krems, 144
Kübeck, Karl F., Freiherr von, 43, 45, 92, 162, 167-171, 304
Kulmer, Barão Franz, 145, 146, 384*n*
Kiburg, 12

Laibach, 29, 32, 259, 357
Laibach (Ljubljana), Congresso de (1820), 32, 357
Lamennais, Félicité, Robert de, 312
Landhaus (Viena), 102
Langer, William L., 103
Latim, 112, 318
Latour, Conde Baillet de, 135, 137-139, 141-150, 152, 384
Legião Académica (vienense), 141
Legião Polaca (1848-9), 137
Legnago, 128
Lei da Concessão do Caminho-de-Ferro (1864), 186
Lei das Nacionalidades de 1868 (húngara), 235
Leipzig, 69, 303
Leipziger Zeitung, 67-68
Leis de Abril (da Hungria), 75
Leis Sobre a Educação (húngaras), 236

Lemberg (Lvov), 100, 323
Leopoldo II, Imperador do Sacro Império Romano, 15, 61, 306
Liberalismo, 16, 28, 29, 33, 38, 62, 77, 151, 153, 304
Líbia, 281
Liga Contra a Lei dos Cereais, 60
Liga dos Três Imperadores (Dreikaiserbund), 269, 277
Linz, 72, 94, 255, 319, 322
List, Friedrich, 35, 184
Litoral Adriático, 254
Ljubljana, ver Laibach
Lobkowitz, Príncipe Joseph, 143, 144
lojas maçónicas, 59
Lombárdia, 11, 27, 31, 33, 38, 40, 46, 48, 49, 55, 58, 61, 73, 77, 79, 82, 84, 92, 101, 104, 105, 107, 108, 124, 125, 127, 130, 132-137, 153, 154, 157, 164-166, 168, 195, 197-199, 301, 307, 311, 316, 322, 358, 360
Lombárdia-Véneto, Reino da, 31, 38, 40, 46, 48, 49, 55, 58, 73, 77, 79, 82, 84, 92, 101, 105, 107, 124, 127, 134--136, 153, 157, 164-166, 168, 195, 197, 198, 307, 311, 322
Lonovics, Bispo, 310
Lorena, 12, 259, 288, 331
Lovassy, László, 50
Lowell, Lawrence A., 263, 264
Lueger, Karl, 214, 256
Luís, Arquiduque, 45, 71, 103, 104, 106, 309
Luís Filipe, rei de França, 26, 36, 38, 70, 71, 101, 103, 105, 358
Luís XIV, 302
Lützow, Conde, 310, 311

Macartney C. A., 15, 70, 73, 165, 166, 169, 171, 181, 182, 214, 235, 301, 302
Macedónia, 79
Magenta, Batalha de (1859), 200
Magiares, 12, 109, 116, 118, 209, 214, 215, 219, 221, 222, 234-237, 239, 254, 256, 264, 270, 295, 297, 302, 362, 363
Magiarização, 111, 236, 238-240, 244, 246

Mahler, Gustav, 260
Mainz, 66
Mamatey, Victor S., 253
Manin, Daniele, 74
Manteuffel, Otto von, 174-176, 179
Mântua, 128
Mar Adriático, 35, 123, 174, 254, 259, 282
Mar Mediterrâneo, 59, 279
Maria Teresa, Imperatriz, 221, 304
Marie Valerie, Arquiduquesa, 259
Marinha Real (Britânica), 275
Martini, Almirante, 130,
Martini, Conselheiro da Corte, 313
Marx, Julius, 93
Marx, Karl, 101
März, Eduard, 188
Masaryk, Thomas, 244, 252
Matica Slovenska, 237
Matis, Herbert, 187, 303
Maximiliano, Arquiduque, 198
Mayerling, 259
Mazarino, Cardeal, 22
Mazzini, Giuseppe, 57, 59, 60, 198
Mein Kampf, 256
Mensdorff, Conde, 201, 206, 207
Mensdorff-Pouilly, Conde Alexander, 205, 361
Mészáros, Coronel Lázár, 132, 148
Metternich, Príncipe Clemens; Capítulo 1
Metternichiano, 158, 176, 177, 179, 192, 196, 197, 201, 204, 277
Mezzogiorno, 230
Mickiewicz, Adam, 137
Milan, Rei da Sérvia, 279
Milão, 46-49, 77-79, 81, 83, 107, 108, 127-129, 131, 133, 134, 136-138, 153, 198, 358
Miletic, Svetozar, 237
Milward, Alan, 191
Mincio, rio, 203
Ministério da Marinha (britânica), 275
Ministério das Finanças Austro-Húngaro, 272
Ministério de Guerra, 138, 139, 141, 149
Ministério de Guerra húngaro, 149
Ministério dos Negócios Estrangeiros Austro-Húngaro, 46, 203, 205, 283

Ministério dos Negócios Estrangeiros Britânico, 272, 348
Ministério húngaro, 121-123, 145, 147
Ministerkonferenz, 42, 92, 104
Ministerrat fur gemeinsamen Angelegenheiten, ver Conselho da Coroa
Mitteleuropa, 174, 196, 288, 290
Modena, Ducado de, 12
Moering, Karl, 69, 70
Moga, General János, 120
Moldávia, 116
Mommsen, Hans, 257
monarquia de Habsburgo (Império), 12, 14, 15, 19, 28, 31, 51, 55, 61, 123, 124, 180, 181, 184, 191, 203, 211, 219, 222, 225, 255, 261, 275, 288, 290, 301-303, 305, 306, 327, 331, 338, 339, 347, 358
monarquia Dualista, 14, 220, 266, 289
Montalambert, Conde Charles, 83
Montecuccoli, Conde Albert, 73
Montenegro, 195, 197, 276, 281, 282
Morávia, Margraviado de, 11, 86, 96, 140, 247, 249, 250, 251, 257, 260, 328
Mortara, batalha de (1849), 110
Motyl, Alexander J., 327, 328, 340
Movimento de Restauração Católica, 72
Muçulmanos (maometanos), 254, 363
Müller, Adam, 309
Müller, Paul, 139
Mürzsteg, 279
Munizipalgeist, 47
Museu Britânico, 38
Museu Nacional da Boémia, 248
Meynert, Hermann, 304

nacionalidades, 15, 20, 28, 52, 111, 115, 121, 131-133, 150, 164, 165, 207, 209, 211, 214, 221, 222, 228, 230, 234, 235, 238, 239, 246, 254, 257, 258, 260-262, 265, 287, 292, 294, 296, 327, 331, 362, 400*n*
nacionalismo, 16, 28, 62, 84, 114, 189, 191, 207, 222, 240, 241, 245, 255, 257, 260, 266, 271, 294
Nacionalistas Alemães, ver Pangermânicos

Nagodba (1868), 235, 240, 242, 244, 245
Nagyvárad, 126
Napoleão I, Imperador dos Franceses, 232
Napoleão III, Imperador dos Franceses, 52, 176, 192, 195-197, 199, 206, 208, 232
Nápoles, 20, 25, 26, 28, 29, 32, 33, 58, 105, 135, 159, 357
Navarino, batalha de (1827), 30, 357
Nazis, 274
necessidade Europeia (Áustria como), 13, 28, 31, 53, 202, 275, 298
Negócios Estrangeiros, Ministério dos, 46, 203, 205, 283
Negros, 248
neo-absolutismo, 170, 204
Nesselrode, Conde Charles von, 22, 30, 31, 307
Nice, 137
Nicolau I, Imperador da Rússia, 28, 29, 37, 109, 158, 173, 333, 359
nobreza, ver aristocracia
Nordbahn, 255
Noruega, 229
Novara, batalha de (1849), 110, 359
Nugent, Conde Laval, 134, 137, 159

O Caso Sisto (1917), 288
Oberdank, Wilhelm (Oberdan Guiglielmo), 254
Olmütz, acordo de, 109, 110, 174, 359
Orleanistas, 58
österreichisches Staatsidee, 13
Pacto Europeu, ver Pacto da Europa
Pádua, 79, 100, 323
Paget, John, 96
Palairet, Michael, 340, 341
Palatino Húngaro, 50, 102, 107, 122, 218
Palatino, ver Palatino Húngaro
Palmerston, Henry John Temple, Terceiro Visconde, 21, 22, 36, 39, 123, 124, 133, 134, 153, 158, 173, 192
Pamlényi, Erwin, 75
Pangermânicos, 256, 259
Paris, 35, 36, 57, 77, 80, 105, 159, 197, 198, 232, 259, 268, 312, 332, 360

Paris, Congresso de, (1856), 198, 360
Paris, Paz de (1856), 197
Parlamento bávaro, 72
Parlamento húngaro, 108, 150, 218, 219, 222, 235, 237, 246, 267, 268, 278
Parma, Ducado de, 12
Partido Liberal (austríaco), 277
Partido Liberal (húngaro), 278
Partido Nacional Eslovaco, 237, 246
Partido Nacionalista Sérvio (Dalmácia), 240
Partido Social Cristão, 256
Paskievicz, Príncipe, Duque de Varsóvia, 109, 118-120
Pavia, 79, 100
Paz de Villafranca (1859), 199
Pellico, Silvio, 66
Pergen, Conde J. A., 61
Peschiera, 128
Peste, 49, 100, 112, 113, 126, 145, 146, 269
Péter, László, 213, 217, 218, 222
Pétervarad, 114
petições, 70, 71, 73, 106, 152, 316
Phillipsberg, von, 134
Piemonte-Sardenha, 26, 27, 29, 32, 58, 79, 136, 357, 387*n*
Pio IX (Pio Nono), 48, 84, 105, 311, 312, 325
Pipes, Richard, 333
Pirenéus, 21
Plener, Ignaz von, 190, 205, 206
Plombières, 197
Pola, 259
Polacos, 12, 72, 247, 251, 253-255, 266, 277, 281, 288-290, 331
Polícia, 32, 43-47, 50, 51, 53, 57-66, 71, 94, 100, 103, 104, 168, 233, 305, 312, 313, 333, 378*n*, 397*n*
Polisensky, Josef, 73
Polónia, 11, 81, 192, 194, 195, 270, 288, 290, 331, 332, 358
Polzer Hoditz, Conde, 298
Portão de Ticino (Milão), 129
Portão de Tosa (Milão), 129
Portugal, 22, 36, 305, 357
Posen, 80, 331
Potências Centrais, 211, 293

Praga, 89, 95, 100, 106, 107, 139, 140-143, 150, 151, 155, 244, 248, 251, 259, 318, 323, 358
Pragmática Sanção (1723), 121, 124, 216, 219
Pré-Março, ver, Vormärz
Preporod, 242
Primat der Innenpolitik, 284
Primeira Guerra Mundial, 12, 157, 188, 211, 215, 221, 224, 225, 239, 253, 257, 261, 265, 267, 270, 276, 286, 287, 294, 296, 326, 328, 329, 330, 338, 346, 347, 361
Principados da Região do Danúbio (Moldávia e Valáquia), 193-195, 197, 199, 360
Principados, ver Principados da Região do danúbio
Príncipe Regente da Prússia, ver Guilherme I
Proclamação de Vác (Janeiro de 1849), 120
Programa galiciano, 81
Protestantismo, 62, 72, 100, 112, 246, 316, 322, 323
Protocolo de Troppau (1819), 22, 357
Província Alpinas, 86
Prússia, 22, 30, 33-36, 66, 69, 172-177, 179, 180, 189, 192-194, 199, 201-207, 210, 232, 258, 259, 268, 275, 296, 297, 310, 346, 359, 360, 388
Punch, 60

Quadrilátero, 128, 135, 137, 200
Quatro Pontos, 194, 199
Questão Belga, 22
Questão Oriental, 22, 269, 277
Quota, a, 246, 263

Radetzky, Marechal-de-Campo, Conde Josef, 26, 27, 33, 49, 57, 79-83, 105, 107, 108, 110, 114, 123-125, 127-139, 142, 144, 150, 153-155, 159, 160, 168, 195, 311, 358, 359
Radič, Stjepan, 245
Radowitz, General Joseph von, 172, 174, 177
Ragusa, 259
Rainer, Arquiduque, 46, 198

Rajačić, Arcebispo, 83, 116, 132
Ramming von Riedkirchen, Coronel, 118, 119
Ránki, György, 184
Rauscher, Joseph Othmar von, 309, 310
Realpolitiker, 52, 158, 176, 179
Rechberg, Conde Johann, 191, 201, 204-207, 309, 361
Redlich, Joseph, 165
Regimentos fronteiriços, ver Grenzer
Reich de Setenta Milhões, 174, 176
Reichsrat, 42, 166, 169-171, 209, 247, 248, 250-253, 255, 257, 258
Reichstag, 115, 140, 142-144, 152, 153, 159-166, 168, 170-172, 335, 336, 343, 358, 359
Reichstag de Kremsier, 153, 172, 359
Reichsvorstand, 172
República do Véneto, 110
República Francesa, Primeira, 152
República Francesa, Segunda, 70
republicanismo, 137, 229, 312, 319
Revolta de Whitsun (Praga, 1848), 140
Revoltas do Tabaco (1848), 48, 79, 101
revolução burguesa, 73, 77
Revolução Francesa, 28, 305
Revolução milanesa de 1848, 77, 79, 83, 107
Revolução Russa (1917), 289, 330, 402*n*
Revolução Vienense de 1848, 69
revolução, ver Metternich e ver Capítulos 1 e 2
revoluções de 1848; Capítulos 2 e 3
Ricardo II, Rei de Inglaterra, 151
Rich, Norman, 31, 196
Ritter, Gerhard, 345, 346
Robespierre, Maximilien de, 37
Roma, 2, 83, 152, 306-312
Romanos, 47
Roménia, 11, 224, 234, 240, 241, 243, 270, 279, 282, 283, 286-288, 290, 292, 293, 297, 298
Romenos, 12, 83, 84, 111, 115-118, 222, 223, 234, 237-240, 254, 266, 288, 290
Romeo, Rosario, 77
Roosevelt, Franklin Delano, 38
Rosdolski, Roman, 96

Rothenberg, Gunther E., 110, 145, 201, 220-222, 291
Rothschilds, 44, 92, 187, 255
Rodolfo, Arquiduque e Príncipe Herdeiro, 258, 259
Rudolph, Richard, 85, 182, 187, 188
Rússia, 12, 22, 29, 30, 35, 37-39, 51, 72, 79, 109, 118, 119, 158, 173, 187, 192-197, 199, 202, 207, 253, 264, 266, 268, 269, 271, 274-283, 286, 291, 293, 295-299, 328, 332-337, 341, 347-353, 369*n*
Rússia, 12, 239, 250, 253, 254, 290

Sabóia, 137
Sabóia, Casa de, 56, 107
Sadowa, 201, 206, 208
Saguna, Bispo, 83
Salisbury, Robert Gascoyne-Cecil, 3.º Marquês, 279
Salzburgo, Dieta de, 249
Salzburgo, Ducado de, 11, 319
San Stefano, Tratado de (1878), 269, 277
Santa Aliança, 21, 38, 312
São Petersburgo, 158, 281, 348, 351, 352
Sarajevo, 283, 340, 361
Sardenha, ver Piemonte-Sardenha
Satanás, 22
Saul S. B., 191
Saurau, Conde, 313, 314
Saxões da Transilvânia, 237
Saxónia, 172, 259, 268
Sazanov, Serge, 281
Schiele, Egon, 260
Schleswig-Holstein, 33, 173, 174, 204
Schmerling, Anton, Ritter von, 73, 167, 170, 205, 305
Schneid, Joseph, 65
Schnirding, Conde, 69, 70
Schnitzer-Meerau, 134-136
Schnitzler, Arthur, 260
Schöenberg, Arnold, 260
Schönerer, Georg von, 211, 255, 256
Schönhals, General, 79, 129
Schorske, Carl E., 260
Schroeder, Paul W., 22, 192, 273
Schulze, Max-Stephan, 338, 339

Schuselka, Franz, 69, 70
Schwarzenberg, Príncipe Carlos de, 75, 109, 110, 115, 133, 138, 139, 144, 153-155, 157-164, 166-172, 174-181, 196, 197, 201, 202, 204, 295, 296, 305, 359, 360
Schwarzenberg, Príncipe Felix de, 135, 158, 361
Schwarzenberg, Príncipe Karl Philipp de
Schwechat, batalha de (1848), 109, 120, 359
Sedlnitzky, Conde Joseph, 51, 62-64
Segunda Guerra Mundial, 273, 274, 329, 398*n*
Seis Actos (1832), 34
Sérvia, 11, 12, 16, 224, 235, 242-245, 270, 272, 273, 275, 276, 279-283, 285, 286, 292, 293, 297, 298, 341, 360
Sérvios, 115, 234, 235, 237, 239, 242-245, 266, 270, 272, 276, 282
Servos, 96, 183, 323, 333
Seton-Watson, Hugh, 349
Seton-Watson, R. W., 234, 238
Shakespeare, William, 151
Siècle, le, 68
Siedler, Wolf Jobst, 353
Silésia, 11, 96, 140, 206, 207, 247, 250, 251
Sistema de Bach, 325
Sistema de Metternich; Capítulo 1
Sistema de Tisza, 234
Sked, Alan, 8, 326
soberania popular, , 62, 71, 163, 165, 167
Sobieski, rei da Polónia, 195
Socialistas (austríacos), 257
Socialistas (húngaros), 234
Sociedade Científica da Boémia, 248
sociedades secretas (seitas), 56, 100, 245, 311
Solferino, batalha de (1859), 199, 200
Soviéticos, 38, 234
Spa, 289
Spielberg, 66
Staatskonferenz, 39, 122, 311
Staatsrat, 42-46, 51, 170, 310, 313
Stadion, Conde Franz, 16, 25, 115, 151, 160, 161, 164, 166-168, 210, 214, 295, 296, 305, 359

Starčevič, Ante, 243
Stolypin, Peter, 332, 349, 350
Stone, Norman, 222, 223, 291, 333
Sturmberger, Hans, 72
Suécia, 224, 225, 229
Sugar, Peter F., 271
Suíça, 22, 36, 105, 153, 223, 229, 358, 375
Suplikacs, Georg, 116, 132
Sutter, Berthold, 16, 260
Suábia, 223
Szabad, Görgei, 212
Szász, Zoltán, 219, 220
Székelys da Transilvânia, 116

Taaffe, Conde Eduard, 250, 278
Taiti, 36
Talleyrand, Príncipe Charles M. de, 22
Tannenberg, R., 259
Tarnow, 82
Taylor, A. J. P., 15, 22, 41, 48, 245, 262, 291
Terceiro Mundo, 229, 230, 233, 234
Territórios Austríacos, 135, 172, 307
Territórios Cárpatas, 96
Texas, 12
Thun, Conde Leo, 76, 141, 142
Ticino, rio, 129
Tirol do Sul, 254
Tirol, Condado do, 11, 137, 318
Tisza, Conde Kálmán, 215, 219, 277, 278, 282, 286, 287, 298, 395n
Torrelli, Luigi, 77
Toscana, Ducado da, 12
trabalhadores, 97, 98, 103, 108, 126, 130, 160, 238, 292, 323, 329, 342-344, 346, 347, 350, 381n
trabalho(s) forçado(s), o(s), 95-98, 117, 183, 320
Transilvânia, Grão-Ducado da, 11, 50, 83, 111, 115-117, 119, 121, 122, 167, 168, 224, 237, 239, 240, 279, 323, 341
Tratado de Comércio (1853), 180, 181
Tratado de Resseguro (1887), 278
tratado secreto Franco-austríaco (1866), 205, 207, 208
Trentino, 255
Trialismo, 245

Trianon, Tratado de (1920), 234
Trieste, 11, 159, 254, 255, 259
Troppau, Congresso de (1819), 22, 29, 357
Trubetskoy, Príncipe Serge, 158
Turim, 58, 153
Turnbull, Peter Evans, 97, 98, 100, 102, 303, 304, 315, 317, 320, 321, 323-325
Turquia, 16, 21, 30, 65, 192, 195, 196, 272, 276, 277, 281-283, 290, 298

Ucranianos, 247, 253, 400n
Unckel, Bernhard, 196, 197
União de Erfurt, 172, 177, 179
União Soviética, 289
URSS, ver União Soviética

Valáquia, 116
Varsóvia, 106, 332
Véneto, 11, 31, 33, 38, 40, 46, 48, 49, 55, 58, 61, 73, 77, 79, 82, 84, 92, 101, 104, 105, 107, 108, 110, 124, 127, 129, 130, 133-136, 153, 157, 164, 165, 166, 168, 195, 197, 198, 200, 203, 205-207, 307, 311, 322, 360
Veneza, 74, 78, 107, 127, 129, 130, 131, 133, 138, 168, 198, 293, 359
Vermes, Gábor, 219
Verona, 128, 357
Viena, 15, 16, 31, 36, 45, 46, 48-50, 55, 61, 63, 65, 67-71, 74-76, 78, 82, 89, 90, 94, 95, 98-103, 106-109, 111, 113, 115, 120, 127, 129-131, 133-135, 138-147, 150, 152, 159, 160, 168, 171, 175, 177, 198, 205, 207, 209, 214, 233
Viena, Congresso de (1814-15), 16, 20, 22, 34, 76, 357
Viena, Universidade de, 67, 99
Viereck, Peter, 40, 299
Világos, 110, 119, 359
Voivodina, 167, 168
Voralberg, Condado de, 11, 223, 249
Voralberg, Dieta de, 249
Vormärz, o, 85, 86, 88, 96, 186

Wagner, Bispo, 309, 311
Wagram, batalha de (1809), 16

Walter, Friedrich, 162, 167
Wandruszka, Adam, 15
Wank, Solomon, 326, 327, 340
Washington, 58
Weber, Eugen, 232
Wellington, Duque de, 28
Wesselényi, Barão Miklós, 20, 50, 113
Wessely, Kurt, 272
Wessenberg, Freiherr Johann P., 76, 135, 139, 304, 361
Westwood, J. N., 352
Wiener Zeitung, o, 159
Wilson, Woodrow, 288
Windischgraetz, Príncipe Alfred, 25, 75, 103, 107-110, 136, 139-144, 150, 151, 154, 155, 160, 161, 163-166, 358, 359

Wittelsbach, 11
Wollstein, Professor, 314
Württemberg, 172, 307

Zagreb, 113, 147, 244
Zängerle, Roman Sebastian, Arcebispo, 316
Zanini, Peter, 152
Zehnth, 95
Zichy, Conde, 127, 130
Zichy, Princesa Melanie, 308
Ziegler, Thomas, Arcebispo, 72
Zollverein, 22, 34, 35, 87, 174, 176-181, 185, 190, 204
Zwischenzollinie, 181, 184-186

Índice

Agradecimentos.	6
Prefácio à Segunda Edição	7
Introdução	11

1. Metternich e o seu Sistema, 1815-48.   19
   Metternich e os seus críticos   20
   Metternich e os seus defensores.   23
   Metternich e a política interna   39
   Metternich: um veredicto   53

2. 1848: As Causas.   55
   As sociedades secretas.   56
   Um Estado policial?   59
   A oposição liberal.   69
   Uma revolta da nobreza?   74
   Desenvolvimento económico na Áustria
   de Metternich   85
   Os antecedentes económicos e sociais de 1848   93
   A queda de Metternich e a eclosão da revolução.   100

3. O Fracasso das Revoluções de 1848 105
   O padrão da revolução 107
   A Revolução da Hungria 111
   A Revolução da Lombardia-Véneto 127
   A Desobediência e a *Camarilha* 138

4. Da Contra-Revolução ao Compromisso 157
   Schwarzenberg 157
   Schwarzenberg e a política interna 162
   A política germânica de Schwarzenberg 171
   As consequências económicas de 1848 180
   Buol e a política externa dos Habsburgos 191
   Rechberg, Mensdorff e a rota para Sadowa 201

5. A Monarquia Dual 211
   O Compromisso de 1867 212
   A economia do Dualismo 213
   Uma Hungria retardatária? 228
   O problema da nacionalidade na Hungria 234
   O problema da nacionalidade na Cisleithania 247

6. O Caminho para o Desastre 265
   Aspectos internos da política externa dos
   Habsburgos 265
   A ocupação da Bósnia-Herzegovina 269
   A Áustria-Hungria como elemento de paz ou
   de guerra na Europa 273
   A Áustria-Hungria e a Primeira Guerra Mundial 287
   Conclusões 294

7. Reflexões sobre o Declínio e a Queda do
   Império Habsburgo 301
   A Áustria de Metternich como estado josefinista 304
   A Igreja Católica na Áustria durante a época
   de Metternich 306
   Francisco I e o Estado de Direito 313
   O Estado-Providência de Habsburgo 319
   Os impérios europeus 326

ÍNDICE

Repressão política nos impérios europeus.............. 331
Desenvolvimento económico e assistência social.......... 338
Vitalidade intelectual............................. 351
Conclusão...................................... 353

ANEXOS... 355
   1. *Cronologia dos Eventos* 357
   2. *Ministros dos Negócios Estrangeiros da dinastia*
   Habsburgo, 1809-1918........................... 362
   3. *População e Nacionalidades no Império,*
   1843-1910 363

Mapas 365
Notas 371
Índice Remissivo 407